Collection
Rolf Heyne

Geschichte und Entwicklung der
Segelyachten

16
T6
Australia IV

KA12
311

FRANCO GIORGETTI

GESCHICHTE UND ENTWICKLUNG DER SEGELYACHTEN

Aus dem Italienischen von
KATRIN POUGIN

INHALT

1 links: Die ersten Yachten, die in britischen Gewässern um die Wette segelten, hissten mehr Flaggen und Stander als Segel; dazu ein üppig geschmücktes Heck, hohe Bordwände, geblähte Segel und ein voluminöser Bug,der eine schäumende Bugwelle hervorruft. Man hat den Eindruck von Geschwindigkeit, doch waren diese Urahnen der modernen Rennmaschinen wenig leistungsstark.

1 rechts: Der Segelregattasport hat sich mittlerweile auf der gesamten Welt verbreitet. Auch die entlegensten Seegebiete werden heute von Regattayachten durchpflügt, die sich auf dem längstmöglichen Kurs miteinander messen, der Weltumsegelung, beispielsweise bei dem einstigen Whitbread Round the World Race, heute Volvo Ocean Race.

2/3: Die vorherrschende Takelungsart in den dreißiger Jahren des letzten Jahrhunderts war das Schonerrigg. Ursprünglich auf den Schiffen der französischen Kriegsmarine eingesetzt, wurde es das vor allem für amerikanische Yachten typische Rigg. John Alden galt als einer der berühmten Spezialisten auf diesem Gebiet; die *Lelantine* ist einer der bekanntesten Schoner, die er entwarf.

4/5: Seit dem Sieg des Schoners *America* 1851 im Solent sind die Wettfahrten des America's Cup die ultimative Herausforderung für Yacht-Designer und Segler, die anspruchsvollste Bühne für die neuesten Trends und technischen Entwicklungen und das wohl bekannteste Ereignis im Segelsport. 1987 fand die letzte Wettfahrt mit den berühmten Zwölfern statt, die vielleicht am ehesten mit dem America's Cup in Verbindung gebracht wird.

6/7: 1999 tauchen zwei neue Namen in dem Wettstreit um den Hundred Guinea Cup auf, die italienische *Luna Rossa* und ihr Sponsor, der Modekonzern Prada. Die italienische Yacht erkämpfte sich das Recht, den Titelverteidiger herauszufordern, der den Amerikanern die Trophäe vier Jahre zuvor entreißen konnte.

7: Drei amerikanische Kutter aus dem späten 19. Jahrhundert, die mit einer Länge unter 60 Fuß zu ihrer Zeit als klein galten, während einer Wettfahrt zur nächsten Bahnmarke, dem Feuerschiff, das das Brenton Reef am Eingang zur Narraganset Bay, Rhode Island, USA, markiert.

Titel der Originalausgabe:
»*Storia Ed Evoluzione Degli Yacht Da Regata*«

Text: Franco Giorgetti
Gestaltung: Patrizia Balocco Lovisetti

Umschlaggestaltung: Hauptmann und Kampa, Werbeagentur, CH-Zug
Redaktion der deutschen Ausgabe: Bettina Blumenberg
Herstellung: Karlheinz Rau
Satz: Media and more GmbH, München
Druck: Officine Grafiche De Agostini, Novara

Printed in Italy

ISBN 3-453-17681-2

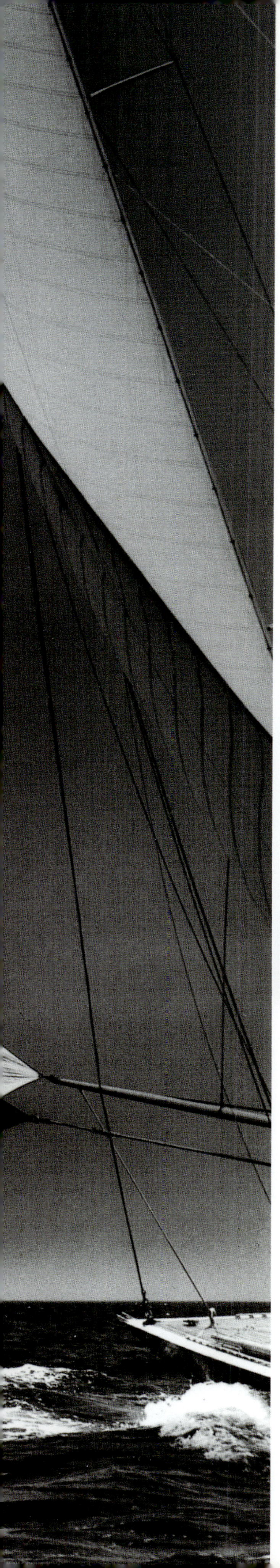

Einleitung

Eigentlich war die »Yacht« ein nur für das Vergnügen bestimmtes Schiff und ihre Ursprünge sind sehr viel älter, als ihre aktuellen hochtechnisierten Formen und die heutzutage derart spezialisierten Anwendungen vermuten lassen. Auch der Begriff selbst hat eine lange Geschichte.

Das Wort »Yacht« findet sich, wie einige Autoren anmerken, erstmals in einem französischen Text, der »Histoire de la Marine Française« aus dem Jahr 1551, und wurde im Sinne eines Zeitvertreibs verwendet, doch sein Ursprung ist zweifellos älter und im nordeuropäischen Raum zu suchen: Das dänische und deutsche »yagd« beziehungsweise »yagt« im Schwedischen und Niederländischen und »yat« in der lappischen Sprache bedeuten Jagd, jagen, schnell. In dänischen Texten aus dem 17. Jahrhundert bezeichnete man mit diesem Begriff ein schlankes, wendiges Schiff, das zu den Zwecken, wie sie Begleitschiffe und Fregatten im Mittelmeerraum erfüllen, eingesetzt wurde.

In niederländischen Texten aus dem späten 16. Jahrhundert bezog sich »yagt« oder »jacht« auf Militärschiffe, die für »Staatsgeschäfte, den Transport von Frachten oder einfach zum Vergnügen der Passagiere, die darauf fuhren« genutzt wurden. Es waren schließlich die Engländer, die diese Bezeichnung aufgriffen und sie erstmals und endgültig im Sinne eines »pleasance boat« verwendeten.

Heutzutage, nach drei Jahrhunderten des Freizeitsegelns mit Regatten und Kreuzfahrten auf allen Weltmeeren, ist der Begriff »Yacht« weltweit anerkannt und zum Inbegriff eines der ältesten Vergnügen seit Menschengedenken, der Seefahrt, geworden.

Unser etymologischer Abstecher hat uns bis in das 16. Jahrhundert geführt, aber die Ursprünge des Segelns »zum Vergnügen«, Vorläufer des Yachtsports im modernen Sinn, liegen noch weiter zurück.

8/9: Das Foto zeigt zwei amerikanische 12-m-R-Yachten aus den späten dreißiger Jahren. Die Bühne des America's Cup war für die schon damals weit verbreitete Yachtklasse zwar noch nicht eröffnet, Regatten dieser Klasse erfreuten sich aber sowohl in England wie in den Vereinigten Staaten und auf den nordeuropäischen Meeren großer Beliebtheit. Sie wurde auch für die Olympischen Spiele der Jahre 1908, 1912 und 1920 ausgewählt.

9: Anfang des 20. Jahrhunderts bewiesen Monarchen, Adlige und Geschäftsleute ihren segelsportlichen Ehrgeiz auf dem Solent. Hier zu sehen die *Germania*, die einer Gruppe deutscher Industrieller gehörte, die *Britannia*, die Yacht der englischen Königsfamilie, und die *Satanita*, deren Eigner ein britischer Gentleman war.

10/11: Das Whitbread-Race, eine Weltumsegelung in vier Etappen für Yachten mit voller Mannschaftsstärke, gilt heutzutage als eines der anspruchsvollsten Hochseerennen. Hier stehen die weltbesten Skipper, beispielsweise der Neuseeländer Peter Blake oder auf der *EF Education* der Amerikaner Paul Cayard, am Ruder.

11: Der America's Cup im Jahr 1993. Der finanzielle Aufwand, den die Teilnahme an dieser Weltcup-Serie mittlerweile erfordert, ist nur noch durch die Unterstützung von Sponsoren, die den Segelsport zunehmend für Werbezwecke vereinnahmen, zu leisten.

Auf den ersten Blick erscheint es mühsam, Gemeinsamkeiten zu entdecken zwischen dem heutigen Segelsport und den überlieferten Beispielen aus vergangenen Jahrhunderten oder besser Jahrtausenden, denn die ersten Anhaltspunkte für diese Form der Seefahrt gibt es lange vor unserer Zeitrechnung. Bereits in der Antike fuhr man nicht allein aus Notwendigkeit oder Nutzen zur See, vielmehr trieben der Genuss und das Vergnügen schon den antiken Menschen, gefährliche Fahrten auf See zu unternehmen, und wenn es nicht Spaß und Zeitvertreib waren, dann Neugier auf fremde Länder und Menschen oder der Ehrgeiz, die eigene Macht und Bedeutung weithin zur Schau zu stellen.

Die *Thalameyus* »war ein Schiff für Paraden und für das Vergnügen, die Art von Schiff, die wir Yacht nennen und deren sich Könige und Adlige zu Wasser bedienten. Auf diesem Schiff gab es ein schönes Zimmer mit einem wundervollen Bett. Philopator, König von Ägypten, ließ sich solch ein stolzes Schiff bauen und fuhr damit öffentlich in Begleitung seiner Frau und seiner Kinder auf dem Nil.« Das Zitat stammt aus der »Geschichte über den Ursprung und den Fortschritt der Schiffahrt«, einer Abhandlung aus dem 18. Jahrhundert von Stanislao Bechi, in dem auch von Kleopatras berühmter *Galea* sowie von den Schiffen Caligulas berichtet wird. Wenn man dem Autor Glauben schenkt, dessen Angaben im Übrigen durch andere Quellen bestätigt werden, spricht aus ihnen eine gewisse Vertrautheit mit der Segelei und wenngleich das dort Beschriebene nur schwer dem modernen Yachtsegeln vergleichbar ist, liegt der Beweggrund doch auch im Vergnügen und Zeitvertreib.

Nur zu oft war die See auch in der Vergangenheit eine Quelle der Vergnügungen. Einer der berühmtesten italienischen Dichter erträumte sich einst eine »Kreuzfahrt«, wenn auch imaginär, mit seinen Freunden und deren Begleiterinnen: »Guido, wie wünscht' ich mir, dass du, Lapo und ich wie von Zauberhand auf ein Schiff getragen würden, das bei jedem Wind uns übers Meer trüge, nach eurem und meinem Willen.« Der Autor dieses Sonetts war Dante Alighieri und sein Schiff ist das Schifflein »der Lebensfreude und des Vergnügens« des Zauberers Merlin in den Erzählungen von König Artus. Im 17. Jahrhundert wird die Zauberei, von der Dante träumt, Wirklichkeit.

Die Erkundung der allerersten Ursprünge des Segelns bringt allerdings nur äußere Aspekte dieses Phänomens ans Licht.

Tatsächlich enthüllt die Yachtsegelei mit den eigenständigen Formen, die sich im 17. Jahrhundert entwickelten und als kulturelle Errungenschaft durchsetzten, ein Merkmal, das die Begriffe »Yacht« und »Freizeitsegeln« bis dahin nie zum Ausdruck gebracht haben. Ab dem 17. Jahrhundert bedeutet »zum Vergnügen segeln« mit eigens zu diesem Zweck gebauten Schiffen in erster Linie, »sich mit einem Gegner messen«, also Wettstreit, Schnelligkeit, Verbesserung der Leistungen, in einem Wort: Regatta.

Als Charles II. von England bei einer Gelegenheit die Yacht seines Cousins kreuzte, entstand daraus eine Herausforderung zwischen den beiden Schiffen auf einem »Up-and-down-Kurs« wie heutzutage im America's Cup.

Doch das sollte erst der Anfang sein. Von nun an wird Segeln, in welchem Teil der Welt dieses Freizeitvergnügen auch Fuß fassen sollte, einen sportlich-wettkämpferischen Charakter annehmen. Vielleicht trägt die Segelei, gerade weil sie Geduld und Unterordnung unter die Elemente lehrt und erfordert, bereits den fortwährenden Impuls zur Verbesserung in sich: den Wind zu nehmen, wie er ist, und dabei besser als der Gegner zu sein. Liegt hierin nicht das Wesen jeder Wettfahrt?

Seit der Wettfahrt der königlichen Yachten auf der Themse im 17. Jahrhundert bis in unsere Tage ist der sportliche Wettstreit, die Regatta, eine Konstante des Segelyachtsports geblieben, die die Form und Entwicklung der Yachten bestimmte. Es wäre unmöglich, eine Geschichte der Yachten zu schreiben, ohne die Wettfahrten zu erwähnen, zu denen diese antraten, und andersherum wird in jeder Geschichte der Regatten notwendigerweise von der Entwicklung der Regattayachten die Rede sein.

12/13: Das America's-Cup-Rennen des Jahres 2000 endet ein weiteres Mal mit dem Sieg des Titelverteidigers. Die Neuseeländer auf der *Black Magic* schlagen die italienische *Luna Rossa* mit 5:0. Auch nach der historischen Niederlage der Amerikaner im Jahr 1983 bleibt der Heimvorteil ein oft siegentscheidender Faktor in diesem nunmehr über ein Jahrhundert alten Klassiker wie auch bei anderen Segelsportereignissen.

TEAM NEW ZEALAND

OMEGA
Steinlager
ONE

14 oben: Die holländische Yacht ist bis heute vor allem an den großen Seitenschwertern zu erkennen, eine von keinem anderen Yachttyp übernommene Konstruktionslösung, die den konkreten Anforderungen der geschützten und flachen Binnengewässer Hollands gerecht wird. Dieser erste Yachttyp entwickelte sich aus Handelsschiffen und zeichnete sich daher durch einen extrem bauchigen Rumpf, der eine größtmögliche Ladekapazität gewährleistete, aus. Um den plattbodigen Konstruktionen, die nicht besonders hoch am Wind segelten, ein Minimum an Stabilität bei Amwindkursen zu ermöglichen, wurde das leeseitige Seitenschwert ins Wasser gesenkt. Im Zuge des zunehmenden Exports dieses Schiffstyps, zunächst nach England und von dort aus in die ganze Welt, verlor sich diese Besonderheit allerdings.

Das 17. Jahrhundert darf wohl als die Epoche bezeichnet werden, in der der Yachtsport offiziell entstand. Seine Geburtsstätte befindet sich zweifellos in Zeeland, dem heutigen Holland. In der Zeit zwischen dem Ende des 16. und dem frühen 17. Jahrhundert gelang es den Holländern, sich als stärkste Seemacht durchzusetzen, weniger durch kriegerische Erfolge als vielmehr durch ausgedehnte Seehandelsaktivitäten, durch die ihre Flagge schon früh auf allen Weltmeeren vertreten war.

In dieser Epoche beheimateten die holländischen Häfen eine Flotte von 3500 Schiffen mit einer Verdrängung von insgesamt 600000 Tonnen.

Die Ursprünge des Segelsports

Holland, die Geburtsstätte der Yacht

14 unten: Mitte des 17. Jahrhunderts war eines der auffälligsten Merkmale der holländischen Yachten ihre reiche Verzierung. Besonders das Heck war mit prunkvollen Dekorationen überladen, ein eindeutiger Nachteil für das Seeverhalten des Fahrzeugs, andererseits ein weithin sichtbarer Ausdruck des Wohlstands und der Macht seines Eigners. Für die wohlhabenden holländischen Kaufleute war die Yacht ein Statussymbol und wurde kaum für den sportlichen Wettstreit oder Fahrten entlang der ausgedehnten Küste eingesetzt, die flach ist und bei den nicht gerade idealen klimatischen Verhältnissen keine günstigen Bedingungen für die Freizeitschifffahrt bot. Das Gemälde stammt von Willem van de Velde dem Älteren. Vieles von dem, was wir über die Ursprünge des Yachtsports wissen, verdanken wir diesem Künstler und seinem Sohn.

14/15: Diese Illustration gibt eine Situation wieder, die im Holland des 17. Jahrhunderts typisch gewesen sein dürfte: Durch den Handelsverkehr, der nur auf dem Wasserweg bequeme und wirtschaftliche Bedingungen für den Gütertransport vorfand, und die so genannte Vergnügungsschifffahrt, die schon in ihren Anfängen schnelle Verbreitung fand, müssen die Binnengewässer des Landes regelrecht verstopft gewesen sein. Tatsächlich gab es schon in der ersten Hälfte des Jahrhunderts allein in Amsterdam drei Häfen, die ausschließlich Freizeityachten vorbehalten waren.

Zwar wurde der größte Teil dieser Fahrzeuge in den flachen Küstengewässern eingesetzt, doch es gab auch zahlreiche seetüchtige Schiffe. Holland, das in jener Zeit sein Territorium durch die Landgewinnung vergrößerte, profitierte hinsichtlich seiner Handelsbeziehungen von den dauernden und turbulenten kriegerischen Verwicklungen der anderen europäischen Nationen. Es entwickelte sich rasch zu einem Staatsgebilde, das von einer reichen bürgerlichen Oberschicht regiert wurde. Zur Darstellung ihrer Macht bediente sie sich eines für Bewohner eines »Seelandes« typischen Mittels: der Schiffe. Die holländischen »jachten« waren derart verschwenderisch verziert und vergoldet, dass man sie »speeljachten« taufte, was so viel wie Vergnügungsyachten bedeutet.

Die Verbreitung dieses Schiffstyps erfolgte so schnell und unaufhaltsam, dass schon 1622 in Amsterdam der erste speziell für die Vergnügungsschifffahrt reservierte Hafen entstand. Nach dessen Fertigstellung musste schon drei Jahre später ein zweiter Hafen angelegt werden, gefolgt von einem dritten innerhalb von nur zwanzig Jahren.

Die aus vielen kleinen Booten bestehende Flotte (die durchschnittliche Länge der Yachten betrug nicht mehr als zehn Meter, und viele waren nur gut sechs Meter lang) war einzig und allein für Vergnügungsfahrten bestimmt: Das beweisen zahlreiche zeitgenössische Abbildungen der ruhigen holländischen Binnengewässer, die von unzähligen kleinen Schiffen in jener etwas chaotischen Weise bevölkert sind, wie wir sie heute von den geschützten Revieren im Solent, vor Long Island und aus der Bucht von Cannes kennen, ein untrügliches Zeichen dafür, dass Segeln zum Vergnügen betrieben wurde oder, besser, zum Genuss des Bootsführers.

Die holländischen »jachten« haben nicht nur eine Freizeitkultur begründet, die sich weltweit verbreitet hat und auch an der Schwelle zum dritten Jahrtausend noch keine Anzeichen des Niedergangs erkennen lässt, sondern sie verfügten auch über einzigartige technische Merkmale in der Kunst des Schiffsbaus, die auf eine bedeutende Tradition zurückblickte. Die französischen Schiffsbauer ebenso wie die englischen, spanischen oder portugiesischen orientierten sich im Schiffsbau praktisch an einem einzigen Vorbild, nämlich an der eher schlanken und mit sehr hohen Bordwänden ausgestatteten Galeone, die sich zwar historisch bewährt hatte, aber eher als Transportschiff für Kanonen denn für zivile Fracht geeignet war. Die Rumpfform der holländischen Yacht hingegen weist einige technische Besonderheiten auf, deren Tauglichkeit durch die Tatsache belegt wird, dass sie bis auf den heutigen Tag erhalten geblieben sind, wenn sie auch in der Folgezeit nicht von anderen Ländern übernommen wurden.

Vor allem unterscheidet sich dieser Schiffstyp durch seine bauchigen Rumpfformen. Die damaligen Schiffe besaßen zwar allgemein ein flachbodiges Unterwasserschiff (das gilt mit Ausnahme der im Mittelmeerraum üblichen Galeere, die ein für Schnelligkeit im Kampf ausgelegter Schiffstyp war und kaum geeignet für Ladung oder zum Kanonengefecht), der Rumpf der holländischen Yacht ist jedoch, insbesondere im Bugbereich, noch fülliger als zur damaligen Zeit üblich. Diese Form ergab sich wohl aus der Notwendigkeit, trotz der geringen Wassertiefe der heimischen Küsten- und Binnengewässer eine möglichst hohe Ladekapazität zu erzielen. Die bauchige Form des Bugs ist darüber hinaus für eine kurze und steile Dünung geeignet, wie sie bei seichten Gewässern typisch ist (dieses Merkmal findet sich in ähnlicher Form bei den Fischerbooten der Grand Banks, allerdings liegen zweihundert Jahre dazwischen!). Der Schiffsboden der holländischen Yacht ist flach, um die Ladekapazität bei geringem Tiefgang auszunützen. Der Abdrift begegnete man mit den beiden Seitenschwertern, die an beiden Schiffswänden mit einer über den Rumpf gehenden Achse aufgehängt sind: Das jeweilige Leeschwert wird abgesenkt. Ein ebenso einfaches wie einzigartiges System.

Auch das Rigg, also Takelung und Segel, war originell. Während alle Segler jener Epoche rechteckige Rahsegel setzten beziehungsweise die Galeeren im Mittelmeerraum Lateinersegel, wurden die holländischen Boote mit einem Gaffelgroßsegel ausgerüstet, das sich auch bei Amwindkursen als sehr wirkungsvoll erwies. Über die Segeleigenschaften und das Seeverhalten dieses Schiffstyps ist viel diskutiert worden. Sein bleibendes Verdienst besteht darin, dass er den Prototyp der ersten wirklichen Yachten darstellt, und seine Bedeutung wird dadurch unterstrichen, dass er noch heute gesegelt wird.

Die erste Yacht

16: Die reich beflaggte und dekorierte *Mary* fährt auf der Themse, die schweren Hanfsegel prall gefüllt. Sie ist das Symbol einer Epoche, in der die äußere Erscheinung eines Schiffes ebenso ausschlaggebend war wie seine tatsächliche Leistung, und für alle, die sich mit der Geschichte des Yachtsports befassen, bildet dieses Schiff den historischen Ausgangspunkt. Die *Mary* ist das erste nur für das Freizeitsegeln konzipierte Boot: Sie konnte ihren Besitzer standesgemäß repräsentieren, führte ihn auf Vergnügungsausflüge, segelte Wettfahrten und wurde zu einem Prototyp, an dessen Linien und Rigg sich Schiffsarchitekten und Yachtkonstrukteure orientierten, um die sportliche Leistung weiterzuentwickeln.

Die Marinehistoriker sind sich heute einig, dass der Titel der »ersten Yacht in der Geschichte« der holländischen *Mary* gebührt, die König Charles II. von England im Jahr 1660 von den führenden Kaufleuten der Amsterdamer Ostindischen Kompanie zum Geschenk gemacht wurde, als er sich anlässlich eines Staatsbesuchs in Holland aufhielt. »Wir segelten mit größtem Vergnügen vier oder fünf Meilen weit an einem schönen Tag mit achterlichem Wind. Man brachte uns frisch gepflückte Austern an Bord, die ausgezeichnet waren und die wir mit großem Appetit verspeisten.« Die Beschreibung eines Tages an Bord der *Mary* stammt aus den Tagebüchern des Chronisten Samuel Pepys, des Administrators der Royal Navy und Präsidenten der Royal Society, der ein aufmerksamer Beobachter des öffentlichen Lebens und aller zeitgenössischen Ereignisse von der Krönung König Charles' II. bis zur Pestepidemie und dem großen Brand von London war.

Die *Mary* war eine typisch holländische Konstruktion, die speziell für die Ostindische Kompanie gebaut worden war: Sie besaß eine Länge über alles von 26 Metern bei einer maximalen Breite von ungefähr sechs Metern und einer Verdrängung von 100 Tonnen. Ihr Rigg bestand aus einem Gaffelgroßsegel mit Vorsegel und sie war mit den für diesen Schiffstyp charakteristischen Seitenschwertern ausgestattet. Wie alle Schiffe der wohlhabenden holländischen Bürger trug sie prunkvolle Verzierungen an Bug und Heck und auch die runden Stückpforten waren mit Zierrahmen aus kunstvoll geschnitzten, vergoldeten Girlanden geschmückt (wie wir noch sehen werden, waren Yachten noch gut hundert Jahre lang, bis zum Ende des 18. Jahrhunderts, mit Kanonen bestückt).

Nach den überlieferten Berichten verfügte sie über eine außergewöhnlich luxuriöse Innenausstattung (Abbildungen gibt es nicht). Die Kajütenwände beispielsweise waren mit vergoldetem Zierrat, Gemälden und Skulpturen aus den Ateliers der bekanntesten zeitgenössischen Künstler dekoriert.

König Charles' II. Begeisterung für die *Mary* ließ auch dann nicht nach, als sich zeigte, dass ihre Segeleigenschaften stark unter dem Seegang im Ärmelkanal litten. Das Stampfen in den Wellen machte vor allem Charles' Schwester Mary zu schaffen, nach der das Schiff benannt worden war.

Trotz aller königlicher Begeisterung konnte das Seeverhalten der Yacht den seglerischen Ehrgeiz des Monarchen auf Dauer nicht zufrieden stellen. Man beauftragte daher Peter Pett, Schiffszimmermann und Sohn des königlichen Schiffsbauers Phineas Pett, ein neues, ähnliches Schiff mit besseren Segeleigenschaften zu entwerfen. Pett untersuchte das holländische Boot eingehend und fand viel Lobenswertes an der Konstruktion. Gleichwohl gelang ihm der Bau einer in entscheidenden Details verbesserten Yacht, der *Cathérine*, so benannt nach der zukünftigen Gattin des Königs.

16/17: Noch im 18. Jahrhundert waren Yachten mit Kanonen bestückt. In einer Epoche, in der man häufiger zu Paraden als zu ungeregelten Freizeitfahrten in See stach, dienten sie zur Signalgebung oder zum Salutieren, wenn sich der Kurs zweier Schiffe kreuzte. Die Armierung mit Kanonen beweist einmal mehr, dass es sich ursprünglich um ein Statussymbol mit repräsentativen Funktionen handelte. Später, als die Vergnügungssegler die sicheren Küstengewässer immer häufiger verließen, gewannen die Kanonen ihre ursprüngliche Bedeutung als Verteidigungswaffe zurück. Noch in der zweiten Hälfte des 19. Jahrhunderts war die *Corsaro* des Kommandanten D'Albertis bewaffnet und ging nie unvorbereitet auf die abenteuerlichen Reisen, für die sie gebaut war.

17: Aus Englands Berufung zur Seefahrernation, begründet durch seine Insellage und mehr noch die geringe Ausdehnung des Landes und die begrenzten natürlichen Ressourcen, musste sich fast zwangsläufig auch seine Rolle als Vaterland des Yachtsports ergeben. Während sich die holländischen Yachtbesitzer auf kleine Fahrten zu repräsentativen Zwecken im Küstenbereich und auf den Binnengewässern beschränkten, ging König Charles II. von England (1660–1685) als erster begeisterter Sportsegler, als erster »yachtsman«, in die Geschichte ein. Um seiner Passion frönen zu können, ließ er nicht weniger als 28 Schiffe bauen, die er persönlich steuerte. Seinem Beispiel folgend sollte sich das Sportsegeln auf der ganzen Welt verbreiten.

Die *Mary* wurde aufgelegt und vermoderte langsam in irischen Gewässern, wo sie vor Holyhead im Jahre 1675 sank. Tauchern gelang es 1973, das Wrack ausfindig zu machen, doch es ruht noch heute in seinem wohlverdienten Wassergrab.

Gebaut und vom Stapel gelassen wurden während der Regierungszeit Charles' II. nicht weniger als 28 Yachten für den König und seinen Bruder, den späteren König James II., einen ebenso begeisterten »yachtsman«.

Die *Mary* ist also historisch korrekt als erste Yacht der Geschichte zu bezeichnen, während Holland die Auszeichnung als Ursprungsland des Segelsports zukommt. Es ist allerdings auch richtig, dass in England schon in früherer Zeit Schiffe für das Freizeitvergnügen der Monarchen gebaut worden waren: Schon Heinrich V. besaß eine königliche »Yacht«, die *Trinity Royal* (es war noch ein Ruderboot), während im späten 16. Jahrhundert die Entwicklung des Mastenbaus bereits so weit fortgeschritten war, dass man eine Segelyacht für Königin Elizabeth I. bauen ließ, die 1588 in Cowes vom Stapel gelaufene *Rat of Wight*. James I., der ihr auf dem Thron folgte, schenkte seinem Sohn ein kleines Segelboot von nur 28 Fuß Länge, die 1604 in Chatham gebaute *Disdain*. Ihr Konstrukteur Phineas Pett entstammte einer schon damals berühmten Familie von Schiffszimmerleuten und baute gemeinsam mit seinem Sohn Christopher »Peter« alle künftigen Yachten der englischen Königsfamilie.

Die Yacht als Statussymbol

Das 18. Jahrhundert war zwar von chaotischen Kriegswirren gezeichnet, aber auch eine Zeit wissenschaftlichen und sozialen Fortschritts. Wenn auch zunächst nur auf dem Schlachtfeld, förderten die Kriege den Erfahrungsaustausch zwischen den beteiligten Nationen und der hohe technische und wirtschaftliche Aufwand begünstigte technische Innovationen. Das Jahrhundert der Aufklärung lieferte die Ressourcen für diesen Kraftakt. Das gilt auch auf dem Gebiet des Yachtsegelns: Zum einen lernte man in gegenseitigem Austausch neue Schiffstypen kennen, zum anderen begann eine wissenschaftliche und analytische Auseinandersetzung mit Fragen des Entwurfs und der Konstruktion von Freizeityachten. Anhand der in der zweiten Hälfte des 17. Jahrhunderts aus Holland eingeführten Schiffe entwickelte man das sogenannte »Admiralitätsmodell«; die Konstruktion kann zwar nicht als schlank bezeichnet werden, doch waren die Rumpfformen nicht mehr so bauchig. Die in Frankreich erscheinende »Encyclopédie« widmete der Architecture Navale-Marine ein ganzes Kapitel, und in Schweden wird ein monumentales Werk des Ingenieurs Chapman mit dem Titel »Architectura Navalis Mercatoria« veröffentlicht, das Pläne und Zeichnungen von fast zweihundert Schiffen aller Typen enthält und die verschiede-

nen Methoden zur Berechnung der Rumpfmaße erläutert, von denen einige noch heute in Gebrauch sind.

Zur selben Zeit führte das Zusammentreffen der verschiedenen Kriegsflotten aus Frankreich, Spanien, England und Holland zu einem intensiven Erfahrungsaustausch. Neben den breiten Rümpfen mit großer Ladekapazität aus den nördlichen, von England und Holland beherrschten Meeren lernte man nun auch die im Mittelmeerraum üblichen französischen und spanischen Schiffstypen mit ihrem besonders effizienten Lateinerrigg kennen. Aus einem Vergleich der verschiedenen Bauarten sollte gegen Ende des 18. Jahrhunderts der englische Kutter entstehen, der die Form der Yacht bis heute geprägt hat.

Während des gesamten Jahrhunderts blieb die Ausübung des Segelns als Freizeitbeschäftigung im Wesentlichen den Herrscherhäusern vorbehalten, obgleich die Definition der Yacht bei W. Falconer in seinem »Dictionnaire universel de la Marine« von 1769 von einem allgemeineren Verständnis zeugt: »Yacht: Schiff aus staatlichem Besitz, das für den Transport von Fürsten, Botschaftern oder großen Persönlichkeiten von einer Nation zur anderen benutzt wird. Da die wichtigste Funktion der Yacht darin besteht, solch hochrangige Passagiere aufzunehmen, besitzt sie zahlreiche komfortabel eingerichtete Räume, die entsprechend dem Rang und der Anzahl der Passagiere angemessen ausgestattet und möbliert sind. Königliche Yachten sind normalerweise ketschgetakelt, ausgenommen das größte und dem Herrscher selbst vorbehaltene Fahrzeug, das drei Masten trägt. Sie sind elegant geformt und reich mit Skulpturen geschmückt und werden von einem Kapitän der Kriegsmarine kommandiert. Daneben gibt es eine Reihe kleinerer Yachten, die von Steuereintreibern, Marineoffizieren oder Zollbeamten benutzt werden oder auch hochgestellten Privatleuten für Lustfahrten dienen.«

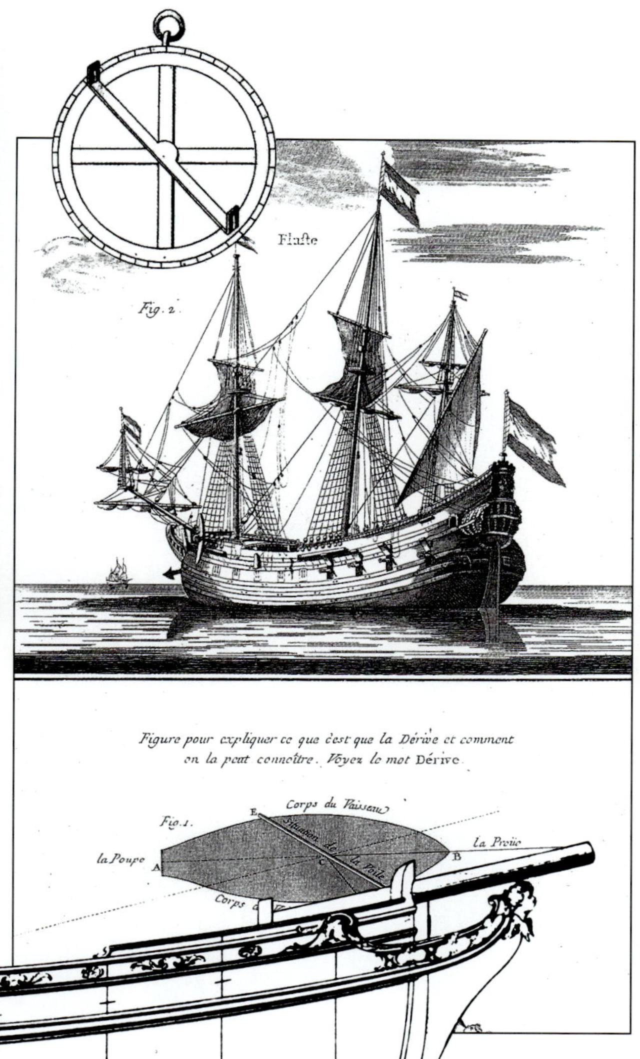

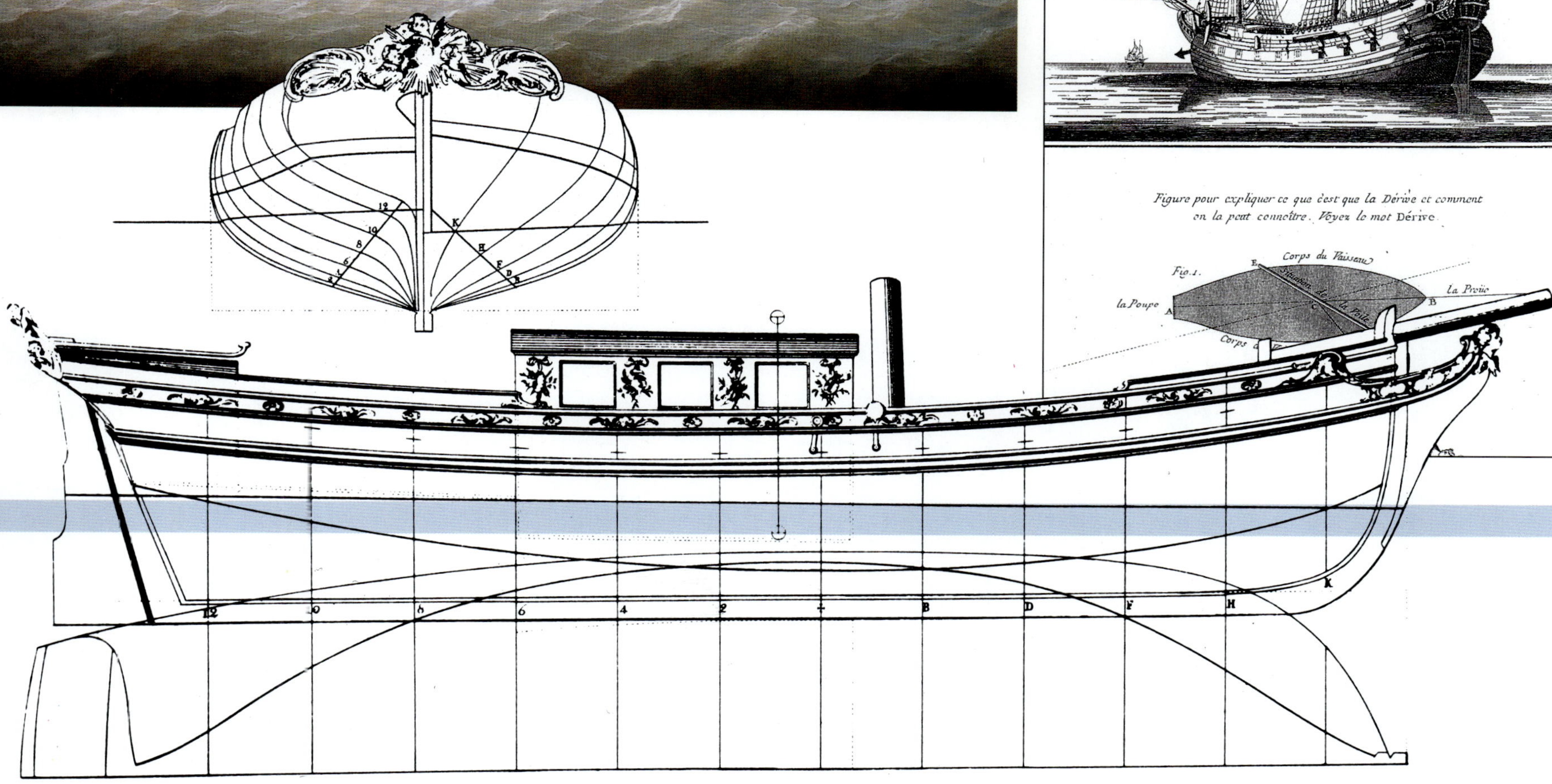

18: Preußen, dessen Staatsgebiet damals das heutige Polen und Teile des Baltikums umfasste, übernahm gegen Ende des 17. Jahrhunderts die technischen Errungenschaften der holländischen Seefahrt: Die Yacht des preußischen Königs Friedrich Wilhelm I., *Liburnica*, besaß alle charakteristischen Eigenschaften der holländischen »jaght« einschließlich der Seitenschwerter und des üppigst verzierten Heckspiegels. Die Segel sind sorgfältig aufgetucht, allerdings würden die zahlreichen großen Flaggen und Wimpel ein Anlegemanöver in der Realität außerordentlich erschweren.

19 oben rechts: Die Rückkehr König Ludwigs XVIII. in sein Heimatland erfolgte selbstverständlich mit einer Yacht, dem königlichen Reisemittel par excellence. Da die Restauration der französischen Monarchie von Seiten der Engländer betrieben wurde, handelte es sich natürlich um ein englisches Schiff, die Dreimastbark *HMY Royal Sovereign.*

18/19: Die erste systematische Darstellung von Segeltechniken, Konstruktionsverfahren und Schiffsmodellen wurde in der »Encyclopédie« von Diderot und D'Alambert veröffentlicht, die der Wissenschaft vom Schiffsbau und der Navigation ein ganzes Kapitel widmeten.

19 unten: Das erste vollständig dem Schiffsbau gewidmete Buch entstand 1786 in Schweden aus den Erläuterungstexten und Zeichnungen eines englischen Ingenieurs, der im Auftrag des Königs in diesem Land arbeitete: Frederik Henrik af Chapman verfasste ein monumentales Werk, die »Architectura Navalis Mercatoria«, und beschrieb darin sowohl die im damaligen Schiffsbau angewandten Konstruktionsmethoden als auch die verschiedenen Schiffstypen. Unter den zahlreichen Zeichnungen Chapmans befinden sich auch einige Darstellungen von Yachten, die sich im Schifffahrtspanorama des 18. Jahrhunderts etabliert hatten.

20/21: Der Sonnenkönig, Ludwig XIV., Zeitgenosse von König Charles II. von England, teilte dessen Passion für das Meer und die Segelyachten nicht. Allerdings versuchte er den englischen Monarchen zumindest der Form nach zu imitieren: Der See vor dem prachtvollen Schloss von Versailles wurde zu einer Bühne für maßstabgerecht verkleinerte Modelle der Schiffe des englischen Herrschers. Im damaligen Frankreich galt der schöne Schein weit mehr als das tatsächliche Sein; in Wirklichkeit bestanden in diesem Land wohl kaum die gesellschaftlichen Bedingungen für eine Entwicklung, um so etwas wie den Segelsport zu ermöglichen. Das 18. Jahrhundert bescherte den Engländern die Yachtclubs und den Franzosen die Revolution.

21: Kaum war die Trauerzeit für die ermordeten Hugenotten vorbei, da organisierte Heinrich IV., König von Frankreich und Navarra, neben den übrigen Darbietungen im Rahmen der öffentlichen Feierlichkeiten eine Segelregatta auf der Seine. Dieses Ereignis gegen Ende des 16. Jahrhunderts hätte als Meilenstein in die Geschichte des Yachtsports eingehen können, aber die Wettfahrt war in Wirklichkeit ein von berufsmäßigen Seeleuten und Fischern gefahrenes Rennen und hat daher mit dem Freizeitsegeln nichts zu tun. Während der tragischen Herrschaft König Heinrichs IV. gab es auch sonst keinen Anlass, das Interesse am Segelsport zu wecken oder zu fördern.

Am Hof von Versailles

Der Versailler Hof, der in Prunk und Prachtentfaltung dem des englischen Königshauses in nichts nachstand, entwickelte nicht dasselbe Interesse an maritimen Themen und am Segeln. Trotz der beiden ausgedehnten Küstenstreifen am Mittelmeer und Atlantik und trotz seiner hoch entwickelten Tradition wirtschaftlicher (vor allem die Fischerei) und militärischer Aktivitäten zur See fand Frankreich den Anschluss an den Yachtsport erst mit beträchtlicher Verspätung.

Eigentlich hat sich die französische Sportschifffahrt erst im 19. Jahrhundert entwickelt, obgleich das Marinelexikon von Aubin bereits in den ersten Jahren des 18. Jahrhunderts eine ausgesprochen brauchbare Definition der Freizeitschifffahrt enthielt und das Lexikon von Rachelet nur wenige Jahre später, nämlich 1718, den Terminus »yacht« erläuterte und sogar Hinweise für die korrekte Aussprache gab.

Die französischen Könige waren offensichtlich eher an anderen Formen von »grandeur« interessiert und ließen sich bis zur Regierung Louis Philippes keine Yachten bauen, weder zum persönlichen Gebrauch noch für Repräsentationszwecke. Stattdessen orderte Ludwig XIV. in England maßstabgerecht verkleinerte Nachbauten der Yachten König Charles' II., die er in dem großen Bassin seines Versailler Lustgartens über das Wasser gleiten ließ. Sie erregten zwar Bewunderung und beachtliches Aufsehen, doch der Funken der Segelbegeisterung sprang nicht über, wobei anzumerken ist, dass die Franzosen mit sehr viel ernsterem Zündstoff beschäftigt waren, nämlich mit Kriegen und Wirtschaftskrisen, die schließlich zur großen Revolution führten.

Anlässlich der Feierlichkeiten zum Ende der Trauerzeit war von König Heinrich IV. in Paris schon im Jahr 1613 ein segelregattaähnliches Spektakel auf der Seine organisiert worden, wo von professionellen Seeleuten gesteuerte Boote zum Einsatz kamen. Die Parade wurde ein einzigartiger Publikumserfolg, hatte ansonsten aber keinerlei Konsequenzen.

Dieses geringe Interesse am Segelsport überrascht bei einer Seefahrernation, die Erfahrungen auf dem Mittelmeer und dem Atlantik gesammelt hatte und daraus wertvolle Rückschlüsse für den Schiffsbau ziehen konnte, was sich in der Konstruktion ihrer im Vorschiff sehr schlanken Schiffsrümpfe nach dem Vorbild der maltesischen, genuesischen, venezianischen oder algerischen Galeeren niederschlug (Galeere: ein leichtes, schnelles Kriegsschiff, wahlweise mit Rudern oder Segeln angetrieben und seit dem Altertum bis ins 18. Jahrhundert eingesetzt; das Wort leitet sich vom griechischen »galee« = Wiesel ab). Hundert Jahre später waren die Engländer verblüfft, als sie diese Vorschiffslinien beim Schoner *America* wiedererkannten.

König Charles II. von England

22/23 und 23 unten: Die Formen der *Charlotte*, einer der zahlreichen Yachten des englischen Königshauses, verraten ihre Abstammung von der holländischen »jaght«: Die fülligen Linien von Bug und Heck gehen auf Fahrzeuge zurück, die eher Frachten denn Personen befördern sollten, und dies in flachen, geschützten Gewässern; der Bug ist mit Verzierungen überladen, die eher geeignet sind, den Reichtum und die Macht des Besitzers zu demonstrieren, als die Fahreigenschaften zu unter - stützen; in die Bordwände sind Stückpforten eingelassen, um die sich geschnitzte Goldgirlanden ranken. Dieses Ölgemälde von Robert Dodd aus dem späten 16. Jahrhundert zeigt, wie Schiffe zur damaligen Zeit vor Anker lagen: Die Segel blieben angeschlagen und wurden notdürftig aufgetucht, das Reuelsegel blieb back stehen. Eine merkwürdige Technik, die sicherlich der Manövrierfähigkeit diente, den Anker jedoch mit Sicherheit stark belastete.

Charles II. von England darf als Erfinder des Yachtsports bezeichnet werden. Ihm kommt die Ehre zu, als Besitzer der weltweit ersten Yacht, der *Mary*, in die Geschichte eingegangen zu sein; es war sein Verdienst, den Begriff »yacht« in die englische Sprache eingeführt zu haben. Der englische Monarch ließ in seiner 25-jährigen Regierungszeit 28 Yachten bauen, die zum größten Teil der Erfindungsgabe des genialen Schiffsbauers Pett zu verdanken sind. Eine der bemerkenswertesten Yachten Charles' II. ist zweifellos die gegen Ende des 17. Jahrhunderts in Greenwich gebaute *Fubbs* mit einer Länge über alles von 80 Fuß, einer Breite von 21 Fuß und einer 150-Tonnen-Verdrängung. Das sehr schnelle Schiff zeichnete sich vor allem durch sein Ketschrigg aus, das Charles II. für das am besten geeignete Rigg von Freizeitschiffen hielt und von dem er behauptete, es selbst erfunden zu haben. Vielleicht war es nicht die erste Ketsch der Geschichte, sicherlich aber die erste in England. Wie alle königlichen Yachten besaß die *Fubbs* eine prunkvolle Innenausstattung: Das Quartier des Königs befand sich am Heck und hatte in Eichenholz geschnitzte Vertäfelungen und ein mit Brokat und Seide drapiertes Baldachinbett. Wegen der immensen Kosten, die ein solcher Luxus mit sich brachte, sah sich Charles II. gezwungen, sein segelsportliches Programm einzuschränken: Während ein Kriegsschiff zu seiner Zeit etwa 15 Pfund Sterling pro Tonne kostete und ein Handelsschiff gerade einmal acht, kamen die königlichen Yachten auf bis zu 33 Pfund Sterling pro Tonne.

Charles' Nachfolger, James II. Stuart, behielt lediglich neun Yachten unter Segeln (darunter auch die *Fubbs*, die noch bis 1781 segelte). Das Freizeitsegeln begann jetzt auch außerhalb der höfischen Kreise beliebt zu werden und schon früh folgten einige Mitglieder der Admiralität dem königlichen Beispiel. Inzwischen war die königliche Yachtflotte aus der Kriegsmarine ausgegliedert und unter die direkte Verwaltung der königlichen Familie gestellt worden.

Geschichte und Entwicklung der Regattayachten

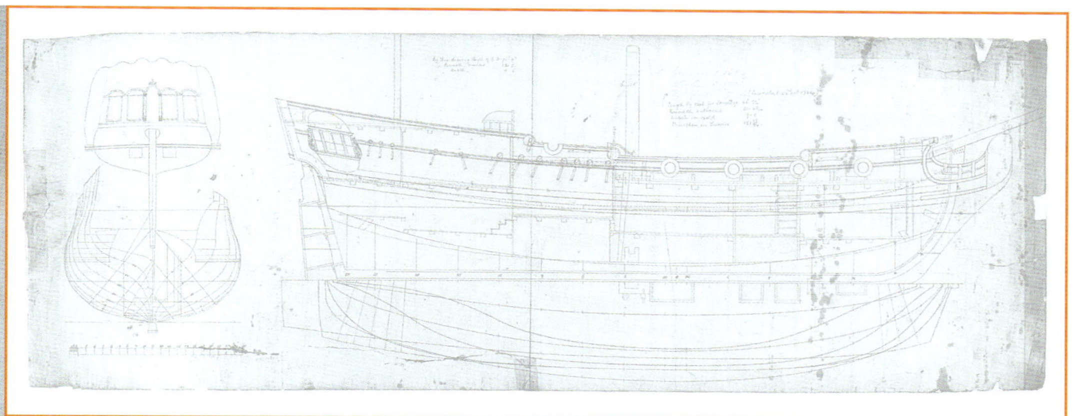

23 oben: In der zweiten Hälfte des 18. Jahrhunderts erschienen wissenschaftlichen Abhandlungen und die ersten Lexika mit nautischen Begriffen. Die Yacht wurde als Wasserfahrzeug für Repräsentationszwecke definiert und blieb in erster Linie Staatsoberhäuptern und hochrangigen Persönlichkeiten aus dem Umfeld des Hofes vorbehalten. Es wurde eine Hierarchie festgelegt: Eine königliche Yacht zeichnet sich neben ihren Ausmaßen vor allem dadurch aus, dass sie dreimastig getakelt ist wie die *Royal Charlotte*, die frühere *Royal Caroline*, die sich längere Zeit im Besitz des englischen Königshauses befand.

23 Mitte: Die *Fubbs* war eine der ersten Yachten von Charles II. und mit Sicherheit eine der ersten, die in England entworfen und gebaut wurden, und zwar im Jahre 1682 in Greenwich von Phineas Pett. Sie wurde auf den Kosenamen der Herzogin von Portsmouth getauft, einer Favoritin des Königs. Das außergewöhnlich schnelle Schiff war eine von Charles' Lieblingsyachten, unter anderem weil sie ein damals noch innovatives Ketschrigg trug, weshalb man ihn sogar als Vater und Erfinder dieser Takelungsart ansah.

Als Anekdote ist überliefert, Charles II. und sein Bruder, der Herzog von York, seien sich an Bord der *Fubbs* bei einem Ausflug entlang der englischen Südküste nicht zu schade gewesen, wie gewöhnliche Matrosen während eines Manövers höchstpersönlich Hand an Schoten und Segel zu legen. Die Wasserlinie der *Fubbs* verdeutlicht, was damals und noch für beinahe zweihundert Jahre als Idealform galt: Die Unterwasserschiffslinien waren am Bug füllig und im Heckbereich eher schlank, man sprach vom »Kabeljaukopf und Makrelenschwanz«.

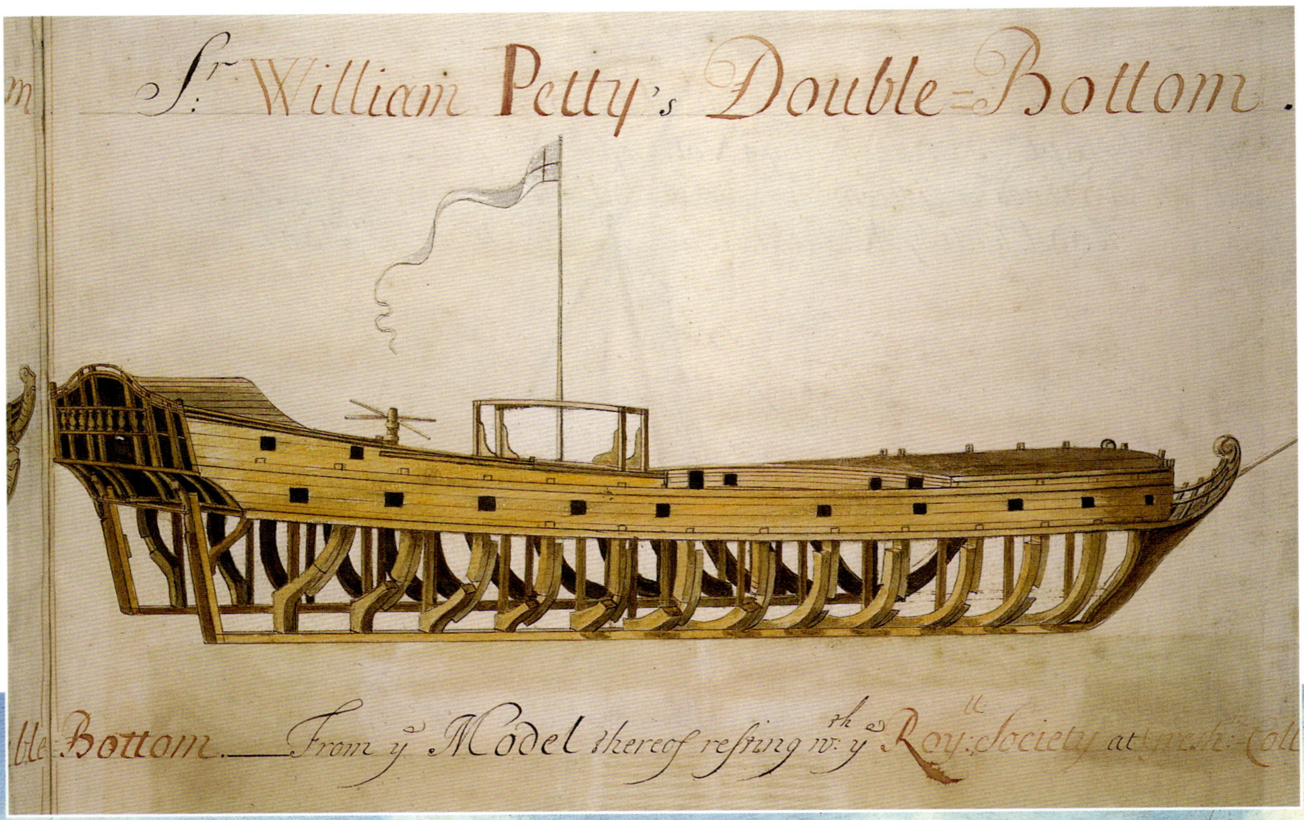
Sr. William Petty's Double=Bottom.
Bottom From ye Model thereof resting wth ye Roy:ll Society at

Greenwich, damals unmittelbar vor den Toren von London gelegen, wurde ihr Heimathafen.

König Wilhelm III. stand seinem Schwiegervater James II. hinsichtlich der Begeisterung für die Segelei nicht nach; ihm fehlte jedoch, zumindest in dieser Beziehung, dessen ausgeprägtes Charisma. Jedenfalls pflegte auch er zum persönlichen Vergnügen zu segeln und zwar insbesondere auf der *William and Mary*, auf der er auch Zar Peter I. von Russland während dessen Englandreise empfing, wobei sich zeigte, dass die beiden Herrscher ein reges Interesse und Freude am Segeln verband.

Auch die Nachfolger aus der Familie Stuart zeichneten sich durch ihre Segelaktivitäten aus. In die Regierungszeit Georges I. fiel die Gründung des ersten Yachtclubs der Geschichte im Jahre 1720: Der Water Club of the Harbour of Cork hatte seinen Sitz in der kleinen südirischen Hafenstadt Cork. Zum Regierungsantritt von George III. befand sich in der königlichen Yachtflotte auch der Dreimaster *Royal Caroline*, der zu Ehren seiner Gattin in *Royal Charlotte* umbenannt wurde (wie oben erwähnt, hielt Falconer ein Rigg mit drei Masten bei königlichen Yachten für typisch und angemessen, womit er von der vielleicht fundierteren Expertenmeinung Charles' II., der die Ketschtakelung bevorzugte, abwich). Die *Royal Charlotte*, die Georges Braut nach England geleitete, war trotz ihres beachtlichen Alters mit solchem Luxus und Prunk ausgestattet, dass die Prinzessin, bevor sie das Schiff betrat, gefragt haben soll: »Bin ich denn wirklich würdig, an Bord zu gehen?«

Während der englische Yachtsport sich unter der Ägide des Herrscherhauses weiterentwickelte und mit neuen Formen zu experimentieren begann (gegen Ende des 17. Jahrhunderts entstand der erste Katamaran, ein Schiff mit zwei Rümpfen, das unter der Aufsicht von Sir William Petty gebaut und auf den Namen *The Experiment* getauft wurde), behielten die königlichen Yachten und die Boote der Adligen und Höflinge noch immer die typischen bauchigen Formen ihrer holländischen Vorläufer bei und verzichteten auch nicht auf die barocken Details, etwa die seitlich aufgestellten Kanonen mit runden, von vergoldeten Girlanden umrankten Stückpforten, wie sie schon ein halbes Jahrhundert zuvor üblich waren.

Unter König George II. wurde im Jahre 1749 die erste echte Segelregatta mit einer Trophäe für den Sieger ausgetragen: Der König hatte einen silbernen Pokal für denjenigen ausgesetzt, der als Erster die Strecke von Greenwich zur Sandbank Nore und zurück bewältigte. Wie auch bei vielen modernen Rennen gewann eine speziell für diese Regatta konzipierte Yacht, die *Princess Augusta*.

24 oben: Mehr als hundert Jahre vor Stevens wurde in England, noch in der Entstehungszeit des Yachtsports, erstmals ein Doppelrumpfboot erprobt, ein Katamaran (das Wort stammt ursprünglich aus dem Tamilischen – »kattumaram«, was so viel heißt wie »verbundene Hölzer« – und bezeichnete zunächst eine im Südosten Indiens verbreitete Floßform). Das Fahrzeug wurde im Jahre 1662 von William Petty konstruiert. Im Grunde beschränkte er sich darauf, den Rumpf eines Schiffes zu teilen und die Hälften mit einem zu einer Brücke verbreiterten Deck wieder zu verbinden. Die Abbildung verdeutlicht diese Konzeption.

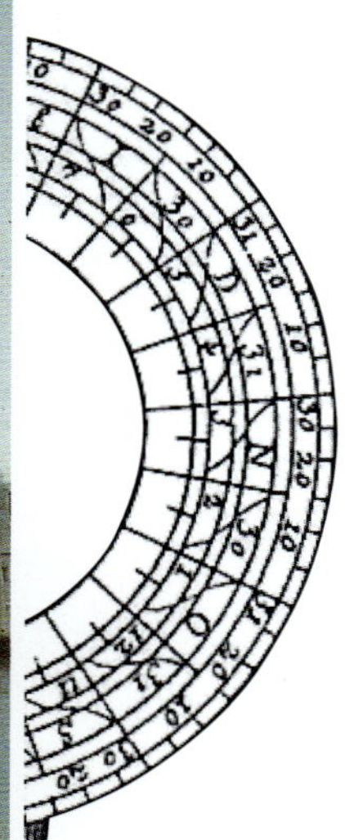

24/25: Ein ganzes Jahrhundert lang war die Themse Heimat der königlichen englischen Yachten: Sie ankerten Seite an Seite in Westminster im Zentrum von London in unmittelbarer Nähe zum Buckingham Palace und den Houses of Parliament. Auf dem Bild sind die Dreimastbark *Royal Caroline* und die ketschgetakelte *Cathérine* zu erkennen. Beide Takelungsarten waren typisch, die drei Masten galten als standesgemäß für die persönliche Yacht des Monarchen, während Charles II. für seine sportlichen Unternehmungen das Ketschrigg wegen seiner besseren Segeleigenschaften bevorzugte. Die Banner und Kanonensalven lassen keinen Zweifel: Wir befinden uns mitten im 18. Jahrhundert.

Peter der Grosse

Das russische Reich, mit seinem riesigen Territorium damals der am weitesten ausgedehnte, aber in sozialer und wirtschaftlicher Hinsicht rückständigste Staat der Welt, besaß zu Anfang des 18. Jahrhunderts praktisch noch keine Flotte. Das lag hauptsächlich daran, dass Russland mit Ausnahme des gut sechs Monate im Jahr durch Packeis blockierten Hafens von Archangelsk im Weißen Meer über keinen ausgebauten Meerzugang verfügte. Allein diese Umstände verhinderten wohl, dass Zar Peter der Große als einer der ersten »yachtsmen« in die Geschichte einging, denn in seiner Passion für das Meer und den Segelsport stand er Charles II. von England in nichts nach. Aber die Yachten des russischen Herrschers sollten nie denselben Ruhm wie die *Mary* oder die von Phineas Pett und seinem Sohn für die englische Krone gebauten Nachfolgermodelle erlangen, noch verfügte Peter der Große über eine zahlenmäßig und technisch gleichwertige Flotte von Kriegs- bzw. Handelsschiffen.

Die Leidenschaft des Zaren für das Segeln entbrannte, als er in den Magazinen des Kreml den in Vergessenheit geratenen Rumpf eines kleinen Segelboots wiederfand, gerade sechs Meter lang, das Elizabeth I. von England ein Jahrhundert zuvor Zar Iwan dem Schrecklichen geschenkt hatte. Peter der Große traf eine äußerst ungewöhnliche Entscheidung: Da der Schiffsbau in seinem Land keine Tradition besaß, beschloss er, die Geheimnisse dieser Kunst selbst zu erlernen, und begab sich zu diesem Zweck nach Holland, um als einfacher Zimmermann auf einer der dortigen Werften zu arbeiten. Diese Erfahrung bestärkte seine Leidenschaft und legte den Grundstein nicht nur für die Erfüllung von Peters innigstem Wunsch, eine eigene Yacht zu besitzen, sondern auch für die Schaffung der ersten russischen Seeflotte. Der Zar schloss Freundschaft mit Wilhelm III., einem weiteren großen Monarchen, der von der Leidenschaft für die Seefahrt durchdrungen war und dem Zaren bei einem seiner Besuche auf der anderen Seite des Ärmelkanals schließlich eine Yacht schenkte, die ihren Namen zu Recht tragen sollte: die *Royal Transport*. Einzelheiten über die Eigenschaften dieses Schiffes sind nicht überliefert; es soll aber sehr schnell gewesen sein. Gelegenheit, seine Yacht zu segeln, hatte Peter der Große nur auf der Rückfahrt von England nach Holland. Von dort musste der Zar auf dem Landweg nach Moskau zurückkehren, während die Yacht den Hafen von Archangelsk ansteuerte, wo sie fünfzehn Jahre lang vom Eis eingeschlossen liegen blieb, da eine Fahrt über die Binnengewässer wegen des Tiefgangs unmöglich war. Es gelang Peter dem Großen während seiner Regierungszeit zwar, eine russische Flotte aufzubauen, nicht jedoch, die Leidenschaft für das Segeln in den Herzen seiner Landsleute zu entfachen, was unter den gegebenen geographischen Umständen nicht verwunderlich ist: Segeln ohne Wasser ist ein Widerspruch in sich.

26/27: Wilhelm III. von England schenkte Peter dem Großen die *Royal Transport* und erfüllte dem yachtbegeisterten russischen Zaren damit einen innigen Wunsch, denn er hatte sich bis dahin damit begnügen müssen, die zu seinen Ehren abgehaltenen Paraden der holländischen Yachten zu bewundern. Dabei handelte es sich um regelrechte Schiffsparaden, bei denen sich die Yachten in Kiellinie aufreihten und die nach den Regeln der Kriegsmarine vorgeschriebenen Manöver durchführten. Scheingefechte und Kanonendonner durften natürlich nicht fehlen. Der Zar nahm an solchen Spektakeln mit großem Vergnügen teil. Auf dem Gemälde befindet sich Peter der Große wohl an Bord der im Vordergrund rechts dargestellten Yacht, die den kaiserlich russischen Stander gesetzt hat.

Dänemark

Dänemark war ein kleines Land, das wie Holland auf eine lange Seefahrertradition zurückblickte und seit dem neunten Jahrhundert ununterbrochen von einer Monarchie regiert wurde. Als die Monarchen der übrigen europäischen Staaten im 17. Jahrhundert prunkvolle Yachten in Auftrag gaben und um die prächtigsten königlichen Schiffe wetteiferten, ließ sich der damalige König Christian V. die *Elephanten* bauen: eine Yacht nach holländischem oder, besser gesagt, nach englischem Vorbild, denn damals hatte Charles II. schon eine neue und verbesserte Version der *Mary* entwickeln lassen.

Die *Elephanten* wurde 1687 in Dänemark von dem Engländer Francis Scheldon gebaut und hatte eine Länge über alles von 28 Metern, war sieben Meter breit und ketschgetakelt. Sie besaß ein reich mit Friesen, Schnörkeln und Girlanden geschmücktes Heck, das von einem großen und beeindruckenden holzgeschnitzten Elefanten überragt wurde.

Drei Jahre später bekamen die Dänen eine neue königliche Yacht, die *Cronen*. Sie war größer als ihre Vorgängerin, besaß aber ansonsten ähnliche Eigenschaften.

27: Der erste Versuch einer systematischen Darstellung der Yachttypen wie auch der übrigen Schiffstypen und der Seefahrt überhaupt wurde von Chapman unternommen. Sein Werk war allerdings eher enzyklopädischer als technischer Natur. Der englische Schiffsbauingenieur stellte am Beispiel tatsächlich gebauter oder konzipierter Modelle fast alle damals gebräuchlichen Schiffstypen dar und katalogisierte sie. Wenn er selbst ein Schiff entwerfen sollte, bezog er sich einfach auf die in seinem monumentalen Werk gesammelten Abbildungen. Dass die damaligen Yachten den zeitgenössischen Kriegsschiffen nachempfunden wurden, wird am Beispiel der schwedischen königlichen Yacht *Amphion* besonders deutlich, die nichtsdestotrotz eine ganz eigentümliche Eleganz und Ausgeglichenheit besitzt.

26 unten: Der Zar von Russland besaß zu keinem Zeitpunkt eine eigene Yachtflotte von vergleichbarer Größe wie andere europäische Monarchen, doch seine Leidenschaft für den Segelsport war authentisch und trieb ihn an, sich unter die einfachen Zimmerleute in den holländischen Werften zu mischen, um die Technik des Schiffsbaus zu erlernen. Dieses Gemälde aus dem 19. Jahrhundert spiegelt in der Komposition wohl das Bild wider, wie es sich dem Künstler bei einem Rundgang durch eine zeitgenössische Werft darbot. Die beiden Hellinge im Hintergrund sind überdacht, ein bemerkenswert modern anmutender Komplex. Noch im 19. Jahrhundert baute man Schiffe meistens am Strand unter freiem Himmel.

Niederlande

In den Niederlanden, die durch das Geschenk der *Mary* an Charles II. von England als Ursprungsland der Yacht gelten, werden die typischen Binnengewässer seit dem 17. Jahrhundert (und bis heute) von ganzen Flotten privater Segelboote bevölkert. Seltsamerweise statteten sich lediglich die damaligen Landesfürsten nicht mit standesgemäßen Privatyachten aus. Die »jaght« wurde hier zum Statussymbol einer reichen kaufmännischen Oberschicht und der Schiffstyp wurde in die Alte und die Neue Welt exportiert. Unter den holländischen Herrschern nutzten ihn erst Wilhelm von Oranien und seine Königin Mary als private Yacht zu Repräsentationszwecken, allerdings in England.

Private Yachten wurden auch Prinz Frederik Hendrik von Oranien, von König Karl XI. von Schweden und später von Zar Alexander I. ausgerüstet. Noch in unseren Tagen segelt Königin Beatrix von Holland auf ihrer Yacht *De Groene Draeck.*

Schweden

Schweden durchbrach erst in der zweiten Hälfte des 18. Jahrhunderts mit der Thronbesteigung von König Gustaf III. seine politische Isolation und erlebte einen kulturellen und wirtschaftlichen Aufschwung. In dieser Zeit entstanden verschiedene königliche Yachten, unter denen die *Amphion* aus dem Jahr 1778 eine der interessantesten ist. Ihr Konstrukteur war der Ingenieur Chapman, einer der zahlreichen Engländer, die im 18. Jahrhundert in Schweden insbesondere in den Bereichen Schiffsbau und Marine arbeiteten, der vor allem durch sein bereits erwähntes grundlegendes und monumentales schriftliches Werk bekannt wurde. Die 160 Fuß lange *Amphion* war schonergetakelt – ein zur damaligen Zeit in dieser Region nicht sehr gebräuchliches Rigg. Auch die Dekorationen der Bordwände waren das Werk des Ingenieurs Chapman.

Das holländische Erbe

Zu Beginn des 18. Jahrhunderts umfasste das spätere Territorium der Vereinigten Staaten von Amerika in Wirklichkeit noch ein riesiges unentdecktes Gebiet. Nur die Küstenstreifen waren kolonisiert; dabei handelte es sich allerdings um isolierte Siedlungskerne, die untereinander nur wenig Kontakt pflegten, zumal die Siedler aus den unterschiedlichsten Herkunftsländern stammten, die zur selben Zeit in Europa miteinander im Krieg lagen: die Spanier in Kalifornien, die Franzosen in Louisiana, am Golf von Mexiko und in Quebec (im Norden, heute Kanada) und die Engländer und vor ihnen einige Holländer an der Atlantikküste.

In der Tat waren es die Holländer, die Anfang des 17. Jahrhunderts auf einer kleinen, der Mündung des Hudson vorgelagerten Insel landeten, die von den Eingeborenen »Manhattan« genannt wurde. Sie gründeten dort eine Siedlung und gaben ihr verständlicherweise den Namen Neu-Amsterdam. Es war das künftige New York, wie die Gemeinde nach der Eroberung durch die Engländer im Jahre 1664 umbenannt wurde. Die niederländischen Siedler hatten nicht einmal genügend Zeit, eine Stadt oder einen Hafen zu bauen, an Segelsport war also nicht im Traum zu denken. Schließlich war (und ist) die Ausübung des Yachtsports eng an wirtschaftlichen Wohlstand geknüpft.

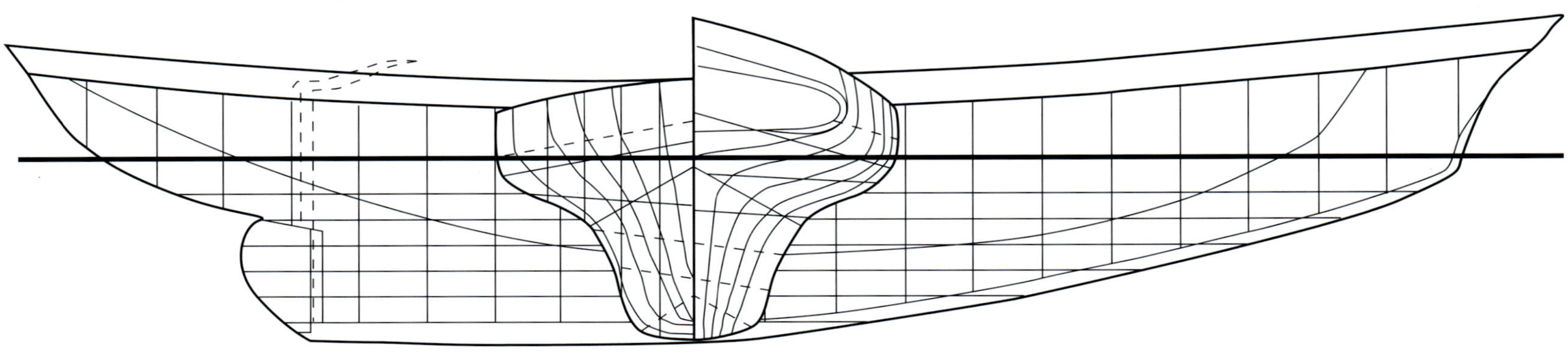

Im späten 17. und noch zu Beginn des 18. Jahrhunderts lebten die Kolonisten unter denselben ökonomischen Rahmenbedingungen wie in der Pionierzeit: Es gab Auseinandersetzungen mit den Ureinwohnern, aber auch unter den einzelnen Siedlungskernen, und man kämpfte mehr oder weniger ums nackte Überleben. Nicht einmal die Holländer, die in ihrer Heimat eine so lebendige Tradition der Freizeitschifffahrt zurückgelassen und diese sogar nach England exportiert hatten, waren in der Lage, sich für Yachtbau zu interessieren. Zwar wird von einer »Yacht« berichtet, die ein Siedler in Manhattan um das Jahr 1614 gebaut haben soll, doch man darf wohl davon ausgehen, dass es sich eher um eine »jacht« im ursprünglichen Sinne, ein Arbeitsboot, als um eine »speeljacht« gehandelt haben muss.

28 oben: Die Yacht von Colonel Morris segelt unter Vollzeug in den Hafen von New York ein. Der holländische Einfluss ist immer noch deutlich erkennbar, vor allem am Rigg und an den vielen Flaggen und Standern. Es handelt sich um die erste amerikanische Yacht. Interessant ist die im Bildhintergrund erkennbare Darstellung der Arbeit auf der Werft: Hier gibt es keinerlei feste Konstruktionen oder Gerüste, die Schiffsrümpfe liegen am Strand und einer ist auf die Seite gelegt und in den Sand eingegraben, um die Nähte zu kalfatern, die damals noch mit Pech und Werg abgedichtet wurden.

28 unten: Allein Probleme der praktischen Umsetzung, die mit den damals verfügbaren Arbeitstechniken und Werkstoffen zusammenhingen, hinderten Robert Livingston Stevens daran, als Erster eine Yacht mit Ballastkiel zu entwerfen. Die *Onkaye* weist S-förmige Spanten auf, um den Massenschwerpunkt möglichst tief zu legen. Diese Konstruktion ist ein wichtiges Beispiel für innovative Fantasie im Yachtbau, die auf ständige Leistungsverbesserung zielt.

29 oben: Von Anfang an war das Schonerrigg eine auf amerikanischen Gewässern typische Takelungsart. Es wurde häufig auf Lotsenbooten verwendet, welche die Schiffe bei ihrer Einfahrt in den Hafen abholten und sicher zum Ankerplatz geleiteten. Im Unterschied zu den englischen Lotsenkuttern im Kanal mussten amerikanische Lotsenboote nicht unbedingt für raue See konzipiert, sondern nur schnell sein. Darum wurde dieser Schiffstyp als Vorbild für schnelle Yachten herangezogen. Die *Dream* war ein Lotsenboot im Hafen von Boston, bevor sie zur privaten Yacht umfunktioniert wurde.

29 unten: Die Konstruktion der *Maria* nimmt auf die lokalen Gegebenheiten wie die geringen Wassertiefen vor der amerikanischen Küste Rücksicht. Der Riss zeigt ein Schiff mit geringem Tiefgang und gestreckten Linien, ähnlich den Arbeitsschiffen der Region. Anders als die Briten bemühten sich die Amerikaner recht bald darum, für Yachten eine eigene Rumpfform und ein spezielles Rigg zu entwickeln, ohne dabei zwei grundlegende Besonderheiten ihrer maritimen Tradition zu vernachlässigen: Formstabilität und das aufholbare Schwert.

Die ersten amerikanischen Yachten

Im Laufe des 18. Jahrhunderts gelang es den an den amerikanischen Küsten gelandeten Europäern, eine solide ökonomische Lebensgrundlage aufzubauen. Das Land war reich an leicht gewinnbaren Rohstoffen und der Handel mit landwirtschaftlichen Erzeugnissen, Bodenschätzen oder durch Jagd gewonnenen Produkten erwies sich als ausgesprochen profitabel, zumal er zum Großteil unter Umgehung der strengen Vorschriften der englischen Navigation Acts erfolgte, kurz gesagt: Schmuggelhandel. Mit zunehmendem Wohlstand konnte sich nun auch der Segelsport entwickeln.

Die erste uns bekannte amerikanische Yacht ist die *Francy* von Colonel Lewis Morris. Ein Stich aus dem Jahre 1717 zeigt, wie sie durch die New York Bay segelt.

Die Konstruktion orientiert sich noch immer an dem holländischen Vorbild: Die Linien des Vorschiffs sind recht füllig und der Heckaufbau ist reich mit Ornamenten verziert. Das Rigg mit einem Großsegel und einer kurzen Fock, deren Unterliek hoch über dem Deck steht, ruft unweigerlich jene Bilder ins Gedächtnis, die wir schon hundert Jahre zuvor von der Zuidersee her kennen.

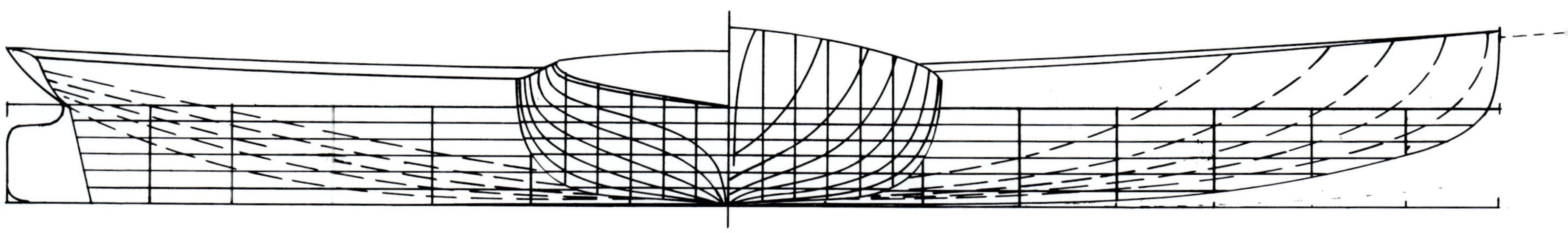

Die Ähnlichkeit ist so groß, dass fast Zweifel aufkommen, ob es sich hier denn tatsächlich um eine Yacht im Sinne eines Freizeitbootes oder nicht doch um ein Arbeitsfahrzeug handelt.

Fest steht, dass der Segelsport auf der anderen Seite des Atlantiks nicht vor dem frühen 19. Jahrhundert Fuß fassen konnte, sich danach aber rapide entwickelte. Bei zahlreichen Kolonisten, die zu dieser Zeit bereits ein beachtliches Vermögen angehäuft hatten, fielen die dem Yachtsport eigenen Möglichkeiten der Selbstdarstellung und des Freizeitvergnügens auf fruchtbaren Boden.

Die aus Holland eingewanderte Familie Crowninshields gab im Jahre 1801 den Bau einer kleinen Yacht in Auftrag, der *Jefferson*, einer recht unscheinbaren, aber sehr schnellen Slup. Ihr folgte nach fünf Jahren die berühmte *Cleopatra's Barge*, von der wir später mehr erfahren werden.

In der Zwischenzeit ließen die Stevens' in New York eine Yacht nach der anderen vom Stapel laufen: zunächst die nur sechs Meter lange *Diver*; gefolgt von der mit 16 Metern Länge über alles bereits beträchtlich größeren *Trouble*, die nach dem Vorbild der karibischen Pirogen geformt war. Die nächste Familienyacht war die *Double Trouble*, die den Namen auf Grund ihres doppelten Rumpfes trug (es war ein Katamaran), und schließlich die fast zwanzig Meter lange *Wave*. Der Name Stevens ging später unter anderem durch die Konstruktion der großartigen Yachten *Maria* und *Onkaye* in die Geschichte des amerikanischen Yachtsports ein.

In Boston wurde zu Beginn der dreißiger Jahre der erste amerikanische Yachtclub gegründet (es gab zwar auch zuvor schon verschiedene andere Clubs, die jedoch nur für kurze Zeit bestanden). Im Gegensatz zu den exklusiven und streng aristokratischen englischen Clubs war der Boston Boat Club von einer Freundesclique ins Leben gerufen worden, die nicht nur die Passion für das Segeln, sondern vor allem der Hang, die schönen Seiten des Lebens zu genießen, verband. 1835 erstanden die Clubmitglieder zum günstigen Preis von 2000 Dollar den 14 Meter langen Schoner *Dream* und im folgenden Jahr die 16 Meter lange *Breeze*.

Der größte Teil der amerikanischen Yachten war nach dem Vorbild von Arbeitsschiffen konstruiert, und zwar insbesondere nach dem »schooner«. Der amerikanische Schoner war gegen Ende des 18. Jahrhunderts als schnelles Fracht- oder Kriegsschiff entstanden und beruhte auf dem Vorbild französischer Melder und Eskortschiffe (Schnellgalioten). Die *Berbice* entstand 1780 und von ihr wurden die so genannten Baltimore »schooners« und schließlich die Bankers' »schooners« abgeleitet.

Als typischer Vertreter dieses Typs kann die *Hornet* gelten: 1819 in Maryland als Lotsenschiff gebaut und schonergetakelt, wurde sie nach einer Überholung in New York 1852 zur slupgetakelten Yacht umfunktioniert.

Cleopatra's barge

30 oben und 30/31: Eine Yacht unter amerikanischer Flagge. Über ein Jahrhundert lang stand der britische Union Jack als Zeichen für die Monopolstellung der Engländer im Freizeitsegeln auf den Meeren der halben Welt (in der anderen Hälfte war dieses Vergnügen praktisch unbekannt). Die Form, das Rigg, die Dekorationen und viele weitere Details der *Cleopatra's Barge* sind typisch für ihren Verwendungszweck, die Konstruktion ist bewusst von den bestehenden Vorbildern der Arbeits- und Marineschiffe losgelöst und, wie es bei amerikanischen Yachten häufig der Fall war, an keine Tradition gebunden.

Das Umfeld einer »neuen Welt« mit den Impulsen einer jungen Nation zu »großen Taten« manifestiert sich in symptomatischer Weise am Beispiel der *Cleopatra's Barge*.

Bemerkenswert ist diese Konstruktion einerseits, weil sie als Freizeitschiff konzipiert wurde, und andererseits, weil sie für eine außergewöhnlich ehrgeizige Hochseetour ausgelegt war in einer Zeit, in der sich das Fahrtensegeln zumeist auf küstennahe Gewässer beschränkte. Abgesehen davon war auch die *Cleopatra's Barge* ein Statussymbol, dessen luxuriöse Einrichtung und prunkvolle Ausschmückung jedoch alles zuvor Gesehene in den Schatten stellte.

Für uns ist sie in erster Linie ein historisches Symbol, nicht nur, weil sie die erste wirklich amerikanische Yacht war, sondern auch, weil sie die geschichtlichen Verhältnisse und die amerikanische Eigenart in einzigartiger Weise widerspiegelt. Ihr Eigner, der Kaufmann George Crowninshield, war weder adliger Herkunft oder Staatsmann, noch stammte er aus einer alten Familie mit reichen Vorfahren. Sein aus Holland eingewanderter Urgroßvater war Arzt gewesen und in Armut gestorben, erst die beiden folgenden Generationen hatten es im Handel zu einem gewissen Wohlstand gebracht. Crowningshield besaß bereits vor der *Cleopatra's Barge* einige kleinere Einheiten, die er aber ausschließlich für seine Handelsaktivitäten nutzte.

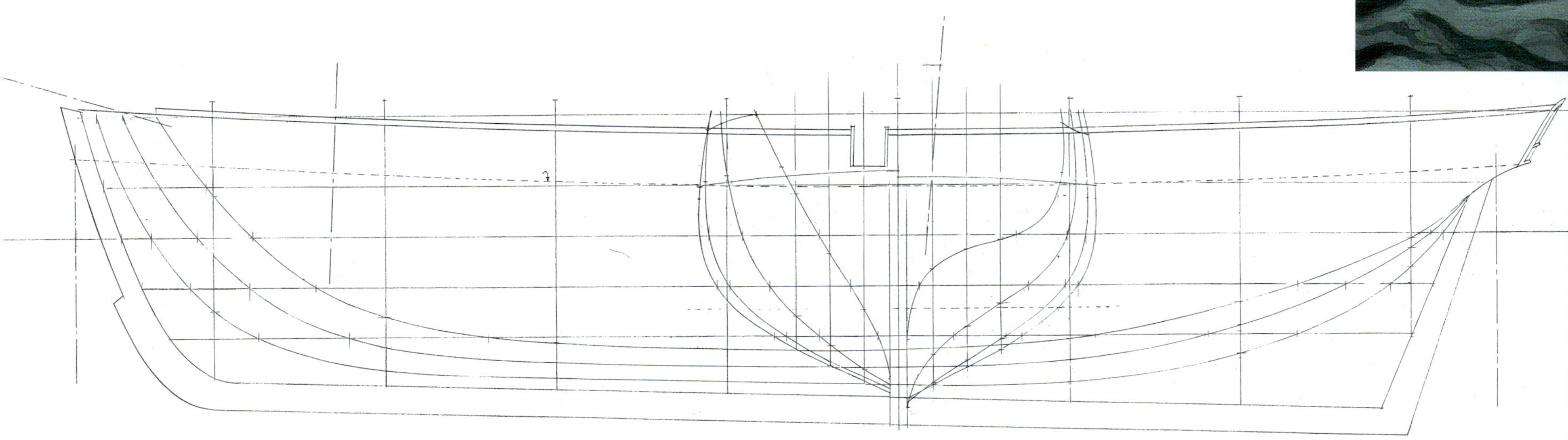

30 unten: Der Linienriss der *Cleopatra's Barge*, hier eine nach Originalzeichnungen angefertigte Version, offenbart die Verwandtschaft mit den zeitgenössischen Arbeitsschiffen. Der Rumpf besaß vorn sehr füllige Linien und verjüngte sich nach achtern. Die Kielsohle war gerade und erstreckte sich fast über die gesamte Rumpflänge, mit einer nur leichten vom Bug zum Heck hin abfallenden Neigung. Letzteres entsprach den praktischen Erfordernissen beim Schiffsbau, da der Kiel direkt auf der auf dem Strand errichteten Helling lag und so die natürliche Abschüssigkeit des Ufers ausgenutzt wurde. Erst gegen Ende des 19. Jahrhunderts verfügte die moderne Herreshoff-Werft über eine geeignete Ausrüstung für den Bau und den Stapellauf von Rümpfen, deren Kiele separate Bauteile waren. Die *Cleopatra's Barge* ist nur im Hinblick auf ihre Ausstattung und Dekoration als Yacht zu bezeichnen, während der englische Kutter konstruktionstechnisch sehr eigenständig ist.

31: Dieses Porträt des Eigners der *Cleopatra's Barge* veranschaulicht sowohl seinen Erfolg als Geschäftsmann als auch seine besondere Vorliebe für die Seefahrt: Ganz in der Pose eines großen Admirals ergreift seine Hand das bei Schiffsoffizieren gebräuchliche Teleskopfernrohr, während im Hintergrund seine Yacht vorübergleitet. Crowninshield gilt als typischer Vertreter des »american way of life« und als Urbild des modernen »yachtsman«: kein Aristokrat, der sich der gesellschaftlichen Konventionen wegen auf See begibt, sondern der Prototyp des wohlhabenden Segelenthusiasten.

George Crowninshield repräsentierte das amerikanische Gesellschaftsmodell, und die *Cleopatra's Barge* war das Aushängeschild seines sozialen Aufstiegs.

Die *Cleopatra's Barge* lief am 31. Oktober 1816 in Salem vom Stapel. Ihr Rumpf vermaß 31 Meter Länge über alles, 7 Meter in der Breite, der Tiefgang belief sich auf 3,50 Meter und die Verdrängung auf 192 Tonnen. Sie war als Rahschoner getakelt und setzte Rahsegel am Fockmast sowie ein Gaffelsegel am Großmast. Die Bordwände waren asymmetrisch verziert, an Steuerbord mit waagerechten Streifen bemalt, während die Backbordseite mit einem Rautenmuster geschmückt war. Der Erbauer Retive Becket präsentierte George Crowninshield eine Rechnung über 50000 Dollar, mehr als das Doppelte des Preises für ein Handelsschiff mit den genau gleichen Ausmaßen.

Das Interieur war so prachtvoll und so wenig seemännisch eingerichtet, wie man es sich nur vorstellen kann: An den Wänden Vertäfelungen aus exotischen Hölzern, die Decken mit Zierbalken und goldgerahmten Kassetten geschmückt, auf den Rückenlehnen der Stühle malerische Darstellungen ländlicher Szenen, mehrere offene Kaminfeuer, Diwane mit goldverbrämten harfenförmigen Rückenlehnen, Vitrinen und Anrichten voller Silbergeschirr und Porzellan.

Mit diesem Schiff stach Crowninshield am 30. März 1817 zu einem für die damalige Zeit unvorstellbaren Törn in See. Er überquerte den Atlantik (vermutlich die erste Atlantiküberquerung mit einem Fahrtensegler) bis zu den Azoren und segelte weiter nach Gibraltar, Tanger und Mallorca. Im Mittelmeer fuhr er entlang der spanischen, französischen und italienischen Küste. Für die geplante Mittelmeerkreuzfahrt hatte sich George Crowninshield einen Satz leichterer Segel nähen lassen, ein überraschendes Verständnis für technische Details bei einem Mann, der eigentlich nur daran interessiert schien, mit seinem Reichtum und seinem exzentrischen Wesen zu beeindrucken.

Als George Crowninshield nach Salem zurückkehrte, ließ er seine Yacht im Mittelmeer liegen, da seine nächste Fahrt ihn in die nordeuropäischen Meere führen sollte. Der Tod überraschte ihn jedoch im Jahre 1818 an seinem Geburtsort in den USA.

Die *Cleopatra's Barge* erlebte 1820 einen letzten Höhepunkt ihres Ruhms, als sie an den König von Hawaii, Kamehameha II., verkauft wurde. Die Eingeborenen, die mit dieser Art von Fahrzeug wenig vertraut waren, verursachten wenig später einen dramatischen Schiffbruch.

Eine neue Schiffs-architektur

Die *Cleopatra's Barge* war die erste als solche konstruierte amerikanische Yacht, aber abgesehen von ihrer imponierenden äußeren Erscheinung und der unbeschreiblichen Pracht der Inneneinrichtung handelte es sich im Grunde noch immer um eine traditionelle Konstruktion.

Die nordamerikanische Gesellschaft befand sich damals in einer Situation immensen Wohlstands und so mussten sich die aus dem Jahrhundert der Aufklärung stammenden Ideen von Innovation und Fortschritt einerseits und die Erfahrungsvielfalt im multiethnischen Geflecht sozialer Beziehungen andererseits fast notgedrungen auch im Yachtbau niederschlagen. Hinzu kam noch die Chance eines völligen Neubeginns sozusagen vom Nullpunkt: moderne Werften, frische Arbeitskräfte, neuartige Werkstoffe – beste Voraussetzungen für innovative Geister, gerade weil man nicht durch Traditionen gebunden war.

In der ersten Hälfte des 19. Jahrhunderts vollzog sich in dieser gerade erst aus der politischen Anbindung an Großbritannien befreiten Nation die Entwicklung der modernen Yacht. Die Richtung dieser Entwicklung wurde von der Bereitschaft bestimmt, mit neuen Bootsgeometrien und Technologien zu experimentieren, um den Fortschritt der Yacht als solcher ungeachtet aller wirtschaftlichen oder militärischen Interessen voranzutreiben.

Jede Idee braucht einen Mäzen. Für den amerikanischen Yachtsport war das Robert Livingston Stevens, ein Ingenieur und Erfinder, der aus einer Familie bedeutender Eisenbahnkonstrukteure stammte und vor allem als fanatischer Anhänger der Fortschrittsidee galt.

Sieht man sich seine beiden Erstlingswerke an, die *Onkaye* und die *Maria*, wird der Leitgedanke seiner Arbeit sofort klar: Alles Bisherige wurde über Bord geworfen, stattdessen wurden neue theoretische Grundlagen erarbeitet, wenn nötig neue Techniken entwickelt und neue Werkstoffe erprobt.

Selbst wenn R. L. Stevens auf bereits bestehende Technologien zurückgriff, tat er das in der Absicht, sie zu verbessern: beispielsweise bei den Schwertern, die er sowohl bei der *Onkaye* als auch bei der *Maria* übernahm. Das bewegliche Schwert war eine Erfindung der Holländer aus dem frühen 17. Jahrhundert: zwei Schwerter, je eines an jeder Bordwand, die drehbar um einen Bolzen gelagert abwechselnd je nach der Richtung des einfallenden Windes abgesenkt werden konnten. Das System war wirkungsvoll, aber keineswegs schnell, und die Leistung einer Yacht wurde jetzt an ihrer Schnelligkeit gemessen.

Hundertfünfzig Jahre später wurde das Steckschwert erfunden, bei dem die Flächen senkrecht heruntergelassen werden konnten. Bei beiden Systemen lag das Augenmerk auf einem Faktor, der mit der Leistung an sich nichts zu tun hatte: im Schiffsinnern größtmöglichen Raum für die Aufnahme von Lasten zu gewährleisten.

Erst im 19. Jahrhundert, als sich der Yachtsport im heutigen Sinn als eigenständige Disziplin zu etablieren begann, tauchte auf beiden Seiten des Atlantiks fast gleichzeitig das moderne Mittelschwert auf.

In England entwickelte Kapitän Molyneux Schudlam zwischen 1810 und 1824 das System eines Mittelschwertes, das auf der Kiellinie des Rumpfes lag und um einen Bolzen herauf- bzw. hinabgeschwenkt werden konnte. Es konnte sich in seinem Ursprungsland aber nicht durchsetzen, weil die englischen Bootsbauer und Konstrukteure – wie wir noch sehen werden – zur gleichen Zeit Kielboote mit derartigem Tiefgang entwickelt hatten, dass sich ein Schwert erübrigte.

Fast zur selben Zeit, am 10. April 1811, ließen die Gebrüder Yoshua, Henry und Jacoks Swain in den Vereinigten Staaten von Amerika ein ähnliches Schwertsystem patentieren. Die Möglichkeit eines Plagiats ist wohl ausgeschlossen, zumal das englische Modell von einem Ballastschwert ausging, während die Erfinder des amerikanischen Systems nur daran interessiert waren, ein Profil zur Vergrößerung des Lateralplanes zu erhalten.

32/33: Als Stevens beschloss, den Schoner *America* bauen zu lassen, um das britische Yachtestablishment herauszufordern, wählte er als Trainingspartner zur Erprobung der Leistungsfähigkeit der Neukonstruktion die *Maria* aus. Diese Yacht galt als die damals schnellste in amerikanischen Gewässern, auf Grund ihrer geringen Stabilität – hervorgerufen durch eine im Verhältnis zum Ballast enorme Segelfläche – war ihr Einsatz allerdings auf geschützte Reviere beschränkt. Abgesehen davon ließ sie sich auch wegen der beiden Schwerter nicht so exakt steuern. Die *America* hatte ebenfalls sehr moderne Linien und war darüber hinaus in sich logischer und einheitlicher konstruiert, man spürte hier die professionelle Hand des Schiffsbauers. Stevens war eben trotz allem ein Laie, und tatsächlich konnte sich seine Konstruktion in keiner Wettfahrt gegen die *America* durchsetzen.

33: Der Kontrast zwischen der *Cleopatra's Barge* und der *Maria* könnte nicht größer sein. Abgesehen von ihrer Länge hat Letztere das typische Erscheinungsbild einer Arbeitsslup der New York Bay, in Wirklichkeit war sie aber ein ausschließlich auf Geschwindigkeitsoptimierung konzipiertes Fahrzeug. Bemerkenswert sind der flachbodige Rumpf, die große Wasserlinienlänge und die beiden aufholbaren Schwerter, wobei das eine zur Stabilisierung und das andere zur Balancierung, also zum Trimmen auf den verschiedenen Kursen, dienen sollte. Beim Betrachten des sehr simplen Riggs könnte man fast vergessen, worauf die Berühmtheit der *Maria* bis in die heutige Zeit beruht: Mit 110 Fuß Länge in der Wasserlinie ist sie die größte Slup, die je gebaut wurde.

R. L. Stevens griff auf beide Modelle zurück und band sie in seine Konstruktionen ein. 1840 entwarf und baute Stevens die *Onkaye*, deren Name in einer indianischen Sprache »tanzende Feder« bedeutet. Der 30-Meter-Schoner mit einer Breite von 6,70 Metern und Kielschwert besaß einen absolut innovativen Linienriss. Bei diesem Projekt konzentrierte sich die Planung auf die Form des Rumpfes. Angestrebt wurde ein Riss, der bei Fahrt eine möglichst kleine Bug- und Heckwelle erzeugte, den Ballast so tief wie möglich trug und sich gleichzeitig durch hohe Formstabilität auszeichnete, ohne auf Höhe der Wasserlinie übermäßig breit zu sein.

Das Ergebnis war ein Kielboot mit einem äußerst ungewöhnlichen, kelchförmigen Spantriss (S-Spant), der den Rümpfen heutiger Yachten durchaus vergleichbar wäre, wenn man von dem Handikap der damals verfügbaren Verarbeitungstechniken und den im Vergleich zu heute geringerwertigen Werkstoffen absieht.

Der Rumpf verjüngte sich in der Wasserlinie sowohl zum Bug als auch zum Heck hin und rief, vor allem bei leichtem Wind, nur eine kleine Bugwelle hervor. Bei zunehmendem Wind krängte das Schiff und erlangte Formstabilität durch die große Decksbreite.

Der Ballast aus Eisenerz (bis dahin wurden Steine als Innenballast verwendet) war im Rumpfinnern im tiefsten Bereich der praktisch von Bug bis Heck über die gesamte Wasserlinienlänge laufenden U-förmigen Kielausbuchtung gelagert. Der lange Kiel passte sich der Helling an, auf der das Schiff gebaut wurde und die auch dem Stapellauf diente.

Das einzig traditionelle Merkmal der *Onkaye* war ihr Schonerrigg und selbst dies war verändert worden: Um die Segelfläche zu vergrößern, hatte der Konstrukteur am Fockmast ein baumloses Gaffelsegel vorgesehen, das teilweise mit dem Großsegel überlappte.

Die Yacht erwies sich als ungeheuer schnell. Der einzige Nachteil war vielleicht ihre hohe Stabilität, die sich durch den breiten Rumpf und den tief liegenden Ballast ergab, denn sie begünstigte das Stampfen und allgemein harte Schiffsbewegungen. Dies führte während einer Fahrt dazu, dass die Masten wegen der starken Belastung von Stagen und Wanten (die natürlich noch nicht aus Stahl bestanden) direkt über Deck brachen.

Das nächste, sechs Jahre später realisierte Projekt bewies einmal mehr, wie experimentierfreudig und auf Neuerungen bauend der Konstrukteur R. L. Stevens vorging.

Die Slup *Maria* lief 1846 vom Stapel und besaß einen vollkommen anderen Linienriss als ihre Vorgängerin *Onkaye*. Ihr Konstrukteur wollte ganz einfach eine bessere, schnellere Yacht bauen und verwirklichte bei der Konstruktion von *Tabula rasa* jene Ideen, die er selbst beim Bau der *Onkaye* entwickelt hatte.

Die *Maria* war vor allem auf Leichtigkeit konzipiert, auch im Rigg. Zum ersten Mal wurden die Masten, der Baum und der Bugspriet ausgebohrt, was unter anderem auch die Entwicklung besonderer Werkzeuge erforderte.

Der Linienriss dieses leichten Rumpfes war sehr flachbodig, und um der Yacht zu besseren Segeleigenschaften auf dem Amwindkurs zu verhelfen, wurden zwei Schwerter vorgesehen: Zunächst ein riesiges Steckschwert in Kiellinie, das den Tiefgang des Schiffes auf 4,20 Meter vergrößerte und aus Stahl mit Bleiballast bestand. Um es aufzuholen, erfand Stevens eine Hebevorrichtung mittels einer zweifach geschorenen Talje. Das zweite Schwert befand sich am Heck und war drehbar um einen Bolzen gelagert, war aus leichtem Holz gefertigt und hatte nur den Zweck, die Steuerung bei unterschiedlichster Besegelung harmonisch zu gestalten.

Die Bauweise spiegelte die Ideen des Konstrukteurs in puncto Leichtigkeit wider, wobei die Werkstoffe jener Zeit den Erfordernissen der vorgesehenen Lösung nicht immer gewachsen waren. Bei einer ihrer ersten Fahrten verlor die *Maria* beispielsweise den vorderen Teil des großen Steckschwertes mit seinen sieben Tonnen Ballast. Stevens dachte sich prompt etwas Neues aus: Er ersetzte das stählerne Schwert durch ein anderes aus Holz und ohne Ballast, das also leicht und ohne übermäßige Anstrengung zu bedienen war. Dann konstruierte er erstmals in der Geschichte einen externen Ballast: Etwa 20 Tonnen flüssiges Blei wurden von innen nach außen durch in den Kiel gebohrte Löcher gegossen. Die Befestigung war dadurch gewährleistet, dass das Blei auf beiden Seiten der Löcher aushärtete.

Mit ihren 34,50 Metern Länge in der Wasserlinie ist die *Maria* bis heute die längste jemals gebaute Slup. Sie trug 750 Quadratmeter Segelfläche, die auf ein Gaffelgroßsegel mit 450 Quadratmetern und eine riesige Baumfock verteilt waren. Chronisten berichten dieser Zeit, dass die Yacht es bei schwachem Wind und ruhiger See ohne Weiteres auf eine Geschwindigkeit von 17 Knoten brachte.

Da Flüsse und Seen eine reiche Nahrungsquelle boten und andererseits wichtige Verkehrsverbindungen darstellten, ergab sich bereits für die Menschen der Frühzeit die Notwendigkeit, ein schwimmendes Transportmittel zu erfinden. Dieses Problem war mit Holz, einem von Natur aus und ohne Zutun menschlicher Intelligenz schwimmenden Material, relativ einfach zu lösen, doch nun stellte sich eine neue Aufgabe: die der Fortbewegung auf dem Wasser. Dazu brauchte man eine »Form«, die ohne oder mit möglichst geringer Anstrengung eine zielgerichtete Bewegung im flüssigen Element ermöglichte. Man kann diesen Erkenntnisprozess mit der Erfindung des Rades vergleichen, mit dessen Hilfe schwere Lasten auf dem Landwege transportiert werden konnten.

Es ist eine intuitive Erkenntnis, dass zu bewegende Gegenstände eine Spitze haben oder zumindest mit ihrer schmalsten Seite in die Richtung weisen sollten, in die sie fortbewegt werden. Es ist jedoch überraschend, dass der Mensch nach einer relativ kurzen Entwicklungszeit, die mehr oder weniger mit der Prähistorie übereinstimmt, von der Benutzung des Baumstamms und davon abgeleiteter Formen wie dem Einbaum oder Floß direkt und unmittelbar dazu übergegangen sein soll, Bootsrümpfe in der charakteristischen »Rundform« zu bauen. Die Konstruktion derartiger Rümpfe war mit komplexen Verfahren verbunden und setzte die Entwicklung komplizierter Techniken und Fertigkeiten voraus, die sich von ihren Ursprüngen bis heute praktisch nicht verändert haben. Sie besteht grundsätzlich darin, dass eine Außenhaut aus Planken oder Platten auf einer in der Länge wie in der Breite ausgedehnten Gerüstkonstruktion angebracht wird, was eine ganze Reihe von Hilfsmitteln und -techniken erfordert, wie beispielsweise die Kalfaterung (also eine Methode zur Abdichtung der Fugen zwischen den einzelnen Elementen der Außenhaut) oder Verfahren zur Verbindung der einzelnen Bestandteile des Gerippes. Diese Fertigungsprozesse sind in der Tat so komplex, dass sie auch heute noch hoch spezialisierten und ausschließlich für diese Tätigkeiten ausgebildeten Facharbeitern vorbehalten sind, nämlich den Bootsbauern.

Vielleicht beeinflusste ja gerade die Entdeckung des Rades die Entscheidung, dass auch die Form eines Schiffsrumpfes rund zu sein hat, und zwar sowohl im Längs- wie im Querschnitt. An diesem Punkt setzte allerdings auch schon ein Stillstand ein. Seit dem Bau der ersten geplankten Schiffe im antiken Griechenland bis zum Schiffsbau im Jahrhundert der Aufklärung gab es keinerlei Bemühungen, die Rumpfformen zu verbessern.

Die Linien waren allein von dem Zweck abhängig, für den das Fahrzeug gebaut wurde: Sollte es Frachten fahren, wählte der Konstrukteur eine betont bauchige Form. War nicht Ladefläche, sondern in erster Linie Schnelligkeit gefragt, wählte

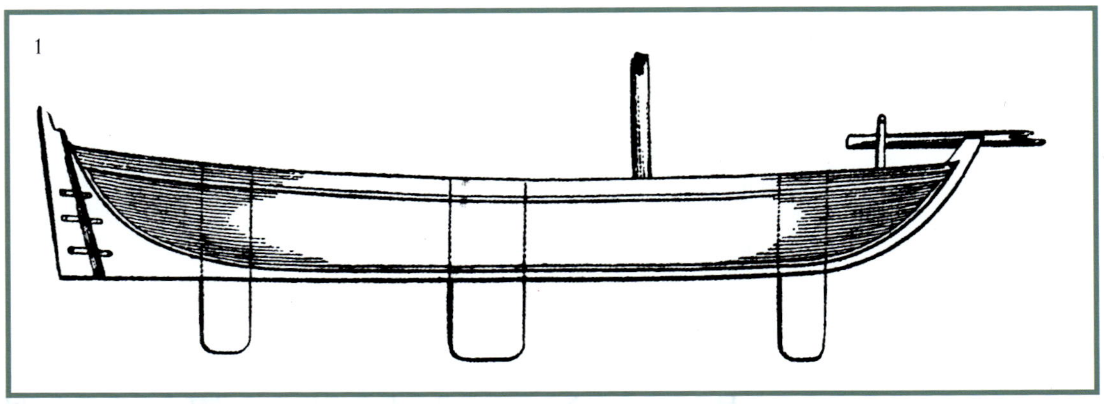

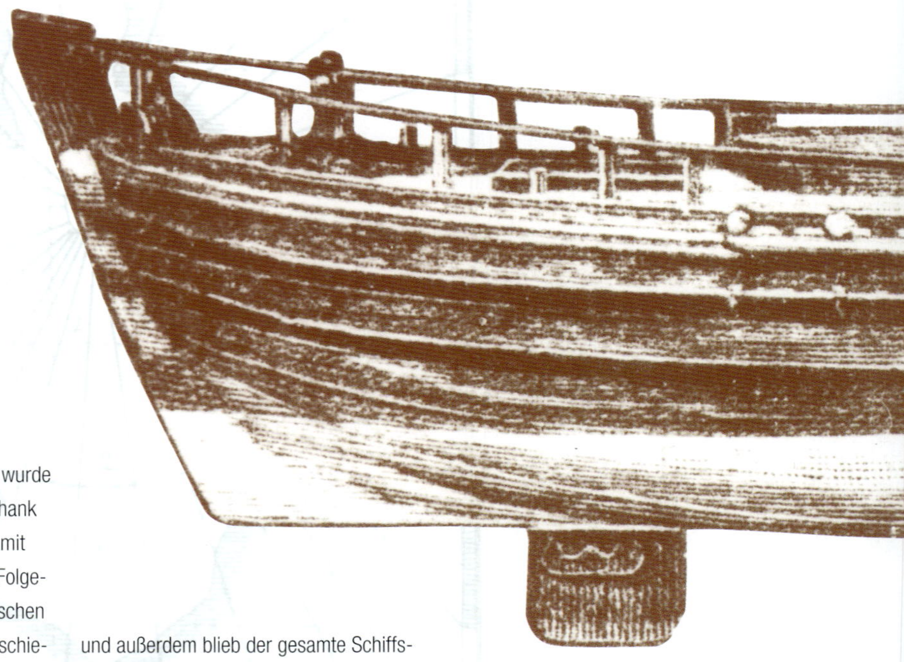

34 und 35: Das erste Mittelschwert wurde 1771 von einem gewissen Kapitän Shank aus Boston entwickelt, der eine Slup mit drei Schwertern konstruierte. In den Folgejahren wurde dieses System der britischen Admiralität angeboten, die es auf verschiedenen Schiffen einbauen ließ. Die Yacht *Cumberland IV* des Kommodore Taylor von der *Cumberland Fleet* hatte nicht weniger als fünf Schwerter. Das System fand aber erst ab 1811 breiteren Zuspruch, nachdem es sowohl in den USA als auch in Großbritannien patentiert worden war. Historisch gesehen verbreiteten sich die Schwertschiffe vor allem in den amerikanischen Gewässern, was – wie bereits seit dem 17. Jahrhundert in Holland – hauptsächlich von den flachen Küsten dieser Regionen begünstigt oder, besser gesagt, erzwungen wurde. Der Einbau und der korrekte Einsatz solcher Hilfsmittel ist relativ kompliziert. Die Abbildungen auf der gegenüberliegenden Seite verdeutlichen, welche umfangreichen Maßnahmen für den Einbau eines aufholbaren Mittelschwertes erforderlich sind. Wichtige Elemente der Grundstruktur sind betroffen, zum Beispiel das Kielschwein an der Mittschiffsachse, so etwas wie die Wirbelsäule im Gerippe einer Yacht. Prinzipiell bevorzugte man daher seitlich an die Bordwand gehängte Seitenschwerter, die von den Holländern seit jeher verwendet wurden. Man vermied auf diese Art Eingriffe in das tragende Gerüst und außerdem blieb der gesamte Schiffsinnenraum für die Fracht verfügbar. Allerdings ist das Mittelschwert weitaus wirkungsvoller, auch eingedenk des komplizierten Einbaus, für den unter anderem die Konstruktion eines wasserdichten Schwertkastens mitten im Schiff erforderlich ist. Die fünf Schwerter der *Cumberland IV* waren ein Versuch, die Balance zwischen dem Segeldruckpunkt und dem Lateraldruckpunkt bei verschiedenen Kursen einzustellen, ein sicherlich abwechslungsreiches, aber ziemlich kompliziertes Unterfangen.

Zeichnung 1:
Ein Rumpf aus dem 18. Jahrhundert mit drei aufholbaren Schwertern. Es handelt sich um einen englischen Entwurf, der nie realisiert wurde, aber beispielhaft den Versuch veranschaulicht, die Probleme im Zusammenhang mit der Abdrift und der Balance unter Segeln zu lösen.

Zeichnung 2:
Der Spantenriss zeigt die Vorrichtung zum Aufholen des Schwertes, das durch einen wasserdichten Schwertkasten geführt wird. Beim Einbau des Systems müssen wichtige Bauelemente des Rumpfes wie die Beplankung und das Kielschwein an der Mittschiffsachse durchbrochen werden.

Zeichnung 3:
Das Schwert wird von zwei Ketten aufgeholt, die auf zwei mit Kurbeln manuell betriebenen Winden aufgewickelt werden. Schwieriger ist zu verstehen, wie ein solches hölzernes Schwert hinabgelassen werden konnte.

Zeichnung 4:
Die Festigkeit des Rumpfes ist durch die Öffnung zum Aufholen des Schwertes geschwächt und muss durch zwei an den beiden Enden des Durchbruchs verstärkte Bodenwrangen sowie eine Reihe quer über die Mittschiffsachse führende Zwischenspanten wiederhergestellt werden.

Zeichnung 5:
Detailansicht der Öffnung zum Aufholen des Mittelschwertes, in der die Zapfenverbindungen der Bodenwrangen und die Nut zum Einpassen der ersten Planke zu erkennen sind.

man eine eher lang gestreckte Form; diese Entscheidung hing weniger mit irgendwelchen hydrodynamischen Theorien als vielmehr mit der Notwendigkeit zusammen, ausreichend Platz für den sperrigen »Antrieb«, sprich die Segel oder Ruder, zu schaffen. Zumal die Schiffe der ersten ebenso wie die der zweiten und dritten Generation bis ins späte Mittelalter durch Ruder angetrieben oder zumindest öfter gerudert als gesegelt wurden, und in einem lang gestreckten Rumpf lassen sich mehr Ruderer unterbringen als bei gedrungener Bauweise.

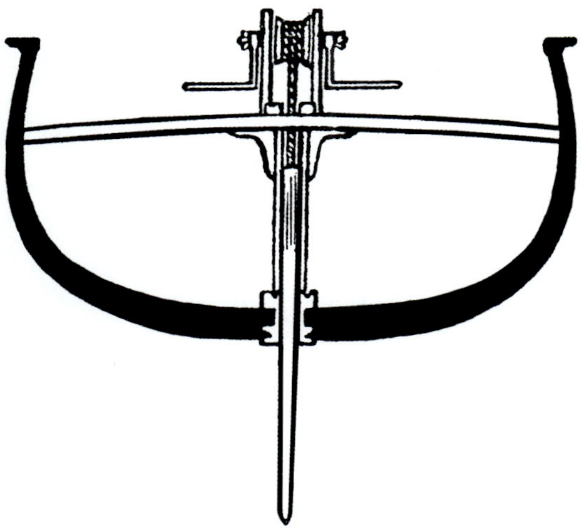

2

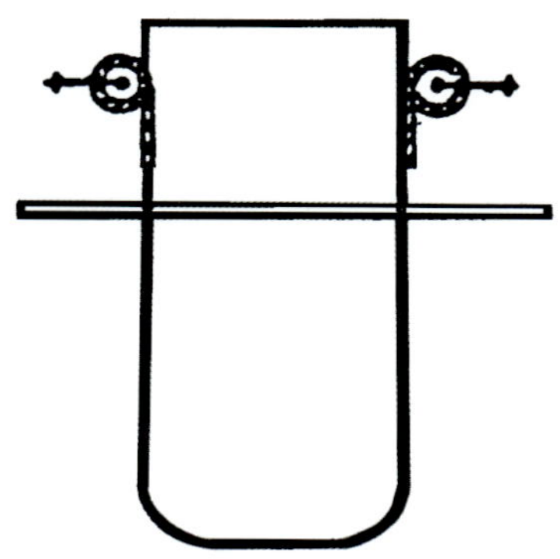

3

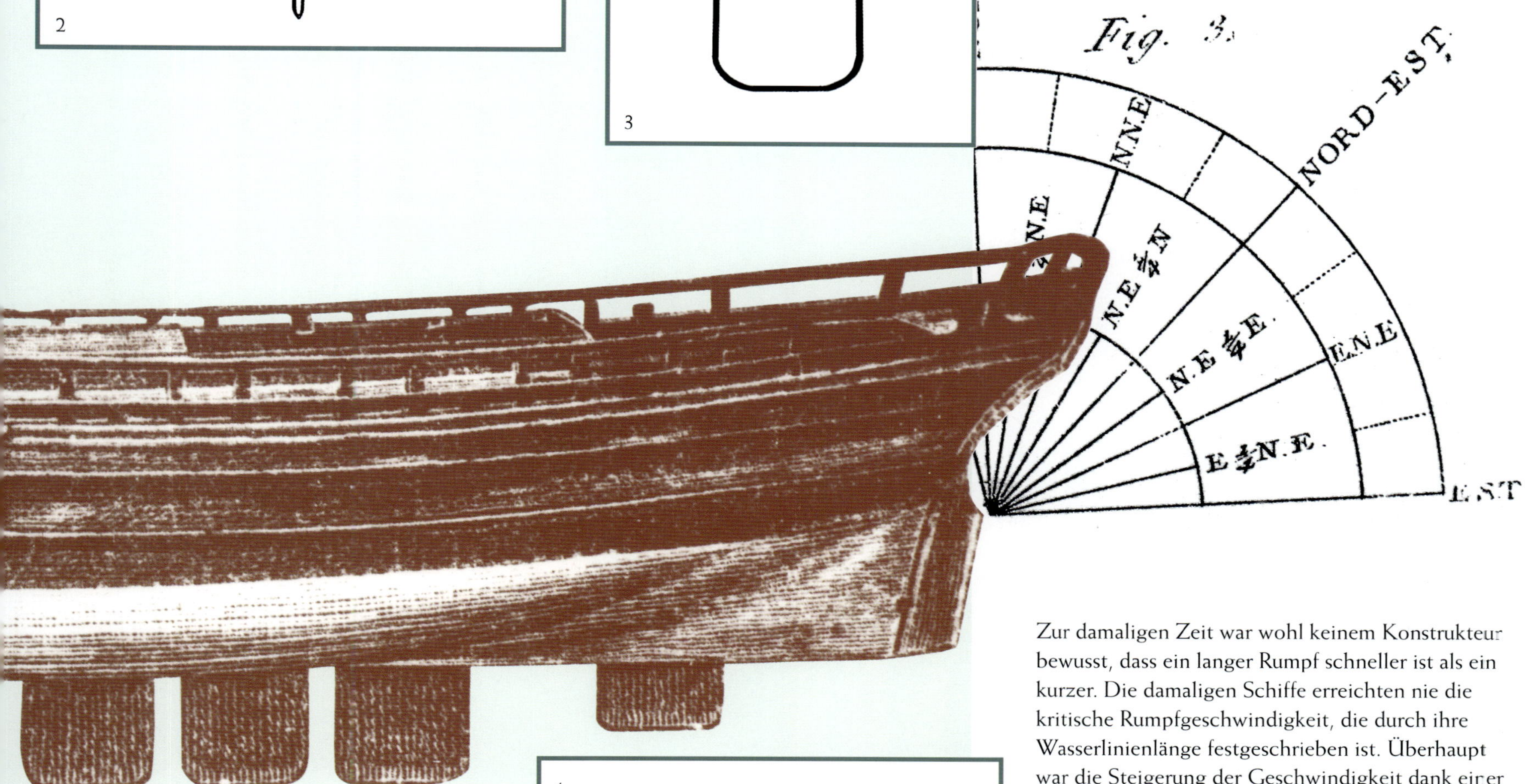

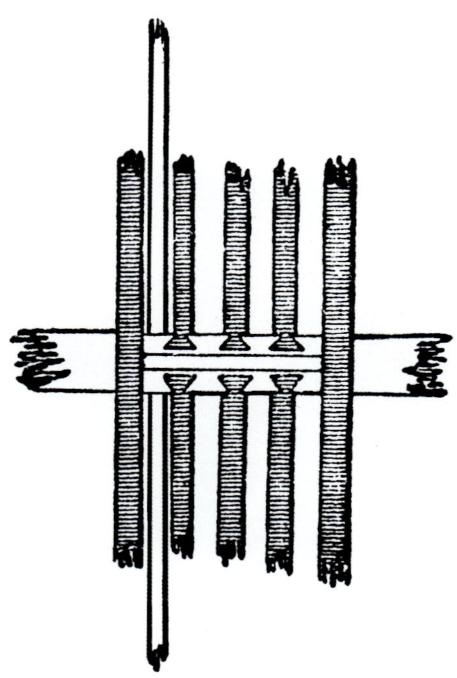

4

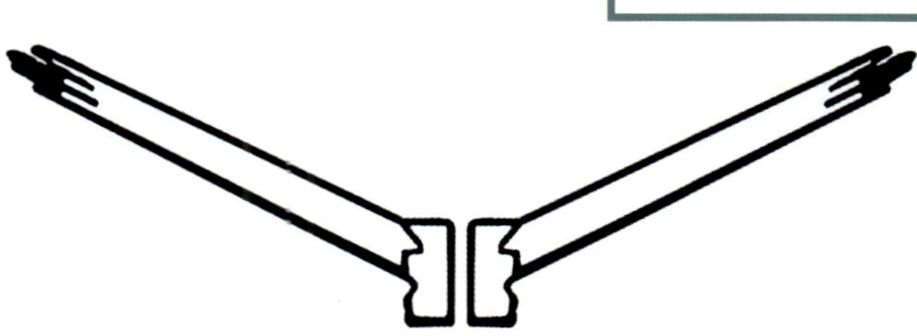

5

Zur damaligen Zeit war wohl keinem Konstrukteur bewusst, dass ein langer Rumpf schneller ist als ein kurzer. Die damaligen Schiffe erreichten nie die kritische Rumpfgeschwindigkeit, die durch ihre Wasserlinienlänge festgeschrieben ist. Überhaupt war die Steigerung der Geschwindigkeit dank einer unbegrenzten Verfügbarkeit von Sklaven niemals ein Problem.

Erst im 18. Jahrhundert, der Epoche der Aufklärung, begann man sich Gedanken um den Zusammenhang von Geschwindigkeit und Rumpfform zu machen und unternahm die ersten Versuche im Schlepptank, wobei über Blöcke umgeleitete Gewichte maßstabgerecht verkleinerte Modelle der geplanten Konstruktionen durch ein riesiges Wasserbecken zogen.

Aber noch immer blieb die Zeichnung des Schiffsrumpfes mehr der Intuition als dem Verstand überlassen. Der Konstrukteur formte und bearbeitete sein Rumpfmodell so lange, bis es seinem »inneren Bild« entsprach. Der einzige theoretische Ansatz beruhte auf der Beobachtung derjenigen Lebewesen, deren natürliches Element das Wasser ist, der Fische. Darauf gründete sich die jahrhundertelang befolgte Schiffsbauerweisheit, dass der Rumpf im Vorschiff wie ein Kabeljaukopf und achtern wie ein Makrelenschwanz geformt sein müsse. Erstaunlicherweise war es gerade die Entwicklung in der Yachtkonstruktion und weniger die Anregung aus dem Handels- oder Marineschiffsbau, die zu einer anfänglich noch intuitiven, später dann wissenschaftlichen Auseinandersetzung mit den verschiedenen Rumpfformen führen sollte. Dahinter stand einmal mehr der pure Spaß am sportlichen Wettstreit.

Der englische Kutter

Heute verstehen wir unter einem Kutter ein einmastiges Rigg mit einem Groß- und mindestens zwei Vorsegeln. Allerdings wurde der Kutter ursprünglich eher durch seinen Verwendungszweck als aufgrund seiner Takelungsart definiert. Mit Kutter bezeichnete man ein vom Militär für die Jagd auf Schmuggler eingesetztes Boot, von daher galt später jedes »schnelle« Schiff im Gegensatz zum Arbeitsfahrzeug als Kutter, insbesondere der Lotsenkutter. Da sich viele der frühen englischen Yachtkonstruktionen an den Formen solcher Kutter orientierten, setzte sich die Bezeichnung Kutter für einen in englischen Gewässern üblichen Yachttyp durch: relativ schlank mit großem Tiefgang, einem Mast und Bugspriet, an dem mehrere Vorsegel gesetzt werden konnten.

Dank ausgefeilterer Formen und eines verbesserten Riggs waren die ehemaligen »Arbeitskutter« schneller und manövrierfähiger geworden, und erfüllten damit zwei entscheidende Anforderungen einer Yacht. Gegen Ende des 18. Jahrhunderts wurde der Begriff zum Synonym für die englische Yacht.

Im Laufe des 19. Jahrhunderts gestaltete man diesen Schiffstyp weiter aus, indem spielerische Elemente hinzugefügt wurden, etwa so, wie das Rokoko den Barock spielerisch verwandelte und damit seinen baldigen Niedergang einleitete. Treibende Kraft für die Weiterentwicklung des englischen Kutters war vor allem die zur damaligen Zeit geltende Tonnageformel, die weder den Tiefgang noch die Segelfläche berücksichtigte, aber die Breite bestrafte. Um die Konkurrenten aussegeln zu können, musste außerdem der Vortrieb verstärkt werden. Auf diese Weise entstand eine im Verhältnis zur Länge immer schlankere Konstruktion. Schon die frühen Kutter besaßen ein relativ hohes Längen-Breiten-Verhältnis (die *Pearl* aus dem Jahr 1820, die man als die erste eigentliche Kutteryacht bezeichnen kann, kam auf einen Wert von fast 3,7 – zum Vergleich: Die *Mary*, die erste Yacht der Geschichte, lag nur bei 2,7). Dieser Trend setzte sich unweigerlich fort: die *Mosquito* aus dem Jahr 1848 hatte ein Längen-Breiten-Verhältnis von 4,0, das bei der 1882 gebauten *Spankadillo* bereits bei 7,2 lag.

Vor diesen extremen Konstruktionen des späten 19. Jahrhunderts entstanden jedoch zahlreiche Kutter, die sich nicht nur durch ihre Schnelligkeit und die gegenüber anderen zeitgenössischen Konstruktionen guten Segeleigenschaften am Wind auszeichneten, sondern vor allem außergewöhnlich attraktiv und originell waren. Noch heute bietet der englische Kutter des 19. Jahrhunderts ein faszinierendes Bild als Vertreter eines Schiffstyps, der sich sowohl in der Rumpfform als auch in der Takelung völlig von seinen Ursprüngen gelöst hat, um sich zur reinen Regattayacht zu entwickeln. Es ist erstaunlich, wie viele der im Verlauf der Geschichte des Yachtsports eingeführten Neuerungen diesem Schiffstyp zu verdanken sind. So tauchte auf den Lotsenkuttern, die grundsätzlich mit einer sehr kleinen Crew gefahren wurden, erstmals das Rollreff zum Verkleinern der Segelfläche bei auffrischendem Wind auf. Da der Kutter mit seinem senkrechten Vorsteven bei Seegang tief in die Wellen einsetzt und ein zusätzlicher Auftrieb fehlt, neigte der Bug samt Bugspriet zum Eintauchen, wodurch das Rigg stark belastet wurde. Durch einen einholbaren Bugspriet löste man auch dieses Problem. In diesem Zusammenhang ist die *Mosquito* zu erwähnen, die erste Yacht mit einem Stahlrumpf. Vor allem aber sah man zum ersten Mal Wasserlinien, die am Heck fülliger als am Bug ausfielen. Die Konstrukteure begannen endlich, sich über die Schiffsbauerweisheit vom »Kabeljaukopf und Makrelenschwanz« hinwegzusetzen.

Die Ära des schmalen und tiefgängigen Kutters, auf ihrem Höhepunkt auch als »Plank on Edge«-Design bezeichnet, sollte tragisch enden. Die 1886 von Fay in Southampton konstruierte *Oona* verlor auf See ihren Kiel wegen der hohen Belastung, der dieser ausgesetzt war. Bei der Havarie kamen mehrere Personen, darunter auch der Konstrukteur, ums Leben.

36 oben: Das Rigg der englischen Kutter leitet sich von Vorbildern ab, die von der britischen Kriegsmarine im Laufe des 18. Jahrhunderts ausgiebig erprobt wurden. Das Großsegel besitzt eine im Vergleich zum ursprünglichen holländischen Segelplan sehr viel ausgeprägtere Gaffel, dazu kommen zwei Vorsegel, von denen eines am Vorstag und das andere an der Nock des sehr langen Bugspriets angeschlagen wurde, sowie das an der Stenge und einer Spiere gesetzte Vierkanttoppsegel.

36/37: Die englische Küste bietet nur wenige Rückzugsmöglichkeiten und die meisten Häfen wurden an Flussmündungen gebaut. Einlaufende Schiffe mussten daher auf offener See die Ankunft des Lotsenbootes abwarten, wollten sie die Gefahren unbekannter Gewässer vermeiden. Aus diesem Grund waren die Lotsenkutter nicht nur für Schnelligkeit und Manövrierfähigkeit konzipiert, sondern mussten auch gute Segeleigenschaften bei rauer See aufweisen. Das Rigg dieses Schiffstyps wurde seit Mitte des 18. Jahrhunderts zum unverwechselbaren Erkennungszeichen vieler Yachten.

37 oben: Ein senkrechter, gerader Vorsteven, ein ungemein schlanker Rumpf, ein knapp über der Wasseroberfläche vorgestreckter Bugspriet: Das ist der englische Kutter. Diese Merkmale wurden im 19. Jahrhundert weiterentwickelt. Zusammen mit der Slup und dem amerikanischen Schoner wurde der englische Kutter zum Yachttyp par excellence und rief eine Segelphilosophie ins Leben, die bis heute ihre Anhänger hat. Ohne Zweifel hat dieses Design die weltweit schönsten Boote hervorgebracht.

37 unten: Bei Amwindkursen wurde das Vierkanttoppsegel des Kutters geborgen und, sofern die Windverhältnisse es zuließen, durch ein Gaffeltoppsegel ersetzt. Das Großsegel des Kutters besaß ein freies Unterliek, das heißt, es war nicht am Baum angeschlagen, weil man glaubte, eine der Kugelform angenäherte Segelfläche ergäbe bessere Vortriebsleistungen als ein flaches Segel. Aerodynamische Untersuchungen sollten das Gegenteil beweisen. Erst der Erfolg der *America* gegen die englischen Kutter Mitte des 19. Jahrhunderts bereitete dem Irrglauben ein Ende.

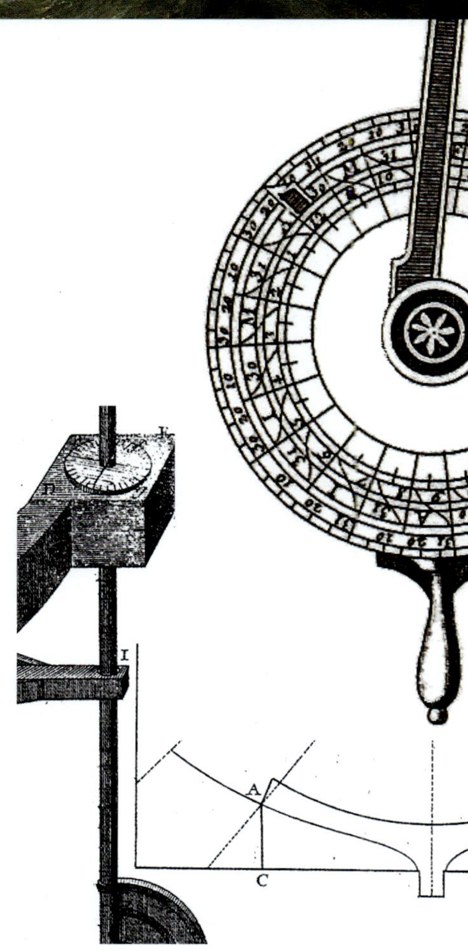

Die amerikanische Slup

Ein dramatischer Unfall bereitete einer gänzlich anders gerichteten Entwicklung im Yachtbau jenseits des Atlantiks ein jähes Ende. 1876 kenterte die *Mohawk*, ein gigantischer Schoner mit aufholbarem Schwert (Wasserlinienlänge 37 Meter und Breite 9,25 Meter: Das ergibt ein Verhältnis von 4,0 und liegt somit weit unterhalb dem Längen-Breiten-Verhältnis der englischen Kutter; das eigentliche Problem war allerdings der geringe Tiefgang von nur 1,80 Meter bei aufgeholtem Schwert gegenüber einer Länge über alles von mehr als 40 Metern), in einer unvorhergesehenen Bö, die das Schiff erfasste, als es die Segel bereits gesetzt, aber noch keine Fahrt aufgenommen hatte und gerade den Anker lichtete. Der Eigner, seine Gattin und drei weitere Passagiere starben bei dem Unfall.

Von da an begann man in den Vereinigten Staaten das klassische Modell des amerikanischen Schoners mit geringem Tiefgang in Frage zu stellen, das unter dem Leitgedanken »broad and shallow« (breit und flachbodig) stand und knapp ein Jahrhundert lang als eigenständige Alternative zum »deep and narrow«-Design (tiefgehend und schlank) der Engländer gegolten hatte.

Tatsächlich entwickelte sich in Amerika um die Jahrhundertwende ein Yachttyp nach dem Vorbild der Slups der Fischer, wie sie sowohl vor den karibischen Inseln (wo man sie übrigens noch heute in ebenso pittoresken wie wettkämpferisch anspruchsvollen lokalen Regatten sieht) als auch in den Buchten und Mündungsgebieten der nordamerikanischen Westküste, zum Beispiel auf dem Hudson in New York, üblich waren.

Die Begriffe »cutter« und »sloop« wurden wohl zunächst als Bezeichnung für Beiboote größerer Schiffe verwendet und sind in jedem Fall holländischen Ursprungs (ein in Holland verbreiteter kleiner, einmastiger Bootstyp wurde »kotter« genannt, einen anderen bezeichnete man als »sloep«, etymologisch verwandt mit dem italienischen »scialuppa«, dem französischen »challop« wie auch mit dem deutschen Wort Schaluppe, allesamt Bezeichnungen für größere Beiboote).

Tatsache ist, dass sich die Slup zu einem an der nordamerikanischen Westküste außerordentlich populären Freizeitboot entwickelte. Sie besaß einen sehr lang gestreckten Rumpf mit geringem Tiefgang (die dortigen Gewässer sind im Gegensatz zu den britischen relativ flach, unter anderem weil die Kontinentalplatte sich bis zu zweihundert Kilometer vor der amerikanischen Küste erstreckt), hatte der besseren Amwindleistung wegen ein Schwert und verfügte bei nur einem Mast über eine große, auf simple Weise verteilte Segelfläche: ein großflächiges Gaffelsegel ohne

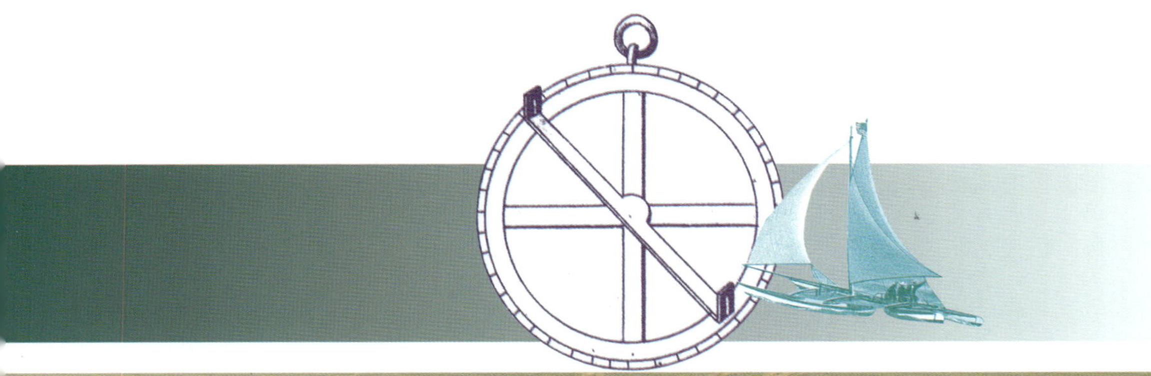

38 unten: Die geschützten, aber windreichen Gewässer an der Westküste der Vereinigten Staaten begünstigten die Verbreitung von Regatten zwischen verschiedenen, hauptsächlich in der Fischerei als Arbeitsfahrzeuge eingesetzten Schiffstypen. Diese Ereignisse waren von einem florierenden Wettgeschäft begleitet, wie auch in der distinguierteren britischen Segelwelt des 18. Jahrhunderts Geldpreise für den Sieger einer Wettfahrt ausgesetzt wurden. Die beiden Schiffe im Vordergrund, die sich auf der Kreuz ein hartes Duell bieten, sind typische Vertreter der amerikanischen Slup: ein flachbauchiger, breiter Rumpf, Stabilisierung durch beweglichen Ballast und durch das Gewicht der Mannschaft, und eine große Segelfläche, die in sehr einfacher Weise auf ein an einem Baum angeschlagenes Gaffelgroßsegel und eine Baumfock verteilt ist.

38/39: Der amerikanische Yachtbau entwickelte sich in konzeptioneller Freiheit, ohne sich an Vorläufern oder traditionellen Modellen zu messen. Die Konstrukteure konnten unvoreingenommen mit innovativen Elementen experimentieren. Während die britischen Kollegen an der Perfektionierung eines einzigen Schiffstyps arbeiteten, waren die amerikanischen Yachtbauer flexibler: Die hintere Slup auf dem Bild hat einen Klippersteven, während die vordere Yacht mit einem geraden, fast englisch anmutenden Vorsteven ausgestattet ist. Im Vordergrund segelt ein Katamaran, dessen Vorläufer, wenn hier überhaupt davon die Rede sein kann, eher in der exotischen Welt Polynesiens als bei William Petty zu suchen sind.

Toppsegel und eine Baumfock. Dem durch die Segelkräfte bedingten Krängungseffekt wirkte in erster Linie die durch den breiten Rumpf vorgegebene Stabilität entgegen, während der im Kiel mitgeführte Ballast eine geringere Rolle spielte (man setzte also auf die Formstabilität und vernachlässigte die Gewichtsstabilität).

Darüber hinaus wurde die Stabilisierung durch die Verlagerung des Gewichts der Crew unterstützt, bei bestimmten Schiffstypen, den berühmten »sand baggers«, aber auch mit beweglichem Ballast in Form von Sandsäcken, die bei jedem Bugwechsel von einer Bordseite zur anderen – jeweils luvwärtigen – gehievt werden mussten.

Mit den zunehmend größeren Abmessungen der Yachten – der Höhepunkt war wohl mit der weiter oben beschriebenen Slup *Maria* erreicht – wurde das »broad and shallow«-Design des Rumpfes zwar beibehalten, die Takelung entwickelte sich aber zum Zweimastrigg. Ab der zweiten Hälfte des 19. Jahrhunderts wurde dieser »shooner« zum Inbegriff der Yacht.

39 unten: Die eigentliche Ursache für die Kenterung der *Mohawk* war wohl menschliches Versagen des Kommandanten aus mangelnder Vorsicht oder Unerfahrenheit: Die Yacht wurde mit gesetztem Toppsegel (auf der Illustration nicht dargestellt, aber von allen Chronisten bestätigt) von einer Bö überrascht, während sie noch fest vor Anker lag. Dieser Fehler wiegt weit schwerer als der Umstand, dass die Querstabilität der *Mohawk* auf der Form und weniger auf dem Ballast beruhte. Trotzdem bedeutete der Vorfall einen herben Rückschlag für die Anhänger des »broad and shallow«-Designs und verzögerte dessen Entwicklungsprozess spürbar.

Die erste Regatta

Der Ausdruck Regatta stammt von dem Wort »riggada«, das im venezianischen Dialekt die Aufstellung der Boote in einer Reihe vor dem Start einer Wettfahrt bezeichnete (dabei ging es natürlich zunächst um Ruderregatten, die ältesten maritimen Wettkämpfe überhaupt. Der Gedanke des Wettstreits ist im menschlichen Wesen so tief verwurzelt, dass selbst Schiffe wie die englischen Vorläufer der modernen Yacht, deren Ursprünge auf die holländische *Mary* zurückgehen und doch offensichtlich eher Prestigeobjekt als Sportgerät waren, sich dem Reiz des sportlichen Miteinander-Messens nicht zu entziehen vermochten. Das verhältnismäßig kleine Revier der Themse war flachen Küstengewässer Hollands konzipiert worden waren, durch den im englischen Schiffsbau üblichen Kiel mit größerem Tiefgang ersetzt.

Eines dieser beiden Schiffe war die *Cathérine*, die Charles II. selbst gehörte und in jenem Jahr von Christopher Pett mit einer Länge von 49 Fuß, einer Breite von 19 Fuß, einem Tiefgang von 7 Fuß und einer Verdrängung von 94 Tonnen gebaut worden war. Die zweite Yacht, die *Anne*, wurde von Peter Pett für den Bruder des Königs, James, Herzog von York, gebaut. Sie war mit 52 Fuß ein wenig länger als ihre Konkurrentin und verdrängte 6 Tonnen mehr. Beide Yachten trugen ein der damaligen Zeit entsprechendes Rigg, das

40 links: Die Entstehung der Yachtclubs ist eher als soziales Phänomen zu betrachten. Die ersten Yachtclubs waren Einrichtungen, die die Zugehörigkeit ihrer Mitglieder zu einer privilegierten Klasse unterstrichen, daher wurde großer Wert auf Exklusivität gelegt. Unumstritten ist aber, dass diese Vereinigungen viel zur Verbreitung des Segelsports beigetragen haben. Während England das Geburtsland der ersten Regattayacht wurde, gebührt Irland die Ehre, den ersten Yachtclub zu beheimaten, der im Jahre 1720 in Cork gegründet wurde.

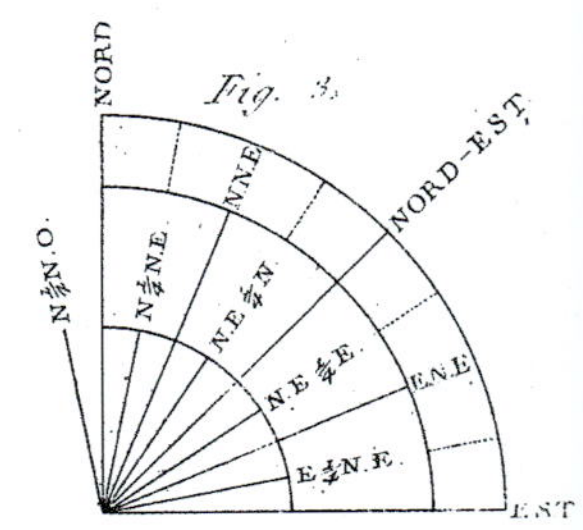

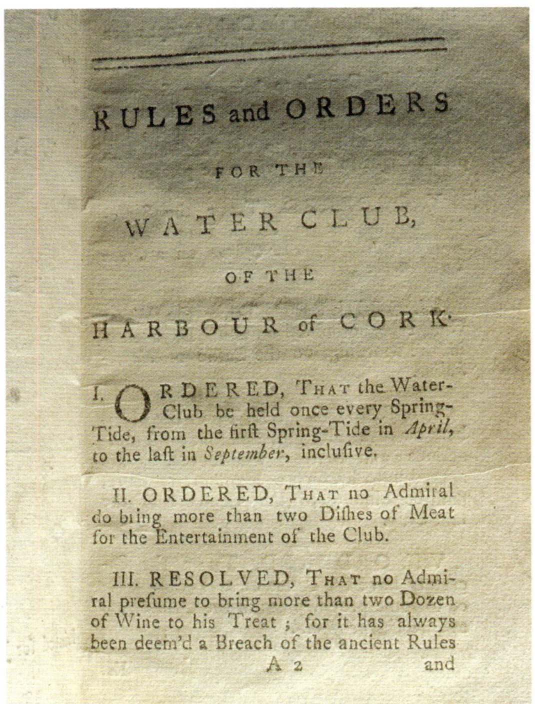

RULES and ORDERS
FOR THE
WATER CLUB,
OF THE
HARBOUR of CORK.

I. ORDERED, That the Water-Club be held once every Spring-Tide, from the firſt Spring-Tide in *April*, to the laſt in *September*, incluſive.

II. ORDERED, That no Admiral do bring more than two Diſhes of Meat for the Entertainment of the Club.

III. RESOLVED, That no Admiral preſume to bring more than two Dozen of Wine to his Treat; for it has always been deem'd a Breach of the ancient Rules

A 2 and

dabei kein Hinderungsgrund. Tatsache ist, dass die Londoner Bevölkerung schon im Oktober 1661, also nur ein Jahr nach der Ankunft der *Mary* in England, die erste geschichtlich überlieferte Segelregatta erlebte, die von Greenwich, damals ein Vorort der Hauptstadt, flussabwärts in Richtung Themsemündung bis nach Gravesend und zurück führte. Der Kurs hatte eine Gesamtlänge von etwa 40 Meilen auf einem Fluss, der an keiner Stelle breiter als eine Meile war.

Wahrscheinlich gab es schon vor diesem Zeitpunkt Wettfahrten zwischen den Yachten wohlhabender holländischer Kaufleute, wie ja auch die Schiffe früherer englischer Monarchen schon Rennen gegeneinander gesegelt hatten. Die Regatta vom 1. Oktober 1661 war aber zweifellos das erste offizielle, auf einem bezeichneten Kurs ausgetragene Yachtrennen, von dem detaillierte Aufzeichnungen erhalten sind, die unter anderem die Siegesprämie nennen: 100 Pfund Sterling (zum Vergleich: eine Yacht wie die von Charles II. kostete damals rund 3000 Pfund Sterling).

An dieser Wettfahrt nahmen zwei sehr ähnliche Yachten teil, die beide der *Mary* nachgebaut worden waren, von dieser aber in einem wesentlichen Merkmal abwichen: Die Konstrukteure hatten die umständlichen und wenig wirkungsvollen Seitenschwerter, die ursprünglich für die heißt der holländischen Tradition entsprechend: Der eine Mast trug ein Gaffelgroßsegel, Vorsegel, die bereits erheblich tiefer geschnitten waren als die der niederländischen Vorgänger, und Rahsegel für Vormwindkurse.

Die erste Etappe wurde mit der Strömung des Flusses bei starkem Gegenwind gesegelt (man kann wohl davon ausgehen, dass die Tideströme der Fahrtrichtung nicht entgegengesetzt waren, was bei der gegebenen Windrichtung zu beträchtlichen Schwierigkeiten geführt hätte). Diese Kreuzstrecke bedeutete mit Sicherheit ein hartes Stück Arbeit, denn die Themse ist an manchen Stellen nur eine halbe Meile breit und zur damaligen Zeit konnte man mit keinem Schiff wirklich bequem am Wind segeln. An der Tonne von Gravesend hatte die *Anne* einen kleinen Vorsprung gegenüber der Yacht des Königs herausgefahren. Auf der Rücketappe stoben die beiden Yachten unter Vollzeug vor dem Wind auf das Ziel in Greenwich zu, die Vorsegel im Schmetterlingsstil geschotet. Von König Charles II. gesteuert, kreuzte die *Cathérine* als Erste die Ziellinie.

Von diesem Augenblick an begann der Yachtsport seinen Siegeszug. In England wurden immer öfter Regatten veranstaltet. Noch bis zum Ende des 18. Jahrhunderts glichen sie eher Paraden als echten Wettfahrten, da zu solchen Anlässen auch sehr viele Manöver nach den Regeln der Kriegsmarine gezeigt wurden.

40/41 und 41 unten: Die Hochseeaktivitäten der ersten Yachtclubs beschränkten sich auf Formationssegeln und Manöver gemäß den Regeln der Kriegsmarine. Die Club-Yachten wurden nach militärischem Vorbild stets von einem Flottenadmiral, dem so genannten Kommodore, angeführt. Die Yacht aus Cork entspricht in allem dem zeitgenössischen englischen Yachttyp: dasselbe füllige Vorschiff (man glaubte damals, dass eine große Bugwelle ein untrügliches Zeichen für ein schnelles Schiff sei) und der Segelplan, der noch den holländischen Ursprung verrät.

Ein englischer Chronist liefert uns die folgende Beschreibung eines solchen Ereignisses aus dem Jahre 1784, veranstaltet vom Water Club of the Harbour of Cork: »Nun möchte ich eine Zeremonie beschreiben, die man in Cork veranstaltet. Sie erinnert an die Vermählung des Dogen von Venedig mit dem Meer. Eine Gruppe ehrenwerter Gentlemen, die sich zu einer Vereinigung mit dem Namen The Water Club zusammengeschlossen haben, segelt einige Meilen hinaus auf See mit einer großen Anzahl kleiner Boote, welche mit ihrer reichen Verzierung und ihrem Goldschmuck die königlichen Yachten von Greenwich an Pracht übertreffen. Ihr Admiral, der jedes Jahr neu gewählt wird, hisst auf seinem kleinen Schiff den Stander, geleitet die Vorhut und nimmt den Salut entgegen; die Übrigen nehmen ihre Positionen ein und bleiben in exakter Kiellinie wie die Schiffe des Königs. Begleitet wird die Flotte von zahlreichen kleinen beflaggten Booten, Trommelschlag und Fanfarenklang …«

Die Herausforderungen, die Sir William Petty mit seinen Katamaranen 1662 und 1663 gegen eine Schaluppe (vermutlich eine Slup) und andere königliche Yachten annahm – und gewann –, können wohl kaum als Regatta gewertet werden, es gibt aber überlieferte Aufzeichnungen von anderen Wettfahrten. Im Jahr 1749 zum Beispiel trugen erstmals zwei so genannte »commoners«, Edelleute, die nicht zur königlichen Familie gehörten, eine Wettfahrt aus, bei der die *Princess Augusta* eines gewissen George Bellas siegte. Der Kurs der Regatta verlief von Greenwich zur Sandbank Nore, die vor der Themsemündung liegt, und zurück. Dies war vielleicht die erste Regatta, deren Kurs die geschützten Gewässer der Themsemündung verließ, und zweifellos lässt sich diese fast zwei Tage dauernde Wettfahrt schon als frühe Hochseeregatta bezeichnen.

Die Cumberland Fleet, später in Royal Thames Yacht Club umbenannt, organisierte seit den achtziger Jahren desselben Jahrhunderts mehrere Regatten auf der Themse für Yachten zwischen zwei und fünf Tonnen. Das waren kleine, sechs bis sieben Meter lange Boote mit einem langen Mast und tiefgehendem Kiel. Ihre Form war dem »cutter« nachempfunden, einem für die Jagd auf Schmuggler eingesetzten Bootstyp, der in erster Linie auf Schnelligkeit ausgelegt war. Dies war die Geburtsstunde der reinen Regattayacht.

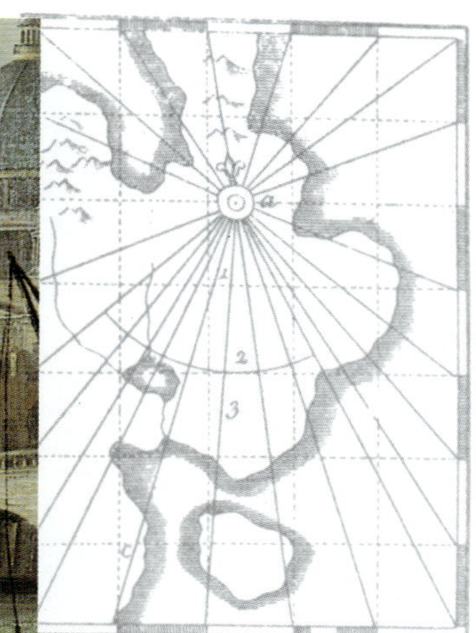

41 oben: Die in England durch das Segel-Duell zwischen der *Cathérine* und der *Anne* begründete Tradition sollte sich vor allem nach der Gründung eines Yachtclubs an der Themse im Jahr 1770 entwickeln. Im Gegensatz zu der ersten Wettfahrt im Segelsport nahmen an den von der Cumberland Fleet ausgerichteten Regatten Vertreter der englischen Aristokratie teil, die nicht mit der königlichen Familie verwandt waren. Die Themse, damals noch frei vom dichten Handelsschiffsverkehr späterer Jahre, wurde zum Schauplatz regelmäßiger Regatten, während die königlichen Yachten auf die exklusiveren Reviere im Solent auswichen.

Regatten in Amerika

Während die Europäer, oder besser die Engländer, mit ihren barocken Yachten holländischen Ursprungs Lustfahrten unternahmen und erste Wettfahrten veranstalteten, waren die Bewohner der künftigen Vereinigten Staaten von Amerika im gesamten Verlauf des 18. Jahrhunderts noch mit ganz anderen Problemen beschäftigt und fanden weder Zeit noch Gelegenheit, sich um die Entwicklung der Freizeitschifffahrt zu kümmern. Was man aus dieser Zeit erfährt, bezieht sich meist auf Expeditionen von Pionieren auf der Suche nach fruchtbarem Ackerland, auf Scharmützel mit mehr oder weniger grausamen Indianern und natürlich auf das herausragende historische Ereignis jener Epoche, den Unabhängigkeitskrieg. Im Zusammenhang mit dem Wassersport gibt es bestenfalls einige vereinzelte Berichte von Kanuwettfahrten, die von Jägern auf Flussläufen ausgetragen wurden. Der Segelsport feierte sein Debüt erst im darauf folgenden Jahrhundert.

Nachdem die Vereinigten Staaten den Status einer eigenständigen Nation erlangt hatten, stellte sich sehr rasch jener Wohlstand ein, der Voraussetzung für jede Art von Freizeitbeschäftigung ist. Aus nahe liegenden Gründen kam der erste Impuls für den segelsportlichen Wettstreit von Berufsskippern, die mit ihren Arbeitsbooten die ersten Wettfahrten segelten. Dasjenige Frachtschiff, das als Erstes einen Lotsen an Bord rief, besaß das Recht, auch als Erstes in den Hafen einzufahren und seine Fracht zu entladen, was sich in barer Münze bezahlt machte. Daher mussten die Lotsen die in den Hafen zu leitenden Schiffe möglichst schnell erreichen. Dies brachte die Schiffskonstrukteure dazu, immer schnellere Schiffe zu entwerfen und immer wirkungsvollere Riggs zu entwickeln, während es im englischen Yachtbau, bedingt durch die enge Bindung an die eher konservativen und traditionsbewussten aristokratischen und höfischen Kreise, vielfach hemmende Vorschriften und Regelungen zu beachten galt. Der Fortschritt blieb den bürgerlich geprägten USA überlassen.

Das Bestreben nach verbesserter Segelleistung führte bei den kleinen Fischerbooten zu den besten Ergebnissen, wie die Slup im New York Bay, die »sand baggers« und die Austern- und Krabbenfischer im Chesapeake Bay beweisen.

Unter den damaligen Konstrukteuren ragt vor allem der Name George Steers heraus, der spätere Konstrukteur der *America*, der in den dreißiger Jahren noch mit dem Bau kleiner Slups um die fünf Meter Länge beschäftigt war. Mit einer dieser Yachten gewann er alle Regatten, an denen er teilnahm. Danach widmete er sich hauptsächlich dem Entwurf von Lotsenbooten, die sich ebenfalls als die Schnellsten ihrer Art erwiesen, und das nicht nur in ihren Einsatzhäfen, sondern auch bei den vor Boston und New York ausgerichteten Wettfahrten. Wie immer waren Geldpreise ausgesetzt und das Wettgeschäft blühte. Das berühmteste der von Steers konstruierten Lotsenboote war die *Mary Taylor*, benannt nach einer Tänzerin, die durch ihre für die damalige Zeit sehr gewagten Darbietungen bekannt geworden war. Später folgte natürlich die berühmte Steers-Konstruktion *America*.

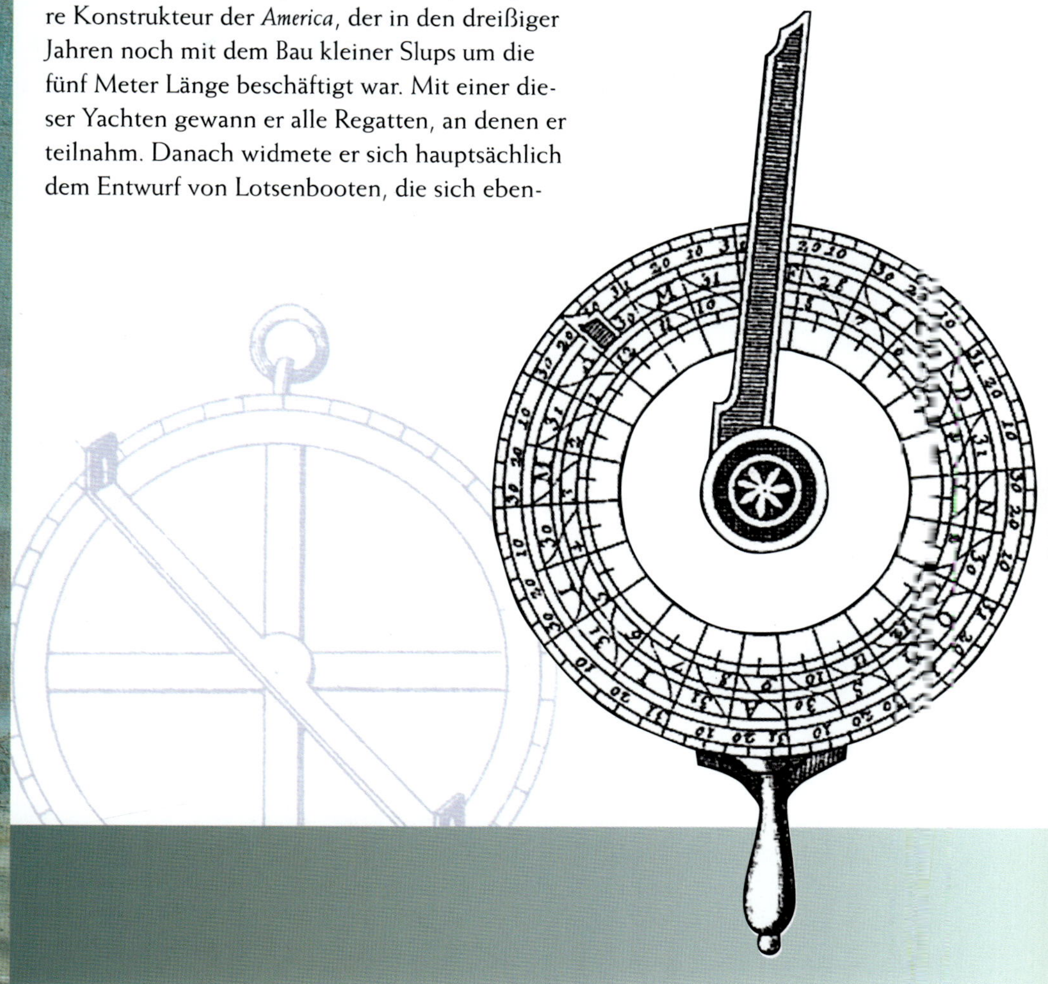

Zwischenzeitlich wurde in New York erstmals eine Regatta für Yachten veranstaltet, das heißt eine nur Freizeitschiffen vorbehaltene Wettfahrt, sowie eine weitere für kleine Sport- und Fischerboote in Boston. Dort war ebenfalls ein kleiner Yachtclub von einem segelbegeisterten Freundeskreis ins Leben gerufen worden. Mit den beiden clubeigenen Yachten, der *Dream* und der *Breeze*, segelten die Clubmitglieder nur zum Vergnügen zahlreiche Wettfahrten.

Der Konstrukteur John Cox Stevens, Bruder von Robert Livingston Stevens, dem genialen Konstrukteur der *Onkaye* und der *Maria*, baute sich ebenfalls eine Yacht zu dem ausschließlichen Zweck, Regatten zu segeln und zu gewinnen, den 60 Fuß langen Schoner *Wave*. Nachdem er alle Yachten im New Yorker Hafen besiegt hatte, ging er nach Boston, um sich mit neuen Gegnern zu messen. Er sollte eine entscheidende Figur nicht nur im amerikanischen Yachtsport werden.

Konstrukteure und Yachteigner erkannten schnell die technischen Vorteile dieser Entwicklungen, so dass an der nordamerikanischen Westküste die Nutzung solcher Boote als Freizeit- und Regattayachten rasch zunahm. Man richtete Bootsklassen ein (in New York gab es Wettfahrten für Slups von 20 und 28 Fuß) und stellte Regeln für die einzelnen Regatten auf (beispielsweise wurde die Anzahl der Crew auf einem »sand bagger« auf 17 beschränkt; dafür wurden meistens einfache Hafenarbeiter angeheuert, deren einzige Aufgabe an Bord darin bestand, bei jedem Wendemanöver die Sandsäcke schnell von einer Bordseite zur anderen zu schleppen und selber als Ballast zu fungieren). Bei diesen Regatten ging es immer um Geldpreise und natürlich wurde fieberhaft gewettet.

42/43: In den Vereinigten Staaten gab es vermehrt segelsportliche Veranstaltungen erst im Verlauf des 19. Jahrhunderts. Die allgemeine Wirtschaftslage dieser im übrigen gerade erst entstandenen Nation war noch zu schwierig, als dass irgendjemand Zeit und Lust für sportliche Wettkämpfe auf See gehabt hätte. Dann aber ging alles sehr schnell und der Segelsport verbreitete sich an der gesamten amerikanischen Westküste zwischen Boston, New York und Baltimore. Die so genannten »lightships« (Feuerschiffe), die Gefahrenstellen und Untiefen an den in diesem Gebiet häufigen Sandbanken markieren, erwiesen sich als ideale Bahnmarken. Häufig sind sie das noch heute.

Die Vermessungsformeln und Rennwerte

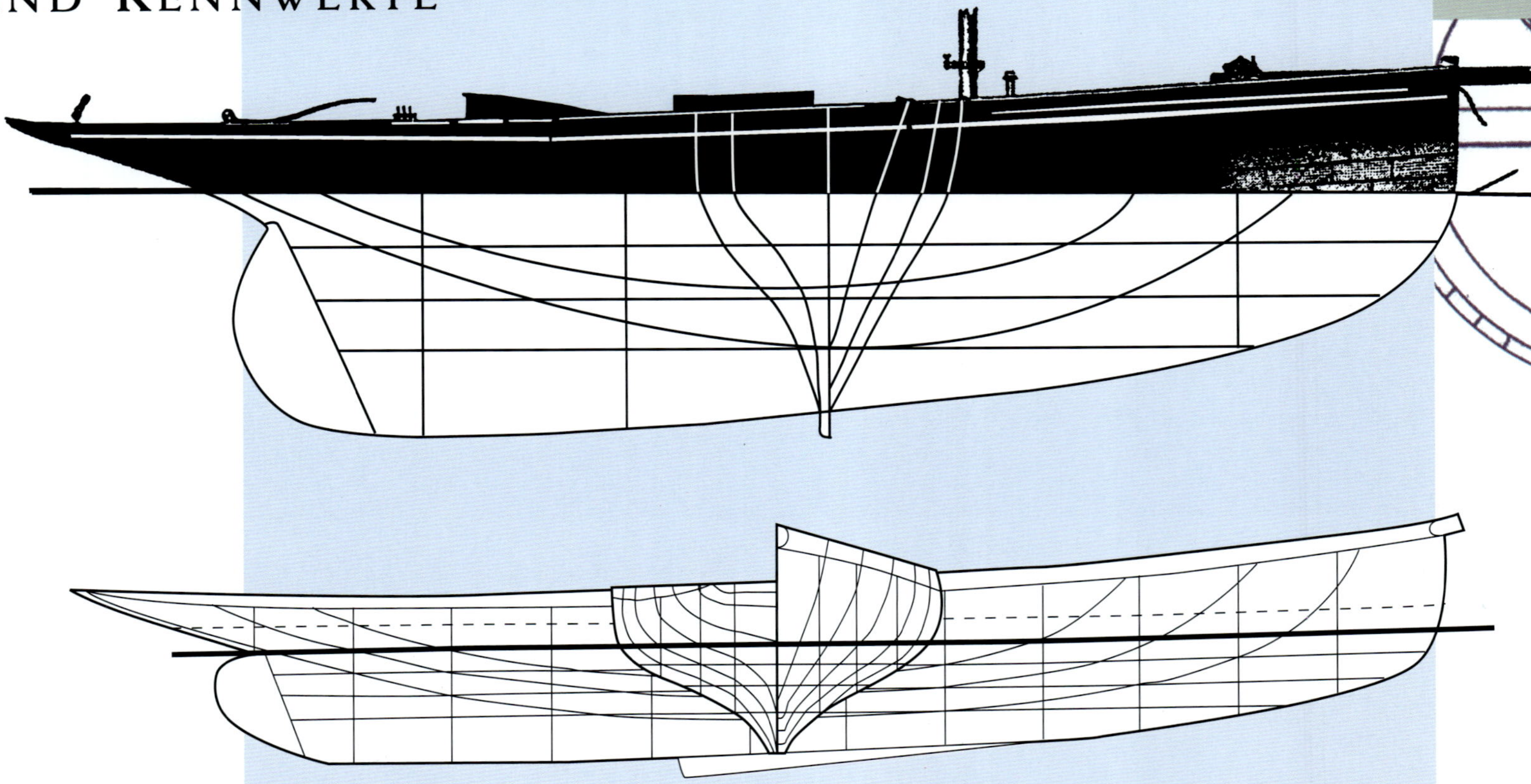

Die unterschiedlichen Abmessungen der Yachten führten im 18. Jahrhundert zu der Entscheidung, ein Einheitssystem zur Klassifizierung von Schiffen zu entwickeln, mit dessen Hilfe man die Größe eines Schiffes bestimmen könnte, ohne es vor Augen zu haben. Die Notwendigkeit einer solchen Klassifizierung entstand zuerst in der Handelsschifffahrt, daher wurde zunächst ein System zur Vermessung der Ladekapazität eines Schiffs erarbeitet.

Der Schiffsraumgehalt oder die Tonnage ist die ursprüngliche Messgröße für Schiffe. Sie wird in »Tonnen« ausgedrückt, womit ursprünglich die Aufnahmekapazität eines Schiffes für Fässer oder Tonnen gemeint war, und weil Tonne auf Englisch »tun« hieß und die englische Sprache die Verkehrssprache der Seefahrt wurde, entstand der Begriff der »tunnage« oder »tonnage«. Die Tonnage hat also nichts mit der Tonne als Gewichtseinheit zu tun.

Nachdem man nun begann, zum reinen Vergnügen zu segeln und hierfür Yachten unterschiedlicher Typen und Größe zu bauen, und damit die ersten segelsportlichen Wettbewerbe stattfanden, wurde es auch in diesem Bereich notwendig, die Regattateilnehmer zu klassifizieren, um den für den betroffenen Verlierer ärgerlichen Umstand zu berücksichtigen, dass fast immer die längere von zwei Yachten gewann.

Die ersten Vermessungsformeln zu dem Zweck, die Größenunterschiede zwischen den Rennyachten zu klassifizieren und durch Vergütungen aufzuheben, orientierten sich an dem bereits etablierten System zur Messung des Schiffsraumgehalts. Aus der Tonnage errechnete man ein Handicap, also eine Vergütung für die kleinere Yacht gegenüber der größeren. Selbst wenn die größere Yacht zuerst über die Ziellinie fuhr, wurde die zwischen Start und Zieleinlauf verstrichene Zeit nachträglich auf der Grundlage dieser Zeitvergütung »korrigiert« und man erhielt eine neue Wertung,

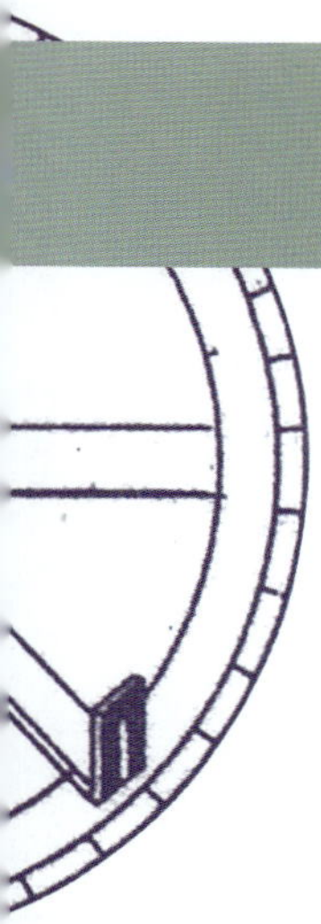

44 oben und unten: Die ersten Vermessungsformeln gehen auf das frühe 19. Jahrhundert zurück. Das britische System bestrafte die Breite, die als Multiplikator der Länge fungierte. Daher baute man immer schmalere Bootsrümpfe. Die Abbildung zeigt den Spantenriss und den Längsriss der *Madge*, ein typischer »plank on edge«-Kutter, ebenso wie die *Galatea* (unten).

44 Mitte und 45: Anders als bei der englischen Themse-Tonnage-Formel (Thames Measurement) reduzierten die Amerikaner die Bedeutung der Schiffsbreite (B) in der Konstruktionsformel und ersetzten den Faktor der halben Breite durch die Verdrängung (D), also das Gewicht der Yacht. Infolgedessen setzte sich in der Yachtkonstruktion die Tendenz durch, den Ballast zu reduzieren. Zu den verwendeten Werkstoffen und Verarbeitungstechniken gab es zu dieser Zeit praktisch keine Alternativen. Die mit dem Ballast verlorene Stabilität sollte durch größere Breite ausgeglichen werden. Auf dem Foto ist die *Puritan* zu sehen, eine amerikanische America's-Cup-Yacht aus dem späten 19. Jahrhundert.

aus der die kleinere Yacht ohne weiteres als Siegerin hervorgehen konnte. Mit Hilfe des zugewiesenen Rennwertes gewann nun nicht einfach das größte Schiff, sondern das schnellste oder das am besten geführte.

Praktisch alle Vermessungsformeln des 19. Jahrhunderts, so verschieden sie auch waren, basierten auf dem Faktor Tonnage.

Die englischen Formeln berücksichtigten zur Berechnung der Tonnage und damit des Rennwertes ausschließlich die Längen- und vor allem die Breitenabmessungen des Rumpfes und vernachlässigten den Tiefgang, was zu schlanken Yachten mit großem Tiefgang führte. Die Themse-Tonnage-Formel ist ein typisches Beispiel hierfür: (L-3/5BxBx1/2B)/94, dabei steht L für die Länge und B für die Breite. Die englischen »yachtsmen« hatten offensichtlich irgendetwas gegen die Breite.

In den Vereinigten Staaten wurde hingegen die Verdrängung stark gewichtet: (L-3/5BxBxD)/95, wobei D die Verdrängung ist (»displacement«), das heißt das tatsächliche Gewicht der Boote, das durch Wiegen ermittelt wurde. Um das Gewicht zu minimieren, setzten die Amerikaner beim Yachtbau auf Formstabilität und verzichteten auf Tiefgang, was den typischen »breiten und flachen« Rumpf der amerikanischen Yachten hervorbrachte.

Nach den tragischen Unfällen der nach dem »broad and shallow«-Design konzipierten *Mohawk* in den USA und der schlanken und tiefgehenden englischen Konstruktion *Oona* übernahmen beide Länder die von Dixon Kemp, einem englischen Konstrukteur, im Jahre 1880 aufgestellte Formel: (LxSA)/6000, wobei sich SA auf die Segelfläche (»sail area«) bezog. Eigensinnig darauf bedacht, den englischen Verwandten nicht zu viele Zugeständnisse zu machen, änderten die Amerikaner den Nenner von 6000 auf 4000, was allerdings keinen Unterschied macht, denn der Nenner hat lediglich die Funktion, das Ergebnis LxSA in eine vernünftig zu handhabende Zahlengröße umzuwandeln. Dieser Zwist um die Formeln dauert bis heute an.

Zu Beginn des 20. Jahrhunderts führten die Engländer die erste lineare Vermessungsformel ein und löschten damit den Begriff Tonnage aus dem Vokabular des Yachtsports. Das Ergebnis dieser Formel war ein linearer Wert, der die Klassenzugehörigkeit des Bootes festlegte. Diese Berechnungsformel wurde international anerkannt und wird als International Rule bezeichnet. Streng genommen wäre es korrekt, von einer europäischen Anerkennung zu sprechen, da sich kein außereuropäisches Land der britischen Initiative auf den Konferenzen von Paris und London des Jahres 1906 anschloß.

Die Formel scheint auf den ersten Blick kompliziert: Rating = (L+B+1/2G+3D+1/3VSA-F)/2. Neben den bekannten Größen wurde hier das G (Gurtmaß – »skin girth«) sowie F (Freibord – »freebord«) verwendet, hat sich aber als durchaus brauchbar erwiesen und besitzt bis auf wenige unwesentliche Änderungen bis heute Gültigkeit. Sie hat vierzig Jahre lang die Form der Boote für den America's Cup geprägt und bildet noch immer die Konstruktionsgrundlage für klassenlose Regattayachten.

Aus der Internationalen Formel entwickelten sich die metrischen Konstruktionsklassen: 23er, 19er, 15er, 12er (die berühmten Zwölfer beim America's Cup), 10er, 8er, 7er, 6er und 5er. Noch heute werden Zwölferregatten gesegelt und auch 8- und 6-m-R-Yachten werden noch immer gebaut. Die Ursprünge dieses Vermessungssystems finden sich in den Berechnungen des gegen Ende des 19. Jahrhunderts lebenden englischen Mathematikers William Froude (1810-1879), dessen »Froudesche Zahl« im Schiffsbau eine große Bedeutung erlangen sollte. Auch die Bemühungen von Brooke Heckstall-Smit, Vater aller britischen Ratings zwischen Ende des 19. und Anfang des 20. Jahrhunderts, sind in diesem Zusammenhang zu erwähnen. Er war ein einflussreiches Mitglied zunächst der Yacht Racing Association und dann der International Yacht Racing Union, die den internationalen Yachtsport noch heute reglementiert.

In den Vereinigten Staaten vollzog sich bei den Vermessungssystemen eine ähnliche Entwicklung. Als erster Club der Welt hatte der Seawanaka Yachtclub im Jahre 1883 die Tonnage-Berechnung durch ein lineares System ersetzt und die sogenannte »theoretische Länge« der Yacht eingeführt: »racing length« = (L+VSA)/2. Die Ableitung von der Dixon-Kemp-Formel ist offensichtlich, nur dass die Berechnung der Wurzel aus der Maßzahl der Segelfläche zu einem linearen Ergebniswert führt.

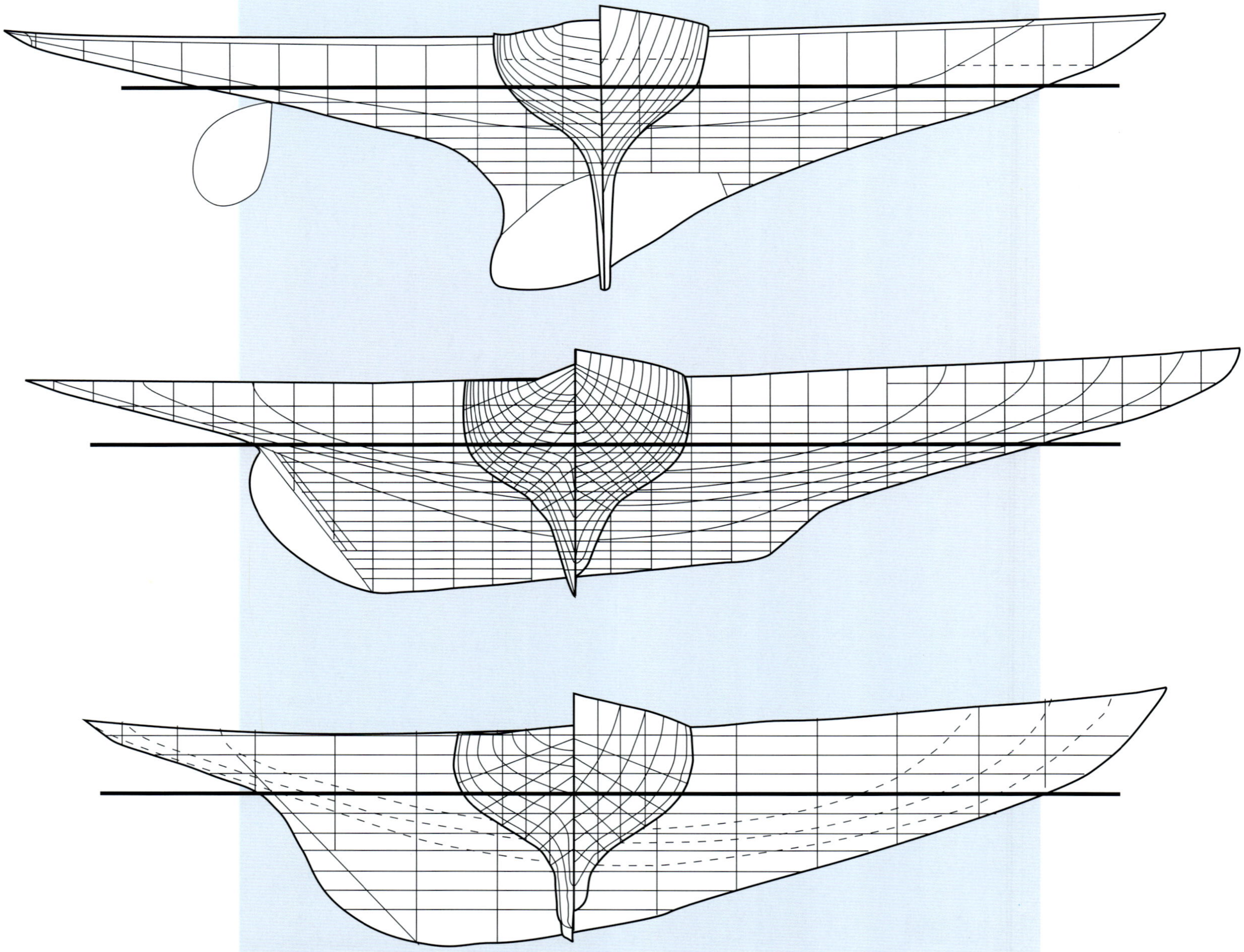

46 Zeichnung oben und Foto unten: Ende des 19. Jahrhunderts entwickelte Dixon Kemp eine sehr einfache Rennformel, die den Auswüchsen des »plank on edge«-Designs in Großbritannien entgegenwirkte und dann mit geändertem Nenner auch von den Amerikanern übernommen wurde, bei denen das »broad and shallow«-Modell vorherrschte. Eine größere Bedeutung kam nun der Segelfläche – um diese zu reduzieren arbeitete man stark an der Minimierung der benetzten Oberfläche und der Verdrängung – und der mehr oder weniger in der Wasserlinie gemessenen Länge zu. Die Formel brachte außergewöhnlich attraktive Konstruktionen mit ausgeprägten Überhängen und einem kurzen Kiel hervor, die sich auf beiden Seiten des Atlantiks ähnelten. Der obere Längsriss zeigt die von Charles Nicholson gebaute *Dacia*, während auf dem Foto die großartige *Reliance* des amerikanischen Yacht-Architekten Herreshoff zu sehen ist.

Diese Formel wurde von Nat Herreshoff, dem genialen Vordenker des amerikanischen Yachtsports, weiterentwickelt, der auch den Begriff des Ratings in den Yachtsport einführte. Mit Rating bezeichnete Herreshoff ein lineares Maß: Rating = (LxVSA)/(5VD). Die von den Amerikanern schon früher einbezogene Verdrängung, hier nicht mehr durch Wiegen, sondern durch Messen ermittelt, wird in seiner Formel wieder berücksichtigt, aber an der richtigen Stelle, nämlich im Nenner: Je höher also die Verdrängung, desto niedriger das Rating. Durch den im Ergebnis niedrigeren Rennwert erhöht sich dann die Vergütung.

Was die Vergütung angeht, waren sich Amerikaner und Briten viele Jahre lang, bis Ende des 19. Jahrhunderts, ausnahmsweise einig: Unabhängig von den verschiedenen Formeln vergüteten beide 45 Sekunden pro vermessener Tonne nach einem 1843 von G. M. Ackers, einem Mitglied des Royal Thames Yacht Club, aufgestellten Modell. Später – und auch heute noch – ermittelte sich die Vergütung auf der Basis der jeweils angewandten Formel und konnte darüber hinaus entweder als Zeit- oder als Streckenvergütung oder als Kombination von beidem berechnet werden.

Von der Frage der Zeitvergütung abgesehen waren Amerikaner und Engländer hinsichtlich der Vermessungsformeln ständig uneins: Bis gegen Mitte des 20. Jahrhunderts stand Herreshoffs Universal Rule gegen die englische Internationale Formel, und die vom Cruising Club of America 1932 aufgestellte Formel für Hochseeregatten wich wiederum von der britischen Formel des Royal Ocean Racing Club aus dem Jahr 1931 ab. In dieser Zeit entstanden mithin Yachten, die sich je nach der zu Grunde gelegten Rennformel unterschieden.

Erst 1970 konnten wichtige Bestandteile beider Regelwerke zu einer Formel zusammengefasst werden. An Stelle der vorherigen RORC-Formel und CCA-Formel wurde die international anerkannte IOR-Formel (International Offshore Rule) verabschiedet, womit der Yachtsport endlich eine globale Grundlage fand.

46 Zeichnungen Mitte und unten sowie 47: Die beiden zu Beginn des 20. Jahrhunderts konkurrierenden Konstruktionsformeln waren sich bis auf formale Details konzeptionell sehr ähnlich: Beide tendierten dazu, das Volumen des Rumpfes, also sein Gewicht, in Relation zur Segelfläche zu setzen. Tatsächlich entstanden im Endeffekt sehr ähnliche Konstruktionen, so dass die metrischen Konstruktionsklassen der Briten ohne Schwierigkeiten auch unter Anwendung der Universalformel (Universal Rule) vermessen werden konnten. Das geschah beispielsweise bei der 23- und 24-m-R-Klasse, die ohne wesentliche Änderungen in die amerikanische J Class übernommen wurden. Beide Formeln sind auch heute noch gültig, aber nur die britische International Rule wird noch angewendet. Die beiden Zeichnungen zeigen den Längs- und den Hauptspannriss einer internationalen 8-m-R-Klasse (Mitte) und einer Yacht der J-Klasse (unten). Auf den Fotos sind die J-Klasse-Yacht *Ranger* (oben) und die *Tomahawk*, eine 12-m-R-Klasse (unten), abgebildet.

48/49: Der renommierteste Segelclub jenseits des Atlantiks war zweifellos der New York Yacht Club. Seine umfangreichen Aktivitäten prägten das gesellschaftliche Leben, die Mitgliedschaft war eine Prestigeangelegenheit, was zu wahren Schlachten und Intrigen zwischen den Industrie- und Finanzmagnaten der aufstrebenden amerikanischen Nation führte. Der Erfolg des NYYC beruhte dennoch zweifellos auf seinen sportlichen Veranstaltungen. Die seit seiner Gründung alljährlich ausgerichtete Regatta entwickelte sich von einem in erster Linie mondänen Ereignis zu einem segelsportlichen Höhepunkt und anspruchsvollen Wettkampf um einen begehrten Preis. Auf dem Bild verfolgt eine Gruppe vornehmer Herrschaften aufmerksam das Geschehen auf der Startlinie.

48 oben: Jeder amerikanische Yachtclub hatte eigene Insignien, Erkennungszeichen der Yachten, wenn sie sich in den Meeren und Häfen rund um den Globus begegneten. Das unten reproduzierte Bild ist dem 1884 veröffentlichten Werk »American Yachts« von J. D. J. Kelley entnommen und zeigt mindestens fünfzig verschiedene Clubstander. Vierzig Jahre nach Gründung des New York Yacht Club bezeugt diese Vielfalt die Verbreitung des Yachtsports in Nordamerika.

Die ersten Yachtclubs

Der Begriff Club leitet sich wahrscheinlich von dem Altgermanischen »klumpe« ab, das einen Klumpen Metall bezeichnete und im 13. Jahrhundert zu dem englischen Wort »club« wurde. Mit »club« bezeichnete man damals einen am unteren Ende mit einem metallischen »Klumpen« versehenen Stock, den man als Schläger in einem Spiel verwendete, das als Vorläufer des Golfspiels gilt. Im Laufe der folgenden Jahrhunderte weitete sich dieser Begriff dann aus, wurde auch für andere Spiele verwendet und bezeichnete schließlich nicht nur das Spiel als solches, sondern auch den Ort, an dem sich die Spieler trafen: eben die Clubs. England geht mithin als Ursprungsland der Segelclubs in die Geschichte ein, wenn es auch nicht das Geburtsland des Segelsports ist

Der erste Yachtclub wurde weitab der Themse gegründet, die in jeder anderen Beziehung als »Brutstätte« des Segelsports gelten kann. Er entstand in der irischen Hafenstadt Cork und trug den Namen Water Club of Cork Harbour. Man schrieb das Jahr 1720 und das Segeln gehörte keineswegs zu den Hauptaktivitäten der Clubmitglieder. Sie trafen sich regelmäßig alle vierzehn Tage, in erster Linie, um ein gemeinsames Mahl einzunehmen, wozu der Admiral des Clubs den Wein mitzubringen hatte, und zwar nicht weniger als 25 Flaschen, denn so viele Mitglieder zählte der Club zur damaligen Zeit. Einsame Fahrten mit einer einzelnen Yacht zu unternehmen war nicht empfehlenswert und die vornehmste Pflicht eines jeden Clubmitglieds bestand darin, an den Paraden und Ausfahrten der Clubflotte teilzunehmen, deren Verlauf bereits kurz beschrieben wurde.

Erst fünfzig Jahre später entstand auch auf der Hauptinsel des britischen Königreichs ein Segelclub. 1770 wurde er in Starcross on Devon gegründet. Fünf Jahre später bekamen auch die Liebhaber des Yachtsports auf der Themse ihren eigenen Club, den berühmten Cumberland Fleet, der sich in der Folgezeit zu einem der renommiertesten Yachtclubs der Welt entwickelte und diesen Status unter dem später geänderten Namen Royal Thames Yacht Club bis heute beibehielt. Bei der Cumberland Fleet trafen sich von Anfang an die wirklich begeisterten Segler. Die großen Yachten des Adels und der königlichen Familie verlegten ihr Domizil in ein weniger beengtes Revier, den Hafen von Cowes auf der Insel Wight, wo 1815 der Yacht Club of Cowes gegründet wurde (1833 in The Royal Yacht Squadron umbenannt, damals wie heute vielleicht der exklusivste Segelclub der Welt). Die Mitglieder dieses Clubs waren derartige Snobs, dass sich das Gründungskomitee veranlasst sah, einen Passus in die Satzung aufzunehmen, um zu gewährleisten, dass die Segler zumindest in einer Situation wirklicher Seenot oder Gefahr von der Etikette abwichen: »Obgleich viele Mitglieder dieses Clubs sich nicht persönlich kennen, ist es wünschenswert, dass sie sich im Notfall gegenseitig Hilfe anbieten, auch wenn sie einander noch nicht vorgestellt wurden.«

In den übrigen europäischen Ländern verbreitete sich der Yachtsport hingegen sehr viel zögernder. Trotzdem gab es auch hier erste Clubgründungen. 1830 entstand die schwedische Kungliga Segel Sällskap und 1840 der erste französische Club unter dem Namen Société des Régates du Havre. 1846 wurde im holländischen Rotterdam der Koninklijke Nederlandsche Jacht Club gegründet und im selben Jahr entstand auch in Russland der erste kaiserliche Yachtclub. In Deutschland wurde 1855 in Königsberg der Segelclub Rhe ins Leben gerufen. Das segelsportlich Interesse wuchs auch in den britischen Überseegebieten, wo 1838 die Royal Hobart Regatta Association in Tasmanien (Australien) und 1844 der Royal Bermuda Yacht Club gegründet wurde.

Ein Ereignis von weltweiter Bedeutung für den Segelsport war die Gründung des bis heute führenden amerikanischen Clubs, des New York Yacht Club, im Jahr 1844.

49: Die Segel sind gesetzt, während man auf den Startschuss zu einer Regatta vor Cowes, dem Sitz des Royal Yacht Club auf der Insel Wight, wartet. Die königliche Yachtflotte war schon bald von den allzu befahrenen Wassern der Themse auf die im Solent ausgewichen, und die Burg von Cowes wurde zum Sitz des renommiertesten englischen Yachtclubs. Jahrhundertelang war sie stummer Zeuge der unzähligen in diesem Revier ausgetragenen Regatten und noch heute werden aus einer Batterie kleiner Kanonen, die auf dem zum Strand hin abfallenden Hang aufgestellt sind, Signalschüsse abgegeben, um den Beginn der weltweit bedeutendsten Veranstaltungen zu verkünden – allen voran der Admiral's Cup.

John Cox Stevens

50 oben: John Cox Stevens gehörte einer Familie an, die die Geschichte des Segelsports maßgeblich beeinflusst hat. Unter seinen Verwandten befinden sich bedeutende Yachtkonstrukteure, Schiffsführer und Gründer von wissenschaftlichen Instituten, die bei zahlreichen Gelegenheiten einen entscheidenden Beitrag zu den amerikanischen Erfolgen auf den Regattafeldern der ganzen Welt lieferten.

50/51: Für Clubmitglieder ist es eine besondere Ehre, wenn ein Halbmodell ihrer Yacht an einer der großflächigen Wände der Hall of Models ausgestellt wird. Die Geschichte des amerikanischen Segelsports ist dort würdig vertreten.

Es gibt einzelne Persönlichkeiten und sogar ganze Familien und Dynastien, die in der Geschichte des Segelsports eine herausragende Rolle spielen, aber man sollte nicht vergessen, dass diese Geschichte erst durch den Fleiß und die Kunstfertigkeit vieler Generationen von namenlosen Handwerkern und Arbeitern möglich wurde, welche die Yachten nicht einfach gebaut, sondern regelrecht erschaffen haben.

Eine jener herausragenden Persönlichkeiten war der Amerikaner John Cox Stevens, ein typischer Vertreter jenes »american way of life«, wie er aufgrund der ökonomischen und sozialen Verhältnisse nur im Land der unbegrenzten Möglichkeiten entstehen konnte.

Die Stevens' waren 1669 in die Staaten, damals noch eine bescheidene Ansammlung kleiner Kolonien, eingewandert und hatten bald ein kleines, aber florierendes Handelsgeschäft aufgebaut. Bereits in der Mitte des folgenden Jahrhunderts hatte sich die Familie eine anerkannte Position in der amerikanischen Gesellschaft gesichert. John Stevens (der Vater von John Cox Stevens) war Oberst in der Armee des noch jungen Staatenbundes und später Schatzkanzler im Staat von New Jersey geworden. Der autodidaktische Erfinder wurde einer der Pioniere im Eisenbahngeschäft. Einer seiner vier Söhne, Edwin, gründete das Stevens Institute of Technology, in dem alle Titelverteidiger für den America's Cup im Schlepptank geprüft wurden. Robert, der zweite Sohn, wurde Ingenieur und machte sich bei der Entwicklung des amerikanischen Eisenbahnnetzes einen Namen. In die Geschichte des Yachtsports ging er mit seinen Konstruktionen *Onkaye* und *Maria* ein. Der dritte Sohn schließlich, John Cox Stevens, galt als der Dandy der Familie. Seine erste Passion galt einem traditionell britischen Spiel, dem Cricket, das er in Amerika populär machte. Es sollte sich zum amerikanischen Nationalsport, dem Baseball, entwickeln. Daneben widmete sich John Cox Stevens ebenso unermüdlich dem Segelsport. Mit 24 Jahren gab er seine erste Yacht in Auftrag, die sechs Meter lange *Diver*, gefolgt von der 16 Meter langen *Trouble*, einer experimentellen Konstruktion, die sich an der Form der indianischen Kanus aus der Karibik orientierte. Die nächste Yacht hieß *Double Trouble* und war ein Katamaran, gefolgt von der unglaublich schnellen *Wave*, mit der Stevens praktisch alle Regatten an der amerikanischen Westküste gewann.

Eine wirklich bedeutende Figur für den amerikanischen Segelsport wurde John Cox Stevens aber auf Grund von drei sehr speziellen Ereignissen. Am 30. Juli 1844 hielt er sich zusammen mit acht Freunden, allesamt Yachteigner, an Bord seiner damaligen Yacht *Gimcrack* auf, die in der New York Bay vor Anker lag. Bei dieser Gelegenheit wurde der New York Yacht Club gegründet, ein Meilenstein in der Geschichte des Yachtsports. Als Gewinner des America's Cup stellte der New Yorker Club über ein Jahrhundert lang den Titelverteidiger, dem sich jeder, der die renommierte Trophäe erobern wollte, zu stellen hatte.

Die *Gimcrack* war von George Steers konstruiert worden, einem Spezialisten für den Bau der schnellsten Lotsenboote der Westküste. Als in John Cox die Entscheidung reifte, die damaligen Hüter der Segelsporttradition, die Briten, herauszufordern, beauftragte er den jungen Yachtkonstrukteur Steers mit dem Entwurf eben dieser Yacht. Das Ergebnis von Steers Überlegungen war der Schoner *America*, der die damalige Segelwelt revolutionieren sollte.

Mit der *America* reiste John Cox Stevens nach Cowes in England, ins Reich des Royal Yacht Squadron, wo er den Hundred Guinea Cup eroberte, die Trophäe, die unter dem Namen America's Cup in den Salons des New York Yacht Club landete, wo sie für knapp 150 Jahre bleiben sollte.

51 oben: Die prunkvolle, mit nautischen Elementen geschmückte Einrichtung des New York Yacht Club führt den wirtschaftlichen und gesellschaftlichen Erfolg der Vereinigten Staaten eindrucksvoll vor Augen und bildet den Rahmen für kostbare Erinnerungsstücke des amerikanischen Segelsports.
Majestätisch anmutende Kamine thronen in den weitläufigen Salons des Clubhauses, das den segelsportlichen Unternehmen seiner Mitglieder ein würdiges Denkmal setzt. Auf der Abbildung ist ein großes Gemälde zu erkennen, das die erste transatlantische Regatta aller Zeiten zwischen den drei Yachten *Vesta*, *Henrietta* und *Fleetwing* darstellt. Die Yachteigner waren allesamt Clubmitglieder: Pierre Lorillard, die Gebrüder George und Franklin Osgood und Gordon Bennet jr. Der Club setzte damals die enorme Summe von 90 000 Pfund Sterling für den Sieger aus.

51 unten: Das Gebäude, in dem sich der New York Yacht Club befindet, liegt an der Fifth Avenue in Manhattan und stammt aus dem Jahr 1901. Es wurde speziell für den Club entworfen und auf einem Grundstück errichtet, das von dem damaligen Kommodore des Clubs, dem Finanzier J. P. Morgan, gestiftet worden war. Die üppige Ausstattung spiegelt den damaligen Zeitgeschmack wider: Friese, Balustraden und Kamineinfassungen sind reich mit nautischen Elementen geschmückt, während die kleinen Erker in den Fenstern im Parterre, wo sich die weitläufigen, repräsentativen Salons befinden, die verzierten Heckspiegel der holländischen Yachten des 18. Jahrhunderts darstellen, die nicht umsonst das Statussymbol und der Stolz des wohlhabenden kaufmännischen Bürgertums waren.
Die eindrucksvolle Clubresidenz hat aber ein kurioses Manko: Sie liegt nicht am Wasser. Es ist eine »städtische« Residenz im Zentrum der Halbinsel mit der größten Kapitalkonzentration der Welt. Ein Mangel, der das Prestige des Clubs in keiner Weise geschmälert hat.

Die Fotografie wurde Anfang des Jahrhunderts, kurz nach der Einweihung des Clubsitzes, aufgenommen. Heute erstickt das großstädtische Verkehrschaos die Fassade des Clubhauses und auch die in Form eines Galeonenhecks gestalteten Fenster muten befremdlich an. In der Tat wartet jenseits der Schwelle eine andere Welt.

Im England des 19. Jahrhunderts erfreute sich das sportliche Segeln zunehmender Beliebtheit, blieb aber noch lange ein exklusiver Zeitvertreib der Aristokratie. Zählte man zu Anfang des Jahrhunderts auf den britischen Inseln ungefähr fünfzig Yachten, so war diese Flotte bereits um die Jahrhundertmitte auf fünfhundert angewachsen. Bis Ende des 19. Jahrhunderts waren in England Yachten mit einer Tonnage von insgesamt 100 000 Tonnen gebaut worden, was einem Umsatz von fünf Millionen Pfund Sterling entsprach, einem heutigen Wert von circa einer Milliarde Pfund! Allein Benjamin Nicholson, Vater des Gründers der berühmten Werft Camper & Nicholson in Gosport, entwarf und baute in der zweiten Hälfte des Jahrhunderts große Schoner mit einer Gesamttonnage von 2500 Tonnen (andere Yachttypen wurden dabei nicht eingerechnet).

Entlang der Küste entstanden unzählige Segelclubs, die mehr oder weniger regelmäßig Regatten ausrichteten. (Die Zahl der heute von der Royal Yachting Association anerkannten Segelclubs im gesamten Commonwealth liegt bei über siebenhundert, von denen ein Großteil im 19. Jahrhundert in Britannien selbst gegründet wurde.) Diese Wettfahrten waren, vom Kampfgeist des 17. Jahrhunderts beseelt, als die Yachten noch mit Kanonen bewaffnet waren, und endeten den zeitgenössischen Chroniken zufolge häufig in heftigen Auseinandersetzungen. Vom Town Cup im Jahr 1826 in Cowes wird berichtet, dass es zwischen der Mannschaft der *Arrow* des Eigners Joseph Weld, eines ausgezeichneten Yachtseglers wie schon sein Vater und später auch sein Sohn, und der Besatzung der *Miranda* zu Handgreiflichkeiten kam, nachdem die *Arrow* den Kurs der *Miranda* gekreuzt und diese sich mit den Wanten im Bugspriet der Konkurrentin verfangen hatte. In die anschließende Auseinandersetzung wurde sogar der Eigner der *Miranda*, Sir James Jordan, verwickelt und der Kampf endete erst, nachdem die Schiffe voneinander befreit werden konnten. Die *Arrow* nahm daraufhin die Regatta wieder auf und gewann dann noch das Rennen.

Die beiden Yachten waren keine x-beliebigen Boote. Die 1821 gebaute *Arrow* galt gut zwanzig Jahre lang als der schnellste Kutter an der Küste. Nachdem sie um 1844 zwei Jahre lang im Schlick des Itchen gelegen hatte, wurde sie renoviert, setzte mit leicht veränderten Linien ihre Regattakarriere fort und trat nun gegen Kutter an, die immer extremere Formen des »plank-on-edge«-Designs, der besonders schlanken und tiefgehenden Rümpfe, entwickelt hatten, zum Beispiel die *Mosquito*, *Kriemhilda*, *Genesta* und *Spankadillo*.

Im Laufe der Zeit siegte jedoch der Sportgeist über das aufbrausende Temperament jener Edelleute, die im 18. Jahrhundert sofort ihre Degen zu zücken bereit waren, und zunehmend setzte sich bei den Regatten ein sachlicherer und sportlicherer Geist durch.

DAS ERSTE GOLDENE ZEITALTER

52 unten: Der luvwärts segelnde Kutter, die *Arrow* des Eigners Joseph Weld, ist typisch für die englische Yachtbautradition der damaligen Zeit: gerader Bug, langer Bugspriet und ein Rumpf, der sich vom fülligen Bug zum Heck hin verjüngt. Zwei Jahrzehnte lang war die *Arrow* bei Rennen unschlagbar. Selbst nach ihrer Bergung aus dem Schlick des Itchen konnte sie sich noch gegen modernere Yachten mit weiterentwickelten Kielformen wie die *Mosquito* durchsetzen. 1851 in Cowes lag sie gegen die *America* bereits in Führung, lief aber wegen einer zu spät erkannten Untiefe auf Grund.

53 oben: Zwischen der Insel Wight und der Südküste Englands verläuft der Solent, ein von See her geschütztes, wegen der starken Tidenströme aber tückisches Gewässer, das sich seit Ende des 18. Jahrhunderts zum Zentrum des europäischen Segelsports entwickelte. Seit dieser Zeit tummeln sich die Segelbegeisterten jährlich an den Uferpromenaden des Inselstädchens Cowes, um von diesem einzigartigen Logenplatz aus den von der Royal Yacht Squadron streng überwachten Start der Regatten zu verfolgen.

52/53: Das Schonerrigg war in England keineswegs unbekannt noch unüblich. Bei der amerikanischen Variante waren die Masten allerdings deutlich mehr nach achtern geneigt, es wurden höchstens zwei Vorsegel gesetzt und vor allem war das Großsegel am Baum angeschlagen. Der Rumpf mit dem senkrechten Vordersteven erinnert an die Formen des französischen »Lougre«, ein Schiffstyp aus dem 18. Jahrhundert, der bei der Jagd auf Schmuggler eingesetzt wurde und sich bereits durch die schlankeren Wasserlinien auszeichnete, die im Mittelmeerraum üblich waren.

Ein interessantes Dokument in diesem Zusammenhang ist eine Chronik aus dem Jahr 1872 über die *Mosquito* (wahrscheinlich einer der fortschrittlichsten Kutter der damaligen Zeit: als erster mit einem Stahlrumpf gebaut und mit weniger fülligen Buglinien als die der *Alarm* aus dem Jahr 1830, die eine Art Prototyp in der Entwicklung vom traditionellen Lotsenkutter zur Yacht darstellt): Zur Vorbereitung der Regatta »wurden die Türen und die Couchschubladen ausgebaut und an Land gebracht, die Ausrüstung in der Bug- und in der Segelkoje wurde im Salon verstaut, und auch die Winde, die Anker und jedes schwere Teil der Ausrüstung wurde unter Deck gebracht...« Dieselben Vorbereitungen würde auch heutzutage eine Regatta-Crew treffen!

In diese Zeit fallen ebenfalls einige wichtige Neuerungen in der Takelage, die bei allen kommenden Bootsgenerationen beibehalten wurden. Im Jahr 1852 wurden auf der von Fife entworfenen *Cymba* erstmals galvanisierte Drahtwanten eingeführt und auf der *Niobe* wurde das bis dahin bei achterlichem Wind übliche Rahsegel erstmals durch einen großen, ballonähnlichen Klüver ersetzt, der sich im folgenden Jahr auch auf der *Sphinx* bewährte. Das neue Vorsegel wurde anfangs Spin oder Spinker genannt, bis sich die heutige Bezeichnung Spinnaker durchsetzte.

All dies fand in einem geographisch genau umgrenzten Gebiet statt, dem Solent. Ab Ende des 18. Jahrhunderts hatte sich das Zentrum des englischen Segelsports von den ruhigen Gewässern der Themse nach Cowes, einem Städtchen am Solent auf der Insel Whight vor der Südküste Englands, verlagert.

Die Yacht Squadron hatte die Hafenstadt nicht zufällig zu ihrem Sitz gewählt, denn Cowes war eine beliebte Sommerresidenz des englischen Königshauses und der Aristokratie. 1540 wurden an beiden Ufern des Flusses Medina, der noch heute die Stadt teilt, zwei gegenüberliegende Festungen gebaut. Nur eine von ihnen, der ehemalige Amtssitz des Inselgouverneurs, existiert noch heute und wurde restauriert. Auch Lord Anglesey, Eigner der *Pearl*, die bereits als eine typische Vorläuferin der englischen Kutter-Yacht erwähnt wurde, residierte hier, nachdem er zum Inselgouverneur ernannt worden war. Bei seinem Tod übernahm der Yacht Club, wie man den exklusivsten Segelclub Englands mit britischem Understatement nannte, das Anwesen und es blieb bis heute Sitz der Royal Yacht Squadron, ein Wahrzeichen des Yachtsports. Cowes sollte sich seit Beginn des 19. Jahrhunderts auch international zu einem Mekka der Sportsegler entwickeln, denn die hier seit 1826 unter der Schirmherrschaft der Royal Yacht Squadron oder des Royal Thames Yacht Club, dem zweiten Pfeiler der britischen Segelaristokratie, regelmäßig ausgetragenen Regatten und die damit einhergehenden Festlichkeiten waren der Ursprung einer der faszinierendsten Segelsportveranstaltungen, der Cowes Week.

Nach dem Zweiten Weltkrieg wurde die »Week« mit dem Admiral's Cup, dem ersten internationalen Mannschaftswettbewerb, zusammengelegt. Aus Gründen der Werbestrategie, die heutzutage auch vor dem Segelsport nicht Halt macht (im letzten Jahrhundert hätte ein Werbeschriftzug auf einer Regattayacht unweigerlich zu einem Skandal und zum unverzüglichen Clubausschluß des betreffenden Seglers geführt), wurde dieser Bund allerdings wieder gelöst. Die Wettfahrten des Admiral's Cup werden zwar noch immer vor Cowes ausgetragen, wurden aber auf den Juli vorverlegt, während die Cowes Week weiterhin Mitte August stattfindet.

In den Chroniken des 19. Jahrhunderts wird die »Week« wie folgt beschrieben: »... Dampfschiffe, Boote und Segelyachten aller Art und Größe tummeln sich Meile um Meile zu beiden Seiten der Bahnen. Ein Schauspiel, das nicht einmal das Adriatische Meer in den ruhmreichen Zeiten Venedigs zu bieten hatte.« Daran hat sich bis heute nichts geändert. 1975 nahmen über 650 Yachten mit ungefähr 4000 Seglern aus neunzehn Nationen an der Cowes Week teil, ganz zu schweigen von den Hunderten von Freizeitseglern und Zuschauerbooten, die jedes Jahr hartnäckig versuchen, sich dem Renngeschehen so weit wie möglich zu nähern. Neben den Regatten war der gesellschaftliche, mondäne Aspekt immer schon ein wesentlicher Bestandteil der »Week«, was sich auch in den zeitgenössischen Chroniken widerspiegelt, die sich oft eingehender mit der Aufmachung der Damen als mit der Ausrüstung der Yachten befassen. Für die englische Aristokratie bildete die spätsommerliche Veranstaltung seit jeher den krönenden Abschluss einer Saison, die mit dem Derby von Ascot begonnen hatte.

An den Wettfahrten vor Cowes nahmen die bedeutendsten Yachten der damaligen Zeit teil und einige Ereignisse sollten die Entwicklung des internationalen Segelsports entscheidend beeinflussen. Zum Beispiel im Sommer des Jahres 1851, als die distinguierten und ein wenig selbstgefälligen Mitglieder der Royal Yacht Squadron beim Anblick einer in den Hafen einlaufenden amerikanischen Yacht, der *America*, in helle Aufregung gerieten. Zum ersten Mal in der Geschichte – und immerhin waren zweihundert Jahre seit der *Mary* vergangen – wurden sich die Briten bewusst, dass der Segelsport keine rein englische Domäne mehr war. Die angloamerikanische Wettfahrt des Jahres 1851 sollte den Anstoß zu zahlreichen weiteren Regatten geben, für die englische und amerikanische Segler den Atlantik überquerten. Einer der aktivsten Ozean-Überquerer auf britischer Seite war Lord Ashbury mit seiner *Cambria*, einem 199-Tonnen-Schoner, der 1866 in Cowes von Michael Ratsey entworfen und gebaut worden war. 1868 schlug die *Cambria* auf demselben Regattakurs um die Isle of Wight mit einer Zeit von sechs Stunden und zwölf Minuten drei andere englische Yachten, die *Aline*, einen 216-Tonnen-Schoner, die *Oiwara* mit 165 Tonnen und den 135-Tonnen-Kutter *Condor*, die jeweils zwölf Minuten später im Ziel eintrafen. Der einzige amerikanische Teilnehmer an diesem Rennen, die *Sappho*, ein Schoner mit einer Wasserlinienlänge von 36 Meter und einer Verdrängung von 381 Tonnen, kreuzte als Letzter die Ziellinie. Die Engländer hatten sich für die 1851 erlittene Schmach revanchiert.

Dies sollte allerdings eine Ausnahme bleiben. Die *Cambria* überquerte 1870 den Atlantik, um den America's Cup wieder nach England zu holen, wurde jedoch von dem amerikanischen

54 links: 1851 hatte das vor Cowes ausgetragene Rennen zwischen der *America* und den englischen Yachten die Segelwelt erschüttert. Von technischen Erwägungen abgesehen war dies die erste internationale Wettfahrt und ein wesentlicher Anstoß für zahlreiche Yachteigner, die heimischen Gewässer zu verlassen. Lord Ashburys *Cambria* überquerte 1870 für die erste Herausforderung um den America's Cup den Atlantik. Der große, von Ratsey entworfene Schoner wurde von der *Magic* besiegt.

54 rechts: Die traditionsverbundenen britischen Segelclubs mussten sich Ende des 19. Jahrhunderts wohl oder übel damit abfinden, dass der Segelsport nicht mehr Vorrecht der Königshäuser und der Aristokratie war. Industrielle und Kaufleute begeisterten sich zunehmend für das neue Freizeitvergnügen, mehr noch, sie begannen, die Geschichte des Segelsports aktiv zu beeinflussen: Thomas Lipton, der »Kolonialwarenhändler«, wie ihn die Mitglieder der exklusiven englischen Clubs herablassend titulierten, erkämpfte sich den Respekt seiner Gegner in fünf Herausforderungen um den America's Cup und wurde von seinem König mit dem Titel »Baronet« ausgezeichnet.

55: Die *Sappho*, ein großer amerikanischer Schoner mit 36 Meter Länge in der Wasserlinie und einer Tonnage von 380 Tonnen, wurde von dem Amerikaner Stueler entworfen und gebaut. Sie überquerte den Atlantik in den Jahren 1868 und 1870, um an Regatten vor Cowes teilzunehmen. Sie ist keine »technische« Konstruktion wie die *America*, auch wenn die Unterwasserschiffe sich ähneln, sondern wurde konzipiert, um auf See einen gewissen Luxus zu bieten und den sozialen Status ihres Eigners W. P. Douglas zu repräsentieren. Dank ihrer Größe konnte sie auch im America's Cup siegreich auftreten.

Titelverteidiger, der *Magic*, ganz eindeutig besiegt. Im Jahr zuvor hatte Lord Ashbury noch Zeit gefunden, mit der *Cambria* zur Eröffnung des Suez-Kanals nach Ägypten zu segeln.

Der Segelsport hatte sich seit den Zeiten, da Charles II. auf der Themse segelte, von Grund auf verändert. Cowes war auch der Zielhafen eines der ersten Transatlantik-Rennen (die eigentliche Ziellinie lag allerdings bei Cap Lizard an der äußersten Spitze von Cornwall), denn im Jahr 1866 liefen hier drei typische amerikanische Yachten ein, die ihre erste Transatlantik-Regatta ausgetragen hatten: die *Henrietta*, gefolgt von der *Fleetwing* und der *Vesta*, drei Schoner mit jeweils dreißig Metern Länge.

Von dieser Zeit an bis zum Ausbruch des Ersten Weltkriegs bildete der Solent die Kulisse für die Konstruktionen der berühmtesten britischen Yacht-Architekten der ersten Generation.

Die *Jullanar*, Baujahr 1876, eine Yawl mit Klipperbug und Kanuheck, griff als erste englische Yacht den amerikanischen Trend auf und löste sich von den nunmehr statischen Vorgaben der englischen Yachtbautradition. Es ist noch immer eine schlanke, an den Enden aber bereits spitz zulaufende Konstruktion, die ihren Designer, E. H. Bentall, einen wohlhabenden Landwirt und Konstrukteur landwirtschaftlicher Nutzmaschinen, vor allem aber leidenschaftlichen Yachtsegler, in der Segelwelt berühmt machen sollte.

Die kuttergetakelte *Satanita* wurde von J. M. Sopers entworfen: 40 Meter Länge über alles, 20,50 Meter Wasserlinienlänge, ein 28 Meter langer Baum. Diese beachtlichen Abmessungen (allerdings immer noch kleiner als die der amerikanischen Sloop *Maria*, der weltweit größten Yacht mit nur einem Mast) kennzeichneten das ebenso schnelle wie attraktive Schiff.

Weiterhin ist in diesem Zusammenhang die *Thistle* zu nennen, ein Entwurf des Schotten Watson, einer der herausragenden Figuren der damaligen Designer-Landschaft, der noch zwei weitere Herausforderer beim America's Cup zeichnete. Die *Thistle* trat in der America's Cup-Regattaserie des Jahres 1887 an und kehrte – fast überflüssig, darauf hinzuweisen – besiegt zurück.

Nicht zu vergessen die vier *Shamrocks*, mit deren Entwurf Sir Thomas Lipton drei verschiedene Konstrukteure beauftragte, den bereits erwähnten Watson sowie C. E. Nicholson und William Fife, auf den wir in Kürze zurückkommen werden.

56 oben: Der Solent war Schauplatz für die Herausforderungen zwischen den Yachten der »Großen Kutterflotte« Ende des 19. Jahrhunderts. Der Rumpf der *Britannia* des Prinzen von Wales, eine Watson-Konstruktion aus dem Jahr 1892, segelt knapp leewärts vor der ebenfalls von dem Schotten für Lord Dunraven gezeichneten *Valkyrie*, dem achten Herausforderer im America's Cup. Die beiden Yachten tragen eine Wettfahrt auf der Themse aus.

56 Mitte: Der Firth of Clyde, ein schottischer Meeresarm, öffnet sich zum North Channel, der Nordirland und England voneinander trennt. Dies ist die Geburtsgegend so berühmter Yachtkonstrukteure wie Watson und Fife. Obwohl nicht weniger anspruchsvoll als die Wettfahrten vor Cowes, erreichten die hier ausgetragenen Regatten nie dieselbe internationale Anerkennung. Es fehlte das gesellschaftliche Ambiente.

Der Solent war aber vor allem das Regattarevier der königlichen Yachten – allen voran die *Britannia*. 1892 von Watson für den Prinzen von Wales, den späteren König Eduard III., entworfen, gilt sie in England als die repräsentativste Yacht, sei es wegen ihrer ruhmreichen Siege, sei es, weil sie während ihrer gesamten Karriere unter der Flagge der Royal Yacht Squadron fuhr oder weil sie auf Wunsch der königlichen Familie am 10. Juli 1937 ein ehrenvolles Meeresbegräbnis vor der Insel Wight erhielt.

Cowes konnte zweifellos als die Metropole des europäischen Yachtsports bezeichnet werden und wahrscheinlich war nur hier – dank der Schirmherrschaft der königlichen Familie und des RYS – eine Veranstaltung wie die Cowes Week möglich. Außerdem entwickelte sich der Solent mit seinen geschützten Gewässern und dem milden Klima mit der Zeit zu einem wahren Zentrum für Werften, Segelmacher und Bootsausrüster. Dennoch begann sich im 19. Jahrhundert ein weiterer Anziehungspunkt im britischen Yachtsport abzuzeichnen, ein langgestreckter Fjord im regnerischen Schottland, der Clyde. Von dort stammten, so sagte man, die besten Matrosen, zumeist auf Fischkuttern ausgebildete Männer, die von Berufs wegen mit dem Seegang des Nordatlantiks umzugehen wussten. In dieser Gegend formierte sich aber auch eine Gruppe talentierter Yachtkonstrukteure wie G. L. Watson, W. Fife, A. Mylne und McGruer, die ihren Kollegen im Solent in nichts nachstehen sollten.

56/57: Der westliche Ausgang des Solent-Kanals ist durch die weißen Klippen der Needles, links im Hintergrund, gekennzeichnet. Hier gehen die geschützten, wegen der starken Strömung aber tückischen Gewässer in den Ärmelkanal über. Die großen Schoner und die Yachten der »Großen Kutterflotte« sind zwar von der Bildfläche verschwunden, aber noch heute bietet sich ein unvergleichlicher Anblick, wenn Hunderte von Yachten aller Größen und Klassen miteinander wetteifern. Unter den weltweit wichtigsten Segelsportveranstaltungen im Solent sind die Cowes Week, der Admiral's Cup und der Start zum Volvo-Ocean-Race zu nennen.

57 oben: Die Yachten der »Großen Kutterflotte« stellen die Weiterentwicklung von der reinen Verdrängungs-Formel, die den schmalen, tiefgehenden Kutter hervorbrachte, zur Vermessung nach Dixon Kemp dar. Es waren riesige Yachten mit Flossenkiel und einer Wasserlinienlänge von circa 26 Metern und mindestens 10 Meter langen Überhängen, deren ca. 1000 Quadratmeter Segelfläche von einer 60-köpfigen Mannschaft bedient wurden! Die *Britannia* verfolgt die *White Heater* und die *Ailsa* – eine allerdings eher ungewöhnliche Gruppierung, wenn man bedenkt, dass die *Britannia* in der Segelsaison des Jahres 1893 von 17 Regatten 11 für sich entscheiden konnte.

57 Mitte: Selbst eine Totenflaute kann die Eleganz und die majestätische Ausstrahlung der Yacht des britischen Königshauses nicht mindern. Sowohl Eduard III. als auch George V. standen selbst am Ruder der *Britannia*. Nach einer vierzig Jahre dauernden Regattakarriere wurde sie vor der Insel Wight versenkt.

58/59: Nach der Abwendung von der Verdrängungsformel verlor der englische Kutter eines seiner hervorstechenden Merkmale, die im Vergleich zur Länge sehr schmale Form, büßte aber nicht seine Attraktivität ein, ganz im Gegenteil, die Linien wirkten jetzt weniger überspannt und ausgeglichener. Der Klüverbaum ist noch immer ein wichtiges Element. Er verlängerte die Deckslinie und musste nicht mehr eingeholt werden, denn der fülligere Bug mit starkem Überhang verhinderte, dass dieser bei jeder Welle eintauchte. Das Foto zeigt die *Petronella*, eine 1880 von Charles Nicholson entworfene und in der gleichnamigen Werft in Gosport gebaute Yacht.

59 oben: Ab der zweiten Hälfte des 19. Jahrhunderts entwickelten sich Cowes und der Solent nicht nur zu einem Mekka für Segelsportler, sondern auch zu einem Hauptanziehungspunkt für Konstrukteure, Werften und Ausrüster, die ihre ganze Erfahrung und ihr Können in die Weiterentwicklung der Regattayachten setzten. Cowes ist zum Beispiel Sitz der Segelmacherei Ratsey und Wohnort der Fotografenfamilie Beken, der wir diese Aufnahme aus dem Jahr 1895 verdanken. Das Foto zeigt zwei Watson-Konstruktionen, die *Caress* (im Vordergrund) und die *Marion Creole*.

58 oben: Heute wie damals ist die Cowes Week ohne die gekrönten Häupter und die Vertreter der Aristokratie – auf See wie auf den Esplanaden – nur schwer vorstellbar. Natürlich bliebe der sportliche Stellenwert unverändert, aber zweifellos spielten (und spielen) die gesellschaftlichen Ereignisse eine Schlüsselrolle für den Erfolg dieser international wichtigsten Großveranstaltung. In den Zeitungen jener Zeit wurde ausgiebig über die Kleidung der Damen mit ihren Hündchen berichtet und darüber, wer dabei war und in wessen Begleitung. Gewiß, eine Zuschauermenge wie auf diesem Foto war schon für die damalige Zeit beachtlich und ist auch heute noch bemerkenswert, während der »Week« allerdings durchaus üblich.

58 Mitte: Die Gewässer des Solent haben ihre Tücken: Tidenströme, Untiefen und ein starker Verkehr von Handelsschiffen und Fähren, die die Insel mit der Küste verbinden, verlangen den Cuppern großes seglerisches Können ab. Dass zudem die verschiedenen Tonnen, Leuchttürme und sonstigen Seezeichen, die das Fahrwasser markieren, als Wendemarken der Regattabahnen verwendet werden, macht es nicht gerade leichter. Wenn dann Hunderte von Yachten auf verschiedenen Kursen mit knapp zeitversetztem Start das Rennen beginnen, sind Unfälle fast vorprogrammiert, in der Vergangenheit mehr noch als heute, waren die Schiffe doch wegen ihrer komplizierteren Takelage und schwereren Rümpfe weit weniger manövrierfreudig. Hier muss die *Varuna* die Segel killen lassen, um eine Kollision mit der kleineren *Thalia* zu verhindern.

59 unten: Auf den ersten Fotografien, die zunehmend an die Stelle von Gemälden oder Stichen traten, erscheint neben den Segelschiffen erstmals eine neue Art von Wasserfahrzeug, die »steam yacht«. Sowohl der Royal Thames Yacht Club als auch die Yacht Squadron reagierten auf diesen technischen Fortschritt mit einer Resolution, nach der Eigentümer von Dampfyachten von der Clubmitgliedschaft auszuschließen seien. Etwas später wurden Dampfschiffe zwar zugelassen, aber nur unter der Bedingung, dass sie keinen Rauch ausspien, wie den Mitgliedern in einem Anschreiben der Yacht Squadron mitgeteilt wurde.

Einige segelbegeisterte schottische und irische Adlige gründeten am Clyde 1824 den ersten Yachtclub, den Royal Northern Y. C, der in den ersten Jahren hier seinen Hauptsitz und jeweils in Schottland und Irland eine Dependance hatte. Bereits im Jahr nach der Gründung trugen irische und schottische Clubmitglieder auf dem Clyde die erste Regatta aus. Auf einem zeitgenössischen Gemälde ist der Start zu einer der ersten Wettfahrten dargestellt. Man sieht das Boot der Wettfahrtleitung und einen mit Zuschauern besetzten, fahnengeschmückten, bauchigen Kutter, der den Startschuss zur Regatta gibt (mit einer Kanonensalve, denn der Kutter war armiert; vielleicht handelte es sich um einen der sogenannten »revenue cutter«, die auf der Jagd nach Schmugglern eingesetzt wurden), sowie ein gutes Dutzend Kutter, die sich unter Vollzeug und kreuzend der Startlinie nähern. In der ersten Hälfte des Jahrhunderts wurden diese Regatten nur sporadisch ausgetragen. Erst der 1856 gegründete Clyde Model Y. C. richtete regelmäßig einmal in der Woche eine Wettfahrt aus und rief später, nun zum Royal Clyde ernannt, gemeinsam mit dem Royal Northern und dem Mudhook Y. C. die Clyde Week ins Leben, die in England nur der Cowes Week nachstand, international jedoch nie dieselbe Anerkennung erlangte.

Auf den Wellen des Clyde segelten einige der berühmtesten englischen Yachten der Jahrhundertwende, zum Beispiel Lord Dunraves *Valkyrie* und Liptons *Shamrocks*, bevor sie den Atlantik überquerten, um in ihren so glorreichen wie vergeblichen Herausforderungen um den America's Cup gegen die Yachten des New York Yacht Club anzutreten. Und dann natürlich all die Yachten, die in einer seit dem Gründungsjahr 1791 bis nach dem Zweiten Weltkrieg von vier Generationen betriebenen Familienwerft vom Stapel liefen, einem Wahrzeichen des Clyde und eine Legende im Segelsport: die Fife-Werft in Fairlie.

Zu jener Zeit muss man sich unter einer Werft kaum mehr als einen Schuppen am Strand vorstellen und das von William Fife I. gegen Ende des 18. Jahrhunderts gegründete Unternehmen machte hier keine Ausnahme. Anfangs wurden dort kleine Segelyachten nach eigenen Entwürfen für das wohlhabende Bürgertum aus Glasgow und Umgebung gebaut. Im Laufe der Zeit, besonders unter William Fife II. und dessen Sohn William Fife III., vergrößerten sich sowohl der Betrieb als auch die Abmessungen der hier gefertigten Yachten. Die mangelnde Fantasie bei der Namenswahl des jeweiligen Nachfolgers wurde von einem umso fruchtbareren Schaffen in der Yachtkonstruktion wettgemacht. Ende des Jahrhunderts entwarf William Fife III. jährlich mehr als 50 Schiffe, von denen die Hälfte auf der eigenen Werft, die andere Hälfte in Europa, Amerika und Asien gebaut wurde. Der Ruhm der Familie fand weltweite Verbreitung und ab 1889, dem Baujahr der Yacht *Dragon*, wurde der vorne am Zierstreifen in den Bug gravierte goldene Drache zu einem Markenzeichen.

Deutschland gewinnt Einfluss im Yachtsegelsport

60/61: Kaiser Wilhelm II. wird in der Regel als ein wahrhaft begeisterter Yachtsegler dargestellt. Auf zahlreichen Fotografien sieht man ihn an Bord einer Rennyacht, immer in betont sportlicher, nicht offizieller Pose – einer Haltung, die er mit seinen englischen Vettern gemein hatte. Insgesamt hat er vier Yachten ausgerüstet und dabei stets eine Verbesserung ihrer Wettkampfleistung im Auge gehabt. Seine Aufgeschlossenheit gegenüber dem Segelsport war allerdings auch von einem politischen Hintergedanken beseelt: Er wollte die Nation auf den Aufbau einer starken Schiffsflotte vorbereiten.

Kieler Woche, die zahlreiche küstennahe Regatten und eine Seeregatta auf der Nordsee umfassten, teilzunehmen.

Die Anstrengungen des Kaisers zahlten sich, zumindest was den Werbeeffekt betraf, aus: Die Kieler Woche wurde zu einem festen Bestandteil der internationalen Segelsportsaison und zählt heute zu den wichtigsten Großveranstaltungen. Schon im Jahr 1912 nahmen außer der *Meteor IV*, deren Eigner der Kaiser selbst war, und den ersten Schonern einiger deutscher Großindustrieller zahlreiche Yachten aus England, Amerika, Italien, Norwegen, Frankreich und Spanien teil. Prinz Heinrich, der Bruder des Kaisers, äußerte

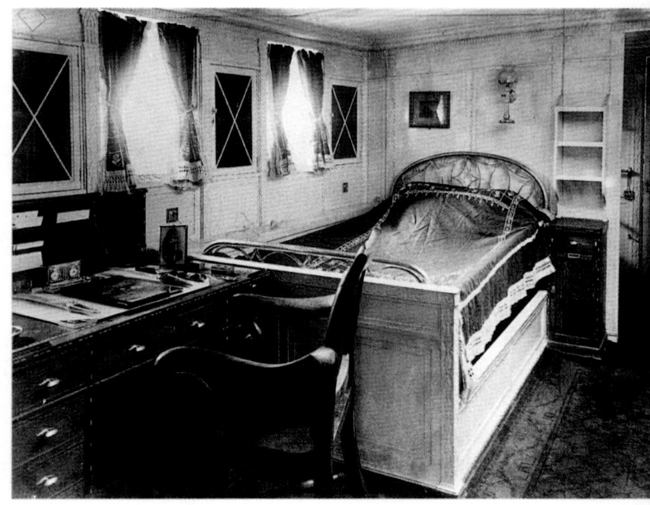

Während Holland die Anfänge des Segelsports in England maßgeblich beeinflusste, wurde im benachbarten Deutschland keine ähnliche Entwicklung ausgelöst. Dort zeigte man sich bis Ende des 19. Jahrhunderts dem Vergnügen des Freizeitsegelns gegenüber nur wenig aufgeschlossen. Dass diese Isolierung durchbrochen wurde, ist wohl auch den Verwandtschaftsbeziehungen zwischen dem Kaiser und dem englischen Königshaus zu verdanken. Als Neffe von Königin Viktoria wurde Wilhelm II. von Preußen regelmäßig zu den Empfängen und Banketten der Cowes Week eingeladen.

Der Kaiser war überzeugt, dass eine wirklich große Nation auch eine Segeltradition haben müsse, und entwickelte daher eine Strategie, diesem Ziel näher zu kommen. Einerseits gründete er in Kiel den Kaiserlichen Yacht Club, um dort eine jährliche internationale Segelveranstaltung auszurichten. Die Kieler Woche sollte der damals bereits berühmten Cowes Week nacheifern, oder besser gesagt, dieser vorausgehen, denn der Termin wurde auf den Juni gelegt. Um eine möglichst große internationale Beteiligung anzuregen, schrieb Wilhelm II. 1906 eine Transatlantik-Regatta um den »Kaiser-Pokal« aus. Hierdurch sollten auch Segler aus Amerika motiviert werden, wenn sie sich ohnehin schon in Europa aufhielten, an den Wettkämpfen der

sich einmal gegenüber einem amerikanischen Bekannten, dem hervorragenden Yachtsegler Brooke Heckstall-Smit (der bereits im Zusammenhang mit den Vermessungsformeln erwähnt wurde), dass die Deutschen keine Seglernation seien und viele seiner Landsleute das Meer noch nie gesehen hätten. Aber vielleicht würden sich ihrem Kaiser zuliebe immer mehr Leute für diesen Sport begeistern, »vielleicht wächst das Interesse an Unternehmungen auf See und man wird Gelder für den Bau einer Flotte auftreiben können!«. Der Kaiser, der übrigens schon bei einer leichten Brise unter Seekrankheit litt, ging mit gutem Beispiel voran und begann, Yachten zu kaufen.

60 unten: Die unter der Schirmherrschaft Kaiser Wilhelms II. organisierte Kieler Woche zog bereits Anfang des 20. Jahrhunderts viele ausländische Segler an. Selbst amerikanische Yachten waren hier regelmäßig vertreten, wohl auch in Vorbereitung der im August veranstalteten Cowes Week. Zu jener Zeit entdeckten die amerikanischen Konstrukteure die Qualitätsarbeit deutscher Werften und die Deutschen, allen voran der Kaiser, wandten sich ihrerseits an Yachtkonstrukteure aus Übersee. Die *Meteor III* zum Beispiel ist eine Cary-Smith-Konstruktion, ein Schoner mit über 40 Metern Länge, sehr klassisch, sehr bequem, aber keine wirkliche Konkurrenz.

61 oben und Mitte: Trotz der Teilnahme an Regatten verzichtete man bei den Yachten dieser Epoche, vor allem bei solchen, die Gäste königlichen Ranges an Bord hatten, nicht auf einen gewissen Luxus in der Inneneinrichtung. Die Schlaf- und Arbeitskabine des Kaisers und der Salon an Bord der *Meteor III* stehen stellvertretend für die übliche Innenausstattung der damaligen Yachten dieser Größenordnung. Auch der Kamin ist durchaus kein nur exzentrisches Accessoire, da man zumeist in kalten, feuchten Revieren segelte. (Auch englische Herausforderer im America's Cup waren mit einem Kamin ausgestattet.) Auch während der Wettfahrten mussten die gekrönten Häupter nicht auf eine warme Mahlzeit, die im Salon serviert wurde, verzichten.

61 unten: Kaiser Wilhelm II. war einer der Hauptakteure jener klassischen Ära des Segelsports, in der – um die Jahrhundertwende – die Yachten der »Großen Kutterflotte« zum Wahrzeichen einer neuen, an die lineare Vermessungsformel gebundenen Schiffsarchitektur wurden. Seine *Meteor II*, die von Watson an Stelle der alten *Meteor*, dem ehemaligen America's-Cup-Verteidiger *Thistle Challenger*, entworfen wurde, war – mit wechselndem Erfolg – einer der stärksten Gegner der *Britannia*.

62/63: Bei den großen Yachten der Vergangenheit war die Handhabung der Segel allein von der Körperkraft und der Anzahl der Matrosen an Bord abhängig. Natürlich musste die Mannschaft physisch in Topform sein und zahlenmäßig eine vernünftige Arbeitsverteilung gewährleisten. Aber wer sich mit den Kräften und Gewichten, die bei Manövern mit einer Yacht dieser Größenordnung zu berücksichtigen sind, auskennt, weiß nur zu gut, dass es der Fähigkeit und Erfahrung der Crew bedarf, zum richtigen Zeitpunkt das Richtige zu tun. Hier sieht man die Matrosen der *Meteor*. Die Yacht segelt hoch am Wind, das Schanzkleid im Wasser, die Männer warten auf den richtigen Augenblick und das Kommando des Steuermanns für das Manöver.

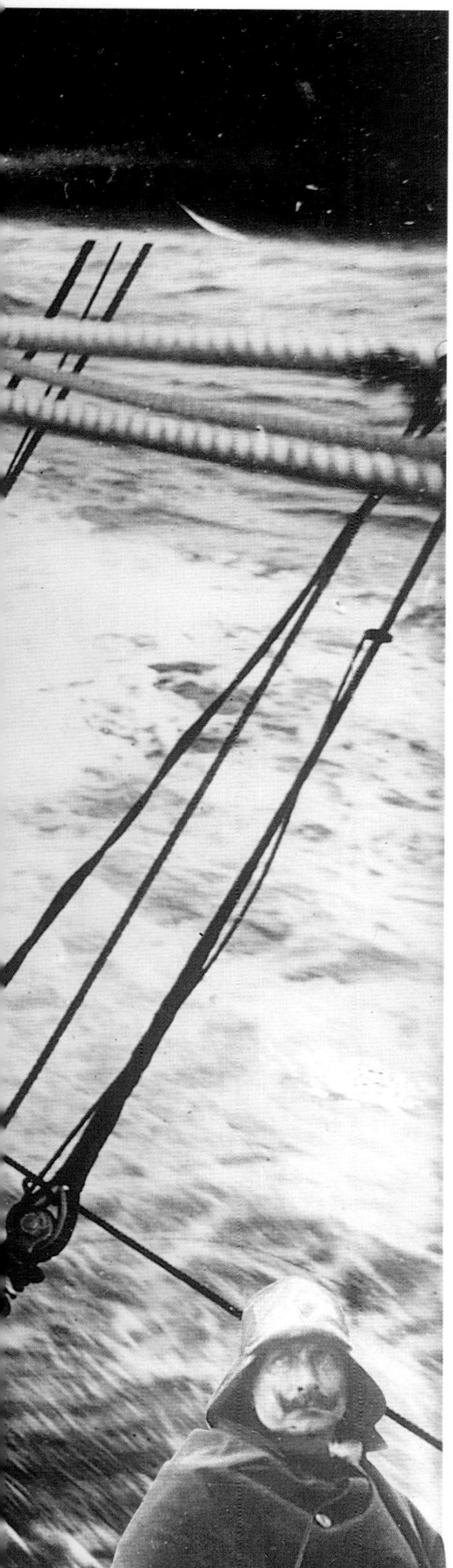

Die eigentliche kaiserliche Yacht war die *Hohenzollern*, eine Art Kreuzer, der mit Geschützen und rauchenden Schornsteinen gespickt und mit einem bedrohlichen Rammsporn am Bug ausgestattet war. Mit einer Länge von 117 Metern übertraf die *Hohenzollern* in ihren Abmessungen sogar noch die englische Staatsyacht, die *Victoria and Albert II*, und erreichte mit 9500 PS eine Geschwindigkeit von 21 Knoten.

Von dieser preußischen Machtbekundung abgesehen, kaufte der Kaiser in seiner Absicht, den Deutschen auf ihrem Weg zur Seglernation mit gutem Beispiel voranzugehen, insgesamt vier Yachten, die alle den Namen *Meteor* trugen. Wie andere Schiffseigner, die sich ihrer Vorlieben noch unsicher sind, erwarb er zuerst eine gebrauchte Yacht, die *Thistle*, 1887 von Watson für den America's Cup entworfen, die in *Meteor I* umbenannt wurde.

Es folgte die *Meteor II*, mit deren Entwurf Wilhelm II. im Jahr 1896 wiederum G. L. Watson beauftragte. Zu Beginn des 20. Jahrhunderts waren die Ansprüche des Kaisers merklich gestiegen und die dritte *Meteor*, ein 412-Tonnen-Schoner und die wahrscheinlich bekannteste Yacht Wilhelms II., wurde 1902 in Shooter's Island, Amerika, nach einer Zeichnung von Cary Smith gebaut. 1908 war dann endlich der Zeitpunkt gekommen, eine Yacht im eigenen Land in Auftrag zu geben: Die *Meteor IV* wurde von Max Oertz, einem deutschen Yachtkonstrukteur, der sich später als Zeichner von R-Yachten einen Namen machen sollte, entworfen und lief in der Germania-Werft vom Stapel.

In der Zwischenzeit hatten auch einige deutsche Industrielle Schoner gekauft, wie zum Beispiel die in *Hamburg II* umgetaufte *Westward*, eine berühmte Nat-Herreshoff-Konstruktion aus dem Jahr 1910, oder die *Germania*, die 1911 bei den Krupp-Werften in Auftrag gegeben wurde. Wilhelm II. hatte sein Ziel erreicht!

62 unten: An der letzten Yacht Wilhelms II. lässt sich ablesen, wie erfolgreich der Kaiser seine politischen Ziele durchgesetzt hatte. Die *Meteor IV* wurde von Max Oertz, einem deutschen Konstrukteur, der durch einen wissenschaftlichen Konstruktionsansatz sowie Erfahrungen im Ausland beeindruckte, entworfen und 1908 in einer deutschen Werft, der Germania-Werft in Kiel, gebaut. Die schonergetakelte Yacht mit einer Länge über alles von 39,30 Metern war eine grandiose, an amerikanischen Vorbildern orientierte Konstruktion (in jenen Jahren hatten die Deutschen die von Herreshoff entworfene *Westward* importiert und auch die *Meteor III* war ein amerikanischer Riss). Während der Kieler Woche des Jahres 1911 ist die Mannschaft angetreten, um den Kaiser an Bord zu begrüßen.

63 oben: Die für den Kaiser entworfene und gebaute Yacht *Meteor II* auf hoher See. Fern liegen die Veranstaltungen der Kieler Woche, deren Paraden, Empfänge und Bankette den sportlichen Wettkampf bald in den Hintergrund drängen, weit entfernt sind auch die geschützten Gewässer der Kieler Bucht. Die Fotografie zeigt die *Meteor IV*, die neue Yacht Wilhelms II., auf der Nordsee kurz vor der Rundung der Insel Helgoland. Unter Vollzeug hoch am Wind segelnd, trotzt sie den frischen, kalten Winden der Nordhalbkugel.

63 unten: Das Wetter nötigt auch hochrangigen Gästen bisweilen eine weniger ihrem Stand als den Witterungsbedingungen angemessene Kleidung ab. Wilhelm II. war ein leidenschaftlicher und ehrgeiziger Segler (er fühlte sich in ständigem Wettstreit mit seinen Vettern, den Söhnen Königin Viktorias von England). Vor allem aber wollte er seinem Volk auf dem Weg zur Seglernation mit gutem Beispiel vorangehen. Hier sieht man den Kaiser trotz Ölzeug und Südwester in stolzer Haltung.

Frankreich und der Mittelmeerraum

64 oben und unten: Ihrem Aussehen nach ist die *Velox* ein typischer Vertreter der großen Schoner, wie sie ab der zweiten Hälfte des 19. Jahrhunderts auch in Amerika und England gebaut wurden. Aber genau betrachtet stellt die 45 Meter lange Yacht, die 1876 in der Werft Augustin Normand in Le Havre vom Stapel lief, bereits einen Kompromiss zwischen der »schlanken und tiefen« Form der englischen und dem »breiten und flachen« Rumpf amerikanischer Yachten dar. Leider lassen die U-Spanten und die vertikalen Schiffswände keine Hochleistungsyacht erahnen.

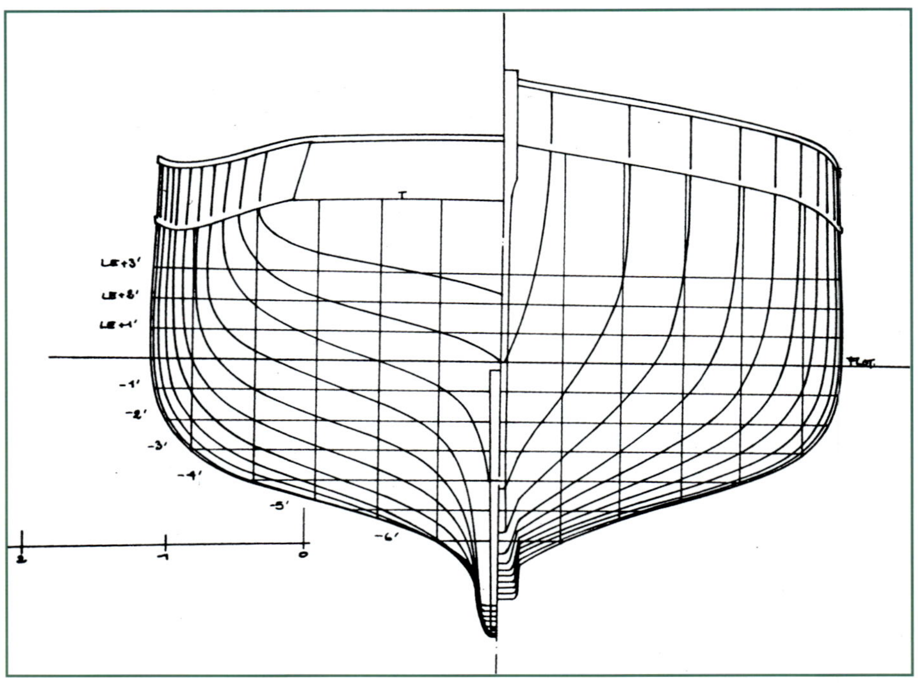

Wie in Deutschland begann man auch in Frankreich erst spät, sich für den Segelsport zu begeistern. Im 18. Jahrhundert sind keine nennenswerten Ereignisse in diesem Zusammenhang bekannt und erst gegen Ende des folgenden Jahrhunderts werden – dann allerdings in schneller Folge – die ersten französischen Yacht-Clubs gegründet.

Es ist aber dennoch wahrscheinlich, dass auf dem Ärmelkanal wie auf dem Mittelmeer bereits Segelwettfahrten zwischen Fischerbooten und Lotsenschiffen ausgetragen wurden. Der französische »cotre« (Kutter) aus der Bretagne ähnelt in vielem den jenseits des Ärmelkanals üblichen Lotsenkuttern, und im Mittelmeerraum gibt es – vor allem in Bezug auf die Takelung – deutliche Parallelen zwischen den Marseiller »houaris« und den Slups der Fischer von New York. Daher darf man wohl annehmen, dass ähnlich wie in den Vereinigten Staaten und England auch in Frankreich schon früh Wettfahrten zwischen den Fischerbooten oder Lotsenkuttern stattgefunden haben, noch bevor jemand auf die Idee kommen sollte, dass auch Adlige Vergnügen an dieser Freizeitbeschäftigung finden könnten.

Von diesen Mutmaßungen abgesehen, lässt sich der Geburtstag des Segelsports in Frankreich auf den Tag genau datieren. Am 18. August 1839 wurden in Le Havre anläßlich der Einweihung des »Hotel des bains Fracati« Segelregatten veranstaltet. Zwei Jahre danach gründete das Veranstaltungskomitee den ersten französischen Segelclub, La Société des Regates du Havre. Von nun an entstanden entlang der Küste zahlreiche Vereine, die Regatten ausrichteten, wobei die Frühjahrs-Wettfahrten vor allem im Mittelmeerraum, die Sommerregatten überwiegend auf dem Ärmelkanal stattfanden. 1867 wurde unter der Schirmherrschaft Napoleons III. der Yacht Club de France gegründet, der im folgenden Jahr die erste Seeregatta mit Kurs vom englischen Ryde nach Dieppe ausrichtete.

Zwar kreuzten schon vorher ausländische Yachten im Mittelmeerraum, wobei romantische Orte wie Venedig und Monte Carlo bevorzugt angelaufen wurden, aber bei den 1880 in Nizza veranstalteten Regatten gab es erstmals einen wahren Ansturm ausländischer Segler. Unter anderem nahmen an diesen Wettfahrten die englischen 118-Tonnen- und 310-Tonnen-Yachten *Ambronia* und *Letonia* und der amerikanische 310-Tonnen-Schoner *Sappho* teil. Im Jahr 1895 starteten auch die *Ailsa* und die *Britannia* zu dieser Wettfahrt.

Außerdem wurden in Frankreich bei den dort stattfindenden Olympischen Spielen des Jahres 1900 erstmals Segelwettbewerbe ausgetragen.

Mit dem Bau großer Yachten begann man in Frankreich in der zweiten Hälfte des 19. Jahrhunderts. 1876 lief in der Werft Augustin Normand in Le Havre die *Zemajteij* für den russischen Grafen Tysdievicz vom Stapel, ein 45-Meter-Schoner, der später im Mittelmeer unter dem Namen *Velox* und im Besitz eines französischen Eigners berühmt werden sollte. 1910 wurde die *Resolue*, eine 840 Tonnen verdrängende Yacht mit Hilfsmotor und einer Länge von 52,50 Metern, vom Stapel gelassen. (In Frankreich gab es gegen Ende des 19. Jahrhunderts zahlreiche erfahrene Konstrukteure für Frachtsegler, die berühmten Windjammer, an denen sich die Zeichnung der *Resolue* offensichtlich orientierte.)

Während schon die ersten Kriegsstürme durch Europa fegten, wurde 1915 für den Grafen Etienne de Gannay ein 225-Tonnen-Schoner, die *Korrigane*, gebaut, der sich durch seine Kreuzfahrten einen Namen machen sollte.

64/65: 1879 wird in Genua der Regio Yacht Club Italiano gegründet, der die Verbreitung des Segelsports stetig vorantreibt und zahlreiche Wettfahrten vor dem Heimathafen ausrichtet. Ein ebenso beliebtes Regattarevier ist der Golf von Tigullio, ein geschütztes Gewässer, dessen zahlreiche kleine Häfen wie Portofino und Santa Margherita sich bei ausländischen Touristen bereits großer Beliebtheit erfreuten.

65 rechts oben: Die Werft Costaguta weist alle Merkmale eines Bootsbaubetriebes auf: Holzschuppen auf dem Strand, Winden und eine Helling. Der Stapellauf einer Yacht ist ein komplexer Vorgang, der von der Erfahrung des verantwortlichen Vorarbeiters, von der Menge der Hilfskräfte (in der Regel packte das ganze Dorf mit an) und natürlich von den Launen des Meeres abhängt. 1902 lief die *Artica*, eine im Auftrag des Herzogs der Abruzzen für die Coupe de France gebaute 10-Tonnen-Yacht, in dieser Werft vom Stapel. Die *Artica* gewann den Cup gegen den französischen Titelverteidiger *Suzette*.

65 Mitte rechts: Regatten in Einheitsklassen waren im Mittelmeerraum sehr verbreitet. Vor allem Frankreich und Italien standen sich in zahlreichen Herausforderungen gegenüber und die Pokale wechselten häufig das Land. Die Coupe de France wurde mit der »10-Tonnen«-Klasse gesegelt (es galt also noch immer das Thames Measurement bzw. die hieraus abgeleiteten Vermessungsformeln). Diese Wettfahrten fanden zwar auch bei deutschen und englischen Seglern großen Anklang, die Entscheidung wurde aber zumeist zwischen Italienern und Franzosen ausgetragen. Das Foto zeigt die *Artica*, die Gewinnerin des Jahres 1902.

65 unten: In der zweiten Hälfte des 19. Jahrhunderts widmeten sich zahlreiche italienische Schiffskonstrukteure und -ausrüster dem Entwurf von Segelyachten. Ein herausragendes Beispiel ist Ugo Costaguta, dessen Werft fast ein Jahrhundert lang von seiner Familie betrieben wurde. Die von Costaguta gebauten Schiffe zeigten ihre Leistungen nicht nur auf den heimischen Gewässern, sondern waren auch in Nordeuropa erfolgreich. Ugo Costaguta entwarf und baute überwiegend Schwert-Yachten sowie solche für die Vermessung, die zur damaligen Zeit in Italien sehr verbreitet waren. Der Herzog der Abruzzen erkannte schon bald das Talent des Yacht-Designers und gab zahlreiche Segelyachten bei Costaguta in Auftrag. Auf dem Foto sehen wir die Vorbereitungen für den Stapellauf der *Artica*.

An der restlichen Mittelmeerküste war Segeln die Leidenschaft einiger weniger Yachtsegler zumeist adliger Herkunft und wie üblich gingen auch hier die Engländer mit gutem Beispiel voran. Anfang des 19. Jahrhunderts ließen sich zwei englische Dichter während ihrer Segelfahrten entlang der italienischen Küste von dem milden Klima und der romantischen Landschaft des Mittelmeers inspirieren. In der Toskana war es Lord Byron mit seiner *Bolivar* und in Ligurien Percy B. Shelley, der an Bord der *Ariel* auf See verscholl.

Einer der Pioniere unter italienischen Segelbegeisterten war der Herzog der Abruzzen, Seine Königliche Hoheit Prinz Amadeus, mit seinen anfangs noch im Ausland gebauten Yachten. Sein erstes Schiff war die1897 in Frankreich von Guédon entworfene 1-Tonnen-Yacht *Chechette*. Darauf folgte die Fife-Konstruktion *Fern*, eine 5-Tonnen-Yacht, und dann die große, von Watson gezeichnete *Bona*. Als Nächstes gab der Herzog bei dem genuesischen Konstrukteur Ugo Costaguta mehrere kleinere Yachten in Auftrag, die *Nella*, die *Artica* und die *Leda*, die alle der 5- und 10-Tonnen-Klasse angehörten. Als wahrer Segler bevorzugte der Herzog kleine Yachten, bei denen er selbst am Ruder stand.

Prinz Matteo Sciarra Colonna hingegen hatte 1875 eine große und berühmte amerikanische Yacht gekauft, den 37-Meter-Schoner *Sappho*, der seine Schnelligkeit bereits in vielen Wettfahrten an der Atlantikküste bewiesen hatte, und Erzherzog Karl Stephan von Österreich importierte die *Ailsa* und die *Satanita* nach Italien.

Es gab allerdings noch eine andere Persönlichkeit, die den italienischen Segelsport in seinen Anfängen maßgeblich beeinflussen sollte: Kapitän Enrico D'Albertis. Mit seiner kuttergetakelten 11-Meter-Yacht *Violante* aus dem Jahr 1875, der ersten in Italien gebauten Yacht (obwohl dieser Titel streng genommen der *Black Tulip*, einer von dem Engländer Sir Yeats Brown in Auftrag gegebenen 8-Tonnen-Yacht, zusteht), und der *Corsaro*, einer 21,70 Meter langen Yacht aus dem Jahr 1882, die beide in der Genueser Werft Briasco nach einem Entwurf von Luigi Ometo gefertig wurden, unternahm D'Albertis abenteuerliche Kreuzfahrten auf dem Mittelmeer und dem Atlantik und ist als der Vater des italienischen Yachtsegelns anzusehen.

Ende des 19. Jahrhunderts wetteiferten drei italienische Städte darum, die Wiege dieser neuen Sportart zu werden: Neapel, wo 1873 eine Regattagesellschaft mit immerhin 35 Mitgliedsyachten gegründet wurde, Livorno und Genua, Sitz des 1879 gegründeten Königlichen Italienischen Yacht Clubs.

Weitere Yachten lagen in dem damals unter österreichischer Herrschaft stehenden Triest, wo 1903 der Regio Yacht Club Adriatico gegründet wurde.

Die Adria war auch der Schauplatz für die Segelkreuzfahrten Karl Stephans, des Erzherzogs von Österreich. Seine erste Yacht, der 11 Meter lange, als 25-Tonner vermessene Kutter *Nair*, wurde seltsamerweise in einer Werft in Castellamare di Stabia in der Nähe von Neapel gebaut, einer Gegend, die zwar eine lange Tradition im Schiffsbau, aber wenig Erfahrung in der Yachtkonstruktion vorweisen konnte. 1888 kaufte der Erzherzog einen sehr attraktiven 80-Tonnen-Schoner, den der aus dem Solent stammende Yachtkonstrukteur Nicholson entworfen hatte; die *Heather Belle* hatte eine Länge über alles von 27 Metern und der neue Eigner taufte sie in *Christa* um. Darauf folgte eine weitere englische Konstruktion mit ähnlichen Abmessungen, die *Valkyrie*, die 1889 von J. Fay in Southampton gebaut wurde.

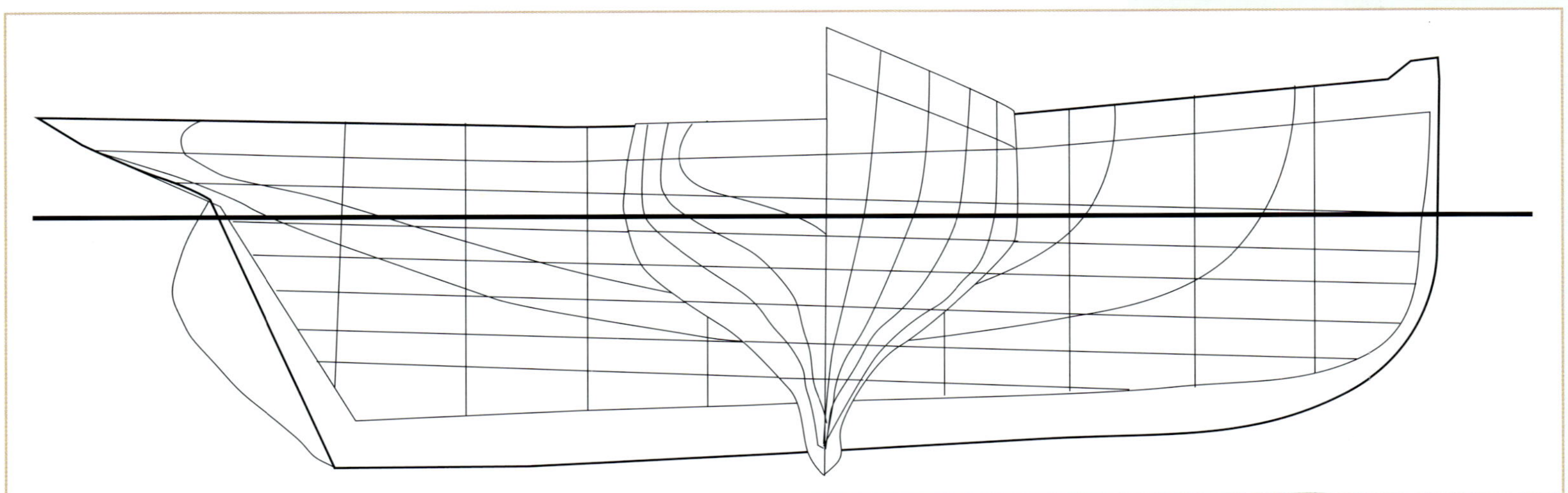

66 oben und unten: Ein Ehrenplatz unter den ersten italienischen Yachtseglern steht sicherlich Kapitän Enrico Alberto D'Albertis zu, der mehrmals den Atlantik überquerte und seine Fahrten in mehreren Büchern beschrieb. Die Abbildung oben zeigt den Buchdeckel einer seiner zahlreichen Reiseerzählungen »Crociera del Corsaro a San Salvador« aus dem Jahr 1898, in der D'Albertis seine wohl interessanteste Unternehmung schildert: Von dem spanischen Huelva aus folgt er der Reiseroute des Kolumbus auf der Suche nach Indien.

66 Mitte: Kapitän Enrico Alberto D'Albertis, einer der Gründer des königlichen Yacht-Clubs Italiens, wurde durch seine abenteuerlichen Seereisen mit der *Violante* und der *Corsaro* berühmt. Seine erste Yacht, die *Violante*, ein Kutter mit einer Länge über alles von 11,50 Metern, 3,50 Meter Breite und einem Tiefgang von 2,50 Metern, wurde von Luigi Oneto entworfen und von Agostino Briasco gebaut. Die *Violante*, deren Riss sich an den zeitgenössischen englischen Vorbildern orientiert, kann als die erste in Italien gebaute Yacht angesehen werden.

67 oben und unten: Die zweite Yacht Kapitän D'Albertis war die im Vergleich zur *Violante* erheblich größere Yawl *Corsaro*: 21,70 m Länge über alles, 4,80 m Breite, 3,50 m Tiefgang. Der lange Bugspriet, der vertikale Achtersteven und der großzügige Bugüberhang zeichnen sie noch als »englische« Yacht aus. Die *Corsaro* wurde vor allem wegen ihrer Atlantik-Überquerung berühmt, nahm aber auch an Regatten teil, wie zum Beispiel an den ersten in Nizza ausgerichteten Wettfahrten, die die Anfänge des Segelsports im Mittelmeerraum kennzeichnen. Die Abbildung unten zeigt das Schiff auf Stapel in der Werft Agostino Briasco, wo es nach einer Zeichnung von Luigi Oneto gebaut wurde. Oben sieht man D'Albertis auf seiner letzten Fahrt im Jahr 1895: In Kiel wollte er der Einweihung des Nord-Ostsee-Kanals (damals Kaiser-Wilhelm-Kanal) beiwohnen. Während der Überfahrt von Kiel nach Gosport wurde die *Corsaro* gerammt und irreparabel beschädigt, so dass sie im Hafen von Portsmouth verschrottet werden musste.

Der America's Cup

Um 1850 hielt John Cox Stevens den Zeitpunkt für gekommen, die Engländer, die »Erfinder« des Freizeitsegelns, herauszufordern. Der amerikanische Segelsport hatte sich gut entwickelt, man hatte eine ausreichend lange Erfahrung im Schiffsbau und auch an technischen Mitteln und Geldern fehlte es nicht. Mit dem Entwurf des Herausforderers wurde George Steers, Sohn eines Schiffszimmermanns aus dem englischen Devonshire, beauftragt.

In diesem Zusammenhang ist anzumerken, dass die Engländer im 18. Jahrhundert ihre Handels- und Kriegsschiffe zwar in den Kolonien in Übersee bauen ließen, dafür aber provisorisch am Strand eingerichtete Werften nutzten und fachkundige Arbeitskräfte aus dem Mutterland

einsetzten, die nach Abschluss der Arbeit in die Heimat zurückkehrten, um ihr Know-How nicht an die Kolonisten weiterzugeben. Daher konnte sich der amerikanische Bootsbau und damit der Segelsport anfangs nur zögernd entwickeln, andererseits liegt hier der Grund, warum die Yachtkonstruktion in Amerika schon früh eigenständige und innovative Wege einschlug.

George Steers hatte sich mit seinen Zeichnungen der schnellsten Lotsenkutter des New Yorker Hafens einen Namen gemacht, aber auch mit dem Entwurf dreier Yachten für Mitglieder des New York Yacht Club, vor allem aber mit der Konstruktionszeichnung des Schoners *Mary Taylor* für Kapitän Richard Brown. Die *Mary Taylor* war schneller als alle anderen Lotsenschiffe und galt wegen ihres schlanken Bugs als eine der innovativsten Konstruktionen. Die Werft William Brown baute nach Steers' Riss einen 31-Meter-Schoner, der *America* getauft wurde. Das Schiff bewies unverzüglich seine hervorragenden Qualitäten in einer Wettfahrt gegen Robert Livingstone Stevens' Slup *Maria*. Einer Einladung des Club-Sekretärs der Royal Yacht Squadron zu den Regatten jener Segelsaison folgend, startete die *America* am 21. Juni 1851 zu ihrer Atlantiküberquerung nach Cowes. Am 22. August kreuzte der unter der Flagge des NYYC fahrende Schoner als erster nicht englischer Teilnehmer die Startlinie zum One Hundred Guinea Cup. An dieser jährlich von der Royal Yacht Squadron ausgerichteten Regatta mit einem 53-Seemeilen-Kurs um die Isle of Wight konnten alle Arten von Yachten teilnehmen, ein Handikap war nicht vorgesehen. Gleich zu Beginn des Rennens ergab sich für die Amerikaner eine Verzögerung: Der Anker der *America* – damals lichtete man auf Yachten dieser Größe beim Startschuss den Anker – hatte sich verfangen und die Yacht nahm das Rennen mit ein paar Minuten Verspätung auf. Aber bereits an der ersten Wendemarke hatte sie den Vorsprung der anderen Yachten aufgeholt. Vor der östlichen Spitze der Insel lag das Feuerschiff *Nab*, das auf die zwischen ihm und der Insel liegenden Untiefen hinwies. Allerdings war den Segelanweisungen nicht eindeutig zu entnehmen, an welcher Seite das Feuerschiff zu passieren sei, zumal aus Sicherheitsgründen normalerweise niemand über die Untiefen segelte. Anders die *America*: Sie nahm die Abkürzung an der Innenseite des »Nab«, sparte so mindestens zwei Seemeilen und setzte sich damit in Führung. Aufgrund der schwachen, drehenden Winde auf dem Bein entlang der Südküste holten die englischen Yachten langsam wieder auf. Diesmal kam der starke Tidenstrom den Amerikanern zu Hilfe. Der Kutter *Arrows* wurde von der Strömung gegen die Küste gedrückt und die *Alarm* eilte zu Hilfe, während die beiden stärksten Gegner, die *Freak* und die *Volante*, kollidierten, nachdem sie manövrierunfähig geworden waren. Nach Rundung der Needles wurde die *America* von einer leichten, diesmal von Westen kommenden Brise langsam in Richtung Cowes getragen und erreichte nach 10 Stunden und 37 Minuten als Erste die Ziellinie. Achtzehn Minuten später traf die *Aurora*, ein kleiner Kutter, ein. Die *Brucchante* und die *Eclipse* erreichten das Ziel sechzig beziehungsweise siebzig Minuten nach der Siegerin, die *Brillante* hingegen mit einer Verspätung von fast fünf Stunden. Alle anderen Yachten waren ausgeschieden oder hatten das Zeitlimit überschritten. Da der beim Wettkampfausschuss eingelegte Protest, weil die *America* das Feuerschiff *Nab* nicht gerundet hatte, abgelehnt wurde, erhielt Kommodore John Cox Stevens den One Hundred Guinea Cup und brachte ihn in seinen Heimatclub, wo er – trotz insgesamt 24 Versuchen, den Pokal zurückzugewinnen – bis zum Jahr 1983 verblieb.

Dieses Rennen bezeichnete den Beginn der America's-Cup-Geschichte, des wohl meistbesprochenen Themas des Regattasegelns und mit Sicherheit diejenige Veranstaltung, die im Laufe der Zeit die größten Investitionen erforderte und das größtmögliche Engagement seitens der Yachtkonstrukteure und Bootsbauer.

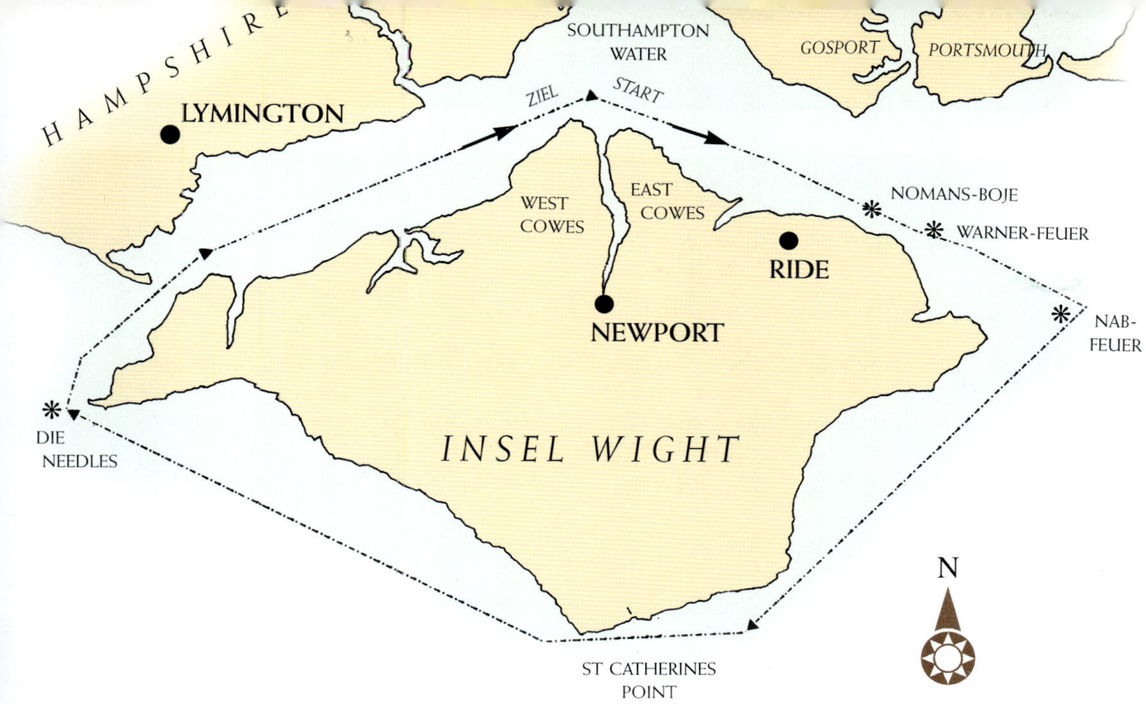

68/69: Die *America* unterschied sich grundlegend von den englischen Yachten und dieses Bild hebt, in vielleicht übertriebenem Maße, eine der Besonderheiten des amerikanischen Schoners hervor: Im Vergleich zu anderen Yachten der Epoche – und nicht nur den englischen –, bei denen den Ansprüchen des Eigners an Prestige und Prunk ein hoher Tribut gezollt wurde, war die *America* eine eher simple, einzig im Hinblick auf exzellente Segeleigenschaften und Geschwindigkeit konzipierte Konstruktion.

69 oben: Der Kurs der Regatta, die den America's Cup ins Leben rufen sollte, verlief im Uhrzeigersinn um die Insel Wight.

69 unten: Der Konstrukteur der *America*, der vielleicht berühmtesten Yacht in der Geschichte des Segelsports, hat nie den Bekanntheitsgrad des von ihm entworfenen Schoners erreicht und auch heute noch ist George Steers' Name nur wenigen geläufig.

68: Am 22. August 1851 berichten die sonst eher zurückhaltenden englischen Zeitungen ausführlich über ein außergewöhnliches Ereignis: die Teilnahme einer ausländischen (eine nicht unbedingt glückliche Begriffswahl im Zusammenhang mit einer Nation, die erst kurz zuvor aufgrund einer nicht einmütig erfolgten Trennung von ihrem einstigen Mutterland entstanden war) Yacht an einer Regatta in den heimischen Gewässern. An jenem Morgen war der Schoner *America* zum Start des One Hundred Guinea Cup angetreten. Schwacher Wind und dicht gedrängte Zuschauermassen an der Hafenpromenade! Schon nach ungefähr einem Zehntel des Kurses hatte die *America* ihren durch einen unglücklichen Start bedingten Rückstand aufgeholt.

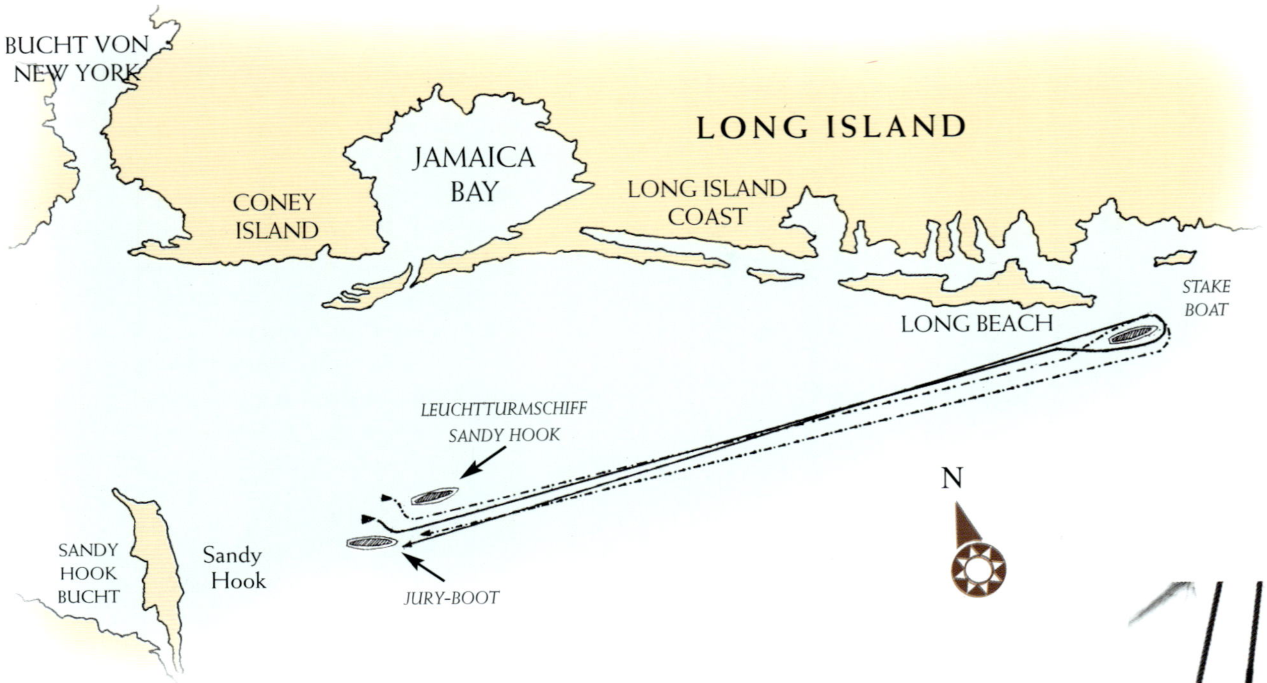

70 links oben: In den ersten Jahren des America's Cup wurden die Wettfahrten in den geschützten Gewässern des Long Island Sound ausgetragen, einem lang gestreckten, von den Wellen der offenen See geschützten Golf, an dessen Spitze sich New York befindet. Der Regattakurs bestand aus einem Bein in die eine und einem in die andere Richtung von 10, 15 und 20 Meilen, je nach Windbedingungen. Im Vergleich zur Umsegelung der Insel Wight im Jahr 1851 also ein ausgelegter Kurs.

Natürlich hatten die Amerikaner 1851 in Cowes mit einem guten Schiff debütiert und auch die hervorragende Crew unter dem ausgezeichneten Profi-Skipper Dick Brown trug zum Erfolg der *America* bei. Ein weiterer für den Sieg maßgeblicher Faktor waren die am Baum angereihten Segel aus maschinell hergestelltem Baumwolltuch, während die englischen Yachten Segel aus sehr viel winddurchlässigerem, handgewebtem Flachs setzten, die zudem nur jeweils am Ende des Baumes angeschlagen, also mit losem Kiel gefahren wurden. Außerdem starteten die Amerikaner mit einer für den Sieg konzipierten Yacht, während die Engländer – in einer reichlich anmaßenden Unterschätzung ihrer Gegner – mit traditionellen Yachten aufwarteten, die mit Prestigesymbolen überladen anstatt mit Segeltechnik ausgerüstet waren. Als siegentscheidend muss man aber wohl die Lücke in den Segelbestimmungen ansehen, aufgrund deren die Amerikaner das Feuerschiff *Nab* an der Innenseite passieren konnten. Und natürlich war auch ein wenig Glück im Spiel: Leichte achterliche Winde kamen auf, als die britischen, an stärkeren Gegenwind gewöhnten Kutter vorn lagen, und der Tidenstrom setzte vier der gefürchtetsten Gegner außer Gefecht. Der amerikanische Schoner gewann nach gesegelter Zeit, hätte aber von der kleineren *Aurora* auch mit Vergütung nicht geschlagen werden können, denn nachdem die *America* die Ziellinie gekreuzt hatte, flaute der Wind dermaßen ab, dass der englische Kutter kämpfen musste, um das Ziel überhaupt zu erreichen. Die Vergütung hätte ihm zwei zusätzliche Minuten erlaubt, zu wenig, um die zwei Meilen zurückzulegen, die die *America* am Feuerschiff *Nab* abgekürzt hatte.

Der wahre Sieger dieses Rennens war jedoch der Fortschritt, und die Erfolgsstrategie der Amerikaner bei dieser ersten Wettfahrt konnte sich in den folgenden Austragungen des America's Cup verfestigen.

Erste Herausforderung – 1870:

Diese Wettfahrt wurde zwischen Lord Ashburys englischem Herausforderer *Cambria*, einem 119-Tonnen-Schoner, der in Cowes von Michael Ratsey entworfen und gebaut wurde, und einer kleinen Flotte von siebzehn amerikanischen

Yachten ausgetragen. Siegerin wurde die *Magic*, eine schonergetakelte Loper-Konstruktion. Der Regattakurs war 38 Seemeilen lang und führte von Staten Island nach Sandy Hook und zurück.

Zweite Herausforderung – 1871:
Lord Ashbury trat mit seinem neuen, wiederum von Ratsey entworfenen Schoner *Livonia* zum zweiten Mal als Herausforderer an. Der NYYC willigte ein, den Titel von nun an mit nur einer Yacht zu verteidigen. Die *Columbia*, eine J.-B.-van-Deusen-Konstruktion, wurde als amerikanischer »defender« aufgestellt. Nach den ersten drei Wettfahrten stand es 2:1 für die Amerikaner. Im vierten Rennen erhielten die Amerikaner die Genehmigung, mit einem anderen Schiff, der *Sappho*, einem von R. Poillon für W. P. Douglas entworfenen 36-Meter-Schoner, anzutreten, und gewannen.

Dritte Herausforderung – 1876:
Diesmal kam der Herausforderer aus Kanada: die *Countess of Dufferin*, ein von Alexander Cuthbert gezeichneter klassischer Schoner. Als Cup-Verteidiger trat die von David Kirby gezeichnete *Madeleine* an. Die Kanadier, die sich mit dem Bau des Herausforderers finanziell übernommen hatten, erlitten eine glatte Niederlage.

Vierte Herausforderung – 1881:
Wiederum ein kanadischer Herausforderer, der ebenfalls von Cuthbert entworfen worden war, der 70-Fuß-Kutter *Atalanta*. Für die Vereinigten Staaten segelte die *Mischief*, eine für die damalige Zeit ungewöhnliche Cary-Smith-Konstruktion aus Stahl. Sie gewann mühelos.

Fünfte Herausforderung – 1885:
In diesem Jahr forderte der Engländer Sir Richard Sutton die Amerikaner mit seinem von J. B. Webb entworfenen Kutter *Genesta* heraus, einer klassischen englischen Konstruktion von 90 Fuß Länge und 15 Breite. Als Cup-Verteidiger wurde Burgess' *Puritan* aufgestellt, eine Schwert-Slup von 94 Fuß Länge über alles und 23 Fuß in der Breite. Zwei zu null für die Amerikaner in dieser Best-of-Three.

Sechste Herausforderung – 1886:
In diesem Cup-Rennen trat wiederum ein klassischer englischer Kutter an, die *Galatea*, eine Webb-Konstruktion für Leutnant Henn. Die Amerikaner mit ihrem wie üblich viel pragmatischeren Ansatz stellten als Titelverteidiger die *Mayflower* auf, eine von E. Burgess eigens für dieses Rennen entworfene Yacht, und gewannen wiederum zwei zu null.

70 Mitte: Es sollten fast zwanzig Jahre vergehen, bevor eine britische Yacht die Atlantiküberquerung und damit den Versuch wagte, den One Hundred Guinea Cup nach England zurückzuholen. Im Jahr 1870 wurde diese erste Herausforderung von Lord Ashbury mit der *Cambria* bestritten. Auf der Gegenseite verteidigten siebzehn amerikanische Yachten den Titel, darunter die *Magic*, eine Loper-Konstruktion, die zwar nicht im Entferntesten so innovativ wie die *America* war, technisch aber immer noch weiter entwickelt als die gemäß den klassischen englischen Vorstellungen entworfene *Cambria*.

70 unten: Die wiederum von den Engländern lancierte Herausforderung des Jahres 1881 sollte – zumindest im Rahmen des America's Cup – der letzte Auftritt der großen Schoner sein. Die beiden gegnerischen Yachten waren kuttergetakelt und hatten eine enorme Segelfläche; waren aber im Vergleich zu den bei damaligen Yachten üblichen Abmessungen, »klein«. Die *Mischief* maß nur 67 Fuß über alles, die *Atlanta* war mit 70 Fuß kaum länger. Eine Besonderheit der englischen Yacht: Alexander Cuthbert hatte das Schiff gezeichnet und gebaut und war zugleich der Steuermann.

70/71: Über einen langen Zeitraum hinweg bestritten die Engländer die Herausforderungen um den America's Cup mit Yachten, die nicht für diesen Zweck allein konzipiert und gebaut wurden. Das Deckslayout der *Livonia* ist ein perfektes Beispiel dafür, wie damals eine Kreuzeryacht auszusehen hatte: elegante Oberlichter, ein hohes Schanzkleid zum Schutz für Gäste und Matrosen, die Rüsteisen in Höhe des Wassergangs und Davits für das Beiboot. Dies ist eine der ersten Fotografien einer America's-Cup-Yacht. Sie wurde 1887, sechzehn Jahre nach der durch die *Sappho* erlittenen Niederlage, aufgenommen.

71 oben: 1871 lief Lord Ashbury zu seiner zweiten Herausforderung in den Gewässern des Long Island Sound ein. Seine neue Yacht, die *Livonia*, war wie die *Cambria* von Michael Ratsey aus Cowes gezeichnet worden und griff deren Konstruktionsideen auf. Die *Livonia* war eine wunderschöne und auch für die Atlantiküberquerung adäquat ausgerüstete Kreuzeryacht, doch für ein Rennen in den geschützten und leichtwindigen Gewässern der amerikanischen Küste war sie wenig geeignet.

72 oben links: Unter den englischen Herausforderern war die *Thistle* die erste Yacht, die realistische Gewinnchancen in einem Rennen wie dem America's Cup gehabt hätte. Die Konstruktion des Schotten George L. Watson (oben rechts) segelte mit dem erfahrenen Berufsskipper John Barr (unten) und wurde von einem schottischen Syndikat des Royal Clyde Yacht Clubs, dessen Vorsitz James Bell (oben links) innehielt, finanziert. Die *Thistle* holte zwar nicht den America's Cup nach England, gewann aber zahlreiche Pokale. Ende des Jahrhunderts wurde sie von Kaiser Wilhelm II. übernommen und in *Meteor* umgetauft.

72 oben rechts: Beim America's Cup des Jahres 1887 trat die englische *Thistle* gegen die *Volunteer* des New Yorker Yacht Clubs an. Die amerikanische Yacht hatte eine ähnliche Wasserlinienlänge wie die *Thistle*, 85 Fuß und 10 Zoll gegenüber 85 Fuß und 5 Zoll, war aber sehr viel breiter (23 Fuß gegenüber 20) und hatte einen geringeren Tiefgang (10 Fuß gegenüber 18 Fuß). Vor allem aber fuhr sie bei 6 Prozent weniger Verdrängung eine 4 Prozent größere Segelfläche. Die Porträts zeigen den Eigner General Ch. Pain (oben links), den Yacht-Designer Edward Burgess (oben rechts) und den Skipper Stone (unten).

72 unten: Auch wenn sich die Burgess-Konstruktion dem Herausforderer gegenüber als überlegen erwies, waren doch beide Yachten Vertreter der Yachtbautradition ihres Heimatlandes. Die amerikanische Yacht hatte ein Schwert, die englische noch den sehr schlanken Rumpf, und bei beiden Schiffen entsprach die Länge des Kiels der Wasserlinienlänge. Das Foto zeigt die *Volunteer*, die beim Jury-Boot in Führung geht und die schwerere *Thistle* in der leichten Brise hinter sich läßt.

73 oben links: Einer der hitzigsten Bewerber um den America's Cup war Lord Dunraven, mit dessen aggressiver Taktik sich die Amerikaner nie anfreunden konnten. Die Atmosphäre bei diesen Rennen war erstmals von Missstimmung überschattet. Dunravens Yacht, die *Valkyrie II*, wurde von dem schottischen Konstrukteur Watson gezeichnet, der das Spantengerüst aus Stahl mit Holz beplanken ließ, was der Yacht größere Festigkeit bei geringerem Gewicht verlieh.

Siebte Herausforderung – 1887:

Die Engländer traten mit der von dem Schotten G. L. Watson entworfenen *Thistle* an. Endlich eine »neue« Konstruktion mit einem breiteren Rumpf, sehr sanften Linien und Klipperbug. Dennoch wurde die *Thistle* von der *Volunteer*, einer Burgess-Konstruktion, geschlagen.

Achte Herausforderung – 1893:

Der britische Herausforderer ist wiederum ein Entwurf von Watson, der sich allerdings von der Yachtbautradition seines Heimatlandes zu lösen begann und bemüht war, mit den damals verfügbaren Hilfsmitteln wissenschaftliche Konstruktionsansätze anzuwenden. Seine für Lord Dunraven entworfene Yacht *Valkyrie II* maß 117 Fuß über alles, 85 Fuß in der Wasserlinie und 24,5 Fuß in der Breite. Sie entsprach mithin nicht mehr dem schlanken und tiefgehenden »plank-on-edge«-Design und auch die Holzbeplankung auf Stahlspanten stellte eine Neuerung dar. Die amerikanische Konstruktion *Vigilant* des »Zauberers von Bristol« Nat Herreshoff war mit ihren Stahlspanten und der Bronzebeplankung allerdings technisch wieder einmal dem englischen Herausforderer um einen Schritt voraus, so dass die Amerikaner den Titel erneut erfolgreich verteidigten.

73 oben rechts: Mit der *Vigilant* beginnt im Jahr 1893 die Nat-Herreshoff-Ära, das Zeitalter des »Zauberers von Bristol«. Mit der *Vigilant* beginnt auch die Zeit der »Skimming dishes«, der »gleitenden Schalen«, jener langen und flachen Rümpfe mit enormen Überhängen und gigantischer Segelfläche. Während das Rigg noch der klassischen Vorlage entspricht, besteht der Rumpf aus Bronze und Stahl, am Kiel befindet sich zwar ein Schwert, das Ballastprofil ist jedoch zur Mitte hin konzentriert.

73 Mitte: Bei frischer Brise und unter vollen Segeln an der Kreuz liegt der weiße Rumpf der *Vigilant* in Lee mit einigen Schiffslängen in Führung. Obwohl die *Valkyrie II* keines der drei Rennen für sich entscheiden konnte, war sie ein starker Gegner, gegen den sich der amerikanische Titelverteidiger jeweils mit nur knappem Vorsprung behaupten konnte. In ihren Abmessungen waren die beiden Yachten durchaus ähnlich, denn Wasserlinienlänge und Wasserverdrängung entsprachen sich ungefähr. Die englische Yacht war ein wenig schlanker mit einem größeren Tiefgang und der amerikanische Titelverteidiger setzte einige Quadratmeter mehr Segelfläche.

73 unten: Im ersten Rennen der Herausforderung des Jahres 1893 lag die *Valkyrie* klar in Führung, so dass sich für die Amerikaner eine erste Niederlage im America's Cup bereits abzuzeichnen schien. Unglücklicherweise für den Herausforderer schlief der Wind ein und die Wettfahrt wurde annulliert. In der zweiten Wettfahrt erwiesen sich die beiden Gegner vom Start weg als ebenbürtig. Die englische Yacht luvte unterhalb des Jury-Bootes an, während die *Vigilant* von der Mitte startete und schon Fahrt aufgenommen hatte. Die *Valkyrie II* wurde nach einem Riss des Schotten George L. Watson gebaut, der insgesamt vier Herausforderer um den America's Cup entwarf.

Neunte Herausforderung – 1895:
Lord Dunraven forderte die Amerikaner nochmals heraus und trat dabei wiederum mit einer Watson-Konstruktion, der *Valkyrie III*, an. Die Amerikaner antworteten mit einem technisch noch ausgefeilteren Titelverteidiger des Yachtkonstrukteurs Nat Herreshoff: Die Beplankung des Unterwasserschiffes bestand aus Bronze, die des Oberwasserschiffes aus einer Aluminiumlegierung. In der ersten Wettfahrt schlug die *Defender* den englischen Herausforderer. Dunraven reichte zwei Proteste ein, die jedoch beide abgewiesen wurden. Die *Valkyrie III* konnte knapp für sich entscheiden, wurde aber wegen einer Regelverletzung disqualifiziert. Diese Herausforderung stand unter einem schlechten Stern.

74/75: Das Großsegel der *Defender* hatte eine Fläche von 740 Quadratmetern und wurde von zwanzig Männern mit einem doppelläufigen Fall gehisst. Das Setzen der Segel wurde mit Hilfe von Taljen erleichtert, die Schoten holte man über Winschen. Am Ruder der *Defender* stand eine legendäre Persönlichkeit, Kapitän Henry »Hank« Haff, einer der damals besten Berufsskipper. Die bezahlte Crew wurde meist vom Skipper selbst angeheuert.

75 oben links: Die neunte America's-Cup-Herausforderung ging 1895 wiederum von Lord Dunraven aus, der eine neue Watson-Konstruktion, die *Valkyrie III*, in Auftrag gegeben hatte. Der schottische Yachtkonstrukteur hatte sich mittlerweile von den Vorgaben des englischen Yachtbaus gelöst und erstmals einen Herausforderer entworfen, der mit 26 Fuß breiter als die amerikanische Yacht (23 Fuß) war. Tiefgang und Verdrängung der gegnerischen Yachten entsprachen sich ungefähr, die *Valkyrie* konnte aber, dank ihrer durch die Breite verbesserten Stabilität, mehr Segelfläche tragen. Dass der Pokal weiterhin in Händen des New York Yacht Clubs blieb, war überwiegend einer umstrittenen Jury-Entscheidung zu verdanken: Lord Dunravens Proteste, von denen zumindest einer gerechtfertigt war, wurden zurückgewiesen!

Der America's Cup

75 oben rechts: Die Best-of-Three-Serie des America's Cup von 1895 wurde mehr beim Schiedsgericht als zu Wasser entschieden. Im ersten Rennen gewann die amerikanische Yacht, im zweiten kam es zu einer Kollision der beiden Gegner. Die *Defender* führte das Rennen fort und gewann. Auf Dunravens Protest entschied die Jury zugunsten der Amerikaner. Im dritten Rennen wurde die *Valkyrie III* von Zuschauerbooten behindert, woraufhin sich der Eigner unter Protest vom Rennen zurückzog. Sein Einwand wurde auch diesmal wieder abgewiesen und die *Defender* zur Siegerin erklärt.

75 unten: Diese Konstruktion Nat Herreshoffs für die Herausforderung des Jahres 1895 sollte in die Geschichte des Segelsports eingehen: Das Spantgerüst aus Stahl war in Leichtbauweise gefertigt (wie im Flugzeugbau), das Unterwasserschiff war aus Bronze, das Überwasserschiff und die Deckspanten bestanden aus einer Aluminiumlegierung. Eine echte Rennmaschine, die lediglich die Zeit der Wettfahrten überdauern sollte. Vor jeder Wettfahrt wurden die Yachten im Trockendock gesäubert und geschliffen. Besonders der Kiel war beeindruckend, denn die Yacht hatte einen Tiefgang von sechs Metern!

76 oben: Die letzte Herausforderung des 19. Jahrhunderts wurde von einem Mann ausgesprochen, der in insgesamt fünf Regattaserien zwar nicht den America's Cup, aber sicherlich die Sympathien der Amerikaner für sich gewinnen konnte: Sir Thomas Lipton, der englische Tee-König und erste »gentleman driver« dieser Veranstaltung. Liptons Yacht *Shamrock*, eine William-Fife-Konstruktion, war Herreshoffs *Columbia* in jeder Hinsicht gewachsen. Was ihr jedoch fehlte, war ein großer Steuermann wie Charlie Barr.

76 unten: Die Yachten des America's Cup hatten sich zu wahren Rennmaschinen entwickelt und selbst bei den britischen Yachten waren Kamine, Teppiche und Hausäffchen endgültig von Bord verbannt worden. Steife Rümpfe, immense Segelflächen und Masten aus Metall-Profilen kennzeichneten die neuen Konstruktionen. Diese neuen, im Vergleich zum Holz sehr viel leichteren Masten waren natürlich auch anfälliger, zumal die damalige Technologie noch keine zuverlässige Toleranzkontrolle ermöglichte. So kommt es zumindest bei den Probefahrten auf See immer wieder zu Bildern wie diesem: Der große Mast der *Columbia* ist über Deck weggeknickt.

Zehnte Herausforderung – 1899:

1899 erfolgte die erste von Sir Thomas Lipton ausgesprochene Herausforderung. Die Fife-Konstruktion, mit der der »Kolonialwarenhändler«, wie man den Tee-Importeur nicht ohne Snobismus nannte, antrat, war eine echte Rennmaschine mit einem Rumpf aus Aluminium mit Bronzebeplankung und Stahlspantenwerk. Sie maß 128 Fuß Länge über alles bei einer Wasserlinienlänge von 89 Fuß und hatte mithin enorme Überhänge, aufgrund deren sich bei Krängung die Wasserlinie verlängerte. Sie wurde *Shamrock* getauft und sollte die Erste einer langen Serie sein. Auf der anderen Seite des Atlantiks setzte man erneut auf einen Herreshoff-Entwurf, die *Columbia* die Fifes Yacht bis auf die geringfügig größere Breite sehr ähnlich sah, ebenfalls ein reines Rennboot. Erstmals wurde eine Bahn ausgelegt, die zum klassischen America's-Cup-Kurs wurde: Kreuz – vor dem Wind – Raumschots – Raumschots – vor dem Wind – Kreuz. Obwohl sich die Konkurrenten als gleich schnell erwiesen, gewann die *Columbia* alle drei Wettfahrten. Siegentscheidend waren die Fähigkeiten des Amerikaners Charlie Barr.

Elfte Herausforderung – 1901:

Zu seiner zweiten Herausforderung trat Lipton mit einem Watson-Entwurf an. Die *Shamrock II* war mit ihrem flachen Rumpf, den großen Überhängen und dem schlanken, tiefen Kiel eine extreme Konstruktion. Praktisch ein 42 Meter langer Flossenkieler zuzüglich Bugspriet. Auf amerikanischer Seite hatte Herreshoff für diese Herausforderung eine neue Yacht entworfen, die wie der Titelverteidiger von 1895 *Defender* getauft wurde. Bei den Ausscheidungen konnte die neue *Defender* aber nicht überzeugen, so dass die Amerikaner abermals die *Columbia* – wieder mit Charlie Barr am Ruder – als Cup-Verteidiger aufstellten. Auf allen drei Wettfahrten wurde hart gekämpft. Im letzten Rennen segelte die *Shamrock* mit nur zwei Sekunden Vorsprung über die Ziellinie, verlor aber nach berechneter Zeit.

77 oben links: Nach Fife beauftragte Lipton einen anderen schottischen Konstrukteur, George Watson, von dessen Zeichentisch bereits drei der vorhergehenden Herausforderer stammten, mit dem Entwurf seiner nächsten Yacht. Im Gegensatz zu Fife, der sich sehr auf seine Intuition verließ, basierten Watsons Risse eher auf technischen Grundlagen. Watson entwarf eine Yacht mit extremen Formen und verwendete bei der Beplankung eine neue Bronzelegierung mit besseren mechanischen Eigenschaften. Der englische Herausforderer war der amerikanischen Yacht von der Schnelligkeit her gewachsen. Auch diesmal verdankten die Amerikaner ihren Sieg dem erfahrenen Steuermann Charlie Barr.

77 unten links: Mai 1901 in den Gewässern des Solent bei den Probefahrten der *Shamrock II*. Der Metallmast bricht unter der mit 1400 Quadratmetern enormen Last der Segelfläche. Vierzig Meter Mastprofil zuzüglich des fast 30 Meter langen Baums krachen auf das Deck, auf dem sich die mindestens dreißigköpfige Mannschaft, die für die Manöver auf einer solchen Yacht benötigt wird, drängt.

77 rechts: Für den Entwurf des Cup-Verteidigers des Jahres 1901 gegen Sir Thomas Lipton wandten sich die Amerikaner ein weiteres Mal an Nat Herreshoff. Auch der »Zauberer von Bristol« war sich bewußt, dass die englischen Yachten den amerikanischen nunmehr an Leistungsstärke ebenbürtig waren. Für die Aufstellung des Cup-Verteidigers wurden Ausscheidungswettfahrten veranstaltet, an denen unter anderem auch die »alte« *Columbia* teilnahm. Für Herreshoff stand außer Zweifel, dass seine Konstruktion aus dem Jahr 1899 noch immer die beste war. Die *Columbia* wurde als Titelverteiger aufgestellt. Hier sieht man die *Constitution*, die *Columbia* und die *Independence* nach dem Start zu einer Wettfahrt der Ausscheidung.

Zwölfte Herausforderung – 1903:

Trotz der hervorragenden Leistung seiner Yacht entschied sich Sir Thomas Lipton, nicht wieder Watson, sondern William Fife mit dem Riss seines nächsten Herausforderers zu beauftragen. Fife zeichnete ein weiteres extremes Rennboot, einen Flossenkiel mit sogenannter Bleibombe und einem Rumpf aus dem damals neuen Werkstoff Nickelstahl. Die *Shamrock III* maß 134 Fuß über alles, war 23 Fuß breit und trug 1400 Quadratmeter Segel. Die Amerikaner traten mit einer Herreshoff-Konstruktion an, der *Reliance*, einer mit technischen Neuerungen protzenden Rennmaschine. Sie verfügte über ein Hohlruder, das bei Bedarf gefüllt werden konnte, Unterdeckwinschen und einem verstellbaren Mastfuß. Auch bei diesem Herreshoff-Riss glich das Spantenwerk mit seinen Stahlrippen in T-Profil und röhrenförmigen, querlaufenden Stringern eher einer Flugzeugkonstruktion. Der Rumpf war mit Bronze beplankt, das Aluminiumdeck mit Kork belegt. Wie schon in den vorhergehenden America's-Cup-Rennen traten die Engländer mit einem guten Boot an, doch die amerikanische Yacht mit Charles Barr am Ruder erwies sich als überragend. Das Ergebnis war ein erneuter 3:0-Sieg für das amerikanische Team.

Sir Thomas Lipton machte dennoch keine Anstalten, klein beizugeben, aber Nat Herreshoff setzte seinen ganzen Einfluß beim NYYC dafür ein, vor dem nächsten Rennen das gesamte America's-Cup-System zu überarbeiten, denn einerseits waren die Kosten der konkurrierenden Yachten extrem gestiegen, zumal sie einzig und allein für die jeweilige Herausforderung konzipiert und gebaut wurden, und andererseits erschien es immer fragwürdiger, ungleiche Yachten gegeneinander antreten zu lassen. Nachdem die Universalformel und das International Rating eingeführt worden waren, schien es nur folgerichtig, die America's-Cup-Yachten nach einer dieser beiden Formeln zu definieren. Der New York Yacht Club konnte sich aber erst 1913 zu einer Entscheidung durchringen und da man in Europa gegen eine weit dramatischere Herausforderung zu kämpfen hatte, wurde die nächste Regattaserie bis zum Jahr 1920 verschoben.

78/79: Die beiden Hauptdarsteller in der Regattaserie von 1903 kurz vor dem Start: Sie fahren enge Kreise, um sich beim Startschuss eine möglichst günstige Position an der Startlinie zu sichern, denn das Lichten des Ankers bei Startschuss gehörte schon lange der Vergangenheit an. Fünfzig Jahre zuvor hatte die *America* kostbare Minuten beim Start eingebüßt, weil sich ihr Anker am Grund verfangen hatte.

78 unten: In der Werft Herreshoff in Bristol lief 1903 eine Rennmaschine bisher nicht gekannter Dimensionen vom Stapel. Mittlerweile entwarf und baute man die America's-Cup-Boote nur für eine einzige Regattaserie, eine Entwicklung, die zu immer radikaleren Linien und unvorstellbaren Abmessungen führte. Die *Reliance* war über 42 Meter lang, hatte gewaltige Überhänge von insgesamt 16 Metern und einen Tiefgang von 6 Metern. Auch hinsichtlich der Segelfläche von 1600 Quadratmetern bei einer Verdrängung von nur 140 Tonnen waren die Grenzen des Möglichen erreicht. Der Anblick dieses Bootes auf dem Trockendock ist faszinierend. Es ähnelt einer modernen, ultraleichten Yacht mit Wulstkiel.

79 oben: Was die extreme Rumpfform betraf, stand der englische Herausforderer der amerikanischen Yacht in nichts nach: Er war aus Nickelstahl gebaut, einem im Vergleich zu Bronzelegierungen ebenso widerstandsfähigen, aber leichteren Werkstoff, und hatte einen von außen montierten Ballastkiel. Erstmals war eine englische Yacht mit einem Ruderrad anstatt der traditionellen Pinne ausgestattet. Die Amerikaner verwendeten diese Lösung schon seit Jahren, da sie dank der stärkeren auf das Ruderblatt einwirkenden Kräfte eine bessere Kontrolle gewährte.

79 unten: Sir Thomas Liptons dritte Yacht für eine Herausforderung war wie seine erste eine Fife-Konstruktion. Schwer zu sagen, warum Lipton erneut den Yacht-Designer vom Clyde mit dem Entwurf beauftragte, anstatt weiter auf Watson zu setzen, dessen Qualitäten durch die Leistung der *Shamrock II* in der Regattaserie von 1901 zur Genüge bewiesen schienen. Obwohl sie konstruktions- und werkstofftechnisch auf demselben Stand wie die von Herreshoff entworfene Yacht war und trotz wechselnder Windverhältnisse wurde die *Shamrock III* von der *Reliance* in drei nicht weiter erinnerungswürdigen Rennen mühelos geschlagen.

DIE »FISHERMAN RACES«

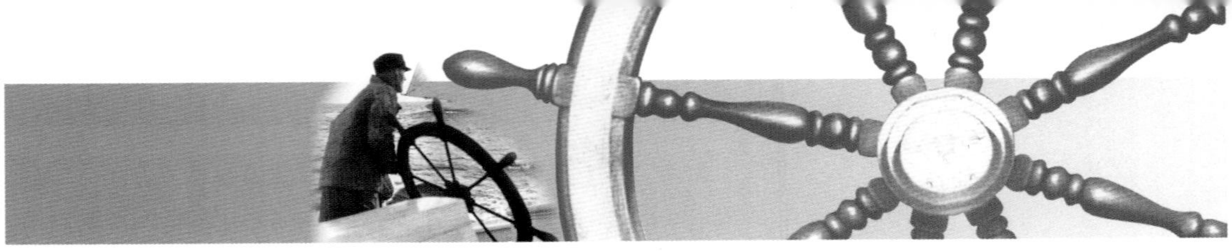

80 oben, Mitte und unten: Aus der Notwendigkeit, ihre leichtverderbliche Fracht möglichst schnell in den Heimathafen zu befördern, entwickelte sich eine jährlich ausgerichtete Regatta für Fischereifahrzeuge, das »International Fisherman's Race«, das nach dem Vorbild der America's-Cup-Rennen zwischen einem Herausforderer und einem Titelverteidiger ausgetragen wurde. Anfänglich nahmen nur Schoner teil, die für den Fischfang gebaut worden waren. Die von den Kanadiern ausschließlich für das Rennen gebaute *Bluenose* verteidigte den Titel über zwanzig Jahre, stellte aber auch in den Fischgründen ihre Leistung unter Beweis. Im mittleren Foto verfolgt die *Bluenose* im Fisherman's Race von 1922 den Gloucester Meister, die *Gertrude L. Thebaud*, unten kämpft sie gegen die *Henry Ford*.

Die Küstengewässer Nordamerikas weisen zwei Eigenarten auf, die sie auf der ganzen Welt berühmt gemacht haben: Einerseits haben sich entlang der Küste wegen des Auftauchens der Kontinentalplatte seichte Bänke formiert und andererseits fließt der kalte Labrador-Strom durch diese fischreichen Gewässer. Von Neuschottland im kanadischen Atlantik mit den Grand Banks von Neufundland bis nach Portland, Gloucester und Provincetown wird vor allem Kabeljau gefischt, und in südlicher Richtung von der George Bank bei Boston bis nach Baltimore erstreckt sich ein ausgezeichnetes Fanggebiet für Austern und Krustentiere. Auf den ersten Blick scheint dies wenig mit unserem Thema zu tun zu haben, ist aber ein Phänomen, das den amerikanischen Segelsport und die Entwürfe der größten amerikanischen Yacht-Architekten kontinuierlich beeinflusst hat: die Wettfahrten der Fischer Nordamerikas.

80/81: Die großen amerikanischen Schoner vom Anfang des Jahrhunderts sind alle aus den Fischerei- und Lotsenschonern entwickelt. Auch namhafte Yachtkonstrukteure befassten sich mit diesem Thema. Die *Ingomar* beispielsweise, die hier die *Elmina* verfolgt, ist ein Nat-Herreshoff-Projekt aus dem Jahr 1903. Nachdem es bei den Schonern der Fischfangflotten seit Beginn des 19. Jahrhunderts immer wieder Unfälle und Verluste wegen mangelnder Stabilität und Hochseetüchtigkeit gegeben hatte, beauftragte man auch in diesem Bereich zunehmend Schiffsarchitekten mit solidem technischen Know-how.

Anfangs fanden die Wettfahrten der Fischereischiffe auf dem Rückweg von den Fischgründen in den Hafen statt. War der Fisch bereits an Bord gepökelt worden, ging es darum, den besten Preis auf dem Markt zu erzielen, und der noch frische Fisch musste möglichst schnell in den Pökelbetrieb gebracht werden. Aus diesem spontan entstandenen Wettsegeln entwickelte sich Anfang des 20. Jahrhunderts eine jährlich ausgerichtete Regatta, das »International Fisherman's Race«. Es war eine Art Meisterschaft der Schoner und wurde nach dem Vorbild des America's Cup zwischen einem Titelverteidiger und einem Herausforderer ausgetragen. Der America's Cup hatte direkt den Anstoß dazu gegeben, denn als eines Tages der Wind auf über 25 Knoten auffrischte, waren die Fischer empört, dass die hochtechnologisierten, exorbitant teuren America's-Cup-Yachten im Hafen blieben, woraufhin sie mit ihren Schonern demonstrativ ein Wettsegeln veranstalteten.

Bis in die vierziger Jahre hielten die Fischer an ihrer jährlichen Regatta fest. Die Veranstaltung bot einerseits einen Ansporn für die Konstrukteure, sich auch auf diesem Feld zu engagieren, gab ihnen andererseits aber auch Anregungen für zukünftige Entwürfe.

Die Ursprünge dieses Schiffstyps sind in den breiten, flachen und mit einem Schwert ausgerüsteten New Yorker Lotsenschonern und den ausgeglicheneren Linien der »Schwestern« aus Boston zu suchen, unter denen die bereits erwähnte *Hesper* bei Rennen hervorstach. Diese beiden Bootstypen gehen wiederum auf den Baltimore-Klipperschoner zurück, den Prototyp des amerikanischen Schoners. Aus dieser Tradition entstand der Gloucester-Schoner, der für den Fischfang vor Neufundland eingesetzt wurde, weshalb bei dieser Konstruktion neben der erforderlichen Schnelligkeit auch Aspekte der Sicherheit aufgrund der dort herrschenden Wind- und Seebedingungen ins Gewicht fielen. Jahr für Jahr verlor man in diesen Fischgründen zahlreiche Boote und natürlich deren Besatzung.

Wettkämpfe zwischen Arbeitsfahrzeugen sind an sich nichts Neues und wir haben in diesem Zusammenhang bereits die Bostoner und New Yorker Lotsenkutter erwähnt sowie die Fischer vom Long Island Sound und der Chesapeake Bay. Aus diesen Arbeitsslups sollte sich die große amerikanische Yachtslup entwickeln.

Schon die großen frachtfahrenden Klipper segelten auf ihrem Kurs von Australien und China um die Wette, denn Schnelligkeit machte sich bezahlt: Wer mit seiner Ladung Tee oder Wolle als Erster die Pier in Europa erreichte, erzielte den höchsten Preis für seine Waren. Umso mehr bemühten sich Konstrukteure, Werften und vor allem die Kapitäne um ständige Verbesserungen in Konstruktion und Form. Den Eigner lockte ein höherer Gewinn, den Kapitän der Ruhm und ein goldener Wimpel im Mast seines Klippers.

Zwar wurde die für die Ozeanüberquerung benötigte Zeit in der Tagespresse gewissenhaft veröffentlicht, Geschwindigkeitsrekorde wurden eingetragen und weitergegeben und gaben zu neuen Herausforderungen Anlass, Wetten und Preise setzten einen zusätzlichen Anreiz, aber im Gegensatz zu den Rennen der amerikanischen Fischereischoner entwickelten sich diese Wettfahrten nie zu einer organisierten Freizeitveranstaltung.

Ein berühmter Konstrukteur der damaligen Zeit, der auch mehrmals im America's Cup aktiv gewesen war, wurde beauftragt, einen ebenso schnellen wie sicheren Fischereischoner zu entwerfen. Edward Burgess zeichnete daraufhin 1886 die *Carrie E. Philipps*, die die vorherigen Lotsenschoner und alle nach diesem Vorbild entwickelten Yachten an Schnelligkeit übertraf. Vor allem aber war sie seetüchtiger als die damaligen Fischereifahrzeuge.

Anfang des 20. Jahrhunderts setzte sich dann Nat Herreshoff, beginnend mit der *Ingomar* aus dem Jahr 1903, mit diesem Thema auseinander. Der Riss dieses Schoners wird allerdings häufig Thomas McManus zugeschrieben, einem Bostoner Fischhändler und begeisterten Segelsportler. McManus entwarf zahlreiche Fischereischoner, die wegen ihrer Schnelligkeit berühmt wurden, zum Beispiel die *Elsie*, die sich als Herausforderer für den Hafen Gloucester in einer Wettfahrt gegen den unschlagbaren Meister aus Halifax, die *Bluenose*, durchsetzen konnte. Diese war eine eigens für das International Fischerman's Race gebaute W.-J.-Howe-Konstruktion. Sie gewann ihre erste Wettfahrt und verteidigte den Titel über zwei Jahrzehnte. Zwischen den Wettfahrten lief die *Bluenose* wie üblich zum Fischen aus.

Zum technischen Stand der damaligen Fischereischoner sind zwei Berichte von Bedeutung. Der erste aus dem Jahr 1882 beschreibt eine Fahrt der *Harry Belden*, eines 34-Meter-Schoners des Bostoner Hafens, der auf den George Banks 150 Seemeilen vor der Stadt fischte. Auf einer Wettfahrt zwischen der *Harry Belden*, die den damaligen Geschwindigkeitsrekord von zehn Stunden auf dieser Strecke hielt, und anderen Gloucester-Fischereischonern entschied der Kapitän, trotz einer Windstärke von über 60 Knoten, die Segel nicht zu reffen. Der Sturm entriss dem Schoner vier Vorsegel und zwei Gaffeltoppsegel – die *Harry Belden* segelte aber unbeirrt weiter und gewann das Rennen.

Der zweite Bericht stammt von Uffa Fox, einem Konstrukteur, Techniker und Segelsporthistoriker, der ein Fisherman's Race beschrieb, das ebenfalls vor Gloucester zwischen dem amerikanischen Schiff *Henry Ford* und dem kanadischen Meister *Bluenose* ausgetragen wurde. Der Amerikaner gewann die erste Wettfahrt bei schwachen Winden, während sich die Kanadier in den beiden folgenden Rennen bei auffrischender Brise durchsetzen konnten. Beim vierten und entscheidenden Wettkampf wehte der Wind mit bis zu dreißig Knoten. Die *Bluenose* gewann das Rennen. Unter Vollzeug, bis zum Schaudeckel nach Lee weggekrängt, die gesamte Mannschaft bis auf den Steuermann in Luv auf Höhe der Vormaster versammelt, erreichte sie an der Kreuz eine Geschwindigkeit von 13,5 Knoten.

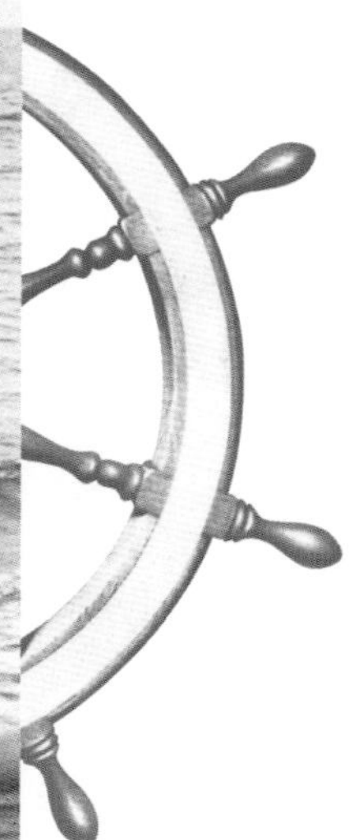

82 unten links: Gloucester war der wichtigste Fischereihafen und Fischverarbeitungsplatz an der nordamerikanischen Atlantikküste. Die *Elizabeth A. Howard* nahm wie viele andere Gloucester-Fischereischoner an zahlreichen Regatten gegen ähnliche Schiffe der anderen Küstenhäfen teil. Davon abgesehen gab jede Rückfahrt von den Fischgründen in den Heimathafen Anlass zu einer Wettfahrt.

82 unten rechts: Das enorme Großsegel eines ca. 30-Meter-Schoners brachte mit Gaffel und Tauwerk bis zu einer Tonne auf die Waage und wurde ausschließlich mit Körperkraft unter Verwendung von Blöcken und Taljen gehißt. Auf einem J-Boot wurde dieses Manöver von ungefähr zwanzig Matrosen verrichtet, auf dem Schoner musste man mit vier oder fünf Fischern auskommen, und dabei waren die Reibungswiderstände auf einem Fischerschoner mit Sicherheit größer als auf einer hochentwickelten Rennyacht.

82 oben: Im Gegensatz zur Freizeityacht wurden (und werden) Arbeitsboote üblicherweise nach ihrem Eigner benannt. Die *Henri Ford* ist eine typische Vertreterin des Gloucester Fischereischoners. Aus Stabilitätsgründen waren diese Schiffe sehr breit gebaut, denn der Ballast kostete wertvollen Innenraum oder hätte einen größeren Tiefgang erfordert, was bei Fahrten auf den seichten Gewässern der Grand Banks hinderlich gewesen wäre. Das Deckslayout war klar und funktionell und der Freibord sehr niedrig. Diese äußerst schnellen Boote unterstanden Kapitänen, die auch unter extremen Bedingungen am liebsten mit vollem Zeug fuhren, um die Fracht schnellstmöglich in den Heimathafen zu befördern oder aber, um eine Wette zu gewinnen.

83 oben und unten: Die Regatten der nordamerikanischen Fischerschoner erfreuten sich zunehmender Beliebtheit und zogen nicht nur die Aufmerksamkeit namhafter Konstrukteure, sondern auch zahlreicher Persönlichkeiten aus der America's-Cup-Szene auf sich. Auf dem Foto unten sehen wir Sir Thomas Lipton bei der Preisverleihung des Fisherman's Race von 1923.

HOCHSEERENNEN

Ende des 19. Jahrhunderts hatte sich der Segelsport weit über seine ursprüngliche Heimat hinaus verbreitet und war in den Vereinigten Staaten wie im Mittelmeer, in der Ostsee wie in Australien und Neuseeland populär geworden. Eine wichtige Rolle bei dieser Entwicklung spielten die ersten Hochseeregatten, die außerhalb der geschützten Gewässer des Solent oder Clyde oder des amerikanischen Long Island Sound ausgetragen wurden. Im Hochseesegeln ergaben sich die ersten Wettfahrten nur sporadisch und waren an bestimmte Anlässe, meist Wetten, geknüpft.

Die erste Regatta auf freier See kam bereits am 29. August 1771 aufgrund einer Herausforderung zwischen dem Herzog von Richmond und Sir Alexander Smith zustande. Für eine Wettsumme von tausend Pfund trugen die beiden Eigner ein Rennen auf dem Ärmelkanal zwischen Brighton und Beachy Head an der Südküste Englands aus. Dies war streng genommen kein Hochseekurs, aber immerhin ein Anfang. Die nächste Wettfahrt dieser Art ließ bis 1834 auf sich warten, als der Schoner *Galatea* und die Brigantine *Waterwich* eine Herausforderung vor der Insel Wight austrugen.

Mehr oder weniger zeitgleich, nämlich 1838, wurde am anderen Ende der Welt, aber auf britischem Hoheitsgebiet, die Royal Hobart Regatta Association gegründet, die im selben Jahr eine Regatta auf hoher See ausrichtete. Bereits zehn Jahre später, 1849 – Gründungsjahr des Royal Bermuda Y. C. –, trugen die englische Yacht *Pearl* und die amerikanische *Brenda* auf dem Atlantik, wenn auch inselnah, die erste internationale Wettfahrt aus. Die *Pearl* gewann dieses Rennen mit nur 55 Sekunden Vorsprung.

Im Jahr 1851 hatte die *America* den Atlantik überquert, um an den Regatten in England teilzunehmen. Damit war die Zeit reif für das erste Transatlantik-Rennen. 1866 segelten drei amerikanische Schoner, die 32 Meter lange *Vesta* des Tabakmagnaten Pierre Lorillard, die 32,30-Meter-Yacht der Brüder George und Franklin Osgood und die *Henrietta*, die 32,60 Meter lange Yacht des Seglers Gordon Bennet jr., eine Wettfahrt von Sandy Hook (New York, USA.) nach Cowes. Nicht nur die Wettsumme von 90000 Dollar, ein für die damalige Zeit enormer Einsatz in diesem »ersten« Hochseerennen, sondern auch die Tatsache, dass das Rennen während der Wintermonate stattfand, versetzte die damalige Sportwelt in Spannung. Am 11. Dezember kreuzten die Yachten die Startlinie. Während der Überfahrt brach ein Sturm aus, der die *Henrietta* zum Beidrehen zwang. Die *Fleetwing*, die in dem Sturm acht Männer verlor, erreichte die Ziellinie am Weihnachtstag um Mitternacht mit lediglich vierzig Minuten Vorsprung vor der *Vesta* (nach einer 3000-Meilen-Strecke!). Siegerin wurde die *Henrietta*, die um drei Uhr nachmittags nach insgesamt 13 Tagen, 21 Stunden und 55 Minuten am Ziel eintraf.

Das Eis war endgültig gebrochen.

Im Juli 1870 segelten Lord Ashburys *Cambria* und J. Gordon Bennet mit seiner Yacht *Dauntless* die zweite Transatlantik-Wettfahrt, diesmal von Osten nach Westen. Die *Cambria*, die zu einer Herausforderung im America's Cup westwärts segelte, gewann die Partie. Auch auf dieser Überfahrt ereignete sich ein tragischer Zwischenfall: Zwei Männer wurden von einer Welle über Bord gespült und blieben auf See.

Seit jenem Jahr fanden die Transatlantik-Rennen mit einer gewissen Regelmäßigkeit statt, auch wenn sie sich oft nur deshalb ergaben, weil die englischen Herausforderer zu einem Cup-Rennen nach Amerika segelten oder gerade von dort kamen. Andererseits waren auch die amerikanischen Yachten, die sich den Atlantikwettfahrten Richtung Osten anschlossen, zumeist auf dem Weg nach Cowes oder nach Kiel.

84 oben: Den Anstoß zu den Transatlantik-Rennen gab der Sieg der *America* im Jahr 1851, denn von nun an waren die Engländer, wollten sie den Pokal wieder gewinnen, gezwungen, den Atlantik zu überqueren. Andererseits nahmen zahlreiche Yachten unter amerikanischer Flagge wie vor ihnen die *America* Kurs auf den Solent, um an den dortigen Wettfahrten teilzunehmen. Unter den Atlantiküberquerern waren die *Dauntless* des Eigners J. G. Bennet und Lord Ashburys *Cambria*. Die *Dauntless* hatte ohne Erfolg an den Regatten vor Cowes teilgenommen und forderte auf ihrer Rückfahrt nach Amerika die *Cambria* heraus, die zum America's Cup des Jahres 1870 in die Vereinigten Staaten segelte.

84 unten: Die drei amerikanischen Schoner setzten am Fockmast noch die große, früher bei achterlichen Kursen übliche Breitfock, ein Überbleibsel aus dem 18. Jahrhundert. Segelyachten hingegen fuhren schon seit der *America* vor dem Wind großflächigere Vorsegel als hoch am Wind. Die *Henrietta*, die *Vesta* und die *Fleetwing* verlassen die amerikanischen Küstengewässer sofort nach dem Start bei Sandy Hook an der äußersten Spitze des Long Island Sound.

84/85: Die unwirtlichen Gewässer des Nordatlantiks wurden 1866 Zeuge der ersten Transatlantik-Wettfahrt zwischen drei 30-Meter-Schonern. Von der für damalige Verhältnisse enormen Höhe des Wetteinsatzes abgesehen, waren Geldprämien bei Regatten durchaus üblich, es hatte sich sogar ein blühendes Wettgeschäft entwickelt. Die Wettfahrt wurde wegen der ungünstigen Windbedingungen sehr hart. Die *Fleetwing* ließ acht Männer auf See und die *Henrietta* musste zwei Tage lang beidrehen.

86: Die Hochseeregatta von Sandy Hook, USA, nach Cap Lizard in England, die im Mai 1905 stattfand, erregte großes Aufsehen in der damaligen Presse. Sie war von Kaiser Wilhelm II. initiiert worden, Deutschland nahm jedoch mit nur einem Schiff teil, der großen *Hamburg*, die einem Syndikat deutscher Industrieller gehörte. Bisher waren die Regatten auf offener See eine »Privatangelegenheit« der beteiligten Eigner gewesen. Das Transatlantik-Rennen von 1905 wurde zur ersten offiziellen Wettfahrt und sollte sich – wenn auch mit wechselndem Termin – zu einer festen Veranstaltung entwickeln.

87 oben: Siegerin des Kaiser-Pokals im Jahr 1905 wurde die amerikanische Yacht *Atlantic*, ein Dreimastschoner mit einer Länge über alles von 41 Metern und einer Breite von fast neun Metern. Die William-Gardner-Konstruktion galt als sehr fortschrittlich. Ihr Eigner, Wilson Marshall, heuerte als Steuermann Charlie Barr an, der schon mehrere Yachten zum Sieg im America's Cup gesegelt hatte. Das Vertrauen in den erfahrenen Skipper zahlte sich aus: Die *Atlantic* gewann das Rennen in einer Rekordzeit, die erst 1980 von Eric Tabarly gebrochen wurde.

87 unten: Das erste Transatlantik-Rennen wurde 1905 unter äußerst schwierigen Bedingungen ausgetragen. Auf dem Großkreiskurs durch die nördlichen Meere trafen die Yachten auf Eisberge und wurden von Stürmen bedroht. Die *Fleur de Lys*, eine von elf teilnehmenden Yachten, war ein klassischer amerikanischer Schoner mit einer Länge von 86 Fuß, Eigner L. A. Stimson. Der Rudergänger ist mit einer Leine gesichert, damit er nicht von einer Welle über Bord gespült werden kann, während die Yacht mit vierzehn Knoten die See durchpflügt.

1905 setzte Kaiser Wilhelm II. einen Pokal für eine Wettfahrt von Sandy Hook nach Cap Lizard in England aus. Der Start war für den 16. Mai vorgesehen, musste aber wegen des dichten Nebels um 24 Stunden verschoben werden. Am 17. Mai gab ein Kanonenschuss das Startzeichen zu einem fantastischen Rennen. Elf Yachten hatten sich an der Startlinie eingefunden: zwei Dreimastschoner, fünf Zweimastschoner, eine Yawl, ein Toppsegelschoner und zwei Barken. Unter den Teilnehmern war die *Ailsa*, eine 39 Meter lange Fife-Konstruktion, der Schoner *Endymion* des Amerikaners George Lauder, eine weitere »kleine« amerikanische Yacht namens *Fleur de Lys* mit einer Länge von 33 Metern, die 74 Meter lange, englische Großyacht *Valhalla* sowie die *Atlantic*, ein Dreimastschoner des Eigners Wilson Marshall nach einem Riss des Amerikaners W. Gardner. Sie segelte unter dem amerikanischen Skipper Charlie Barr, der bereits drei Titelverteidiger im America's Cup zum Sieg geführt hatte. Der einzige deutsche Teilnehmer war die *Hamburg*, die ehemalige *Rainbow*, die von Freunden des Kaisers gesegelt wurde.

Das Rennen wurde bei starkem Wind ausgetragen und die *Atlantic* lag ab dem zweiten Tag in Führung. Sie erreichte Etmale von bis zu 340 Seemeilen, denn auch als sie in einen südwestlichen Sturm geriet, blieben alle Segel gesetzt und Barr ließ ölgetränkte, mit Werg gefüllte Säcke nach Luv werfen. So ging es vier Tage lang weiter. Die *Atlantic* gewann in zwölf Tagen und vier Stunden, was einer Durchschnittsgeschwindigkeit von über zehn Knoten entsprach, ein Rekord, der erst 1980 gebrochen werden sollte.

Anfang des Jahrhunderts gab es eine Reihe von Veranstaltungen, die auf die Initiative des Herausgebers der amerikanischen Yachtzeitschrift »The Rudder«, Thomas Fleming Day, zurückgingen. Er organisierte 1904 eine Regatta von Brooklyn nach Marblehead, Massachusetts, einschließlich der Rundung von Long Island, zu der Yachten bis zu einer Länge von neun Metern zugelassen waren. Unter den Teilnehmern befand sich auch Days 7,50 lange *Sea Bird*, die in diesem Rennen als Letzte die Ziellinie überfuhr. Day ließ sich von diesem Misserfolg nicht abschrecken und organisierte die Wettfahrt auch im folgenden Jahr, diesmal in entgegengesetzter Richtung von Brooklyn nach Hampton Road in Virginia. Die Teilnehmerzahl hatte sich bereits auf zwölf Yachten verdoppelt und Day selbst konnte in diesem Jahr den Sieg holen.

1906 lud er seine Leser zu einem weit anspruchsvolleren Regattakurs von Gravesend Bay (N.Y.) zu den Bermuda-Inseln ein, ein 600 Meilen-Rennen über den offenen Atlantik mit Über-

querung des Golfstroms. Nur drei Yachten gingen in diesem Jahr an den Start: Days neue 11,5-Meter-Yawl *Tamerlane*, Richard Floyds 12-Meter-Yawl *Lila* und eine 8,5-Meter-Slup des Eigners George Robinson, die *Gauntlet*. Kurz nach dem Start brach auf der *Lila* der Mast und sie wurde von Day nach Gravesend zurückeskortiert, der so fast zwei Tage auf die *Gauntlet* verlor, die das Rennen – ohne die Havarie zu bemerken – fortgesetzt hatte. Bei der Querung des Golfstroms geriet Robinsons Yacht jedoch in einen Sturm und musste ablaufen, so dass die *Tamerlane* trotz der Verzögerung als Erste die Ziellinie kreuzte.

Ungeachtet des Schwierigkeitsgrades dieser Wettfahrt traten im darauffolgenden Jahr bereits zwölf Yachten zum Start an. Dank einer ständig steigenden Teilnehmerzahl entwickelte sich das Bermuda-Race zu einer der klassischen Hochseeregatten, die bis heute gesegelt werden.

88/89: Der große Dreimastschoner *Sunbeam* ist eine klassische Familienyacht, wie sie für jene unternehmungslustigen angelsächsischen Gentlemen entworfen wurde, denen die heimischen Gewässer schon im 19. Jahrhundert zu eng geworden waren. Sie startete auch bei der Wettfahrt um den Kaiser-Pokal im Jahr 1905. In diesem Rennen befand sich die *Sunbeam* in guter Gesellschaft, denn abgesehen von der moderneren *Atlantic* und den vier »kleinen« amerikanischen Schonern *Endymion, Thistle, Fleur de Lys* und *Hildegard* sowie der sportlichen *Ailsa* waren die anderen Teilnehmer im Feld ebenfalls große Kreuzeryachten.

88 oben: Nach dem New York Yacht Club wurde 1870 der zweite Segelverein der amerikanischen Metropole, der Seawanhaka Yacht Club, in der eleganten Oyster Bay auf Long Island gegründet. Unter den Mitgliedern befanden sich Persönlichkeiten wie J.P. Morgan, Vanderbilt und Präsident Roosevelt.

Es gibt in der Yachtkonstruktion eine deutlich erkennbare Entwicklung, die von dem jeweiligen Verwendungszweck der Schiffe beeinflusst wird. In den Anfängen des Segelsports war die Yacht ein Statussymbol, das den Rang und die Macht seines Eigners zur Schau stellte. Die ersten Yachten gehörten den königlichen Familien und den Mitgliedern des Hofes und wurden lediglich für schillernde Paraden eingesetzt. In der nächsten Phase, die der ersten sehr schnell folgte, begann man, mit Yachten um die Wette zu segeln. Anfangs beschränkten sich die Segler auf die Themse, dann segelten sie in den geschützten Buchten Englands und Amerikas, um zuletzt auch die offene See als Regattarevier zu erschließen. Von diesem Moment an ergab sich für den »Freizeitsegler« die Möglichkeit, andere Menschen und Orte jenseits der Meere kennen zu lernen.

Natürlich wurde die Schiffahrt nicht erst mit dem Segelsport erfunden und war von jeher auch von dem Wunsch getragen, mit eigenen Augen zu sehen, was sich hinter einem Kap oder auf einer Insel am Horizont befand. Die wesentlichen Beweggründe aller Entdeckungsreisen lagen jedoch im Warenaustausch oder in militärischen Zielen. Odysseus versuchte einfach nur, nach Hause, nach Ithaka, zurückzukehren, und dass daraus eine zehnjährige Reise wurde, beruhte allein auf der technischen Unzulänglichkeit seines Transportmittels. Die Phönizier ließen die Heraklessäulen hinter sich, um neue Märkte zu eröffnen, und die Römer fuhren zur See, um die Grenzen ihres Imperiums zu erweitern.

Ende des 19. Jahrhunderts hatte der Segelsport hinsichtlich des Erfahrungsschatzes und der verfügbaren technischen Mittel einen Punkt erreicht, an dem sein Wachstumszyklus ein Ende erreicht hatte. Die Yacht wurde nun für ihren Eigner zum Mittel, seinen sozialen Status zu demonstrieren, sein Bedürfnis nach Wettbewerb auszuleben und seine Neugierde auf ferne Horizonte zu befriedigen. Die Gründe für diese Suche nach dem Unbekannten waren sicherlich individuell verschieden, sie konnten auf Ablehnung gesellschaftlicher Konventionen, Abenteuergeist oder einfach auf der Liebe zur See beruhen.

Die Ersten, die diese Richtung einschlugen, waren die Amerikaner. Die amerikanische Nation war noch jung und auch das »Freizeitsegeln« steckte noch in den Kinderschuhen, aber schon damals wurde ihr Pioniergeist von fernen Horizonten magisch angezogen.

Die Yacht *Union*, eine typische Slup aus den Zeiten der Cumberland Fleet, die Mitte des

18. Jahrhunderts für Baptist May gebaut und vierzig Jahre später in die Vereinigten Staaten verkauft wurde, lief 1794 mit einer Besatzung von 23 jungen Amerikanern von Newport aus. Die Unternehmung, die die *Union* in vier Jahren um die ganze Welt führen sollte, war nicht an kommerzielle Zwecke geknüpft, sondern diente einzig und allein dem Vergnügen. Es war die Geburtsstunde des Fahrtensegelns.

Einige Jahre später war es wiederum ein Amerikaner, George Crowninshield, der sich für eine Weltumsegelung die *Cleopatra's Barge* bauen ließ, und nur sein frühzeitiger Tod verhinderte, dass er seine Pläne vollständig verwirklichen konnte.

Gegen Ende des 19. Jahrhunderts hatte das Fahrtensegeln eine ausgesprochen mondäne Prägung, zumindest was die wohlhabenden amerikanischen Schiffseigner betrifft. Sie begannen die Segelsaison in ihren heimischen Gewässern und trafen gegen Frühlingsende mit ihren Yachten im Long Island Sound zusammen, wo sie die luxuriösen Salons des Seawanhaka Yacht Clubs frequentierten. Von dort segelten sie bis nach Newport, um an den dortigen Sportveranstaltungen und den anschließenden Bällen teilzunehmen. Im Sommer überquerte man dann für zwei der wichtigsten Segelsportveranstaltungen, die Kieler Woche und die Cowes Week, den Atlantik. Im Anschluß an die Regatten und die dazugehörigen Festlichkeiten segelte die Flotte, denn als solche musste die Gruppe von durchschnittlich 30 Meter langen Schiffen unter amerikanischer Flagge in Begleitung der einen oder anderen englischen Yacht erscheinen, weiter, um für den Herbst und Winter ein milderes Klima zu suchen. Das Mittelmeer, zumeist Monte Carlo oder Venedig, bot sich daher als nächste Etappe an. Von hier startete man zu einer letzten Fahrt in das Karibische Meer, bevor die Schiffe – wieder im Heimathafen angelangt – in der Werft für die nächste Saison überholt wurden.

Während die amerikanischen Sportsegler alljährlich zu ihrer »großen Tour« aufbrachen, herrschte unter europäischen Fahrtenseglern ein größerer Unternehmungs- und Abenteuergeist.

Lord und Lady Brassey zum Beispiel liefen mitsamt Kindern und Gästen an Bord ihrer Yacht *Sunbeam* am 1. Juli 1876 in Chatham, England, zu einer denkwürdigen Kreuzfahrt aus, auf der sie in knapp einem Jahr 36000 Meilen um die Welt zurücklegten. Lady Anna Brassey hinterließ der Nachwelt ein detailliertes Zeugnis von dieser Fahrt: »Around the World in the Yacht *Sunbeam*«.

Die *Sunbeam* war einer jener großen Schoner, in diesem Fall dreimastig, wie sie sowohl in Amerika als auch in England in den letzten Jahrzehnten des neunzehnten und Anfang des zwanzigsten Jahrhunderts zahlreich gebaut wurden. Es waren speziell entworfene Konstruktionen, die sich von den zeitgenössischen, technisch immer extremeren Rennyachten grundlegend unterschieden.

Der Riss der *Sunbeam* stammt von dem auf diesen Schiffstyp spezialisierten englischen Konstrukteur St. Claire Byrne. Das Schiff maß 53,50 Meter über alles, war 8,30 Meter breit und hatte einen Tiefgang von vier Metern. Seine ursprünglich 900 Quadratmeter große Segelfläche wurde später auf 750 verringert. Der britische 530-Tonner hatte einen Stahlrumpf mit Teakholzschalung, während die Amerikaner – mangels ausreichender Versorgung mit edlen Hölzern wie Teak und Mahagoni, die die Engländer aus ihren Kolonien bezogen – zumeist reine Stahlkonstruktionen bauten.

In England wurden verschiedene Schoner dieses Typs auf Kiel gelegt. St. Claire Byrne entwarf unter anderem die *Margaret* (400 Tonnen), die *Gitana* (500 Tonnen) und die *Saint George* (830 Tonnen). Von Nicholson hingegen stammt der Riss für die *Chazalie* (545 Tonnen) und die *Czarina* (565 Tonnen). Dies sind nur einige Konstruktionen, die zwischen 1875 und 1890 gebaut wurden!

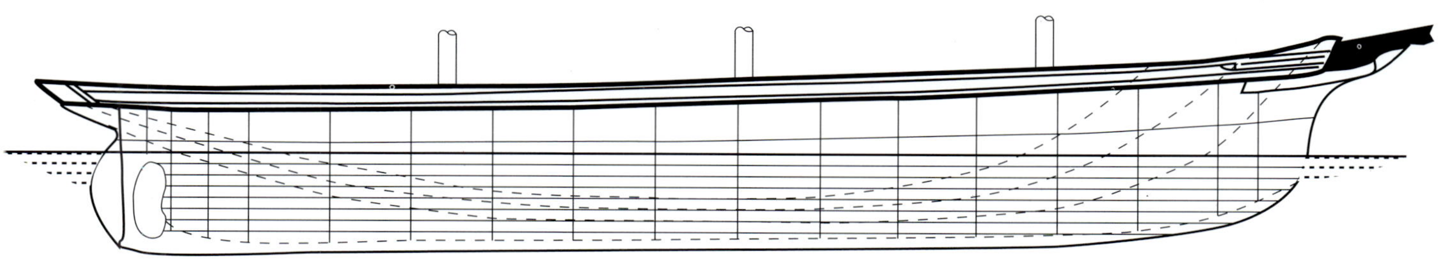

89 oben: Ein Vorläufer großer Fahrten außerhalb der geschützten Küstengewässer war die Yacht *Union*, mit der junge Amerikaner in vier Jahren von Newport als Start- und Ankunftshafen die Welt umsegelten. Die *Union* war ein altes Schiff von der Art, wie man sie zur Zeit der Cumberland Fleet auf der Themse zu sehen gewohnt war: Das Unterliek des Großsegels wurde lose gefahren, sie hatte eine kurze Gaffel und – wie die gekräuselten Bugwellen erahnen lassen – voluminöse Rumpflinien, die erst 1851 nach der wagemutigen Atlantiküberquerung der *America* in Frage gestellt werden sollten.

89 unten: Der Riss der *Sunbeam* ist eindeutig nicht der einer Rennyacht. Dennoch weist auch die *Sunbeam* ein innovatives Merkmal auf, Schraubenbrunnen für den Propeller am Heck, direkt vor dem Ruderschaft. Bis Mitte des 19. Jahrhunderts stellte man allgemein Yachten mit Segelyachten gleich und zahlreiche englische Clubs schlossen Eigner von Yachten mit Hilfsmotor von der Mitgliedschaft aus. Dennoch wurden viele Schiffe dieses Typs gebaut, denn sie erwiesen sich auf langen Kreuzfahrten als sehr leistungsstark, konnten aber auch auf Hochseeregatten mithalten.

Die »Corinthians«

90 oben und Mitte: Der englische Marinekapitän John McGregor wurde, nachdem er sich vom Militärdienst zurückgezogen hatte, einer der Pioniere in jenem Bereich des Segelsports, den man später als »Einhandsegeln« bezeichnen sollte. In der zweiten Hälfte des 19. Jahrhunderts galten seine Unternehmungen als einzigartig und ebenso einmalig war die Yacht, mit der er seine wagemutigen Fahrten bewältigte: ein kleines, nur 15 Fuß langes Kanu, das er – nach dem Vorbild der Eskimokajaks – mit einem Gaffel-Mast und einem Vorsegel ausrüstete.

Das 19. Jahrhundert wird zumeist als die Ära der großen Yachten angesehen, seien es nun Renn- oder Kreuzeryachten. Im Schatten dieser großen Strömung im Segelsport blühte jedoch ein Pioniergeist auf, der dem abenteuerlich-romantischen, leicht exzentrischen Aspekt des Segelns den Vorrang gab. Genau diese Haltung verkörperte der Engländer John »Rob Roy« McGregor. Anfangs begeisterte er sich für Indianerkanus und die Kajaks der Eskimos und gründete in London sogar einen Club für Gleichgesinnte, den Canoe Club, der schon bald Nachahmer in den Vereinigten Staaten fand. Hier wurde der Seawanhaka Corinthian Yacht Club gegründet, die erste Vereinigung, der ausschließlich aktive Amateursegler und Bootsbesitzer beitreten konnten. An dieser Stelle sei angemerkt, dass sich der typische Yachteigner und -segler des 19. Jahrhunderts, ob Aristokrat oder wohlbetuchter Zeitgenosse, durch eine recht distinguierte Haltung gegenüber seiner Yacht auszeichnete, wie sie aus einem Gemälde von D. Bayes spricht, auf dem Lord J. Ashbury, Eigner der *Cambria* und danach der *Livonia*, die beide als Herausforderer im America's Cup antraten, an Bord seiner zweiten Yacht zu sehen ist: Mit Jacke, Weste und Krawatte und mit tadellos weißen Schuhgamaschen bekleidet sitzt er entspannt im Cockpit, das Fernrohr locker im Arm, vor ihm eine Obstschale, eine silberne Karaffe und ein Glas sowie eine Zeitung. Auch die folgende Begebenheit, die sich an Bord von Lord Cardigans Yacht *Dryad* zugetragen haben soll, ist für diese Einstellung bezeichnend: Auf die Frage seines Kapitäns, ob er das Ruder »übernehmen« wolle, antwortete Lord Cardigan, Mitglied des exklusiven RYC, trocken: »Nein danke, ich pflege zwischen den Mahlzeiten nichts zu nehmen.«

Ganz anders die segelbegeisterten »Corinthians«, die nicht nur selbst am Ruder ihrer Boote standen, sondern sich generell gegen eine Berufsmannschaft aussprachen. Dank dieser Grundeinstellung entwickelte sich aus McGregors anfänglicher Begeisterung für das Kanu das Projekt einer Yachtkonstruktion, die ohne Crew bedient werden konnte: ein besegeltes und hochseetüchtiges Kanu mit ausreichendem Stauraum für die Vorräte, die für mindestens zwei Personen während einer längeren Kreuzfahrt benötigt wurden. Im Jahr 1870 startete er mit der *Rob Roy*, wie er seine 6,40-m-Kanuyacht getauft hatte, zu seiner ersten Reise, die ihn auf alle europäischen Meere von der Ostsee bis zum Mittelmeer und sogar bis zum Roten Meer führen sollte. Zahlreiche Segler sollten McGregors Unternehmungen nacheifern, zum Beispiel Kapitän Voss, der lange Fahrten auf einem besegelten Indianerkanu unternahm und dabei das Schlechtwetterverhalten des Treibankers und die Wirkung von ölgetränkten Säcken mit Werg studierte, oder Frank Cowper, der als erster Einhandsegler England umrundete, die Ärmelkanalküsten erforschte und viele Reiseberichte schrieb. Oder Mc Mullen, der auf einem schweren französischen Lugger unzählige Fahrten auf dem Ärmelkanal segelte (seine Frau begleitete ihn zwar auf diesen Fahrten, aber er fuhr alle Manöver wie ein Einhandsegler). Die Erfahrungen McGregors schlugen sich auch in der Konstruktion verschiedener Yachten nieder, die einhand gefahren werden konnten. Der yawlgetakelte 5,5-Meter-Seitenschwertkreuzer *Haze*, den der Rennyachten-Konstrukteur Linton Hope für sich selbst entworfen hatte, war eines der ersten Einhandboote. Alle Manöver konnten vom Cockpit aus durchgeführt werden und unter Deck war alles für das Bordleben Nötige untergebracht, nämlich Koje, Pantry und WC. Noch einfacher in der Handhabung und weniger spartanisch in den Abmessungen und der Sluptakelung stellte sich die *Aere Perennius* dar, ein schwedischer Riss, der einen Wettbewerb für Einhand-Kreuzeryachten gewann. Auf der slupgetakelten, 9,15 Meter langen Yacht mit einer Verdrängung von vier Tonnen konnten alle Segel- und sonstigen Manöver, einschließlich des Ankerlichtens und der Bilgepumpe, vom zentralen Cockpit aus durchgeführt werden.

Kreuzeryachten wurden zumeist nach dem Modell von Arbeitsbooten entworfen. Das gilt zwar auch für Rennyachten, aber nicht ganz, denn im Fall dieser Schiffe wurden einige typische Merkmale von Arbeitsfahrzeugen weiterentwickelt, während sich die Kreuzeryacht als nur leicht veränderte Kopie darstellt.

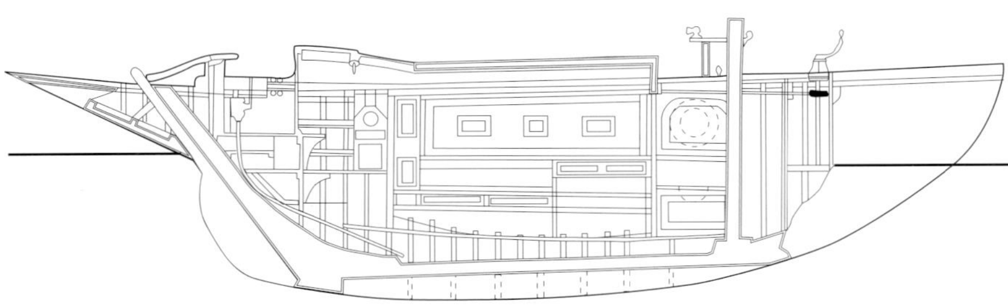

90 unten: Die Konstrukteure stellten sich auf den neuen Trend ein. Die Yachten sollen nicht nur mit einer kleinen Crew gesegelt werden können, sondern darüber hinaus auch für Amateursegler und nicht wie bis dahin üblich lediglich für Fischer, Seeleute oder Schiffskapitäne bedienbar sein. So entstehen insgesamt kleinere Yachten mit neuen Riggs und Deckplänen, die für einen Alleinsegler handhabbar sind. Die *Aere Perennius*, die meines Wissen nie gebaut wurde, stellt einen der ersten Versuche auf diesem Gebiet dar.

Die leichte Handhabbarkeit professionell genutzter Schiffe war in der Tat von elementarer Bedeutung für Kreuzeryachten, die normalerweise mit einer kleinen Besatzung oder sogar einhand gesegelt werden. Abgesehen davon entwickeln Rennyachten ihre wesentlichen Merkmale aus dem Leistungsvergleich mit anderen Yachten, während eine Kreuzeryacht »nur« die Anforderung erfüllen muss, den Eigner in einem geschlossenen Verhältnis von Schiff und Nutzer zufrieden zu stellen.

Die meisten klassischen Kreuzeryachten des 19. Jahrhunderts wurden nach dem Vorbild des Bristol-Channel-Kutters gebaut (und viele von ihnen segeln noch heute, vor allem in Nordfrankreich und England). Dieser Bootstyp zeichnet sich einsatzbedingt durch Stabilität und Seetüchtigkeit aus. Lotsenkutter mussten möglichst schnell und bei jedem Seegang auslaufen, um den Lotsen zu dem Schiff, das in den Hafen zu führen war, zu bringen, und segelten dann, meist mit einer Ein-Mann-Crew, zurück in den Hafen.

Ein anderer klassischer Schiffstyp, der von vielen nicht an Regatten interessierten Fahrtenseglern geschätzt wird, ist der Colin Archer, ein Doppelender mit Spitzgatt. Seine Linien gehen bis auf die Wikingerschiffe im ersten Jahrtausend n. Ch. zurück, deren spiegelloses Heck wie der Bug spitz zuläuft. Das Vorbild für diesen von vielen Seglern seiner Seetüchtigkeit wegen beliebten Schiffstyps war das »rednings-skoite«, ein 1892 von dem norwegischen Konstrukteur Colin Archer entworfenes Rettungsboot. Um ein Missverständnis in Bezug auf die Seetüchtigkeit klarzustellen: Das norwegische Rettungsboot sollte von seiner Konzeption her den Zweck erfüllen, der Flotte der Fischerboote, die zum Fischen aus den Fjorden ins offene Meer ruderten, zu Hilfe zu kommen und bei zu viel Wind die Boote in den Hafen zurückschleppen. Dafür brauchte man ein schweres Schiff (wie alle anderen Schlepper), das auch bei grober See manövrierfähig blieb. Wegen des geringen Auftriebs eines spitzen Hecks waren die Schiffe jedoch vor dem Wind nicht besonders schnell. Der Colin Archer war ein für seine Einsatzzwecke ausgezeichnetes Boot, als Fahrtenyacht ist der Bristol-Channel-Kutter jedoch weit besser geeignet. Bezeichnenderweise fand der norwegische Schiffstyp außerhalb der heimischen Küsten und abgesehen von seinem Einsatz als Rettungsboot nur geringe Verbreitung.

91 oben: Das Kanuheck stellt bei nur wenigen Yachten eine ästhetisch gelungene Konstruktionslösung dar. Seine Ursprünge gehen auf das Rettungsboot zurück, einen Schiffstyp, bei dem Aspekte der Formschönheit eine untergeordnete Rolle spielten. (Zwar entwickelte sich auch der englische Kutter aus einem nicht nach ästhetischen Gesichtspunkten konzipierten Bootstyp, aber in diesem Fall waren die Konstruktionen immer äußerst elegant.) Der Colin Archer war vor allem bei Einhandseglern wegen seiner Seetüchtigkeit und Sicherheit geschätzt.

91 unten: Die grundlegend veränderte Einstellung der »Corinthians«, die als aktive Segler und Bootseigner allein auf Grund ihrer Sportbegeisterung zum Segeln fanden, kennzeichnet den Beginn einer dritten Ära. In der ersten waren die Yachteigner Aristokraten gewesen, darauf folgten die Industrie- und Finanzmagnaten und dann übernahmen die eigentlichen Sportler das Ruder. Lord Ashbury hatte mit seinen Yachten *Cambria* und *Livonia* die damaligen Herausforderungen um den America's Cup gesegelt und bis hin zur Parade anlässlich der Einweihung des Suez-Kanals viele Meere befahren, aber nie hatte er persönlich am Ruder gestanden.

Einhandsegler

Gegen Ende des 19. Jahrhunderts, als wohlhabende Industrielle mit ihren teuren, luxuriös ausgestatteten und von einer vielköpfigen Crew bedienten Großyachten den Atlantik überquerten, segelten schon lange sehr viel kleinere Boote auf denselben Gewässern. Am Ruder standen einsame Männer, die sich, von Abenteuerlust getrieben, auf die hohe See wagten. Im Jahr 1786 setzte Kapitän Josiah Shackford in Bordeaux in Frankreich die Segel und nahm Kurs auf Niederländisch Guyana. Ursprünglich hatte er nicht vor, seine Reise allein zurückzulegen, verlor aber seinen Begleiter auf See und wurde damit, wohl oder übel, zum ersten Einhand-Atlantiküberquerer. Offiziell, unter anderem wegen der unklaren Motivation Shackfords, steht dieser Titel allerdings Alfred Johnson zu. Aus Abenteuergeist einerseits und Vaterlandsliebe andererseits überquerte er 1876, zur Hundertjahrfeier des amerikanischen Freiheitskrieges, mit seiner 6,40-Meter-Yacht *Centennial* in 46 Tagen den Atlantik. Schon im darauffolgenden Jahr fanden sich die ersten Nachahmer, William Andreus mit der *Nautilus* und Kapitän Thomas Crapo mit seiner *New Bedford*. Wie Johnson waren Andreus, Crapo und Shackford Amerikaner und eine Zeitlang noch sollte Einhandsegeln ein »Yankee-Sport« bleiben, geprägt von einem wohl typisch amerikanischen Unternehmungs- und Abenteuergeist mit einem kleinen Beigeschmack von Draufgängertum.

Kapitän Joshua Slocum, ebenfalls amerikanischer Staatsbürger und zu Recht als einer der größten Einhandsegler angesehen, unternahm die erste Einhand-Weltumsegelung in der Geschichte des Segelsports. Er trat seine Reise im für die damalige Zeit fortgeschrittenen Alter von 51 Jahren an, nachdem er kurz hintereinander seine Frau und sein Schiff verloren hatte. 1844 in Neuschottland geboren, hatte Slocum bereits eine lange Karriere als Kapitän von Frachtschiffen auf allen Weltmeeren hinter sich, als ihm – nach den beiden erwähnten Schicksalsschlägen – ein Freund von einer kleinen Slup erzählte, die verlassen in Fairhaven bei New Bedford lag. Dass er die *Spray*, wie das Schiff getauft war, in einem verwahrlosten Zustand vorfand, interpretierte der Kapitän als Wink des Schicksals und brachte das Boot nach Boston, wo er es instand setzen ließ. Ein Hauch von Schicksalsergebenheit und Resignation sprechen aus den einleitenden Worten zu Slocums Bericht seiner dreijährigen Reise »Allein um die Welt«, (eine faszinierende Lektüre, die allen Segelsportbegeisterten und Liebhabern der See wärmstens zu empfehlen ist): »Ich hatte beschlossen, die Welt zu umsegeln, und da am Morgen des 24. April 1895 der Wind günstig stand, lichtete ich um die Mittagszeit den Anker, setzte die Segel und startete nach Boston.« Er sollte am 27. Juni 1898 nach Vollendung der ersten Einhand-Weltumsegelung wieder in Newport einlaufen.

Die *Spray* war eine typische Slup der New Yorker Fischer, deren Linien den amerikanischen Yachtbau maßgeblich beeinflussen sollten.

Auf den ersten Blick mochte der 11,50 Meter lange, 4,30 Meter breite Rumpf mit geringem Tiefgang eher fragil und wenig geeignet für Hochseefahrten wirken. Allerdings zeichnete sich die *Spray* durch eine einzigartige und zumal für das Einhandsegeln wesentliche Eigenschaft aus, ihre ausgezeichnete Kursstabilität: Waren die Segel getrimmt, musste niemand mehr Ruder gehen. Ein weiterer Beweis dafür, dass es nicht um schlank und tiefgehend oder um breit und flach geht, sondern um die Auftriebsverteilung des Rumpfes. Das Schiff war unter »normalen« Bedingungen handig zu segeln.

92 links: Nach einer langen Berufskarriere auf den Fischereischonern der Grand Banks setzte Kapitän Alfred Johnson am 6. Juli 1876 in Gloucester die Segel für die erste Einhand-Atlantiküberquerung, von der er am 21. August zurückkehrte. Er unternahm diese Fahrt zu einer Zeit, in der Freizeitsegeln vor allem eine Frage von Prestige und wettkämpferischem Ehrgeiz war.

92 rechts: Kapitän Johnson fühlte sich seiner neuen Wahlheimat, den USA, gegenüber zu Dankbarkeit verpflichtet, denn hier hatte der dänische Emigrant ein Zuhause und gute Arbeitsmöglichkeiten gefunden. Daher widmete er sein Vorhaben der amerikanischen Nation und setzte zur Hundertjahrfeier ihres Bestehens die Segel seiner bezeichnenderweise *Centennial* getauften Segeldory. Diese Art von Schiff wurde auf den Grand Banks zum Fischen zu Wasser gelassen, nachdem der Schoner den Anker geworfen hatte.

93 oben rechts: Kapitän Joshua Slocum unternahm 1895 die erste Einhand-Weltumsegelung. Wie alle Einhandsegler der ersten Generation war auch er Amerikaner und hatte als Kommandant von Frachtsegelschiffen jahrelang auf allen Meeren gesegelt. Der Verlust seines letzten Schiffes und – im selben Jahr – seiner Ehefrau hatten ihn in einen Zustand tiefer Depression versetzt, den nur die Einsamkeit auf der freien See lindern konnte. Als er seine kühne Reise im Jahr 1895 antrat, hatte er mit 51 Jahren ein – zumindest für die damalige Zeit – schon mehr als »gesetztes« Alter erreicht.

93 Mitte: Joshua Slocum lief am 24. April 1895 aus dem Bostoner Hafen aus. Erst drei Jahre später, am 27. Juni 1898, traf er nach seiner Weltumsegelung wieder in den Vereinigten Staaten, genauer gesagt in Newport auf Rhode Island, ein. Von Boston aus nahm er Kurs auf Gibraltar und segelte von dort weiter nach Südamerika, mit Zwischenstopp in Pernambuco (heute Recife), Rio de Janeiro und Montevideo. Dann durchquerte er die Magellan-Straße von Osten nach Westen und fuhr – mit Stopps auf der chilenischen Insel San Fernandez und auf den Samoa-Inseln – quer über den Pazifischen Ozean bis nach Australien, von wo aus er direkt bis nach Kapstadt weitersegelte. Danach überquerte er, diesmal in nördlicher Richtung, erneut den Atlantik über Sankt Helena, Ascension, Grenada und Antigua bis zu seinem Ankunftshafen Newport.

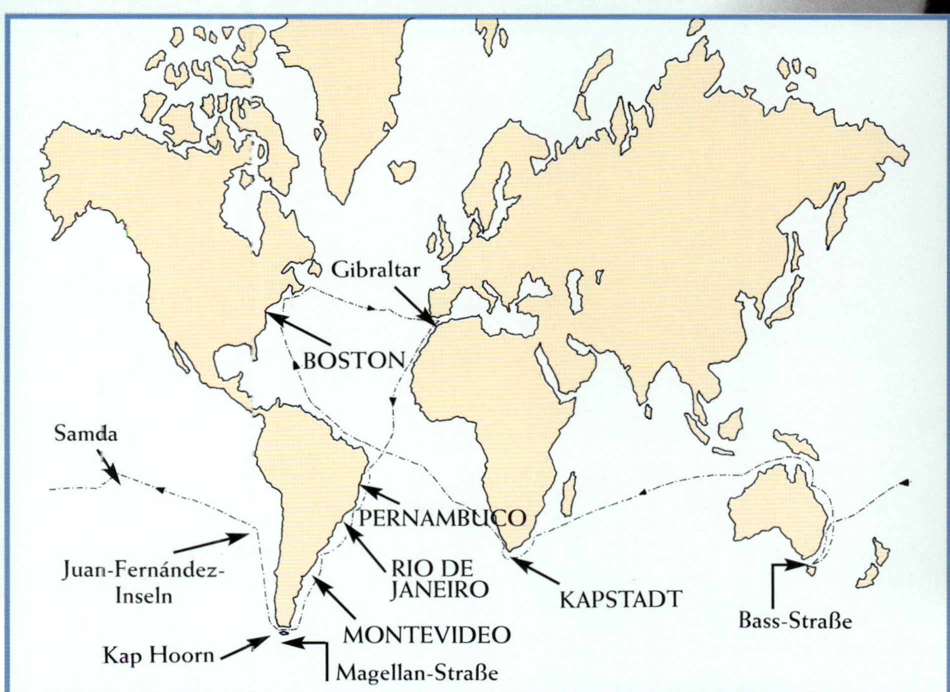

93 unten: Die *Spray*, mit der Joshua Slocum einmal um die Welt segelte, scheint vom Rumpf und der Takelage her kein für diesen Zweck geeignetes Boot zu sein. Diese Slup mit großem Frachtraum, geringem Tiefgang und großer Segelfläche wurde normalerweise an der Atlantikküste der Vereinigten Staaten zum Fischfang eingesetzt, hatte jedoch eine für das Einhand-Seesegeln äußerst wichtige Eigenschaft: eine hervorragende Kursstabilität. Der Einhandsegler konnte also die Pinne verlassen, um die Segel am Mast oder Bug zu bedienen, ohne dass das Boot anluvte oder abfiel.

Die grossen Theoretiker

Die Wissenschaft vom Schiffsbau ist im Allgemeinen sehr konservativ. Noch heute kommt es selbst in führenden und renommierten Werften vor, dass man bei einer über das Übliche hinausgehenden Anfrage oder einem innovativen Vorschlag mit dem Hinweis »Ist nicht möglich.« abgespeist wird. Um eine derart eingefahrene Mentalität, die jede Weiterentwicklung im Keim erstickt, zu durchbrechen, müssen unter anderem die Rahmenbedingungen »stimmen«. Dazu gehören eine stabile Wirtschafts- und politische Lage und wissenschaftlicher Fortschritt – Umstände, die in der Tat zumeist Hand in Hand gehen. In der zweiten Hälfte des 19. Jahrhunderts – insbesondere in den siebziger Jahren – trafen diese positiven Rahmenbedingungen zusammen und revolutionierten den Yachtbau.

Vier große Nationen, allen voran England und die Vereinigten Staaten, aber auch Frankreich und Deutschland, erfreuten sich in dem genannten Zeitraum einer stark expandierenden Wirtschaft, einer stabilen politischen Struktur und verzeichneten beachtliche Fortschritte in den Wissenschaften.

Die Anzahl der Yachten, wenn man dies als eine Art Barometer der sozialen und wirtschaftlichen Lage eines Landes ansehen möchte, stieg Ende des 19. Jahrhunderts in den USA in nur drei Jahren von 400 auf 700 Exemplare an. In England belief sich im selben Zeitraum die Gesamttonnage von Yachten mit über 40 Fuß Länge auf 90000 Tonnen!

In jenen Jahren neigte sich auch die Auseinandersetzung zwischen den Befürwortern des Kutters und denen der Slup, zwischen »deep and narrow« und »broad and shallow«, ihrem Ende zu. Der 14-Meter-Kutter *Madge*, eine kleine, typisch britische Watson-Konstruktion aus dem Jahre 1879 gewann zwar noch weiterhin alle in den USA ausgetragenen Regatten gegen die amerikanische Slup, aber diese Erfolge sind nicht nur unter dem Aspekt der Rumpfform zu betrachten. Die gerade erst gebaute *Madge* war perfekt in Schuss und besaß einen Bleikiel, während die Amerikaner normalerweise mit betagteren Schiffen in weniger gutem Zustand antraten, die zudem oft noch Steinballast fuhren. Nur der *Shadow* gelang es in einem Rennen, sich gegen die *Madge* durchzusetzen, aber sie war ein Herreshoff-Entwurf und ein erster Hinweis auf die kommenden Innovationen!

Das tragische Ende der *Mohawk* und der *Oona* waren ebenfalls wichtige Faktoren in der zunehmend kritischen Auseinandersetzung mit den traditionellen Yachtbaukonzepten, die ursprünglich mehr von den jeweiligen geographischen Gegebenheiten – tiefes Wasser und Seegang in England und flache See mit geringem Wellengang in der Bucht Neuenglands – als von wissenschaftlichen Theorien geprägt waren.

Wegen ihrer tiefer verwurzelten Tradition im Yachtbau (die immerhin bis auf das 17. Jahrhundert zurückgeht, während sich die Amerikaner ein Jahrhundert später mit dem Segelsport befassten), erwiesen sich die Briten in diesem Neuerungsprozess allerdings als sehr viel konservativer. Trotz einer langen Reihe von Niederlagen, angefangen 1851 gegen den Schoner *America*, die sich in den folgenden zwanzig Jahren in einer Bilanz von 23 Niederlagen gegenüber 13 Siegen fortsetzte, traten die Engländer auch 1885 und 1886 noch mit zwei klassischen, schmalen und tiefgehenden Kuttern mit üppigster Innenausstattung an, der *Genesta* und *Galatea*. (Die *Galatea* war mit Leopardenfellen, Porzellanvasen und Kaminen eingerichtet und während der Wettfahrten waren die Frau des Eigners sowie dessen drei Hunde an Bord.) Die beiden Yachten wurden von der *Puritan* und der *Mayflower*, zwei innovativen Edward-Burgess-Entwürfen, mühelos besiegt. Der Amerikaner ließ die positiven Aspekte beider Extreme in seine Arbeit einfließen und war sich auch als Erster der dringenden Notwendigkeit eines konstruktiven Kompromisses bewusst. Vor allem aber führte er erstmals die technischen Wissenschaften in den Yachtbau ein, auf denen später Nat Herreshoffs genialer Erfindungsgeist aufbauen sollte.

Die britische Antwort lieferte G. L. Watson, ein gebildeter Yacht-Architekt. In Frankreich hatte J. A. Normand bereits 1875 eine im Vergleich zur Tradition »wissenschaftlichere« Yacht entworfen und gebaut, die *Velox* (die ehemalige *Zemjtej*). Für eine fortschrittliche Entwicklung im Yachtbau bedurfte es auch einer soliden theoretischen Grundlage.

Die ersten Studien im Bereich der Hydrodynamik gehen auf das 18. Jahrhundert zurück. Einer der ersten Theoretiker auf diesem Gebiet war Frederik Henrik of Chapman, ein englischer Architekt, der am schwedischen Königshof tätig war und 1786 ein grundlegendes Werk mit dem Titel »Architectura Navalis Mercatoria« veröffentlichte. Chapman erprobte erstmals Schiffsmodelle in einer Art Schlepptank, entwickelte aus diesen Versuchen indes keine Theorie, sondern lediglich eine Reihe von Linienrissen, die aber die bereits bestehenden Rumpfformen bestätigten.

Auch Robert Livingstone Stevens, der Konstrukteur der Yachten *Onkaye* und *Maria*, testete verschiedene Modelle im Schlepptank, bevor er den Riss seiner ersten Yacht entwarf.

In England erforschte Scott Russell den Einfluss von vorbeiziehendem Wasser auf den Rumpf, indem er bunte Kugeln an den Rumpfmodellen

Wassers verlangsamte, zu verzeichnen war. MacQuorn entwickelte daraus die Theorie des Reibungswiderstandes, ohne die die Untersuchungen seiner Vorgänger, von Chapman und R. L. Stevens bis zu Scott Russell und Beaufoy, bedeutungslos gewesen wären. Aber erst 1874 sollte der englische Ingenieur William Froude einen für die Rumpfkonstruktion grundlegenden Beitrag entwickeln: das Gesetz der Gleichheit. Froude, der mit seinem 90 Meter langen, 11 Meter breiten und 3 Meter tiefen Testbecken den ersten wirklichen Schlepptank für Versuche mit Schiffsmodellen gebaut hatte, erarbeitete eine Formel, mittels derer die Geschwindigkeit eines Modells – und damit sein Widerstand – maßstabgerecht auf den Rumpf übertragen werden konnte. Das Gesetz der Gleichheit und die Froude-Zahl waren bis vor wenigen Jahren, das heißt bis zur Einführung der computergesteuerten Konstruktion, durch die sich Schlepptankversuche so gut wie erübrigen sollten, die Eckpfeiler im Schiffsbau.

Unter den großen Theoretikern der zweiten Hälfte des 19. Jahrhunderts ist auch Vanderdecken – Pseudonym für William Cooper – zu nennen. Der Journalist beschrieb in seinem 1873 erschienenen Werk »Yachts and Yachting« verschiedene Rumpfmodelle unter Berücksichtigung ihrer Leistungseigenschaften. (Auf ihn geht auch ein Rumpfentwurf zurück, mit dem sich »Lücken« in den Vermessungsbestimmungen mit Schiffslängenberechnung vom Vordersteven bis zur Ruderachse ausnützen ließen: Er schlug vor, die Ruderachse so weit wie möglich nach vorn zu verschieben.) Bedeutender in diesem Zusammenhang ist eine Bentall-Konstruktion, die *Jullenar*, mit einem aus

94/95: Bis zu den Entdeckungen der »großen Theoretiker« kopierte man im Yachtbau die Linien und Riggs von Arbeitsschiffen, während die Innenausstattung den Ansprüchen des zukünftigen Eigners angepasst wurde. Natürlich galt das Hauptaugenmerk der Leistungssteigerung, aber niemand kam darauf, dass sich ein Verzicht auf Gemälde, Einrichtungs- und Dekorationsgegenstände als nützlich erweisen könnte. Obwohl die *Galatea* im America's Cup antreten sollte, erwog ihr Eigner zu keinem Zeitpunkt, die standesgemäße Inneneinrichtung aufzugeben.

befestigte. Er stellte fest, dass ein Körper mit voluminöser Bugform eine starke Aufwirbelung der Kugeln hervorrief, während diese bei schlankeren Linien eng am Rumpf hängen blieben. In diesem Zusammenhang ist auch der englische Oberst Beaufoy zu erwähnen, der beim Schleppversuch eines Holzbrettes (er verwendete bei seinen Versuchen nie Schiffsmodelle, sondern immer feste, geometrische Körper) neben der Wellenbewegung einen weiteren Widerstand erahnte, auf den ein im Wasser gleitender Körper trifft: die Reibung.

Gesteht man Chapman den Titel des ersten großen Theoretikers seiner Zeit zu, gebührt der zweite Platz einem Schotten aus Glasgow, W. MacQuorn. Der Hydrodynamiker untersuchte 1865 den Widerstand, dem flüssige Stoffe ausgesetzt sind, und ließ hierfür Wasser durch Röhren fließen (am Yachtbau selbst war er nicht interessiert). Die Tests ergaben bei hoher Durchlaufgeschwindigkeit eine Art von Widerstandskraft, während bei niedriger Fließgeschwindigkeit nur der durch die Oberfläche der Rohrinnenwände gegebene Reibungswiderstand, der den Lauf des Gründen der Vermessung nach vorn versetzten Ruder, einem Rumpf mit zylindrisch geformtem Körper und Außenballast, um die benetzte Oberfläche zu verringern.

Einen weiteren wichtigen Beitrag leistete der norwegische Yacht-Architekt und Erfinder des gleichnamigen Bootstyps, Colin Archer, der 1877 die Theorie aufstellte, dass das Problem des Widerstandes in Bezug auf die Rumpfvolumina und nicht auf die Linien zu betrachten sei, womit er, zumindest teilweise, Recht hatte.

Und schließlich führte auch Dixon Kemp, der 1876 als Sekretär für die Yacht Racing Association tätig war, Untersuchungen an verschiedenen Rumpfformen durch und versuchte sich – wenn auch erfolglos – als Yacht-Designer.

Philip Marrett hingegen schrieb 1850 ein Buch mit dem Titel »Yacht Building«, in dem er die theoretischen Grundlagen für die Berechnung und den Entwurf eines Rumpfes ohne Rückgriff auf ein dreidimensionales Modell darlegte. Die Marrett-Methode wurde erstmals von dem amerikanischen Konstrukteur Cary Smith bei der Zeichnung der *Vindex* im Jahr 1870 angewendet und schon deshalb gebührt diesem Entwurf ein Platz in der Geschichte des Segelsports. (Abgesehen davon war es der erste in den USA gebaute Stahlrumpf, während in England bereits 1848 eine solche Konstruktion vom Stapel gelaufen war, die *Mosquito*.)

Bis zu jenem Zeitpunkt basierte der Entwurf aller Schiffe, Yachten eingeschlossen, auf einem Rumpfmodell, genauer gesagt, einem Halbmodell. Der Konstrukteur schnitzte diese Vorlage seiner Intuition folgend aus Holz und verlieh ihr nach Augenmaß allmählich die gewünschte Form. Auf diese Art und Weise war die *America* entstanden und dieses Verfahren wendete auch der berühmte Konstrukteur William Fife an. Kurz gesagt, es funktionierte. Das von Philipp Marrett vorgeschlagene System, einen Linienriss auf dem Papier zu entwerfen, war allerdings entschieden wissenschaftlicher und gewährleistete ein brauchbares Ergebnis unabhängig von der Genialität des jeweiligen Yacht-Architekten (auch wenn dies natürlich ein Schlüsselfaktor in der Yachtkonstruktion bleiben wird).

Nat Herreshoff

96 oben: Kapitän Nat Herreshoff, hier 72-jährig im Jahr 1920 porträtiert, hatte ein sehr zurückgezogenes Leben geführt und die meiste Zeit davon in seiner Werkstatt und in der Familienwerft verbracht. Seinem Zeichentisch entstammten die Titelverteidiger in insgesamt sechs Herausforderungen im America's Cup und an den Kais der renommiertesten amerikanischen Yacht-Clubs lagen Dutzende von Schiffen, die nach der von ihm Anfang des Jahrhunderts erarbeiteten Universal Rule gebaut worden waren. In jenen Jahren zog sich der Konstrukteur, der die Geschichte des Segelsports wie kaum ein anderer geprägt und bereichert hat, aus dem Werftbetrieb zurück.

Die drei Jahrzehnte von 1890 bis 1920, das heißt die Zeitspanne, die auf die enorme wissenschaftliche Weiterentwicklung der 1870er Jahre folgte, kann zu Recht als die Ära des »Zauberers von Bristol« angesehen werden. Zwischen 1893 und 1920 zeichnete Nathanael Green Herreshoff oder »Captain Nat«, wie er unter Freunden genannt wurde, alle Titelverteidiger des America's Cup, sechs Yachten in ebenso vielen Herausforderungen, die aus den Wettkämpfen gegen die von den größten englischen Konstrukteuren – Watson, Fife und Charles Nicholson – gezeichneten Schiffe allesamt siegreich hervorgingen. Er stellte die Universal Rule auf und ließ die geschweißte Stahlkonstruktion patentieren, er entwarf die ersten Metallmasten, die Großschot-Travellerschiene sowie den Bugbeschlag aus Bronze und war seinerzeit der erste Konstrukteur für schnelle Dampfyachten.

Nat Herreshoff wurde 1848 in Bristol auf Rhode Island geboren und trat als junger Mann in den von seinem Bruder in Bristol gegründeten Schiffsbaubetrieb ein, die »Herreshoff Manufacturing Company«. Mit 200 Angestellten sollte sich das Unternehmen zur weltweit größten Werft entwickeln, und zur modernsten dazu, denn zu einer Zeit, als Schiffe üblicherweise direkt am Strand gebaut wurden, verfügte die Herreshoff-Werft zum Beispiel über eine Konstruktionshalle mit Slipanlage.

Anfangs bauten der junge Konstrukteur und seine Werft überwiegend Barkassen für die Marine Amerikas, Englands, Frankreichs und anderer Länder und fertigten gelegentlich auch große Dampfyachten.

Im Sommer 1891 lief in der Herreshoff Manufacturing die *Gloriana* vom Stapel, die als die erste moderne Rennyacht gelten kann.

96 unten: Der Stapellauf der *Gloriana* im Jahr 1891 war ein Beleg, dass die Auseinandersetzung über die Vorzüge schlanker und tiefer Rumpfformen, wie sie in England typisch waren, und den breiten und flachen Linien des amerikanischen Schiffstyps überwunden war. Die *Gloriana* war breit genug, um Formstabilität zu gewährleisten, fuhr aber auch viel Ballast, nämlich 60 Prozent ihrer Verdrängung, in einem tiefgehenden, schmalen Kiel. Diese Form des Ballastkiels sollte sich zu einer Tendenz im Yachtbau entwickeln, dem Flossenkiel-Design, einer Rumpfform, deren Kiel gerade lang genug war, um den nötigen Ballast zu tragen.

97 unten links: Die *Alpha* aus dem Jahr 1892 ist die erste moderne Schwertyacht – eine Regattayacht beziehungsweise ein Tages- und Küstenkreuzer, wie er sich vor allem nach dem Zweiten Weltkrieg auf der ganzen Welt verbreiten sollte. Die ersten Yachten mit aufholbarem Schwert waren bereits Ende des 18. Jahrhunderts entstanden, im Gegensatz dazu kannte man an den amerikanischen Küsten Schiffe, deren Stabilität allein auf dem Gewicht der Crew beruhte. Diese beiden Typen waren aufgrund äußerer Erfordernisse entstanden, während die *Alpha* als technisch hochgerüstete High-Performance-Yacht konzipiert wurde.

Bei der Konstruktion wurden alle Zugeständnisse an die Erfordernisse des Fahrtensegelns aufgegeben. Die Rumpfkonstruktion aus Stahlspanten und einer Doppelbeplankung aus Pinienholz ist vor allem auf Gewichtseinsparung konzipiert: Die Yacht brachte 60 Prozent des Gesamtgewichtes in einem sehr kurzen Kiel unter, so dass der Massenschwerpunkt sehr tief lag. Dank ihrer besseren Gewichtsstabilität konnte die *Gloriana* eine größere Segelfläche als andere Yachten tragen und sobald sie krängte, tauchten ihre Überhänge ins Wasser und verlängerten die effektive Wasserlinie. Bei leichtem Wind und niedriger Geschwindigkeit war die benetzte Oberfläche also gering, sobald der Wind stärker und die Yacht schneller wurde, tauchte die Herreshoff-Konstruktion mit ihren Überhängen ein. Außerdem dienten die Überhänge dazu, Bug und Heck im Seegang Reserveauftrieb zu verleihen und die Stampfbewegung abzudämpfen. Die *Gloriana* besaß Form- und Gewichtsstabilität. Diese »Kompromißlösung« sollte 1891 sieben Siege in sieben Wettfahrten einbringen.

Drei Monate später lief in der Bristoler Werft die *Dilemma* vom Stapel, der erste Flossenkieler der Welt. Bis dahin sollte der Rumpf einer Yacht drei Funktionen erfüllen: mit einem entsprechenden Volumen die Schwimmfähigkeit gewährleisten, durch den Kiel die Abdrift verringern und die durch den Druck des Windes auf die Segel verursachte Krängung ausgleichen. Herreshoff entwarf einen optimalen Rumpf mit einem Minimum an benetzter Oberfläche und damit geringstmöglichem Reibungswiderstand, der den einzigen Zweck erfüllte, Auftriebskraft zu verleihen. Ein Stahlblatt wirkte der Abtrift entgegen und daran hing, so tief wie möglich nach unten verlagert, um ein größtmögliches Aufrichtungsmoment zu erzielen, ein torpedoartig geformter Bleiwulst als Ballastmasse. Außerdem hatte die *Dilemma* mit 25 Fuß die höchstzulässige Länge in der Wasserlinie, die sich bei Krängung noch einmal vergrößerte (siehe Gloriana-Effekt). Die *Dilemma* siegte in allen Wettfahrten und ihr Riss wurde fast sofort nach Europa exportiert.

Im Jahr darauf wurde die *Alpha* zu Wasser gelassen, die erste Schwertjolle im Yachtsport. Ein Boot ohne Ballast, ziemlich breit gebaut und ultraleicht mit einem hochholbaren Schwert, um der Abtrift entgegenzuwirken. Die Stabilität ergab sich durch das Gewicht der Crew, die bei entsprechendem Wind »ausreiten« oder »hängen« musste.

In drei Jahren wurden in der Herreshoff-Werft mithin drei mehr als bemerkenswerte Konstruktionen zu Wasser gelassen, die das Yacht-Design in den folgenden fünfzig Jahre nachhaltig prägen sollten.

Als die Herreshoff Manufacturing 1946 nach 70-jährigem, zwei Weltkriege umspannendem Betrieb geschlossen wurde, waren hier insgesamt 1521 Schiffe vom Stapel gelaufen. Nat Herreshoffs Arbeitsenergie war beeindruckend. Sein Zwölf-Stunden-Arbeitstag begann morgens bei einem Treffen mit den Bootsbauern, um ihnen Bauanweisungen zu erteilen. Dann zog er sich in seine Werkstatt zurück und beendete den Tag mit einem allabendlichen Kontrollrundgang in der Werft. Sieben Tage die Woche. Seine Vorgehensweise bei Entwürfen war eigenwillig: Er begann mit einer Bleistiftskizze, in der er die Wasserlinien, das Hauptspant, die benetzte Oberfläche und den Freibord einzeichnete. Nach diesem Entwurf baute er ein Halbmodell, um sich die Entwicklungsmöglichkeiten aufzuzeigen, und übertrug das Ergebnis in eine Zeichnung. Der Ingenieur Herreshoff hatte sich die Lehre Philipp Marretts zu eigen gemacht und fügte ihr seine umfangreichen technischen Kenntnisse über Bauweise und Werkstoffe hinzu. Aus diesem Grund zeichnen sich alle Herreshoff-Konstruktionen durch eine fortschrittliche Bauweise aus, wobei für die einzelnen Konstruktionselemente innovative, vor allem aber für den jeweiligen Einsatz geeignete Werkstoffe gewählt wurden.

In den zwanziger Jahren zog sich der nunmehr über 70-Jährige nach dem Tod seines Bruders zurück und überließ die Führung der Werft und die Konstruktionstätigkeit seinem Sohn Francis Sidney, der sich zwar als gelehriger Schüler erwies, die Meisterschaft seines Vaters jedoch nie erreichte.

97 Mitte: Die Bristoler Werft, in der die von Nat Herreshoff entworfenen Yachten gebaut wurden, hatte überdachte Konstruktionshallen und für den vom Konstrukteur gezeichneten Kiel geeignete Slipanlagen, während sich bis dahin die Kielform den Eigenarten der Helling anpassen musste (in diesem Licht ist auch der lange und nach achtern tiefergehende Kiel zu sehen). Diese »moderne« Ausrüstung minderte durchaus nicht die Faszination des Stapellaufs, den Moment, in dem die Yacht auf ihr natürliches Element trifft. Auf dem Foto läuft die *Reliance*, ein Titelverteidiger im America's Cup und eines der bedeutendsten Projekte Nat Herreshoffs, vom Stapel.

97 oben rechts: In der Herreshoff Manufacturing Company in Bristol liefen in gut siebzig Jahren über 1500 Schiffe vom Stapel. Hier wurden allerdings nicht nur Segelyachten gebaut. In den ersten Jahren machte sich die Schiffbaufirma aufgrund der hier gefertigten Barkassen, die anfangs im Auftrag der Marine und dann für Privatpersonen gebaut wurden, einen Namen. Im letzten Jahrzehnt des 19. Jahrhunderts begann man dann, sich überwiegend der Konstruktion und dem Bau von Regatta- und Fahrtenyachten zu widmen, die den Ruhm der Familienwerft und vor allem ihres Konstrukteurs Nat Herreshoff einmal um die ganze Welt tragen sollten.

In den dreißiger Jahren traten die ersten »owner-sailor« auf, zum Beispiel Harold Vanderbilt, ein amerikanischer Magnat, der drei Mal am Ruder seines J-Boots erfolgreich den America's Cup verteidigte. Abgesehen von der technischen Überlegenheit seiner Yachten waren seine hervorragenden seglerischen Fähigkeiten für die Erfolge ausschlaggebend. Dass der Yachteigner sich auch als Skipper betätigte und das Boot nicht nur als Statussymbol ansah, war eine Neuerung im Yachtsport.

98 Mitte: Der hartnäckigste Herausforderer um den America's Cup: Sir Thomas Lipton. In fünf Herausforderungen mit seinen *Shamrocks* versuchte er den Pokal nach England zu holen, zuletzt mit der *Shamrock V*, einer Yacht der J-Klasse. Gegen die technisch versierte Yacht seines Gegners Vanderbilt (oben) hatte Lipton keine Chance und musste ein für allemal seinen über dreißig Jahre gehegten Traum aufgeben. Der dickköpfige englische »Kolonialwarenhändler« gehörte einer vergangenen Generation an, wenn auch nicht mehr der des aristokratischen Yachtsports. Er blieb aber weiterhin dem Selbstverständnis der Mitglieder des exklusiven Royal Yachting Club verhaftet und vertraute seine Yachten einem Berufsskipper, Captain Heard (mit Lipton auf dem Foto zu sehen), an.

98 unten: Die Yachten der »Großen Kutterflotte« traten häufig gegen die der J-Klasse an. Mit ihrer großen Segelfläche boten sie auf dem Solent ein großartiges Schauspiel. Auf dem Foto ist die *Lulworth* des Eigners Weld zu sehen, hoch am Wind knapp in Führung vor Thomas Liptons *Shamrock III*. Trotz Gaffelrigg sollte die *Lulworth* auch die letzte *Shamrock* bei »Trainingswettfahrten« zum America's Cup 1930 schlagen.

In den Jahren 1914 – 1918 waren alle Nationen, die drei Jahrhunderte lang die Geschichte des Segelsports bestimmt hatten, an den Kriegsgeschehnissen beteiligt. Doch schon neun Tage nach dem Waffenstillstand vom 11. November trat in London das Sailing Committee zusammen und sprach den Wunsch aus, dass auf der »Themse oder an einem anderen Ort, aber in jedem Fall vor Ende des Jahres 1919, eine Segelregatta stattfinden möge«.

Bis zum 19. Jahrhundert war das sportliche Segeln ein Freizeitvergnügen adliger Schiffseigner gewesen, zu Beginn des 20. Jahrhunderts tauchten Skipper und Mannschaften, Yachtkonstrukteure und Bootsbauer im Yachtsport auf und auch Eigner nahmen erstmals selbst das Ruder in die Hand. Vanderbilt und Lipton läuteten die Ära der »owner-driver« ein und die Segelyachten veränderten sich in jeder Hinsicht. In den Anfängen des Freizeitsegelns wurden gewöhnliche Arbeitsboote für Vergnügungsfahrten »zweckentfremdet« oder später – im 17. Jahrhundert – baulich leicht verändert und erst im 20. Jahrhundert entwickelte sich ein eigenständiger Konstruktionszweig für Segelyachten. Die Segelyacht wurde zum privaten Vergnügungsfahrzeug par excellence, dessen Bauweise sich deutlich von solchen Schiffen unterschied, die zu anderen Zwecken eingesetzt wurden.

Bis zum 19. Jahrhundert waren überwiegend hydrodynamische Aspekte für die Form des Rumpfes maßgeblich gewesen, während ab dem 20. Jahrhundert die Aerodynamik die wichtigere Rolle für das moderne Segeln übernahm. Bis sich wissenschaftliche Kriterien beim Yachtbau durchsetzen konnten, stützte sich die Entwicklung allerdings auch weiterhin auf die Intuition und den Erfindungsgeist einiger Auserwählter, die die günstigsten Rumpfformen mit Hilfe von handgearbeiteten Holzmodellen erprobten.

Die Dreissiger Jahre

Dank neuer Bauwerkstoffe wie dem Duralumin, einer leichten Aluminium-Magnesium-Legierung, entstanden leichtere Schiffsrümpfe und durch die Verwendung von Stahl konnten nun Riggs gebaut werden, die einer erhöhten Belastung standhielten, denn es hatte eine revolutionäre Veränderung im Bereich der Segel gegeben: Die Gaffel verschwand und das Großsegel wurde dreieckig.

Diese Art der Takelung wurde als Bermuda- oder auch als Marconi-Rigg bezeichnet, denn der neue, von zahlreichen Wanten gestützte und verstärkte Mast ähnelte den hohen Funkantennen des italienischen Erfinders der drahtlosen Nachrichtenübertragung.

Am Bug tauchte ein neues großes Vorsegel auf, das teilweise die Fläche des Großsegels überlappte, die Genua, benannt nach der italienischen Stadt, vor der es zum ersten Mal gefahren wurde. Das neue Segel mit stärkerer aerodynamischer Wirkung ersetzte die drei bis dahin vor dem Mast gefahrenen Klüver und Stagsegel und führte dazu, dass die Yachten immer seltener mit einem Klüverbaum ausgerüstet waren. Zur gleichen Zeit wurden mechanische Neuerungen zur leichteren Handhabung der Besegelung eingeführt, zum Beispiel die Winsch, eine Winde zum Holen der Schoten. Streng genommen handelt es sich hierbei um die Abwandlung einer Winde, wie sie bereits auf Schiffen des 18. Jahrhunderts zum Ankerlichten verwendet wurde. Jetzt diente dieses technische Hilfsmittel aber erstmals der Handhabung der Segel auf einer Yacht.

Neue Materialien, neue Riggs und eine neue Technologie: Ein nunmehr in sich geschlossenes, auf bautechnischen Kenntnissen basierendes System stand der kommenden Generation von Yachtkonstrukteuren zur Verfügung.

99: Diese großartigen Giganten aus dem vorigen Jahrhundert stellten sich noch zwischen den Weltkriegen der Herausforderung: die Yachten der »Großen Kutterflotte« *Britannia, Satanita, Meteor, Lulworth* (auf dem Foto). Diese Yachten führen die britische Tradition der luxuriösen Großyacht weiter, deren Leistungsfähigkeit auf ihrer enormen Segelfläche beruht, für deren Beherrschung eine vielköpfige Mannschaft benötigt wird. Der Eigner der *Lulworth*, Mr. Weld, stammte aus einer Familie, die im britischen Segelsport seit dem Ende des 18. Jahrhunderts eine Rolle spielte.

Die Ära der »grossen Kutterflotte«

Zwei Yachten des ausgehenden 19. Jahrhunderts, die *Britannia* und die *Satanita*, 1893 von Watson und von Soper entworfen, beherrschten die Segelregatten im Solent noch in der Zeit nach dem Ersten Weltkrieg, was nicht nur von einer konservativen Grundhaltung im britischen Yachtbau zeugt, sondern auch die technisch hohe Qualität der Schiffskonstruktionen jener Epoche bestätigt. Trotz der zahlreichen Siege dieser großen Kutter sollte jedoch bald ein neuer, bedeutender Name am Firmament des Yachtsegelns auftauchen: Charles E. Nicholson. In der von Nicholsons Vater gegründeten Werft waren im Laufe des 19. Jahrhunderts bereits zahlreiche Schoner vom Stapel gelaufen, überwiegend Kreuzeryachten, wie sie auch der Sohn weiterhin bauen sollte.

In den dreißiger Jahren setzte sich C. E. Nicholson als Konstrukteur von Regattayachten vor allem in den Internationalen Meter-Klassen durch, auf die die Baubestimmungen der Internationalen Klasse angewandt wurden. Der englische Konstrukteur war Anfang der zwanziger Jahre an der Ausarbeitung der Vorgaben dieser europaweit anerkannten Klasse beteiligt gewesen. Der Nicholson-Werft in Gosport, die sich damals auf dem gegenüberliegenden Ufer des Itchen befand, entstammen vor allem die Yacht der internationalen 24-m-R-Klasse *Candida* und die 23er *Astra*. Diese war 1928 vom Stapel gelaufen und hatte eine Länge von 35 Metern, war 6 Meter breit und trug 665 Quadratmeter Segelfläche.

Der *Candida*, die im folgenden Jahr zu Wasser gelassen wurde, lag praktisch dieselbe Zeichnung wie der *Astra* zugrunde, sie wies aber mit 692 Quadratmetern eine größere Segelfläche auf, weil sie mit einem kurzen Klüverbaum ausgerüstet war, einem zu jener Zeit – zumindest auf Regattayachten – nicht mehr verwendeten Rigg.

Beide Yachten wurden, der damals vor allem in England gängigen Mode entsprechend, in Kompositbauweise mit Stahlspanten und Holzbeplankung gebaut. Sie wurden als Wettkampfpartner für den englischen Herausforderer um den America's Cup von 1930 eingesetzt und segeln noch heute in perfektem Zustand auf dem Mittelmeer.

100 links: Die englische Königsfamilie war schon immer dem Segelsport verbunden. Seit den Zeiten von König Charles I. sahen es die englischen Herrscher nicht unter ihrer Würde, selbst das Ruder in die Hand zu nehmen. Die *Britannia* war eines der Lieblingsschiffe von König George V., der mit Begeisterung am Ruder stand und am Bordleben der »after guard« teilnahm. Nach seinem Tod wurde die *Britannia* vor der Insel Wight versenkt.

100 Mitte und 100/101: Das Großprojekt des Konstrukteurs Watson, das den britischen Segelsport bis in die vierziger Jahre charakterisieren sollte: die *Britannia*, das Schiff der englischen Königsfamilie. In ihrem langen Leben wurde sie auch von anderen namhaften Konstrukteuren wie Fife und Nicholson in ihrer Ausrüstung verbessert und konnte sich jahrzehntelang gegen modernere Yachten behaupten. In der Abbildung oben sieht man die Yacht noch mit dem ursprünglichen Kutterrigg: Sie ist knapp vor der Wendemarke, die Mannschaft hat den Spinnakerbaum bereits gesetzt. 1930 entwarf Nicholson für die *Britannia* ein modernes Bermuda-Rigg (100/101), das ihre Fähigkeit, hoch am Wind zu segeln, deutlich verbesserte, für die Mannschaft allerdings keine Arbeitserleichterung mit sich brachte. Auch ohne die Gaffel waren zum Hissen des Großsegels ca. 20 Matrosen nötig. Der Steuermann und die Cockpit-Crew verfolgen das Manöver.

101 unten: die Schiffe der »großen Kutterflotte«, die wohl spektakulärsten Rennyachten in der Zeit zwischen den Weltkriegen. Die *Britannia*, eine Watson-Konstruktion, hier noch mit ihrem ursprünglichen Kutterrigg, liegt in Führung. Diese auch wegen der hier abgebildeten Yachten eindrucksvolle Aufnahme von Frank William Beken und seinem Sohn Alfred Keith aus dem Jahr 1926 zeigt die Yachten kurz nach dem Start der alljährlich in Cowes veranstalteten Clubregatta der Royal Yacht Squadron.

102/103: Charles E. Nicholson am Ruder der von ihm entworfenen *Candida*, einer Yacht der internationalen 23-m-R-Klasse, die später nach den Bestimmungen der J-Klasse vermessen wurde. Nicholson entstammte einer Konstrukteursfamilie, die noch heute eine Werft in Gosport, England, betreibt. Von seinem Zeichentisch und aus seiner Werft stammen sämtliche englischen J-Klasse-Yachten, zahlreiche andere Herausforderer um den America's Cup und die meisten Yachten, die die Entwicklung des englischen Segelsports geprägt haben. Als versierter und leidenschaftlicher Segler war Charles E. Nicholson oft an Bord seiner Schiffe.

102 unten: Die *Candida* in voller Fahrt. Alle Vorsegel einschließlich des Ballonklüvers sind gesetzt. Die Mannschaft trimmt achtern, um den Bug zu entlasten. Die *Candida* war nie eine Siegeryacht. Nur mit der ersten *Endeavour* gelang es dem englischen Konstrukteur, einen wirklichen »match winner« zu bauen. Leider musste es die *Endeavour* auch mit dem Regatta-Ausschuss des New York Yacht Club aufnehmen.

103 oben: Nicholson war der einzige englische Konstrukteur für Yachten der J-Klasse, die auf Nat Herreshoffs Universalformel basierten und die Ausscheidungen für den Herausforderer im America's Cup in den dreißiger Jahren segelten. Die Erste dieser Serie war die *Shamrock V* für Thomas Lipton. Sie ist hier während eines Testrennens im Jahr 1930 noch in englischen Gewässern, das heißt vor ihrer Atlantiküberquerung, zu sehen.

103 Mitte: Seit Ende des 19. Jahrhunderts hatte sich Nicholson als Konstrukteur großer Kreuzeryachten einen Namen gemacht. Nach dem Ersten Weltkrieg wurde er durch seine Entwürfe für die Herausforderer um den America's Cup berühmt. Darüber hinaus bewies er seine Fähigkeiten in zahlreichen Meter-Klassen-Konstruktionen. Auch die 23-m-R-Yacht *Candida* wurde nach seiner Zeichnung gebaut.

C. E. Nicholson entwarf in jener Zeit verschiedene Yachten der internationalen 6-, 8- und vor allem 12-m-R-Klasse. Unter den Letztgenannten sind vor allem zwei erwähnenswert, die 1939 vom Stapel liefen: die *Evaine*, die noch in der Nachkriegszeit als Testpartner für die Optimierung der amerikanischen Titelverteidiger im America's Cup eingesetzt werden sollte (ab Ende der fünfziger Jahre entschied man sich allerdings, diese Regatten mit Yachten der 12-m-R-Klasse anstatt mit der zu kostspieligen J-Klasse auszutragen), und die *Tomahawk*, ein in jenen Friedenszeiten im Solent unschlagbares Schiff, zumindest so lange bis der amerikanische, technisch perfektionierte Zwölfer *Vim* auftauchte.

Den Auftrag für die *Tomahawk* erhielt Nicholson von Sir Thomas O. M. Sopwith, Flieger und Flugzeugkonstrukteur, der im Segelsport wegen seiner Herausforderungen um den America's Cup in den Jahren 1934 und 1937 bekannt ist.

C. E. Nicholson wurde zur herausragenden Figur bei diesen Wettkämpfen. Seinem Zeichenbrett entstammen alle englischen Yachten der J-Klasse. 1920 entwarf er für Sir Thomas Lipton den vierten Herausforderer, die *Shamrock IV*, und löste damit die Konstrukteure Fife und Watson ab, die in Liptons Auftrag die vorhergehenden drei Schiffe gezeichnet hatten. 1930 entwarf Nicholson den letzten Herausforderer, die *Shamrock V*, für Lipton, dem die englische Segelaristokratie übrigens niemals die Herkunft seines Reichtums verzieh.

103 unten: 1914 entwarf und baute Nicholson für Sir Thomas Lipton den vierten Herausforderer um den America's Cup, die *Shamrock IV*. Ein Geistesblitz des englischen Konstrukteurs. Diese Yacht mit sehr unüblichen Formen, eine äußerst leichte, wenn auch wenig attraktive Konstruktion, erhielt umgehend den Spitznamen »hässliches Entlein«. Da wegen des Krieges die Herausforderung verschoben werden musste, lag die *Shamrock IV* jahrelang in einem Lagerschuppen in Brooklyn, während die *Resolute* in den heimischen Gewässern optimiert wurde. Bei dem Rennen erwies sich das »häßliche Entlein« dennoch als sehr schnell und verlor nur mit etwas Pech gegen Herreshoffs Titelverteidiger.

104 oben: Das America's-Cup-Rennen von 1934 hätte die große Gelegenheit für den Konstrukteur Charles E. Nicholson sein können. Für die *Shamrock IV* war der Sieg bereits zum Greifen nahe gewesen und Nicholsons neue Yacht, die *Endeavour*, hatte schon in den Testrennen ihre überragende Schnelligkeit bewiesen. Unglücklicherweise trat am Tag vor der Regatta die Profi-Mannschaft der *Endeavour* wegen einer Lohnerhöhung von fünf Pfund in den Streik, woraufhin der Eigner Sopwith die gesamte Crew feuerte und eine Mannschaft aus Amateuren zusammenstellte, zu der auch seine Frau gehörte. Sie war für das perfekte Timing am Start verantwortlich.

104 unten links: Die englischen Herausforderer für den America's Cup fanden nur schwer ebenbürtige Trainingspartner. Die erste *Endeavour*, von Nicholson für Tom Sopwith entworfen, trat bei den Probefahrten gegen die nunmehr 30 Jahre alte *Britannia* an, ein schnelles und regattaerprobtes Schiff zwar, aber nicht geeignet, eine Rennmaschine von der Art einer J-Klasse-Yacht zu »testen«. Gleichwohl war Nicholsons zweites J-Boot dem amerikanischen Titelverteidiger gewachsen, wenn nicht sogar schneller, wie viele Beobachter damals meinten.

104/105 und 105 unten: Die *Endeavour II*, Nicholsons letzter Riss, konnte nicht an den Erfolg ihrer Vorgängerin, eines J-Boots, der *Endeavour I*, anknüpfen, vor allem weil sie gegen Starling Burgess' *Ranger* antrat, dem nach einhelliger Meinung absolut schnellsten J-Boot der Geschichte. Dafür ist die ebenfalls für Tom Sopwith entworfene *Endeavour II* die wohl schönste Yacht ihrer Klasse. Ihr jetziger Eigner hat sie, wenn auch mit vielen Kompromissen hinsichtlich einer modernen Takelung und Innenausrüstung, komplett restauriert und wieder seetüchtig gemacht.

Nicholsons Meisterwerk aber wurde die *Endeavour*, die er 1934 für Tom Sopwith entwarf. Aufgrund ihrer Schnelligkeit war sie die einzige nichtamerikanische Yacht mit echten Siegeschancen im America's Cup, bis Australien 1984 den Pokal errang. Die Herausforderung endete damals 3 zu 2 für den amerikanischen Titelverteidiger, die *Endeavour* war jedoch, nach einhelliger Meinung aller Beobachter, schneller als die amerikanische Yacht und mußte sich lediglich wegen einer umstrittenen Auslegung der Regattaordnung geschlagen geben. Selbst die amerikanische Presse schrieb damals: »Die Engländer beherrschen die See, die Amerikaner die Regeln.«

Der britische Konstrukteur zeichnete auch den Riss für den nächsten Herausforderer für Tom Sopwith, die *Endeavour II*, die bei der America's-Cup-Regattaserie jedoch weniger gut abschnitt, zumal sie sich mit der *Ranger* messen musste, dem zweifellos gelungensten J-Boot der Geschichte und dem ersten, bei dem man sich die Ergebnisse von Schlepptankversuchen zu Nutze machte.

105 oben: Die Werft Camper & Nicholson wuchs rasch, auch hinsichtlich der Ausmaße der dort in Auftrag gegebenen Yachten. Im Gegensatz zu den noch Ende des 19. Jahrhunderts üblichen Handwerksbetrieben, zum Beispiel der Fife-Werft, in denen die Schiffe direkt am Strand gebaut wurden, arbeitete man in der Southamptoner Werft (die nach dem letzten Weltkrieg nach Gosport verlegt wurde) an überdachten Hellingen und mit technisch modernster Ausrüstung für den Stapellauf. Auf dem Foto ist der Stapellauf der *Endeavour* zu sehen, des ersten englischen J-Boots mit Stahlrumpf.

Außer den beiden *Shamrock* und den beiden *Endeavour* entwarf Nicholson auch die *Velsheda*, die nie im America's Cup antrat, sondern als Trainingspartner für die Optimierung der Herausforderer eingesetzt wurde.

Die *Patience* aus dem Jahr 1931 war praktisch eine Kopie der *Flame*, eines großartigen Kutters aus den ersten Jahren des 20. Jahrhunderts: dieselben Überhänge, am Heck geradlinig und sehr verlängert, am Bug kürzer und leicht löffelförmig, dieselben eleganten Linien. Auch die Aufteilung des Schiffsinnenraums folgte dem bei der *Flame* verwendeten Schema. Von dem mittschiffs gelegenen Doghaus stieg man zur achteren Eignerkajüte und nach vorn zur Messe hinunter. Die *Patience* führte ein zeitgemäßes Bermuda-Rigg, war aber noch mit einem Klüverbaum ausgestattet, der damals kaum noch verwendet wurde.

Nach dem Vorbild der *Patience* zeichnete C. E. Nicholson drei berühmte Schiffe, die in der zweiten Hälfte der dreißiger Jahre gebaut wurden: die *Foxhound*, die *Bloodhound* und die *Striana*, traditionelle Yachten, die an den Linienriss ihrer Vorgängerin anknüpfen: alle schlank, mit guten Amwindeigenschaften und ausgezeichneter Stabilität. Nur an Deck und in der Takelage zeigte sich der Wandel der Zeit: Das Ruderrad wurde durch die sensibler reagierende Ruderpinne ersetzt, anstelle des erhöhten Kajütaufbaus befand sich nun ein kleines gerundetes Deckshaus, die Schiffe stellten ein Marconi-Rigg und hatten keinen Klüverbaum mehr. Besonders die *Bloodhound* war noch bis in die sechziger Jahre hinein bei Regatten erfolgreich.

Nicholson und seine Werft entwarfen und bauten in den Jahren zwischen den Kriegen weiterhin mehrere große Schoner. Im Jahr 1928 lief die *Ailée*, eine 57-Meter-Yacht, die im Auftrag der französischen Sportseglerin Virginie Hériot gebaut wurde, vom Stapel, im Jahr 1929 folgte die *Creole*, 58 Meter, für Sir Alex Cochran und 1931 die *Sonia II*, 55 Meter, für Miss Betti Carstairs, eine Pionierin im Bereich des Motorboot-Rennsports. Alle drei Schiffe sind in Kompositbauweise mit Teak-Beplankung auf Stahlspanten gefertigte Dreimast-Schoner mit hochgetakeltem Besan, Klüver und zwischen den Masten gesetzten Stagsegeln: eine Takelage, die zwar nicht unbedingt die Schnelligkeit des Bootes begünstigt, sich für Kreuzfahrten aber ausgezeichnet eignet.

Unter den anderen zu jener Zeit in England tätigen traditionalistischen Konstrukteuren sind Mylne, Shepard und Fife zu nennen. Die von Alfred Mylne gezeichneten großen Kreuzeryachten orientierten sich am Vorbild der Linien englischer Yachten des vorigen Jahrhunderts und wurden lediglich in ihrer Ausrüstung verändert. Die 1934 gebaute *Albyn* und die *Thendara* aus dem Jahr 1935 sind ketschgetakelt, behalten aber das Deckslayout mit dem achtern erhöhten Kajütenaufbau und dem Klüverbaum bei und ähneln in ihrem Äußeren ganz den bereitsEnde des 19. Jahrhunderts gebauten Yachten.

Mylne versuchte sich auch in den Meter-Klassen und zeichnete einige 12-m-R-Yachten, die auf Regatten jedoch nie große Erfolge erzielen konnten. Ein von ihm entworfener Zwölfer, die 1937 gebaute *Veronica*, wurde später zu einer yawlgetakelten Fahrtenyacht umgerüstet.

Bei Frederich Shepard ist der Rückgriff auf traditionelle Vorbilder noch radikaler. Die *Lexia* zum Beispiel, aus dem Jahr 1930, ist praktisch die Kopie einiger seiner Zeichnungen vom Anfang des Jahrhunderts. Shepard entwarf Kreuzeryachten und sah keine Notwendigkeit, neue Konstruktionslösungen zu erproben, um eventuell einen halben Knoten Geschwindigkeit zu gewinnen, zumal die Schiffseigner vorrangig auf Bequemlichkeit und Sicherheit Wert legten.

106: Eine der bekanntesten Nicholson-Konstruktionen ist sicher die *Creole*. 1929 für Sir Alex Cochran entworfen, wechselte sie mehrmals den Besitzer, diente während des Zweiten Weltkriegs der Royal Navy als Truppentransporter, erhielt aber später unter dem griechischen Eigner Niarchos und danach als Yacht der Familie Gucci ihren ehemaligen Glanz zurück.

107 links oben: Von wenigen Details abgesehen, ist Nicholsons Yacht eine klassische Konstruktion, die in der angelsächsischen Yachtbautradition seiner Epoche verhaftet ist. Die *Patience*, ein wunderschöner Kutter aus dem Jahr 1931, ist zeitgemäß bermudagetakelt, allerdings noch mit einem Klüverbaum ausgerüstet, und hat die typischen Linien eines englischen Kutters. Der Erfolg, mit dem sie im Fastnet-Rennen im selben Jahr debütierte, konnte den Konstrukteur in seinem konservativen Entwurf nur bestätigen.

107 links unten: In der Zeit zwischen den Weltkriegen wurden in England zahlreiche Yachten nach klassischem Vorbild gebaut, das heißt schlanke, tiefgehende und absolut seetüchtige Schiffe, die bei Kreuzfahrten ausreichend Komfort boten und bei den zahlreichen Regatten, die überall an der Küste stattfanden, gute Leistungen erzielten. Die *Thendara*, eine Alfred-Mylne-Konstruktion aus dem Jahr 1935, steht stellvertretend für diesen Yachttyp.

107 rechts: Der zunehmenden Beliebtheit klassischer Yachten ist es zu verdanken, dass wir noch heute die großartigen Konstruktionen, Meilensteine in der Geschichte des Segelsports, bewundern können. An Bord dieser Yachten lässt sich die ursprüngliche Faszination des Segelns wieder erleben, eine Faszination, wie sie auf modernen Schiffen wegen der meist sehr technischen Ausrüstung und der »unpersönlichen« High-tech-Materialien in dieser Weise nicht mehr aufkommt. Die *Creole* segelt heute in ihrer ursprünglichen Form und mit demselben Segelplan, wie in den Entwürfen von Charles E. Nicholson aus dem Jahr 1929 vorgesehen.

Man muss allerdings zugeben, dass der Erfolg dieser Yachten Nicholson hinsichtlich seiner konservativen Entwürfe Recht gab, zumindest was auf See ausgetragene Regatten betraf, bei denen reine Rennyachten mit Schwierigkeiten zu kämpfen hatten. So debütierte die *Patience* im Jahr ihres Stapellaufs mit einem Sieg im Fastnet-Race und die *Flame* konnte diese Regatta trotz ihres Alters sogar noch im Jahr 1933, nach ihrer Umrüstung zum Marconi-Kutter, für sich entscheiden. Die Linien des britischen Kutters, einem Nachfahren der Bristol-Channel-Kutter, hatten einmal mehr ihre Vorzüge unter Beweis gestellt. Einschränkend sei an dieser Stelle jedoch angemerkt, dass – vor allem zur damaligen Zeit – bei Hochseeregatten nicht so sehr die Rumpfgeschwindigkeit als vielmehr dessen Stabilität und die Geschicklichkeit der Mannschaft siegentscheidend waren. Letztendlich unterlagen aber sowohl die *Patience* im Jahr 1931, als auch die *Flame* im Jahr 1933 nach Berechnung ein und demselben Schiff, einer amerikanischen Yacht, die zwar nicht vom Riss, aber von ihrer Konzeption her absolut innovativ war: der von Olin Stephens entworfenen *Dorade*.

36

Der Konstrukteur William Fife III. hat eine besondere Würdigung verdient, weil die unverwechselbare Eleganz der von ihm konstruierten Yachten oft mit ausgezeichneten Leistungen gepaart war. Seine Schiffe waren immer schnell, wenn auch nie typische Sieger. Ein herausragendes Beispiel für die formvollendete Ästhetik seiner Yachten ist die *Latifa*, die im Jahr 1936 für M. Mason, damals Kommodore des RORC, gebaut wurde und noch heute in perfektem Zustand segelt. Noch yawlgetakelt, obwohl sich damals die bereits weniger elegante Ketsch-Takelung durchgesetzt hatte, und mit Klüverbaum und Marconi-Großsegel ausgerüstet, misst sie 21,30 Meter Länge über alles, 15,90 Meter in der Wasserlinie und ist 4,20 Meter breit. Die *Latifa* ist also keines der damals in England üblichen schlanken Schiffe, sondern der Bug ist recht voll und der Rumpf verjüngt sich erst nach achtern. Insgesamt ist es aber ein eleganter und anmutiger Riss mit ihrem Kanuheck, einer unüblichen Lösung, die den Überhang achtern harmonisch zu Ende zu führt.

Fifes Entwürfe zeichnen sich aber nicht nur durch ihre Eleganz, sondern auch durch innovative Ideen aus. Die *Vanity* aus dem Jahr 1922 war der erste Entwurf für eine 12-m-R-Yacht nach der neuen Formel und 1926 rüstete Fife als wohl erster britischer Konstrukteur eine Yacht mit einem Bermuda-Rigg aus, nämlich die wunderschöne *Halloween*, die nach dem Rating für 15-m-R-Yachten gebaut war, in Wirklichkeit aber zwischen dieser Klasse und einer Hochseerennyacht lag.

Ende der dreißiger Jahre traten auch in England immer mehr Designer auf, die neue Ideen in den Yachtbau einbrachten. Nur der Ausbruch des Krieges verhinderte den unmittelbaren Erfolg dieser Schiffe. Zwei Yachten aus dem Jahr 1937, nämlich die von Robert Clark entworfene *Ortac* und die nach einer Zeichnung von Laurent Giles gebaute *Maid of Malham*, setzten sich bis in die Nachkriegsjahre bei Regatten durch. Keine der beiden weist noch die tiefgehenden Rümpfe der englischen Kutter auf und das Kielprofil konzentriert sich mittschiffs. Greift die *Ortac* über der Wasserlinie noch die Überhänge und den Sprung der klassischen Vorlage auf, so ist die *Maid of Malham* auch in ihrem Äußeren revolutionär. Sie besitzt ein Spiegelheck und einen negativen Decksprung. Auch die Aufbauten haben eine neue Form und sind mit neuen Details ausgestattet. Bei Clark ist das Deckshaus niedrig und langgestreckt und hat kleine, rechteckige Luken, bei der Giles-Konstruktion ist es genauso lang, aber mit einem kurzen, erhabenen Teil und runden Bullaugen.

Beide Schiffe sind kuttergetakelt und führen eine riesige Genua vor dem Mast. Aus diesem Grund wurde ein hohler Mast mit rechteckigem Profil konstruiert, der dem Stauchdruck des von der riesigen Segelfläche der Genua beanspruchten Vorstags standhalten konnte.Es gab also eine neue Takelung, es gab die RORC-Formel für Hochseeregatten und es gab im Segeln eine neue Konzeption: Rennyachten wurden zwar auch weiterhin den Anforderungen des Fahrtensegelns gerecht, zugleich aber setzte sich eine gegenläufige Tendenz zu immer leichteren Konstruktionen durch. Robert Clark und Laurent Giles waren die ersten englischen Yacht-Designer, die diesen aus Übersee kommenden Trend aufgriffen.

108 oben: 1926 entwirft Fife die *Halloween*, eine der ersten Yachten mit Bermuda-Rigg, also ohne die bis dahin charakteristische Gaffel mit Gaffel- und Toppsegel. Die Linien des Rumpfes orientieren sich an der 15-m-R-Formel, so dass man die Yacht als Fünfzehner klassifizieren könnte. Sie hat die für Fifes Entwürfe typische Eleganz und ist außergewöhnlich leistungsstark. Ich hatte Gelegenheit, die *Halloween* bei verschiedenen Regatten klassischer Yachten zu sehen, und war von ihrer Geschwindigkeit beeindruckt.

108 Mitte: Es ist nicht leicht, eine für Fifes Konstruktionstätigkeit charakteristische Yacht auszuwählen. Die *Latifa* ist ein Schiff mit einer herausragenden Persönlichkeit und wird häufig zitiert. Die etwas über 21 Meter lange Yacht von 1936 trägt ein Bermudasegel, hat einen kurzen Klüverbaum und ein sehr charakteristisches Kanuheck, eine Lösung, die ihr Konstrukteur nur bei diesem Schiff einsetzte, um den Hecksprung harmonisch zu Ende zu führen. Eine Yacht von bestechender Eleganz, aber ihre positiven Eigenschaften beschränken sich nicht auf Äußerlichkeiten. Unter Seglern heißt es, dass ein schönes Schiff auch gut ist, und die *Latifa* weist in der Tat beide Qualitäten auf. Ebenso beeindruckend ist ihre lange Laufbahn mit unzähligen Fahrten auf allen Weltmeeren, beginnend unter ihrem ersten Eigner, dem Kommodore des RORC, Michael Mason, bis in die heutigen Tage unter dem derzeitigen italienischen Eigner.

108 unten: Ende der dreißiger Jahre zeichnen sich in der Yachtkonstruktion, selbst im konservativen England, zunehmend neue Tendenzen ab. Robert Clark entwirft die *Ortac*, die nach 1937 eine Regatta nach der anderen gewinnt. Die Konstruktion hat wenig oder gar nichts mit den klassischen, in England damals üblichen Rumpflinien gemein, von denen sie lediglich die formale Eleganz des Überwasserschiffs übernimmt.

108/109: Der große Schoner fand nicht nur in Amerika Anklang, auch Camper & Nicholson bauten um die Jahrhundertwende unzählige Schiffe dieses Typs. Der hier abgebildete, von William Fife entworfene Schoner *Altaire* wurde perfekt restauriert und segelt noch heute. Wie alle Risse des Schotten ist auch dieses Schiff wunderschön und hat ausgezeichnete Segeleigenschaften. Die *Altaire* hat eine Länge von 40 Metern und wurde 1931 auf der Fife-Werft im schottischen Fairlie gebaut.

109 unten: Der Großvater William hatte seinerzeit mit dem Bau – und dem Entwurf, was damals dasselbe war – von Arbeitsfahrzeugen begonnen. Fifes Vater, auch ein William, fertigte in der kleinen Werft – in Wirklichkeit ein Lagerhaus am Strand von Fairlie, am Ende des Fjordes Clyde in Schottland – die ersten Yachten. Der dritte William der Fife-Familie erlernte die Kunst des Yachtbaus bei dem Konstrukteur Watson und machte den Familiennamen bis in unsere Tage berühmt. Es gab noch einen vierten William, den Sohn einer Schwester, dessen Talent sich aber nicht mit dem des Onkels messen konnte, so dass der Familienruhm mit dem Konstrukteur William Fife III endete.

In den USA wird die Segelsport-Szene von der J-Klasse beherrscht, den absoluten Protagonisten des America's Cup, jenen Rennmaschinen, die nach den Bestimmungen der von Nat Herreshoff Anfang des 20. Jahrhunderts aufgestellten Universalformel gebaut wurden. In regelrechten Experimentierlabors werden in Amerika immer neue Werkstoffe und Ausrüstungen für den Schiffsbau getestet.

Von den J-Yachten einmal abgesehen ist das amerikanische Segelpanorama in der Zeit zwischen den beiden Weltkriegen jedoch von einer gewissen Innovationsflaute gekennzeichnet. Wie auch in England war der Kutter nunmehr zur Vollkommenheit gelangt und wurde nicht mehr hinterfragt. In Amerika hatte Herreshoff in den ersten dreißig Jahren des 20. Jahrhunderts – im Alleingang sozusagen – die »perfekte« Konstruktion der Regatta- und der Kreuzeryacht definiert. Die Rennyachten hatten ihre Vollkommenheit in dreißig Jahren und sechs erfolgreichen Herausforderungen im America's Cup entwickelt und unter Beweis gestellt, die Kreuzeryachten, waren – aufbauend auf dem Vorbild der Fischereischoner des 18. Jahrhunderts – seit der Jahrhundertwende ständig in Linienrissen und Riggs verbessert worden. Darüber hinaus hatte Herreshoff mittels der Universalformel auch die Regattaklassen reglementiert, er hatte die New York Einheitsklassen für Cruiser-Racer von 30, 50 und 70 Fuß geschaffen und außerdem die Jolle als sehr sportliches, nicht eingedecktes Vergnügungsboot entwickelt. Kurz gesagt, er hatte bereits alles, was der amerikanische Sportsegler brauchte, vorbereitet.

Es ist also nur einleuchtend, dass die Zeitspanne zwischen den zwanziger und den vierziger Jahren, die zudem von der Wirtschaftskrise des Jahres 1929 überschattet wurde, für die amerikanischen Konstrukteure eher eine Zeit der Reflexion denn der innovativen Forschung darstellte. Die großen Namen des amerikanischen Yachtbaus jener Zeit sind also zumeist mit bereits konsolidierten Yachttypen verbunden.

John Alden entwarf in den zwanziger und dreißiger Jahren zahlreiche Schoner und griff dabei sowohl beim Rigg als auch im Linienriss auf die unzähligen von Herreshoff zu Anfang des Jahrhunderts gezeichneten Schoner zurück.

110 oben links: Hatte Herreshoff die ersten zwanzig Jahre des 20. Jahrhunderts dominiert, so ist der amerikanische Yachtbau in der Zeitspanne zwischen den Weltkriegen durch die von Alden entworfenen Schiffe charakterisiert. Derart zahlreich sind die von diesem eifrigen Konstrukteur entworfenen Schoner, dass der so entstandene Yachttyp seinen Namen erhielt: der Alden-Schoner. Die *Malabar IV*, deren Eigner Alden selbst war, stellt den Prototyp dar. Die Yacht gewann ein Bermuda-Rennen und nahm an der Fastnet-Regatta teil.

110 oben rechts: Im Jahr 1927 trat ein von Alden gezeichneter Schoner zu einem der härtesten Fastnet-Rennen der Geschichte an. Nach einem sechs Tage andauernden Sturm erreichten nur zwei Yachten im Abstand von weniger als einer Stunde das Ziel, die englische *Tally Ho*, ein klassischer Kutter, und die amerikanische *La Goleta*, eine schonergetakelte Alden-Konstruktion. Wie die *Malabar IV* ist auch die *La Goleta* eine traditionelle Yacht, die an das klassische Vorbild des an der Atlantikküste üblichen Fischereischoners anknüpft, ein Modell, dessen Formen Alden zur Segelyacht vervollkommnete.

Vereinigte Staaten von Amerika: Von den grossen Schonern zur modernen Yacht

110 unten: Alden war der Ansicht, eine große Yacht müsse schonergetakelt sein. Die *Puritan* ist die vielleicht bekannteste Yacht des amerikanischen Konstrukteurs: mehr als 30 Meter Länge über alles, ein Schwert nach bester East-Coast-Tradition, mit Blech beschlagener Stahlrumpf, gebaut von der Electrical Boat Co., einer auf Kriegsschiffe, vor allem Unterwasserboote spezialisierten Werft. Eine für die damalige Zeit mittelgroße Kreuzeryacht, deren Länge von 30 Metern sich als idealer Kompromiss zwischen einem ausreichenden Komfort an Bord und dem mit der Größe einhergehenden Bedienungsaufwand erweist. Die Schonertakelung ist für die Handhabung sicherlich vorteilhaft, doch im Vergleich mit dem Rigg einer Ketsch ist sie weniger elegant und nicht so leistungsstark.

111: Wie die *Puritan* segelt auch die *Lelantina* noch heute auf dem Mittelmeer, ein großartiger Nachfahre des nach den klassischen Modellen des 17. Jahrhunderts entwickelten amerikanischen Schoners. Ein traditionelles Schiff, weniger wegen der Rumpflinien, die die Leistung und Wendigkeit einer modernen Yacht zeigen, als vielmehr aufgrund der Takelung. Die *Lelantina* ist mit 25 Meter Länge sehr viel kleiner als die *Puritan* und entstand 1937 auf einer europäischen Werft, die die amerikanischen Konstrukteure gerade in jener Zeit entdeckt hatten und wegen der Qualität ihrer Stahlkonstruktionen zu schätzen begannen: die deutsche Werft Abeking & Rasmussen. Mit fast 70 Tonnen ist sie eine »schwere« Yacht, die jeden ihrer 400 Quadratmeter Segelfläche benötigt, um auch bei einer frischen Brise gute Fahrt zu machen.

112 oben: Ein großer Segler brachte diese kleine, von Alden entworfene Yacht einmal ganz um die Welt: William Robinson am Steuer der *Svaap*, einer Ketsch aus dem Jahre 1925, mit der er durch seine Weltumseglung berühmt wurde.

112 unten: Vor dem Hintergrund der Wolkenkratzer New Yorks läuft die Ketsch *Svaap*, die ihren Konstrukteur John Alden berühmt machte, 1931 in den Hafen ein. Eine nicht unbedingt elegante, aber in idealer Weise hochseetaugliche Yacht.

Bei dem Bermuda Race im Jahr 1923 starteten unter vielen anderen Yachten auch drei Alden-Schoner. Sie wiesen keine besonderen Neuheiten auf, allerdings waren ihre Abmessungen mit einer Länge von weniger als 20 Metern mehr als bemerkenswert. Die *Malabar IV*, die dem Konstrukteur selbst gehörte, gewann das Rennen, die anderen beiden konnten sich unter den ersten fünf behaupten. Derartige Schoner wurden von nun an als »Alden-Schoner« bezeichnet.

Weitere von Alden entworfene Schoner nahmen erfolgreich an den folgenden Fastnet-Rennen teil. Die *Primrose* belegte im Jahr 1926 den zweiten Platz, und 1927 kreuzte die *La Goleta* als zweite die Ziellinie. Da all diese Regatten bei starken bis steifen und extremen Wetterbedingungen stattfanden, wirkte sich das Schoner-Rigg mit seinen kleinen, vielfältig unterteilten Segeln durchaus vorteilhaft aus. John Alden hielt auch bei Entwürfen für größere Schiffe an dieser Takelungsart fest.

1931 entwarf er die *Puritan* mit einer Länge über alles von 31 Metern, einem Stahlrumpf und einem hochholbaren Schwert, die in einer auf den Bau von Marineschiffen spezialisierten Werft, der Electric Boat Company, vom Stapel lief. Aus dem Jahr 1937 stammt ein weiterer Alden-Schoner, *Lelantina*, mit einer Länge von 25 Metern. Sie wurde von Abeking & Rasmussen in Deutschland gebaut.

Diese beiden Schiffe sind noch immer in perfektem Zustand und nehmen an allen bedeutenden Veranstaltungen klassischer Yachten teil. Sie stehen beispielhaft für einen Yachttyp, der sich in amerikanischen Gewässern über hundert Jahre lang gehalten hat.

Berühmtheit erlangte John Alden allerdings mit der *Svaap*, einer kleinen 32-Fuß-Ketsch aus dem Jahr 1925. Mit William A. Robinson am Ruder startete die *Svaap* drei Jahre später zu einer Weltumseglung, die durch das Buch »Deep water and shoal« bekannt wurde.

112/113: Eine der schönsten Alden-Konstruktionen ist die *Royono*, eine 22-Meter-Yawl, die 1936 auf der Herreshoff-Werft in Bristol vom Stapel lief. In den Linien der *Royono* und der *Karenita*, um nur zwei der bekanntesten, weil auch noch heute segelnden Yachten zu nennen, zeigt sich die Nähe des amerikanischen Konstrukteurs zu seinem schottischen Kollegen Fife, der ebenfalls die Formschönheit zum Ausgangspunkt seiner Entwürfe machte.

113 unten: John Aldens Ruhm als Konstrukteur ist zwar mit dem Schoner-Rigg verbunden, die attraktivsten von ihm gezeichneten Yachten sind aber anders getakelt. Die *Karenita* ist mit Sicherheit attraktiver als alle von Alden entworfenen Schoner und darüber hinaus, außer bei sehr starkem Wind, äußerst schnell. Die knapp 23 Meter lange Ketsch aus dem Jahr 1929 trägt ein Marconi-Rigg.

Zwei weitere wunderschöne, aber nicht schonergetakelte Alden-Konstruktionen sind die *Karenita*, eine 23 Meter lange Marconi-Ketsch aus dem Jahr 1929, und die *Royono*, eine Marconi-Yawl mit einer Länge von 21 Metern, die 1926 fertiggestellt wurde. Diese beiden Kreuzeryachten mit einer auch bei Regatten leistungsstarken Takelung sind in den Besitz begeisterter Amateursegler gelangt und segeln auch heute noch.

Nat Herreshoffs Sohn Francis war ein vielseitiger Konstrukteur und versuchte sich in denselben Bereichen wie sein Vater. Er entwarf Yachten der M-Klasse nach der Universalformel (nach dieser Formel wurden die Boote anhand ihrer Wasser-

linienlänge alphabetisch in Klassen unterteilt: von A bis E für ketschgetakelte Yachten, von M bis Q für Yachten mit einer anderen Takelungsart) wie zum Beispiel die *Istalena*, ein 1930 gebautes M-Klasse-Boot mit Kanuheck. Dies ist eine Konstruktionslösung, die der amerikanische Yacht-Designer auch für das J-Boot *Whirlwind* zeichnete, die jedoch nicht annähernd mit der Eleganz des Kanuhecks zu vergleichen ist, das Fife vier Jahre zuvor für die *Latifa* entworfen hatte. Weder die *Istalena* noch die *Whirlwind* waren auf Regatten je erfolgreich.

Francis Herreshoff verdankte seinen Ruhm auch einem Buch mit dem Titel »Sensible cruising design«, einer Sammlung von Zeichnungen und Informationen zu mehreren seiner Projekte, das noch heute für die Rekonstruktion von Yachten aus jener Epoche verwendet wird.

Zwei weitere Francis-Herreshoff-Konstruktionen verdienen, erwähnt zu werden: die *Landfall*, eine 22-Meter-Ketsch aus dem Jahr 1931 mit einem Bermudagroßsegel, einem Klüverbaum und einem am senkrechten Spiegel aufgehängten Ruder. Mit ihrem Doghaus und den runden Bullaugen, dem platten Heck und dem sich stark zum Bug hin verjüngenden Vorschiff kann man sie kaum als attraktiv bezeichnen. Die *Landfall* erreichte beim Transatlantik-Rennen im Jahr 1931 als Zweite das Ziel und wurde nach Berechnung die sechste von zehn Teilnehmern. Die zweite Yacht, die *Tioga II* – heute heißt sie *Ticonderoga* –, stammt aus dem Jahr 1935: sie ist ketschgetakelt und hat eine Spreizgaffel, an der ein Stagsegel gesetzt wird. Sie ist ungefähr so lang wie die *Landfall*, weist aber mit einem Klipperbug und einem Heck nach Art der klassischen amerikanischen Schoner gänzlich andere Linien auf. Die *Landfall* war nach den Bestimmungen der Meter-Klasse gebaut, während die *Ticonderoga* auf Geschwindigkeit bei Vorwindkursen ausgerichtet war. Die Yacht erzielte gute Ergebnisse auf Regatten und segelt, wie die *Landfall*, auch heute noch.

Trotz der Wirtschaftskrise erfuhr der amerikanische Segelsport in den dreißiger Jahren eine wahre Blütezeit. Allein unter der Flagge des New York Yacht Club segelten mehr als 80 Yachten mit einer Verdrängung von mehr als 200 Tonnen: die berühmten »schwimmenden Paläste«.

114 oben links: Die Werft der Familie Herreshoff: das erste Beispiel einer industriellen Werft, in der fast ausschließlich Schiffe für das Freizeitvergnügen gebaut wurden. Große Hallen aus Mauerwerk, überdachte Slips und Ausrüstungskais mit Kränen für die Montage von Ausrüstung und Riggs. Durch die Höhe des Mastes des J-Boots im Vordergrund erscheint der Industriekomplex viel kleiner, aber vielleicht ist der Mast einfach gigantisch groß!

114 oben Mitte: Der Werftbetrieb der Herreshoff Manufacturing Co. wurde nach Nats Tod von seinem Sohn Francis weitergeführt. Hier liefen bis unmittelbar nach dem Krieg die Yachten der berühmtesten amerikanischen Konstrukteure vom Stapel. Auf dem Foto sieht man den Stapellauf der *Istalena*, eine Francis-Herreshoff-Konstruktion aus dem Jahr 1930. Das Kanuheck ist eine Konstruktionslösung, die sich die Vermessungsvorschriften zu Nutze macht, so dass das Achterstag weit nach achtern geführt werden kann, was allerdings mit einem größeren Gewicht in diesem Teil des Rumpfes bezahlt wird.

114 oben rechts: Der große Captain Nat vermachte den Werft- und Konstruktionsbetrieb seinem Sohn Francis. Faktisch bedeutete der Tod des »Zauberers von Bristol« jedoch das Ende des Familienruhms, denn sein Sohn erreichte – weder im Erfindungsgeist noch in der schiffsbautechnischen Kompetenz – nie die Meisterschaft seines Vaters. Francis Herreshoff verdanken wir aber die Sammlung der väterlichen Baupläne, nach denen auch heute noch gebaut werden kann.

114 unten: Die *Istalena* ist eine Yacht der M-Klasse, die wie die größeren J-Boote nach der Universalformel gebaut wurde. Die M-Klasse ist eine Zwischenlösung zwischen den Giganten – der J-Klasse und den 23-m-R-Yachten –, die eine Wasserlinienlänge von ca. 85 Fuß hatten, und den populären Zwölfern, deren Wasserlinie ungefähr 44 Fuß maß. Mit einer Wasserlinienlänge um die 54 Fuß ist sie in der Internationalen Klasse ungefähr zwischen den 15ern und den 19ern einzuordnen und fand, wie die letztgenannten Klassen, weder in den Vereinigten Staaten noch in Europa größeren Anklang.

114/115: Bei seinem Entwurf der *Landfall* war Francis Herreshoff bestrebt, eventuelle »Lücken« in der Formel auszunutzen. Die *Ticonderoga* hingegen scheint – zumindest was den Rumpf betrifft – an die amerikanische Tradition anzuknüpfen. Heck und Bug erinnern an die ersten von Alden entworfenen Schoner, der Segelplan hingegen zeigt eine Neuerung, nämlich ein Spreizgaffelsegel, einige Quadratmeter Tuch, die nicht von der Formel gemessen wurden.

115 unten: Während Nat Herreshoffs ausgefallene Ideen auf seiner durch umfangreiches technisches Wissen genährten Genialität beruhten, haben die von seinem Sohn eingebrachten Neuerungen oft den Anschein rein zufälliger Änderungen. Die *Landfall*, eine 22-Meter-Ketsch aus dem Jahr 1931, ist eine seltsame Yacht, mit nicht maßstabgerechten Merkmalen kleinerer Yachten, zum Beispiel der externen Ruderaufhängung oder dem vor Francis Herreshoffs Zeit üblichen »doghouse«-ähnlichen Kajütaufbau mit den untypischen runden Bullaugen. Diese Yacht ist weder attraktiv, noch war sie je auf Regatten erfolgreich. Dass sie auch heute noch zur Zufriedenheit ihres derzeitigen Eigners segelt, ist ein Verdienst, der wohl nicht dem Konstrukteur zuzuschreiben ist.

Eines der aktivsten Unternehmen in diesem Bereich war das Konstruktionsbüro Cox & Stevens, aus dem die *Hussar*, die heutige *Sea Cloud*, stammt, die vielleicht größte bis 1931 gebaute Yacht. Die Viermastbark trägt vier Masten, von denen die ersten drei rahgetakelt sind und der letzte ein Gaffel- und ein Toppsegel trägt. 1930, das heißt vor Fertigstellung der *Hussar*, hatte die deutsche Krupp-Werft im Auftrag von Cox & Stevens die *Te Vega* gebaut.

Cox & Stevens zeichnete auch einige Regattayachten, etwa die *Vamarie*, eine 22 Meter lange Spreizgaffelketsch, die im Jahr 1933 gebaut wurde. Sie nahm an verschiedenen Rennen, überwiegend Hochseeregatten, teil und erreichte 1935 im Transatlantik-Rennen als Erste die Ziellinie, wurde aber nach Berechnung zweite hinter der Stephens-Konstruktion *Stormy Weather*.

Auch in den Vereinigten Staaten gab es Konstrukteure, die sich auf Entwürfe speziell für die Vermessung, sei es nun die Internationale Klasse oder die Universalformel, spezialisiert hatten.

In diesem Zusammenhang ist Clinton Crane zu nennen, dessen Schiffe sich gegenüber der Konkurrenz der jeweiligen Klasse weder hervorhoben noch dagegen abfielen.

Für die perfekte Zeichnung eines Rumpfes schien Crane immer »das gewisse Etwas« zu fehlen, sei es der geniale Erfindergeist, wie er vor seiner Zeit aus den Entwürfen von Edward Burgess oder Nat Herreshoff sprach, oder die mit der Anwendung neuer wissenschaftlicher Methoden einhergehende technische Kompetenz, auf der einige Jahre später die Konstruktionen von Starling Burgess oder Olin Stephens beruhten.

Crane entwarf 1930 eine gute Yacht der J-Klasse, die *Weetamoe*, die in jenem Jahr an der Qualifikation für die Titelverteidigung im America's Cup teilnahm, jedoch der *Enterprise* unterlag. 1934 befand sie sich wiederum unter den Anwärtern, wurde diesmal von der *Rainbow* geschlagen und im Jahr 1937 von der *Ranger*. Die *Weetamoe* war eine gute Yacht, fast so gut wie ihre Konkurrenten, aber eben auf Regatten ewig erfolglos.

Das trifft auch auf die Zwölfer zu, die auf Cranes Zeichenbrett entstanden sind. Zu seinen besten gehören die *Seven Seas* und die *Gleam*.

Im Jahr 1928 trug der traditionellste unter den amerikanischen Schiffstypen, der Schoner, einen beispiellosen Erfolg über die englischen Konkurrenten davon: Die *Niña*, eine Starling-Burgess-Konstruktion mit einer Länge über alles von 18 Metern, gewann sowohl das Transatlantik-Rennen als auch die Fastnet-Regatta. Im Jahr darauf konnte sie das Bermuda-Race für sich entscheiden und errang Jahr für Jahr weitere Siege. Noch im Jahr 1962 war sie im Bermuda-Rennen erfolgreich.

Ähnlich wie C. E. Nicholson bei seinen siegreichen Kuttern in den dreißiger Jahren, so gründete sich auch Starling Burgess' Erfolg auf seine jahrelange Erfahrung in der Optimierung eines bestimmten Yachttyps, nämlich des amerikanischen Schoners.

Die *Niña* wies gegenüber dem klassischen Vorbild, Aldens Schoner zum Beispiel, nur eine Neuheit auf: Der Großmast trug kein Gaffelsegel, sondern ein Großstagsegel – das auf Vorwindkursen durch ein riesiges Stagsegel mit Baum ersetzt wurde, welches zwischen Großmasttopp und Fockmastfuß angeschlagen wurde. Auf diese Art glich Burgess einerseits das Handikap gegenüber den Ketschen, Yawls oder Kuttern aus und verbesserte andererseits die Amwindleistung im Vergleich zur klassischen Takelung mit Gaffel- und Toppsegel. Hoch am Wind war die *Niña* unschlagbar, brachte aber auch bei raumen Kursen eine gute Leistung.

116 oben: Obwohl Starling Burgess nie den Ruhm eines Herreshoff oder Stephens erlangte, sind seine Verdienste um den amerikanischen Segelsport enorm. Die Cup-Verteidiger der J-Klasse sind allesamt auf seinem Zeichentisch entstanden und gelten – allen voran die *Ranger* – als die besten jemals gebauten Yachten. Eine kleine Yacht mit einem innovativen, und dennoch an die Tradition anknüpfenden Rigg sollte ab 1928 bis in die sechziger Jahre hinein unzählige Regatten gewinnen: die *Niña*. Sie litt zwar unter den leichten Winden im Solent, erwies sich aber bei frischer Brise in den Fastnet-Rennen als unschlagbar.

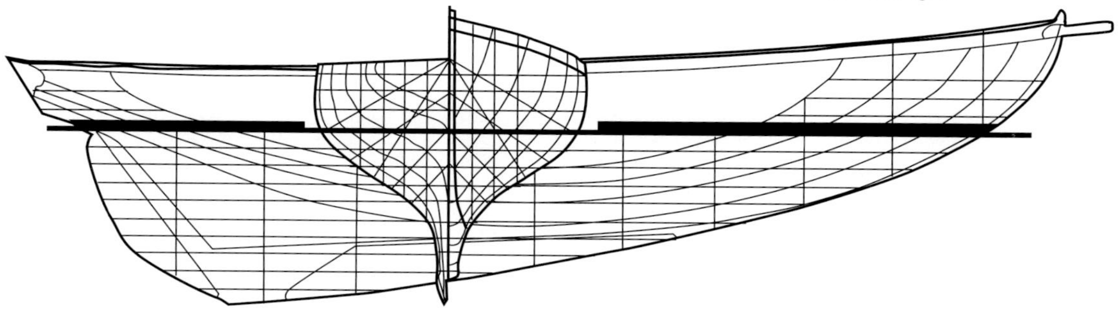

116 unten: Die Burgess-Konstruktion *Niña* gewann 1928 das Bermuda-Rennen. Im selben Jahr überquerte sie bei einer Regatta den Atlantik und war auch hier siegreich. In England angekommen, gewann sie das Fastnet Race. Ihr Segelplan erwies sich auf allen Kursen als ausgezeichnet. Das Großsegel machte sie schnell an der Kreuz und das Fischerstagsegel zwischen den beiden riesigen Masten brachte genügend Fläche bei achterlichem Wind. Auf dem Foto sieht man die Yacht in ihrem Element bei frischer Brise im Bermuda Race.

117 oben: Die Burgess-Konstruktion *Niña* mit ihrem tiefen Massenschwerpunkt greift in keiner Hinsicht mehr auf die traditionellen Linien der Grand-Banks- oder Lotsen-Schoner zurück. Sie nimmt den von Stephens verfolgten »Kompromiss« um zehn Jahre vorweg.

117 Mitte links: Das von Francis Herreshoff entworfene J-Boot *Whirlwind* war bei Regatten nicht besonders erfolgreich und konnte lediglich eins von fünfundzwanzig Ausscheidungsrennen für sich entscheiden. Dafür war diese im Verhältnis zu den anderen Yachten der J-Klasse schwere Holzkonstruktion mit Kanuheck eine der ausgefallensten amerikanischen Yachten.

117 Mitte rechts: Diese Yacht von Cox & Stevens, einem Konstruktionsbüro, das sich mit Erfolg dem Entwurf großer Kreuzeryachten widmete, konnte sich in den dreißiger Jahren in einigen Hochseeregatten behaupten. Die *Vamarie* debütierte im Jahr ihres Stapellaufs 1933 mit dem Sieg im Miami-Nassau Race und gewann in den Jahren 1934 und 1936 nach gesegelter Zeit das Bermuda-Rennen. Sie ist eine 22-Meter-Ketsch mit Spreizgaffel-Stagsegel, eine für Amwindkurse ausgezeichnete Takelung, wenn auch etwas schwer zu handhaben.

117 unten: Eine neue Figur auf der Segelsport-Szene: Clinton Crane, leidenschaftlicher Segler und Amateurkonstrukteur. Der Amerikaner zeichnete Regattayachten überwiegend in den Meter-Klassen sowie eine gute Yacht der J-Klasse, die *Weetamoe*, die an den Ausscheidungen um den America's-Cup-Titelverteidiger teilnahm.

118 oben: Eine der herausragenden Eigenschaften des Konstrukteurs Stephens war sein ausgefeiltes Interesse am Detail, nicht nur hinsichtlich der Konstruktionsmerkmale des Rumpfes, sondern vor allem auch bezüglich der Takelung. Hierbei war wohl auch die Erfahrung seines Bruders Rod entscheidend, dessen Beitrag häufig unterschätzt wird. Rod war immer an Bord der von seinem Bruder entworfenen Yachten dabei; er verfolgte den Feintrimm und das Regattaverhalten von Mannschaft und Rigg. Aus dem Zusammenspiel der Brüder ergaben sich kontinuierliche Konstruktionsverbesserungen.

118 Mitte: Der Linienriss der *Dorade* zeigt ein klassisches Rumpfprofil in Seitansicht und Spantschnitt. Der Yacht-Designer hatte bei der Konstruktion vor allem die Gewichtsverteilung im Auge. Das Gewicht selbst ist natürlich ein entscheidender Faktor für die Leistung einer Yacht und jede Zunahme der Wasserverdrängung wirkt sich negativ auf die Schnelligkeit aus, aber schlimmer noch ist eine falsche Gewichtsverteilung, denn damit wird die Yacht im Vergleich zum Original-Riss bug- oder hecklastig.

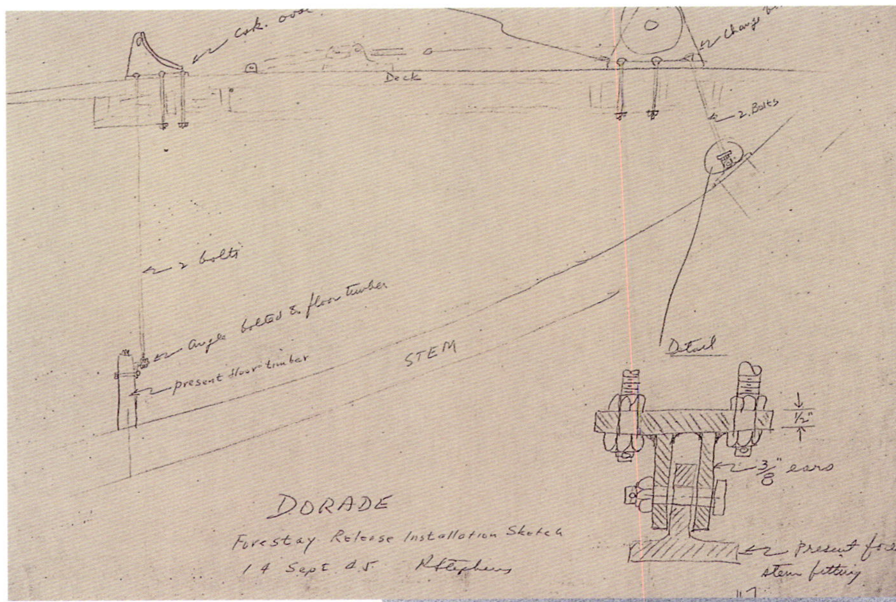

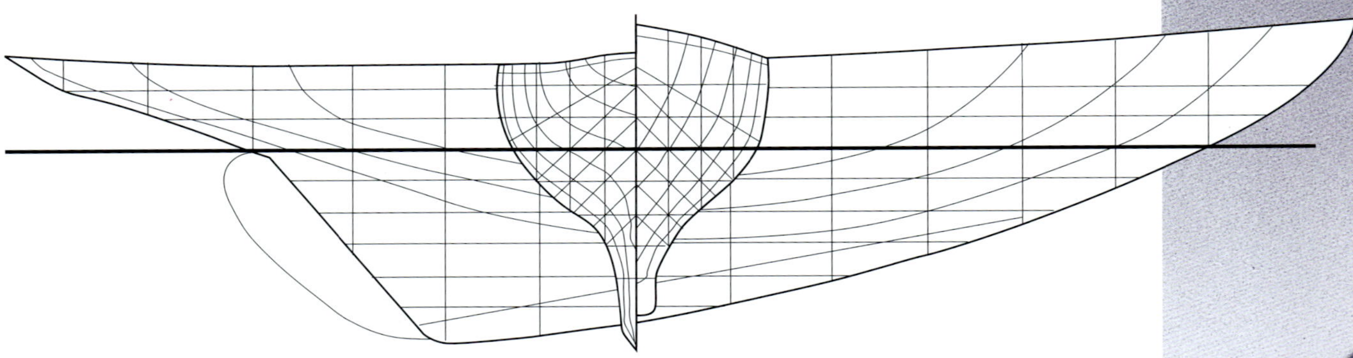

Im Jahr 1931 machte ein bis dahin unbekannter Yacht-Konstrukteur von sich reden: Olin Stephens. Er entwarf die *Dorade* und optimierte sie gemeinsam mit seinem Bruder Rod, mit dem er auch die Regatten segelte. 1931 gewann das Duo das Transatlantik- und das Fastnet-Rennen, 1932 das Bermuda-Race und war im darauffolgenden Jahr wiederum beim Transatlantik und Fastnet erfolgreich.

Im Vergleich zu den damals üblichen Abmessungen war die *Dorade* mit weniger als 16 Meter Länge über alles eine kleine, yawlgetakelte Yacht. Wunderschön anzusehen! Allerdings hatte sie – selbst mit den traditionsverbundenen, englischen Yachten verglichen – einen sehr konservativen Riss: schlank und tiefgehend, fast wie eine Konstruktion aus dem 19. Jahrhundert, war sie der damaligen amerikanischen Tendenz im Yachtbau gegenläufig.

Während die Engländer sich langsam von dem althergebrachten Entwurf des Kutters abzuwenden begannen und die amerikanischen Konstrukteure einen Kompromiss eingingen, baute Stephens bei seinem ersten Projekt völlig auf klassischen Vorlagen auf. Dabei konzentrierte er sich auf diejenigen Aspekte, die er mit seiner noch geringen Erfahrung meistern konnte, oder anders gesagt, bei denen er weniger Risiko einging. Die *Dorade* war für den Sieg konzipiert, allerdings in dem Sinne, dass Stephens das Deckslayout, den Segelplan und die Bauweise (leicht gehalten und ohne Motor!), vor allem aber die Möglichkeiten für den Feintrimm verbesserte und außerdem bei Regatten immer selbst am Ruder stand. Ein Erfolgskonzept, das die *Dorade* zu einem epochalen Schiff machen sollte.

Ungeachtet ihrer zahlreichen Siege muss man sowohl die *Niña* als auch die *Dorade* als »veraltete« Boote ansehen, die eher das Ende einer Epoche als den Beginn einer neuen Ära kennzeichnen. Andererseits trugen die beiden Yachten den Kern der Erneuerung in sich, und zwar im Hinblick auf das methodische Vorgehen ihrer Konstrukteure, des schon älteren Starling Burgess und des noch am Anfang seiner Karriere stehenden Olin Stephens. Beide waren einer neuartigen Methode gegenüber aufgeschlossen, nämlich eine Yacht auf der Grundlage von wissenschaftlichen und experimentellen Erkenntnissen zu entwerfen. Sie mussten lediglich warten, bis irgendjemand eine Theorie und Technik ausarbeiten würde, mit der man die Modelle in einem Schlepptank erproben konnte.

118 unten: Die *Dorade* ist eine Yawl mit einer Länge über alles von knapp 16 Metern, mit ausgeprägten Überhängen vor allem am Heck, ein schlanker und tiefgehender Rumpf, wie das Foto, das sie in perfekt restauriertem Zustand zeigt, ahnen lässt. Hier fährt sie bei leichter Brise mit moderater Krängung. Die Formen sind zwar klassisch, nicht jedoch das Verhältnis von Länge und Wasserverdrängung: ungefähr eine Tonne pro Meter, ein wichtiger Hinweis, den Clark und Giles wenige Jahre später aufnehmen sollten.

118/119 und 119 oben: Die *Dorade* war die wohl traditionellste Yacht, die je eine innovative Entwicklung im Segelsport auslöste. Olin Stephens zeichnete ein schlankes Schiff, einen traditionellen englischen Kutter, versah ihn mit einer absolut konservativen Yawltakelung und erzielte damit alle Siege, die man überhaupt einfahren konnte. Der Erfolg liegt in der Methode: Der Konstrukteur ist nicht mehr nur Zeichner, sondern verfolgt den Bau die Optimierung und die konkrete Art und Weise des Regattasegelns.

1901 wurde die *Shamrock II*, die aufgrund der Ergebnisse im Glasgower Schlepptank entworfen worden war, mühelos von Herreshoffs *Columbia* geschlagen. Der Konstrukteur der *Shamrock II*, C. L. Watson, hatte seine Niederlage damals betrübt kommentiert: »Ich wünschte, auch Herreshoff hätte einen Schlepptank zur Verfügung gehabt!«

Es war Kenneth S. M. Davidson vom Stevens Institute (das den Eignern der *Onkay*, der *Maria* und der *America* gehörte), der dieses Verfahren vervollkommnete. Er erkannte, dass die Unzuverlässigkeit der Ergebnisse von Schlepptankversuchen darauf beruhte, dass das Modell einer Yacht nicht maßstabgerecht die »Grenzschicht« wiedergab, das Wasserkleid, das ein Körper in einer Flüssigkeit mit sich zieht und das sein Gewicht und seinen Rumpfwiderstand faktisch erhöht.

120 oben links: Beim Bau des Titelverteidigers in der Herausforderung von 1937 waren enorme Mittel für die Konstruktion und die Erprobung der Modelle im Testbecken aufgewendet worden und Vanderbilt, der diese wie auch die beiden vorherigen Kampagnen finanziert hatte, kämpfte mit Geldschwierigkeiten. Die Werft Bath in Maine löste das Problem, indem sie anbot, die Yacht zu einem besonders günstigen Preis zu fertigen. Abgesehen davon arbeiteten die Bootsbauer der Werft mit äußerster Aufmerksamkeit und Sorgfalt. Die *Ranger* wurde ein perfektes Schiff.

120 unten links: Bei einer Yacht der J-Klasse – und die *Ranger* war hier keine Ausnahme – liegt der Ballastanteil bei ungefähr siebzig Prozent, ein bei der enormen Segelfläche unbedingt notwendiges Verhältnis. Die *Ranger* wog 166 Tonnen, ihr Ballast 110. In der Werft Bath war – wie anderswo auch – die Bleischmelzung auf der Helling eine besonders heikle Arbeit, bei der äußerste Wachsamkeit nötig war.

120/121: Die *Ranger*, die beste, aber auch die letzte Yacht der J-Klasse, die je gebaut wurde, läuft in der Werft Bath vom Stapel. Nach dem Krieg wurde der America's Cup mit den weniger aufwändigen Zwölfern ausgesegelt. Beim Stapellauf war der Mast an Deck festgelascht und wurde sofort danach, zum Zeichen der Dankbarkeit Vanderbilts für die hervorragende Arbeit der Schiffszimmerleute, gestellt. Eine Geste, die den Eigner teuer zu stehen kommen sollte, denn beim Verholen brach der Mast.

Davidson gelang es, eine Methode zu entwickeln, mit der er die Wirkung der Grenzschicht auf die Schiffsmodelle ablesen und sie somit auf die Konstruktion anwenden konnte. Darüber hinaus entwickelte er ein System zur Analyse der Vortriebskraft des Segels und der Koeffizienten, aufgrund deren man die Kräfte dimensionierte, die im Testbecken zum Schleppen der Modelle aufgewandt werden mussten.

Dabei kamen ihm die Studien, die in einem noch neuen wissenschaftlichen Gebiet, der Aerodynamik, durchgeführt worden waren, zu Hilfe.

In diesem Zusammenhang ist der Name eines Mannes zu nennen, der ein wahrer Prophet in diesem Bereich war und es verdient, ins Pantheon der großen Theoretiker aufgenommen zu werden: Manfred Curry, ein leidenschaftlicher, ausgezeichneter Segelsportler (in einer Saison gewann er 43 von 45 Regatten!) und Wissenschaftler der Aerodynamik.

Sein 1925 veröffentlichtes Buch »Die Aerodynamik des Segelns« wurde zu einer Art Bibel für alle, die Riggs entwarfen, aber auch für diejenigen, die bei Rennen gewinnen wollten. Zum ersten Mal wurden hier auf wissenschaftlicher Basis Segeltaktiken erläutert, die zuvor allein dem Instinkt und der Feinfühligkeit des jeweiligen Steuermanns überlassen waren.

Bei seinen Schlepptankversuchen im Stevens Institute wurde Davidson von einem Assistenten unterstützt, Olin Stephens.

Noch von der »Fast-Niederlage« seiner *Rainbow* gegen die englische *Endeavour* erschüttert – ein Ereignis, das den amerikanischen Glauben an die eigene Unbesiegbarkeit im America's Cup schwer ins Wanken gebracht hatte –, erwähnte Stephens Vanderbilt gegenüber diese vollkommen neue Methode.

Vanderbilt überzeugte daraufhin Starling Burgess, sich beim Entwurf des neuen Titelverteidigers von dem jungen Olin Stephens unterstützen zu lassen, damit dieser seine wissenschaftlichen Kenntnisse aus dem Stevens Institute in den Entwurf einbringen könne. Burgess und Stephens entwarfen daraufhin gemeinsam die *Ranger* (der Linienriss stammt allerdings von Burgess), die mühelos gegen die *Endeavour II* gewinnen sollte.

121: Bereits im 18. Jahrhundert kannte man das Testbecken, mit dem der Vortriebswiderstand eines Schiffsmodells festgestellt wurde. Es fehlte aber das Wissen, wie man diese Ergebnisse maßstabgerecht vom Modell auf das Schiff übertragen sollte – dafür sorgte im 19. Jahrhundert der Engländer Froude. Auch fehlten Kenntnisse über den realen Vortrieb und die Kraft, die auf die Modelle im Testbecken ausgeübt werden musste. Davidson leistete diesen Beitrag mit dem fundamentalen Gesetz über die Grenzschicht, jenes »Wasserkleid«, das sowohl das Schiff wie auch das Modell in ihrer Vorwärtsbewegung mit sich ziehen. In den Abbildungen unten sieht man zwei verschiedene Modelle der *Ranger* bei Schlepptankversuchen.

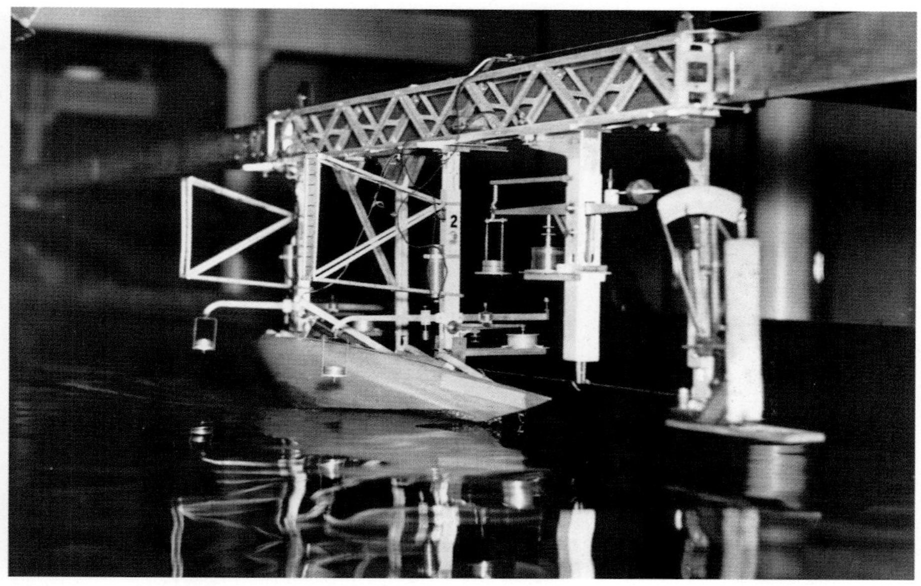

122 oben: Kenneth Davidson war in den dreißiger Jahren Mitarbeiter des Stevens Institute of Technology, das Ende des 18. Jahrhunderts von Edwin Stevens, dem Bruder von Robert und John Cox, in Hoboken gegenüber von Manhattan gegründet worden war. Der Schlepptank, der im Foto vor Davidson zu sehen ist, ist ein Wasserbecken, in dem das maßstabgerechte Modell des zu entwerfenden Rumpfes erprobt wird.

122 unten: Der neunundzwanzigjährige Olin Stephens beim Stapellauf der *Ranger*. Gemeinsam mit seinem Bruder Rod trat er 1929 in das Unternehmen von Mr. Sparkmann, einem Yacht-Händler, ein. Die damals gegründete Gesellschaft Sparkmann & Stephens besteht noch heute.

122/123: Für die Ausrüstung der *Ranger* schlachtete Vanderbilt die vorherigen Yachten der J-Klasse aus. Die *Yankee*, die *Weetamoe* und die *Rainbow* opferten einen Großteil ihrer Takelage für den neuen Titelverteidiger. Ungeachtet dieser ein wenig improvisierten Ausrüstung stand die rennsportliche Überlegenheit des Burgess-Entwurfs immer außer Frage. Wieder erwies es sich als richtig, dass die Schnelligkeit einer Yacht ausschließlich von den Linien ihrer benetzten Oberfläche abhängt. Ein Erfolg des von Kenneth Davidson optimierten Testbeckenverfahrens! Vanderbilt steht am Ruder, die *Ranger* segelt hoch am Wind. Trotz des schwachen Windes entwickelt die Yacht eine beeindruckende Geschwindigkeit. Ihre Linien sind, abgesehen von dem deutlich abgerundeten Vordersteven, neu. Wer im Februar 2000 die Wettrennen des America's Cup zwischen *Black Magic* und *Luna Rossa* verfolgt hat, muss die Ähnlichkeit bemerkt haben, wie die *Ranger* und das neuseeländische Schiff die Wellen durchschneiden.

Ab dem Jahr 1935 entwarf Stephens endlich »neue«, zukunftsweisende Schiffe, die nicht mehr in der Vergangenheit wurzelten.

Hier ist wohl der Beginn der modernen Segelschifffahrt anzusetzen. Die Yacht-Designer würden sich von nun an von wissenschaftlichen Erkenntnissen leiten lassen und nicht mehr nur einer genialen Eingebung oder der Betrachtung traditioneller Vorlagen vertrauen.

Der erste moderne Entwurf war die *Stormy Weather*: Länge über alles 16,40 Meter, Breite 3,80 Meter, yawlgetakelt wie die *Dorade*, aber um zwanzig Prozent breiter als diese (und lediglich fünf Prozent länger). Also kein schlankes, tiefgehendes Schiff, aber auch kein breites »amerikanisches« mit weniger Tiefgang. Die Liste der von der *Stormy Weather* erkämpften Siege ist lang wie die der *Dorade* (Transatlantik- und Fastnet-Rennen im Jahr 1935, Bermuda Race 1936 usw.); der wichtigere Aspekt ist jedoch, dass die Yacht auf kein anderes Schiff zurückweist und dennoch schon beim ersten Hinsehen in all ihren Komponenten »richtig« erscheint.

1939 erreichte eine weitere Stephens-Konstruktion die Gewässer des Solent, die *Vim*, eine Yacht der internationalen 12-m-R-Klasse. Sie unterschied sich grundlegend von allen anderen Zwölfern, die bis dahin von so namhaften Konstrukteuren wie Nicholson, Anker, Fife und Giles entworfen worden waren. Ihr Rumpf war durch die doppelte Längsbeplankung leichter und steifer, weshalb er mehr Ballast und eine größere Segelfläche tragen konnte. Der Riss zeigte ein neues Gleichgewicht der Linien, die mächtiger waren, ohne dass die Yacht dabei an Beweglichkeit verlor, und auch in der Ausrüstung fehlte es nicht an revolutionären Details wie dem leichten Aluminiummast, den aerodynamischen Wanten und einem Coffeegrinder an Deck.

Die *Vim* erwies sich als unschlagbar.

124 oben: 1934, vier Jahre nach der *Dorade* entwirft Stephens die *Stormy Weather*: endlich eine grundlegend innovative Konstruktion, wie auch die englischen Yachten *Ortac* und *Maid of Malham*, die im selben Jahr entstanden. Verglichen mit der *Dorade* ist die *Stormy Weather* im Verhältnis zur Länge unmerklich schwerer, aber breiter. Weniger breit als die klassische amerikanische Yacht, aber entschieden breiter las das englische Modell. Ein mustergültiger Kompromiss zwischen den beiden Schulen.

124 unten links: An den Hochsee-Regatten in der ersten Hälfte des 20. Jahrhunderts nahmen Yachten mit den unterschiedlichsten Riggs teil. Hier am Start des Transatlantik-Rennens von 1935, das die *Stormy Weather* gewinnen wird, die *Vamarie*, eine Spreizgaffelketsch aus dem Hause Cox & Stevens. Im Hintergrund ein großer Schoner und eine Yawl.

124 unten rechts: Die *Vim* wurde für die europäischen Regatten konstruiert. Die Wettfahrten dieser Klasse im Solent hatten großen Zulauf, waren aber auch in amerikanischen Gewässern populär. Die Engländer sahen sich auch hier als die Ersten in dieser Kategorie an. Vanderbilt führte die Optimierungsarbeiten am Schiff und die Organisation mit derselben Energie und Konsequenz durch, die ihm auch im Geschäftsleben zu Erfolg verholfen hatten. Die *Vim*, hier mit den Stephens-Brüdern an Bord, war eine perfekte Rennmaschine.

124/125: Erst kürzlich wurde die perfekt gelungene Restaurierung der *Stormy Weather* abgeschlossen und durch einen Besuch des nunmehr neunzigjährigen Olin Stephens gekrönt. Diese auf der Werft Henry B. Nevis in City Island, New York, für ihren ersten Eigner, Philip LeBoutillier, gebaute amerikanische Yacht war maßgeblich für die Linien von Rennyachten seit Ende des letzten Weltkriegs. Yawlgetakelt, mit einem Heckausleger für Besanstag und -schot, hat die *Stormy Weather* eine Länge über alles von 16,42 Metern, eine Wasserlinienlänge von 12,08 Metern und ist 3,81 Meter breit. Die Verdrängung beträgt 20 Tonnen, die Segelfläche umfasst 120 Quadratmeter. Die Yacht gewann in ihren ersten Segelsaisons mit ihrem damaligen Skipper Rod Stephens zahlreiche Hochsee- und Dreiecksregatten. Beim Transatlantik-Rennen von 1935 war außer Rod auch Kenneth Davidson an Bord, der damals zum ersten Mal an einer Hochseeregatta teilnahm.

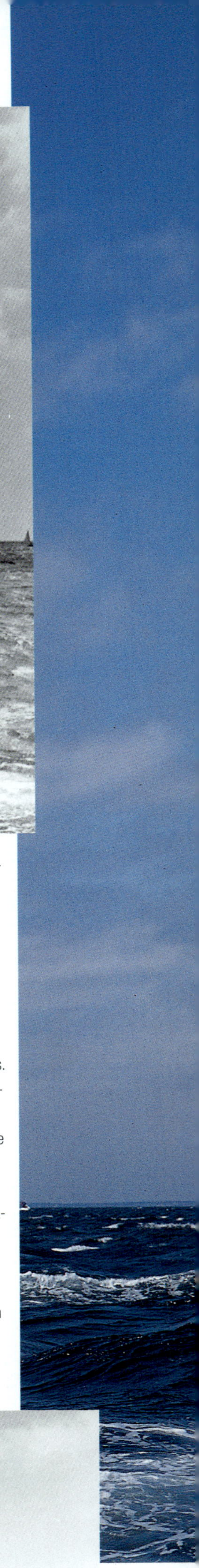

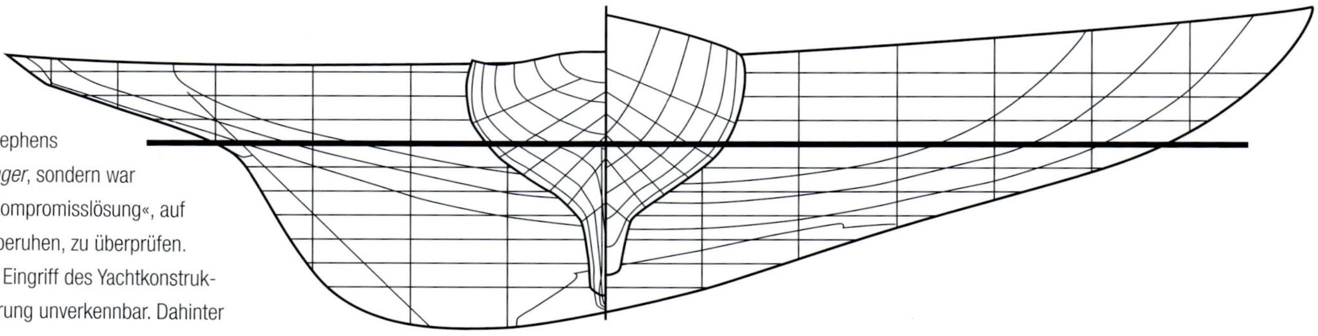

125: Aufgrund seiner Erfahrungen mit den Schlepptankversuchen des Stevens Institute und der Zusammenarbeit mit Kenneth Davidson leistete Olin Stephens nicht nur einen wichtigen Beitrag zum Entwurf der *Ranger*, sondern war auch in der Lage, die neuen Ideen hinsichtlich einer »Kompromisslösung«, auf denen das Projekt und die Linien der *Stormy Weather* beruhen, zu überprüfen. Trotz der Befolgung wissenschaftlicher Kriterien ist der Eingriff des Yachtkonstrukteurs und dessen Suche nach einer schönen Linienführung unverkennbar. Dahinter steht die Überzeugung, dass eine schöne Yacht auch eine gute Yacht ist.

Hochseeyachten in Nordeuropa

In der Zeit zwischen den beiden Weltkriegen war der Segelsport noch fest in anglo-amerikanischer Hand und bis auf wenige Ausnahmen trugen Briten und Amerikaner die Rennen unter sich aus.

In den nördlichen Nationen jedoch wurde Segeln, vor allem durch die Bemühungen Kaiser Wilhelms II. um den Segelsport und die geografische Nähe zu England, immer populärer. Besonders die Deutschen begannen, sich für diesen Wassersport zu begeistern.

Max Oertz, der im Jahr 1910 die letzte Yacht für den Kaiser, die *Meteor IV*, entworfen hatte, spezialisierte sich nach dem Ersten Weltkrieg vor allem auf Yachten der internationalen Meter-Klassen, besonders der Achter und Zehner. Zusammen mit den 6-m-R-Yachten waren diese Klassen, die auch als olympische Klassen ausgewählt worden waren, in Europa ganz besonders populär.

Ende der 30er Jahre setzten sich die Yachten eines deutschen Konstrukteurs durch, der in Starling Burgess' Werkstatt gearbeitet und sich dessen Lehren und Methoden zu eigen gemacht hatte, Henry Gruber. Von seinem Zeichentisch stammt die *Roland von Bremen* aus dem Jahr 1936, entworfen für das Transatlantik-Rennen Bermuda – Cuxhaven, für dessen Sieg Hitler einen Pokal ausgesetzt hatte. Die *Roland von Bremen*, die an die Schule des »amerikanischen Kompromisses« anknüpft, sieht aus wie eine zweite *Stormy Weather*. Sie ist mit 18 Metern Länge über alles unmerklich größer, 4,10 Meter breit und hat eine Segelfläche von 135 Quadratmetern.

Die *Nordwind*, eine weitere Gruber-Konstruktion, ist mit einer Länge von 26 Metern über alles eine sehr viel größere, aber ebenso attraktive Yacht. Der Entwurf stammt aus dem Jahr 1939, also kurz bevor Europa in den Irrsinn des Krieges abstürzte.

Aus Norwegen stammt der Konstrukteur Johan Anker, der zahlreiche Boote der internationalen Meter-Klassen entwarf, zum Beispiel die *Magda XI*, eine amerikanische 12-m-R-Yacht. Anker-Konstruktionen finden sich vor allem in England, darunter insbesondere 6- und 8-m-R-Yachten. In Italien ergab sich die Gelegenheit, die *Eva Maria* zu Wasser zu sehen, einen nach amerikanischem Vorbild gebauten Schoner der 24-m-R-Klasse, sowie die *Lasse*, eine Slup aus dem Jahr 1940 mit einer Länge von 18,25 Metern, die offensichtlich nach der Internationalen Klasse ausgerichtet war.

In den Ländern um die Gewässer Nordeuropas waren zahlreiche andere Konstrukteure zumeist für Werften tätig, zum Beispiel Rasmussen in Deutschland, De Vries Lentsch in Holland, Lindblom in Finnland (von dessen Zeichentisch die wunderschöne *Marjatta* stammt, eine 18-Meter-Marconi-Yacht aus dem Jahr 1943).

Aber erst nach dem Zweiten Weltkrieg sollte sich in Nordeuropa – mehr noch im Yachtbau als im Entwurf – eine Tradition herausbilden, die England und den Vereinigten Staaten ihre Monopolstellung abnahm.

126 oben: Im Verlauf der Jahre löst sich Henry Gruber zunehmend von der amerikanischen Schule und scheint mehr an die englische Tradition anzuknüpfen. Die 1938 entworfene und im darauffolgenden Jahr in der Bremer Werft Burmester gebaute *Nordwind*, eine große Ketsch mit einer Länge über alles von 26 Metern, zeigt im Vergleich zu Grubers vorhergehendem Entwurf für die *Roland von Bremen* sehr viel klassischere Linien. Das Länge-Breite-Verhältnis liegt wieder bei vier zu eins gegenüber ungefähr fünf zu eins der älteren Yacht und die *Nordwind* hatte mit 4 Metern einen sehr großen Tiefgang.

126 unten: Eine der wenigen Hochseeyachten aus der Zeitspanne zwischen den beiden Weltkriegen: die *Roland von Bremen*, eine Yawl mit einer Länge über alles von 18 Metern, kaum größer als die *Stormy Weather*, deren Konstruktionszeichnung ein paar Jahre früher datiert ist. Der Einfluss ist unverkennbar. Die beiden Yachten weisen in ihren Linien, dem Länge-Breite-Verhältnis und im Rigg große Ähnlichkeit auf. Wie die Stephens-Konstruktion ist auch die *Roland von Bremen* ein attraktives Schiff. Mit dem herausragenden Steuermann Sherman Hoyt an Bord gewann sie 1936 das Transatlantik-Rennen.

Die Meter-Klassen im Mittelmeer

In den Jahren zwischen den Weltkriegen wurden im Mittelmeerraum vor allem die kleineren Meter-Klassen zunehmend populär.

Die italienischen Konstrukteure zeichneten zwar gelegentlich auch größere Fahrtenyachten, die weitaus meisten Schiffe wurden jedoch nach der Internationalen Vermessung gebaut.

Seit der zweiten Hälfte des 19. Jahrhunderts ließen sich zahlreiche Werften vor allem an der ligurischen Küste nieder; meist waren es Schiffszimmerleute, die abwechselnd Handels- und Privatschiffe bauten, was übrigens, wie damals üblich, am Strand geschah. Einige dieser Werften wie Beltrami, Baglietto und Costaguta erwarben sich im Verlauf des 20. Jahrhunderts internationales Ansehen. Weniger bekannte und erfolgreiche Werften für Segelyachten gab es in La Spezia, Livorno und Castellamare di Stabia (in der Nähe von Neapel). Die Beliebtheit der Meter-Klassen – vor allem der 6- und 8-m-R-Yachten – am Mittelmeer ist vor allem auf zwei Sportveranstaltungen zurückzuführen, die damals viel Aufsehen erregten. Die »Coppa d'Italia« war anfangs für Yachten bis zu 5 Tonnen zugelassen, und die »Coupe de France« für Yachten bis zu 10 Tonnen. Bald schon wurde die Coppa d'Italia mit den Sechsern S.I. und die Coupe de France mit 8-m-R-Yachten ausgesegelt. Italienische und französische Siege wechselten einander ab, was den konstruktionstechnischen Fortschritt und die zunehmende Verbreitung dieser Klassen förderte.

Beispielhaft seien an dieser Stelle die *Mebi*, eine 6-m-R-Yacht, die 1924 an der Olympiade teilnahm, und die *Cheta*, die im Jahr 1925 die Regatten vor Cowes mitsegelte, genannt. Beide Schiffe wurden von Giovannelli entworfen und von der Werft Baglietto gebaut.

127 oben links: Von 1933 bis 1942 war Prinz Amadeo Umberto von Savoyen, der Herzog von Aosta, Präsident des Yacht Club Italiano. Er nahm – zumeist im Starboot – an allen italienischen Segelsportveranstaltungen teil. Auf dem Foto ist er mit dem Konstrukteur und Ausrüster Francesco Giovannelli an Bord der 6-m-R-Yacht *Bambetta* zu sehen. Unter den Yachten des Prinzen war auch ein großer 26-Meter-Schoner, die *Amrita*, 1933 in Lussinpiccolo gebaut.

127 unten links: Der Amateurkonstrukteur Giovannelli, der sich, ähnlich wie sein amerikanischer Zeitgenosse Clinton Crane, auf die Meter-Klassen spezialisiert hatte, ist eine eher untypische Figur der Segelszene. Eine seiner Konstruktionen, die *Cheta*, eine 1925 von Baglietto gebaute Achter, gewann die Coppa d'Italia gegen die *Ailée VI* von Virginie Hériot.

127 oben und unten rechts: Vittorio Baglietto, der zweite große Konstrukteur und Schiffsbauer in Italien. Sein Entwurf *Bona* (Foto oben) gewann 1938 die Coupe de France. Die *Bona* wurde 1936 für Prinz Eugenio von Savoyen – unten zusammen mit Baglietto am Tag des Stapellaufs zu sehen – gebaut.

128: Eine der wenigen in Italien gebauten Yachten mit größeren Abmessungen: die *Croce del Sud*, ein aus Stahl konstruierter Dreimastschoner, der 1931 von der Werft Martinolich in Lussinpiccolo, einer kleinen Insel der istrischen Halbinsel, von jeher ein Treff für Matrosen, Konstrukteure, Fischer und Yachtsegler, entworfen wurde und zwei Jahre später dort vom Stapel lief. Die *Croce del Sud* hat eine Länge über alles von fast 40 Metern, verdrängt 220 Tonnen und trägt 650 Quadratmeter Segelfläche auf drei Masten verteilt: Fock- und Großmast tragen je ein Gaffel- und ein Toppsegel, der Besan ist noch getakelt. Ein untypisches und für Regatten nicht unbedingt effizientes Rigg.

In diese Zeit fällt auch eine technische »Erfindung«, die den internationalen Segelsport bis heute beeinflusst hat, die der Genua.

Bis zum Jahr 1925 setzten alle Segelyachten vor dem Mast kleine Vorsegel verschiedener Art, Stagsegel, Klüver und Jager bei Amwindkursen und Ballonklüver oder Spinnaker vor dem Wind.

Es war der Konstrukteur Giovannelli, der auf der *Cheta* bei den Regatten von Genua im Jahr 1925 erstmals versuchte, auch bei Amwindkursen einen Ballonklüver zu fahren. Die Segelform behinderte zwar ein wenig die Fähigkeit des Schiffes, noch am Wind zu segeln, aber man gewann die Zeit, die ansonsten zum Wechsel der Vorsegel vor der Raumschotstrecke nötig gewesen wäre. Im folgenden Winter zeichnete und fertigte der Skipper und Segelmacher Raimondo Panario einen flacher geschnittenen Ballonklüver. Einer Intuition folgend, die im Nachhinein von den wissenschaftlichen Erkenntnissen Manfred Currys untermauert werden sollte, veränderte er auch die Form des Großsegels, um das Zusammenspiel der beiden sich bei Amwindkursen überlappenden Segel zu begünstigen.

In der Segelsaison des Jahres 1926 errang das neue Segel bei den Regatten von Genua einen durchschlagenden Erfolg. Von nun an setzten alle Yachten am Vorstag nur ein großes Vorsegel, eben die Genua.

Die große Popularität der Küstenregatten, unter denen die Coppa d'Italia und die Coupe de France als die international bekanntesten zu nennen sind, war der Entwicklung von Hochseerennen wahrscheinlich ein wenig abträglich. Erst 1929 wurde die erste Hochseeregatta von Cannes nach Barcelona – mit Wendemarken bei Marseille und Palma di Mallorca – ausgetragen. Aber auch in Italien gab es in diesem Bereich ein großes Vorbild, D'Alberti, dessen Bücher und Yachten – die *Corsaro* und die *Violante* – in der zweiten Hälfte des 19. Jahrhunderts sehr zur Verbreitung des Hochseesegelsports beigetragen und damit auch den Bau großer Yachten angekurbelt hatten. Trotzdem sind unter den insgesamt 87 zwischen 1919 und 1939 in Italien gebauten Yachten für die Vermessungsformel lediglich 17 Kreuzer- oder Hochseerennyachten (was zur damaligen Zeit übrigens als dasselbe angesehen wurde). Die meisten dieser 17 Yachten stammten aus zwei Werften in Lussinpiccolo, einem istrischen Inselstädtchen.

Eine davon, die Werft Martinolich, baute einige bedeutende Yachten, zum Beispiel die *Croce del Sud* aus dem Jahr 1931, einen Dreimastschoner mit einer Verdrängung von 220 Tonnen, einer Länge über alles von 37,70 Metern und Stahlrumpf, noch heute eine der schönsten Yachten auf dem Mittelmeer. Eine Besonderheit sei zu diesem Schiff noch angemerkt: Die *Croce del Sud* befindet sich seit dem Jahr ihres Stapellaufs in den Händen derselben Familie.

Auch die *Emilie*, ein 1929 von Costaguta entworfener und gebauter Schoner, und die *Popi*, die heutige *Niña Luisa*, die im selben Jahr in der Baglietto-Werft nach einem Riss C. E. Nicholsons vom Stapel lief, segeln heute immer noch auf dem Mittelmeer.

Eine untypische Figur in der italienischen Segelszene ist der bereits erwähnte Francesco Giovannelli. Er besaß und zeichnete nur Yachten der 6- und der 8-m-R-Klasse, die bei Regatten stets ausgezeichnete Ergebnisse erzielten: Von 1924 bis 1930 gewann Giovannelli, Konstrukteur und Eigner in einer Person, viermal die Coppa d'Italia sowie zahlreiche andere Regatten auf allen europäischen Meeren, von Kiel bis Cowes. Er ist auch der Autor zweier Segelbücher: »Die Segelschiffe segeln« und »Die Regatta und ihr Gesetz«, Nachschlagwerke mit seinem theoretischen Wissen und Dokumente seiner Segelleidenschaft.

Historisch gesehen kann Giovannelli als der erste italienische Yachtkonstrukteur überhaupt angesehen werden. Er setzte sich in einer Zeit durch, da der Schiffsbau von der traditionellen, auf Erfahrung und Intuition beruhenden Arbeitsweise der Schiffszimmerleute und Bootsbauer einerseits und dem »englischen Modell« andererseits beherrscht wurde. Der britische Einfluss auf den italienischen Yachtsport war derart groß, dass man in Italien noch Ende des 19. Jahrhunderts im Volksmund die Yachten als »Lordino«, kleiner Lord, bezeichnete. Der damalige Yachtkonstrukteur Luigi Onesto trug im ligurischen Dialekt den Spitznamen »der Engländer«.

128/129: Der Yachtbau im Mittelmeerraum beschränkte sich bis zum Zweiten Weltkrieg fast ausschließlich auf Regatta- und Fahrtenyachten für die Küstenregion. Die *Emilia* stellt eine, wenn auch nicht die einzige, Ausnahme dar. 1929 in der Werft Costaguta ursprünglich als Zwölfer auf Stapel gelegt, änderten sich Bauherr bzw. Eigner und Bestimmung und sie wurde, wie wir sie noch heute sehen, als Schoner getakelt und hochseetauglich gemacht.

129 oben: Attilio Costaguta wurde nicht nur als Schiffsbauer berühmt, sondern machte sich auch als Konstrukteur einen Namen. Das am 26. Juni 1936 aufgenommene Foto zeigt den Stapellauf einer 8-m-R-Yacht, die im selben Jahr bei den Olympischen Spielen in Kiel gewinnen sollte. Der Stapellauf ist ein Ritual, das den Eigner wie die Bootsbauer, die Crew wie die Dorfbewohner in den Bann zieht: Die gesamte Bevölkerung hat sich am Strand versammelt, um zu beobachten, wie der Rumpf auf dem Slipway langsam zu Wasser gelassen wird.

129 unten: Charles II. in England, Wilhelm II. in Deutschland und Alfonso XIII. in Spanien: Die Faszination des Segelns hat viele gekrönte Häupter in ihren Bann gezogen. Vor König Alfonso war der Segelsport in Spanien praktisch unbekannt, nach seinem Tod hatte er bereits tiefe Wurzeln geschlagen. Hier eine Aufnahme einer der wenigen 15-m-R-Yachten. Die *Hispania*, ein Entwurf William Fifes, wurde 1908 in Santander in der Werft Karpara für König Alfonso XIII. gebaut. Die Yacht der 15-m-R-Klasse fand, ähnlich wie die Neunzehner und die Zehner, keinen großen Anklang, was wohl daran lag, dass sie zwischen der sehr populären Klasse der Zwölfer, deren Vorzüge und Fehler sie übernahm, und der 23-m-R-Klasse, die immerhin gegen die neue J-Klasse und die ruhmreichen Yachten der »großen Kutterflotte« antreten konnte, angesiedelt war.

Aristokratie und Segelsport in Spanien

Die Anfänge des Segelsports in Spanien sind untrennbar mit König Alfonso XIII. verknüpft, der seit seiner Thronbesteigung ein leidenschaftlicher Segler war. Auch er bevorzugte die Meter-Klassen und trat zu seiner ersten Segelregatta mit einer Yacht der internationalen 6-m-R-Klasse an.

Seine Lieblingsyacht war allerdings wohl die *Tonnino*, eine Yacht der 10-m-R-Klasse, die relativ unpopulär blieb, denn sie war Anfang des Jahrhunderts von dem internationalen Erfolg der Achter überschattet, während sich ab den zwanziger Jahren die Zwölfer zunehmend durchsetzen konnte.

Die *Tonnino* wurde 1911 nach einem Entwurf von William Fife in der Werft Astilleros de Nervion gebaut, eine der ersten spanischen Werften, in der auch Segelyachten gefertigt wurden, was übrigens geschah, um König Alfonsos segelsportlichem Unternehmungsgeist entgegenzukommen.

Die *Hispania*, eine Yacht der 15-m-R-Klasse, wurde einige Jahre zuvor ebenfalls für den König in der Werft Karpara in Santander gebaut. Auch diese Klasse fand im Ausland wenig Anklang, war zur damaligen Zeit in Spanien jedoch ziemlich beliebt und eine Zeit lang lagen acht Yachten dieses Typs im Wasser. In diesem Zusammenhang sind noch die *Tuiga*, die für den Herzog Di Medinaceli, einen engen Freund und Regattagegner des Königs, gebaut wurde, und die *Encarnita* für den Herzog von Kuba zu nennen sowie die *Slec*, die von Mitgliedern des Real Club Nautico de Barcelona noch unter ihrem damaligen Namen *Shimmi* gekauft wurde. Alle eben erwähnten Yachten wurden von Fife entworfen, die letzten drei wurden auch auf der Fife-Werft gebaut.

In den Jahren zwischen den beiden Weltkriegen hatte sich auch die spanische Aristokratie von der Segelleidenschaft König Alfonsos XIII. anstecken lassen. So segelten 1930 bereits insgesamt dreißig Yachten unter der Flagge des Real Club Nautico von Barcelona, der 1873 als erster Segelclub Spaniens gegründet worden war.

1929 organisierte der katalanische Segelclub gemeinsam mit dem Yachting Club Italiano, der in jenem Jahr ebenfalls seine erste Seeregatta ausrichtete, und mit den Franzosen sein erstes Hochseerennen. Die Wettfahrt mit Zwischenstopps führte von Genua nach Pollenza, von Marseille nach Pollenza oder von Barcelona nach Pollenza und schließlich von Pollenza nach Barcelona. 39 Yachten nahmen an dieser Regatta teil.

Es war wiederum König Alfonso XIII., der im Jahr 1928 das Transatlantik-Rennen von New York nach Santander organisierte, bei dem die *Niña* erstmals erfolgreich abschloss. Als der von Burgess entworfene Schoner, der die Atlantikregatten noch in der Nachkriegszeit beherrschte, die Ziellinie querte, fuhr ihm der König auf einem Rettungsboot entgegen und rief enthusiastisch: »Bravo! Ich beglückwünsche Sie. Ich bin der König von Spanien.«

Die Segelpioniere in Frankreich

130 oben: Unzählige soziale und kulturelle Errungenschaften haben ihren Ursprung in Frankreich, im Segelsport jedoch konnten sich die Ideen der französischen Konstrukteure, zumindest bis nach dem Zweiten Weltkrieg, nicht in Europa durchsetzen. Dabei mangelte es nicht an technisch versierten Persönlichkeiten wie zum Beispiel Gustave Caillebotte, Maler und Anhänger der impressionistischen Schule, der ein ausgezeichneter Segler und zudem ein Amateur-Designer war. Er ist ein Mann des neunzehnten Jahrhunderts, aber seine Ideen, auch wenn sie nicht über die Grenzen seines Vaterlandes hinaus Beachtung fanden, beeinflussten den französischen Segelsport während des gesamten 20. Jahrhunderts. Als Steuermann wurde er drei Mal hintereinander französischer Meister, ein Erfolg, der ihm als Konstrukteur nicht beschieden sein sollte.

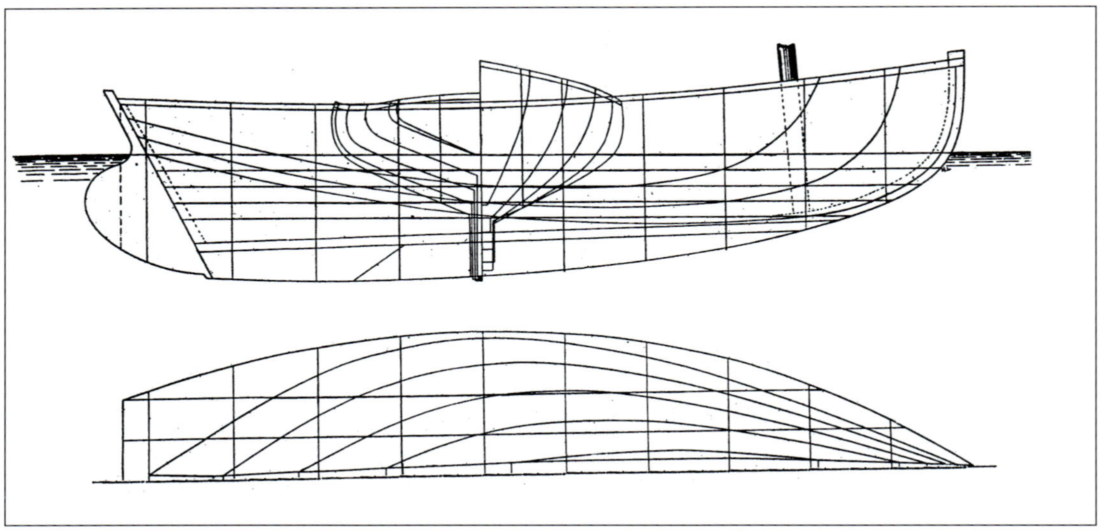

130 unten: Als Maler wandte Caillebotte bei seinen Entwürfen die Theorien von Marrett an und war weltweit einer der ersten Konstrukteure, die vor der Realisierung die Linien des Rumpfes zeichneten. In der Abbildung: der Linienriss der *Vol au Vent.*

130/131: Obwohl es zu dieser Fotografie wie auch zu anderen Archivaufnahmen bezüglich Caillebotte keine näheren Angaben gibt, erkennt man bei der im Bau befindlichen Yacht doch unschwer einen Kutter von der Art Regattayachten, auf denen Caillebotte als Steuermann erfolgreich war. Das Spantengerüst ist vollständig fertiggestellt, die Bootsbauer haben bereits die ersten Plankengänge gelegt. Danach werden die weiteren Planken exakt in die verbleibenden Zwischenräume eingefügt.

Ende des 19. und zu Beginn des 20. Jahrhunderts gab es in Frankreich einige herausragende Männer, die die Entwicklung des Segelsports hätten beeinflussen können, die wegen der übermächtigen Vorrangstellung der Engländer und Amerikaner auf diesem Gebiet international aber kaum Beachtung fanden.

Gustave Caillebotte ist vor allem als impressionistischer Maler bekannt, war darüber hinaus jedoch ein ausgezeichneter Regattasegler und Amateurkonstrukteur. Zunächst ist in diesem Zusammenhang sein Einfluss auf Chevreux, einen guten Yacht-Architekten seiner Zeit, zu nennen. Caillebotte konnte diesen überzeugen, die Yacht *Thomas* als einen Kompromiss zwischen dem englischen und dem amerikanischen Modell zu entwerfen.

Mit Caillebotte am Ruder gewann die *Thomas* drei Mal hintereinander die nationalen Meisterschaften und hätte unter Umständen auch internationalen Ruhm erlangen können, verließ allerdings, wie alle französischen Privatyachten, niemals die heimischen Gewässer.

Der Name Caillebotte hätte auch darum größere Beachtung verdient, weil er eine Vermessungsformel ausarbeitete, die vom Yacht Club de France auf nationaler Ebene als verbindlich erklärt wurde.

Außerdem entwarf er eine extrem fortschrittliche Yacht, die *Arriett*, die leider nie gebaut wurde. Caillebotte war aber einer der Ersten, der die Methode von Marrett anwandte, als er die Linien des Rumpfes für die *Arriett* zeichnete, während den Entwürfen seiner Zeitgenossen im allgemeinen noch das Halbmodell zugrunde lag.

Ähnliches ist über den Konstrukteur Godinet zu sagen. Auch er stellte eine Vermessungsformel auf, die erstmals die Länge und Breite und den Tiefgang berücksichtigte und die als Erste international Anerkennung fand (sie wurde von den Schweizern, Russen, Belgiern und Spaniern angewendet). Godinet entwarf und baute im Jahr 1893 die *Vendenesse*, die weltweit erste Yacht mit einem Rumpf aus Aluminium. Unglücklicherweise verliefen in Frankreich all diese Entwicklungen im Sande: Die Segeleigenschaften der *Vendenesse* erwiesen sich als katastrophal und letztlich waren es die Deutschen und natürlich Herreshoff in den Vereinigten Staaten, die sich den neuen Werkstoff zu Nutze machten. In Deutschland wurden zum Ende des Jahrhunderts vier Yachten unter Verwendung von Aluminium gebaut. Dass sich die Godinet-Fomel nicht durchsetzen konnte, ist vor allem der anglo-amerikanischen Monopolstellung im Segelsport zuzuschreiben.

In der Zeit zwischen den Weltkriegen verfügte Frankreich über eine gut ausgebaute, aber ansonsten nicht nennenswerte Flotte an Schwert- und Kielbooten und das allgemeine Interesse wandte sich – ähnlich wie in Italien – den Meter-Klassen zu. Die Geschichte des französischen Segelsports ist also in dieser Zeitspanne mit der Entwicklung diesseits der Alpen vergleichbar.

131 unten links: Gustave Caillebottes Zeichnungen waren zu fortschrittlich für seine Zeit. Die damals verfügbaren Werkstoffe und Bautechniken konnten mit den Vorgaben seiner Zeichnungen nicht mithalten. Auch bei der *Vendenesse*, der weltweit ersten Yacht mit Aluminiumrumpf, gab es technische Probleme sowohl beim Bau als auch später im Verhalten unter Segeln.

131 unten rechts: Die *Thomas* ist ein kleiner, von Chevreux entworfener Kutter. Sie kann als der erste »Kompromiss« zwischen der englischen und der amerikanischen Schule angesehen werden. Eine in ihrem Verhältnis von Länge, Breite und Verdrängung sehr ausgeglichene Yacht. Caillebotte war von den Leistungen der *Thomas* fasziniert und zeichnete nach der Marrett-Methode den Riss für die *Arriett*, eine Yacht, die 1933 noch modern gewesen wäre. Leider wurde sie nie gebaut.

FRANKREICH

Eine auch international herausragende Figur des französischen Segelsports muss an dieser Stelle unbedingt erwähnt werden, bekannt wegen ihrer zahlreichen abenteuerlichen Fahrten und auch, weil es sich um eine Frau handelt: Virginie Hériot. Lange vor dem Zeitalter des Feminismus und der Frauenbewegung war Virginie Hériot in Frankreich eine Symbolfigur, und das nicht nur in der kleinen Welt des Segelsports.

Sie war gewiss nicht die einzige Seglerin, vor allem in Amerika gab es bereits vorher und zu ihrer Zeit Frauen, die aktiv am Segelsport teilnahmen. Aber zu einer Zeit, in der Yachtclubs nur ungern Angehörige des zarten Geschlechts als Mitglieder aufnahmen, wenn dies nicht sogar ausdrücklich in den Aufnahmebedingungen ausgeschlossen wurde, war Madame Hériot die erste Frau, die sich dem Segeln mit Leidenschaft und technisch fundierten Kenntnissen widmete. Selbst am Ruder ihrer Yachten stehend, nahm sie an unzähligen Regatten teil.

Sie wurde 1890 geboren, war Erbin des Besitzers der Kaufhäuser »Le Printemps« und verfügte mithin über ein enormes Vermögen, das es ihr erlaubte, ihrer Leidenschaft ohne Einschränkungen nachzugehen.

Zur damaligen Zeit setzte man in Frankreich wie auch in anderen europäischen Ländern die Verbreitung des Segelsports mit der Verbreitung der nach der Internationalen Vermessungsformel des Jahres 1906 gebauten Yachten gleich.

Virginie Hériot besaß in ihrem Leben nicht weniger als 13 Yachten dieses Typs: eine 10-m-R-Klasse, mit der sie 1912 an der Coupe de France teilnahm, die zur damaligen Zeit für diese Klasse vorgesehen war; weiterhin insgesamt sieben 8-m-R-Yachten, wohl die bevorzugte Klasse der französischen Seglerin. Sie nannte alle diese Yachten *Ailée*, numeriert von I bis VII, und nahm mit ihnen zwischen 1922 und 1931 an zahlreichen Regatten teil. Mit der *Ailée I*, der ehemaligen *Meteor IV*, die von Max Oertz entworfen und von Krupp im Jahr 1909 im Auftrag von Kaiser Wilhelm II. gebaut worden war, gewann sie zum Beispiel im Jahr 1928 die Goldmedaille bei den Olympischen Spielen in Amsterdam; außerdem besaß sie fünf Yachten der 6-m-R-Klasse, die alle den Namen *Petit Ailée* trugen, und am One Ton Cup und der Coppa d'Italia teilnahmen.

Virginie Hériot war darüber hinaus eine begeisterte Hochseeseglerin und unternahm Kreuzfahrten nicht nur in ihren heimischen Gewässern, im Ärmelkanal und dem Mittelmeer, sondern auch auf dem Atlantik und der Nordsee. Insgesamt legte sie eine Strecke von fast 150000 Seemeilen zurück. Mit der *Ailée II*, einem Dreimastschoner von 57 Meter Länge, segelte sie verschiedene Hochseeregatten und gewann auch hier, wie in den »kleinen Klassen«, zahlreiche Trophäen.

Für ihre Verdienste um den Segelsport wurde diese so zielstrebige wie erfolgreiche Frau in ihrem Heimatland mit dem Ehrentitel »Ritter der Ehrenlegion und Quartiermeister der französischen Kriegsmarine« ausgezeichnet.

Am 27. August 1932 nahm sie, trotz ihres wohl bereits angeschlagenen Gesundheitszustandes, am Ruder ihrer letzten 6-m-R-Yacht an einer Regatta bei Arcachon teil. Bei diesem Rennen musste eine *Ailée* zum ersten Mal aufgeben: Die Steuerfrau fühlte sich nicht wohl. Am folgenden Tag starb Virginie Hériot.

Zu ihrem Lieblingsthema, dem Meer, hielt sie 54 Konferenzen ab und schrieb darüber mehr als zehn Bücher. Über das Segeln sagte sie: »Es gibt keinen schöneren, faszinierenderen und leidenschaftlicheren Sport als das Segeln. Die schlanken, eleganten Linien des Rumpfes einer Rennyacht sind eine reine Freude für die Augen; die schneeweiße Leichtigkeit der Segel, die Eleganz des zum Himmel aufragenden Mastes und der Takelage strahlen eine harmonische Schönheit und unvergleichliche Anmut aus. Mit dem Wind wird diese schlafende Schönheit geweckt, füllt sich mit Leben, erbebt und erzittert unter der Hand des Steuermanns. Sie gleitet über das blaue Wasser hinweg und schnaubt dabei wie ein Pferd, den Befehlen des Steuermanns immer gehorsam folgend. Und ringsherum das Meer, der blaue Wellengang, ein leichter Wind pfeift sein fröhliches Lied durch die Takelage und die belebende Luft umhüllt euch mit reiner, berauschender Zärtlichkeit. Und dann noch der Kampf gegen die Elemente, ein oft schweres und mühsames Ringen, dann das höfliche, aber streng reglementierte Aufeinandertreffen der Regattasegler, bei dem die Konkurrenten ihr Können, ihre Geschicklichkeit, ihre List und ihren Wagemut unter Beweis stellen und dabei keine Mühe und Gefahr scheuen. Hinzu kommt eine Spannung, die das ganze Rennen über andauert, der Nervenkitzel, wenn die letzte Tonne genommen, das letzte Bein gesegelt wird und schließlich die Aufregung und der Freudentaumel des Sieges, der umso stärker ist, wenn es sich um einen Triumph für die Flagge des eigenen Landes handelt. Das ist Segeln!«

132 oben und unten: Auch in den segelsportlich sehr viel weiter entwickelten Ländern gab es keine mit Virginie Hériot vergleichbare Frau. Die Ehefrauen der Eigner Vanderbilt und Lipton begleiteten ihre Ehemänner bei Regatten zwar in der Plicht, aber keine von ihnen führte je das Ruder, noch haben sie eine derart bemerkenswerte Strecke auf See zurückgelegt wie die Französin mit ihrer *Ailée*. Unten im Bild die *Ailée II*.

Abgesehen von den Meter-Klassen sind leider nur noch wenige Schiffe aus dieser Zeit erhalten: die *Resolue*, ein großer 52-Meter-Schoner mit Maschine, wurde in der Nachkriegszeit zum Frachtschiff umgerüstet und auch die *Ailée* gibt es nicht mehr. Zwei große Ketschen werden noch heute gesegelt, die *Hygie* und die *L'Iliade et L'Odyssée*, die erste misst 24 Meter und wurde nach einem Entwurf von Severi bei Le Marchand im Jahr 1930 gebaut, die zweite nach Plänen von Camatte bei Lamarie im Jahr 1935 mit einer Länge von 22,50 Metern. Sie sind Zeugen eines bis heute wenig beachteten Yachtbaus.

132/133: Eine der ersten Frauen auf See und die erste, die olympisches Gold gewann (1928 in Amsterdam in der 8-m-R-Klasse): Virginie Hériot. Das Foto zeigt sie am Ruder ihrer ersten *Ailée*, die sie auf vielen Regatten begleitete, einem großen Schoner, der unter dem Namen *Meteor IV* von Max Oertz für Kaiser Wilhelm II. entworfen worden war. Madame Hériot segelte abwechselnd Regatten oder unternahm ausgedehnte Kreuzfahrten an Bord ihrer großen Yacht.

133: Während sich die Segelsportliebhaber an der französischen Südküste zwischen den typischen Kuttern der Fischer tummelten und Caillebotte seine futuristischen Zeichnungen anlegte, kämpfte Madame Hériot, oft mit Erfolg, um renommierte und mittlerweile traditionelle Trophäen. Das Foto zeigt ihre *Ailée V*, die sich gegen die italienische Yacht *Catina IV* in der Coppa d'Italia durchzusetzen versucht. Eine frische Brise mit Wellen, die sich an der Außenmole des Genueser Hafens brechen, stellen die beiden 8-m-R-Yachten auf eine harte Probe.

DER AMERICA'S CUP UND DIE J-KLASSE

Häufig hängt die allgemeine Aufmerksamkeit, die ein Gegenstand erregt, mehr von dessen Ausmaßen als von seinen Eigenschaften ab. Wie oft passiert es, dass sich zahlreiche Zuschauer an einer Pier drängen, um das Anlegemanöver einer Yacht zu bestaunen, einfach weil sie »groß« ist, und die wunderschönen Linien eines kleinen Schiffes, das direkt daneben festgemacht hat, nicht beachten. »Groß« heißt nicht unbedingt »schön«, »bedeutend«, »faszinierend«.

In der Geschichte des Segelsports hat es sich jedoch oft so ergeben. Die größten je gebauten Rennyachten waren auch die schönsten: die nach der amerikanischen Universalformel oder nach der europäischen Vermessungsformel gebauten Segelyachten.

Die wunderschönen Linien dieser Yachten waren nicht durch die Vermessung zerstört, welche – man verzeihe mir die technisch vereinfachte Darstellung – vor allem Volumina und Flächen und damit die linearen Maße festlegte.

In diesem Fall trifft es wirklich zu, dass Größe und Schönheit zueinander im Verhältnis stehen. Eine amerikanische S-Klasse-Yacht mit einem Rating von 17 Fuß hat dieselben Linien und ist mithin genauso attraktiv wie eine Yacht der J-Klasse mit einem Rating von 76 Fuß, die jedoch aufgrund ihrer Größe einfach beeindruckender wirkt.

Das Gleiche gilt für eine Yacht der 6-m-R-Klasse im Vergleich zu dem größeren Schiff der 23-m-R-Klasse.

Historisch gesehen wurden die englischen 23-m-R-Yachten auf Grundlage der ungefähr entsprechenden amerikanischen Formel als J-Boote vermessen. Dies geschah aufgrund eines internationalen, unmittelbar nach dem Krieg geschlossenen Abkommens, in dem festgelegt wurde, die Universalformel auf alle Yachten oberhalb der 15-m-R-Klasse und die International Rule auf alle darunterliegenden Klassen anzuwenden.

Hierbei handelt es sich um einen Yachttyp, der in Wirklichkeit in nur wenigen Exemplaren und in einer relativ begrenzten Zeitspanne – zwei Jahrzehnten – gebaut und auf wenigen Regatten eingesetzt wurde. Einen Yachttyp, den heute im Traum niemand wieder auf Stapel legen würde, der aber dennoch bis heute als das Größte und Schönste gilt, was je an Yachten gebaut wurde: die großen Yachten der J-Klasse.

An dieser Stelle ist ein kurzer Abriss über die Universalfomel vonnöten.

Wie bereits erwähnt wurde die »Universal Rule« im Jahr 1903 von dem »Zauberer« des Segelsports, Nat Herreshoff, im Auftrag des New York Yacht Club aufgestellt. Die neue Formel sollte es ermöglichen, Yachten bei Regatten in Realzeit gegeneinander antreten zu lassen, so dass, wer als Erster die Ziellinie kreuzte, Sieger war, das heißt, ohne dass die Reihenfolge durch eine Zeitvergütung nochmals verändert wurde.

Die Universal Rule legte ein »rating« fest, aufgrund dessen die Yachten alphabetisch in Klassen unterteilt wurden: Klasse S für 17 Fuß, R für 20′, P für 31′, N für 38′, M für 46′ und schließlich J für 76′ Rating.

Die Formel zur Berechnung sah wie folgt aus: »Achtzehn von hundert der Länge in der Wasserlinie multipliziert mit der Quadratwurzel der Segelfläche und geteilt durch die Kubikwurzel der Verdrängung.« Durch eine Reihe von Bestimmungen wurde sodann festgelegt, auf welche Art diese Maße erhoben werden sollten.

134 oben und unten: Bei dem für den Segelsport repräsentativsten Yachttypus handelt es sich in Wirklichkeit um ein vorübergehendes, nur zwanzig Jahre währendes Phänomen. Diese beiden Jahrzehnte waren allerdings von höchstem technischem und ästhetischem Ausdruck überstrahlt, und sei es nur wegen der ungewöhnlichen Dimensionen der Yachten wie z. B. eines 50 Meter und höher aufragenden Mastes. Die Präsenz dieser Yachten beschränkte sich zudem auf zwei Regattareviere, die nicht umsonst als Zentrum des internationalen Segelsports galten: die Küste vor Newport, Rhode Island, in Amerika und die Gewässer des Solent, gegenüber von Cowes, Sitz der renommierten Royal Yacht Squadron. In diesen geschützten und nicht übermäßig stürmischen Gewässern trugen die Yachten der J-Klasse ihre legendären Herausforderungen um den berühmtesten und begehrtesten Segelpokal, den America's

Cup, aus und stimulierten andere Regatten in der Region. Auf den beiden Fotos sieht man die J-Boote im Solent segeln: die *Velsheda*, die *Shamrock V* und die *Endeavour I* sowie die ehemalige 23-m-R-Yacht *Candida* und die ruhmreiche *Britannia*, die beide nach der Universalformel vermessen wurden.

134/135: Nach der nur den Yachten der J-Klasse vorbehaltenen America's-Cup-Regatta von 1937 finden sich fünf J-Boote vor Newport zum Pokalrennen des New York Yacht Club in Buzzard's Bay, zwischen Newport und der Insel Martha's Vineyard, ein. Von links: *Endeavour I*, *Rainbow*, *Ranger*, *Endeavour II* und *Yankee*.

Alles ganz einfach, zumindest auf den ersten Blick: Um die Länge in der Wasserlinie steigern zu können, die einen wesentlichen Faktor für die Schnelligkeit einer Yacht darstellt, musste man entweder die Segelfläche verringern oder das Gewicht vergrößern.

In der J-Klasse war eine Länge in der Wasserlinie zwischen 73 und 87 Fuß vorgesehen. Die historische Entwicklung hatte bewiesen, dass man mit einer größtmöglichen Länge in der Wasserlinie – unabhängig von der daraus folgenden Verkleinerung der Segelfläche oder der Zunahme der Verdrängung – die besten Ergebnisse erzielte. Die *Ranger*, die letztgebaute Yacht der J-Klasse, hat eine Länge in der Wasserlinie von genau 86 Fuß, dem oberen Grenzwert.

Eine J-Klasse-Yacht hatte eine durchschnittliche Länge über alles von vierzig Metern, eine Wasserlinienlänge von ungefähr 26 Metern, war circa 6,50 breit bei einem Tiefgang von 4,50 Meter und einer Verdrängung von etwa 150 Tonnen. Das heißt, es war eine Yacht mit großen Überhängen, eher schlank und schwer, wobei das Gewicht allerdings stark vom Ballast, ungefähr 110 Tonnen Blei, beeinflusst wurde. Sie war kuttergetakelt mit Bermuda-Segel und höchstens zwei Klüvern. Die mit durchschnittlich 700 Quadratmetern enorm große Segelfläche wurde von einem einzigen Mast getragen, der eine Höhe von 46 Meter über Deck, von der Wasserlinie gerechnet um die 50 Meter, erreichte, die Höhe eines sechzehnstöckigen Hochhauses! Die J's zeigten eine gewisse Tendenz zum Mastbruch, zumal ständig Neuerungen für das Rigg erprobt wurden. Die *Ranger* zum Beispiel setzte ein 470 Quadratmeter großes Hauptsegel aus ägyptischer Baumwolle, das fast eine Tonne wog: Um es zu hissen, waren 16 Männer am Fall nötig. Obwohl alle Manöver an Bord mit Hilfe von Winschen und Blöcken erleichtert wurden, war eine sehr große Mannschaft erforderlich und im Durchschnitt befanden sich während eines Rennens circa vierzig Personen an Bord. Man bedenke, dass bei jeder Wende mindestens drei Schoten für die Vorsegel, außerdem die beiden Fliegerschoten, die Großsegelschot und zusätzlich die Biegung des Mastes und der Baum zu regulieren waren. Dies waren die für eine Wende nötigen Manöver, bei einer Halse, bei der außerdem der Spinnaker an Stelle der Vorsegel gesetzt wurde, war die Mannschaft auf Deck hektisch beschäftigt. Darüber hinaus ist anzumerken, dass J-Boote, wie alle Yachten der Meter-Klassen und der Universalformel, keine Reling besaßen.

Die Yachten der J-Klasse wurden hauptsächlich für die America's-Cup-Rennen gebaut, seit 1920 nahmen sie aber auch an anderen Wettkämpfen, unter anderem an Flottenregatten in England und in Amerika, teil (der America's Cup hingegen wurde als Yacht-gegen-Yacht-Rennen ausgetragen).

In den Gewässern des Solent starteten im Jahr 1937 zum letzten Mal in der Geschichte J-Klasse-Yachten bei einer Regatta, sechs Engländer und die amerikanische Yacht *Yankee*, die eigens für dieses Rennen den Atlantik überquert hatte (in achtzehn Tagen übrigens und in Begleitung des Schoners von William Gardner, der *Atlantic*, die auf eben diesem Ozean zu Hause war).

Im Jahr zuvor hatten fünf J-Boote, die beiden englischen *Endeavour*, die amerikanischen Yachten *Rainbow*, *Ranger* und die allgegenwärtige *Yankee* am New York Yacht Club Cruise teilgenommen, einer grandiosen, jährlich stattfindenden Regatta mit Kurs entlang der amerikanischen Küste von New York nach Boston.

Nur in zwei Ländern wurden Yachten der J-Klasse gebaut und natürlich kann es sich hier nur um die beiden Nationen handeln, die – zumindest bis zum letzten Weltkrieg – die Segelsport-Szene beherrschten: England und die Vereinigten Staaten. In England wurden vier J-Boote angefertigt, allerdings sind hier auch noch die umklassifizierten Yachten der 23-m-R-Klasse wie die der »großen Kutterflotte« hinzuzufügen. In den Vereinigten Staaten wurden sechs Yachten der J-Klasse gebaut.

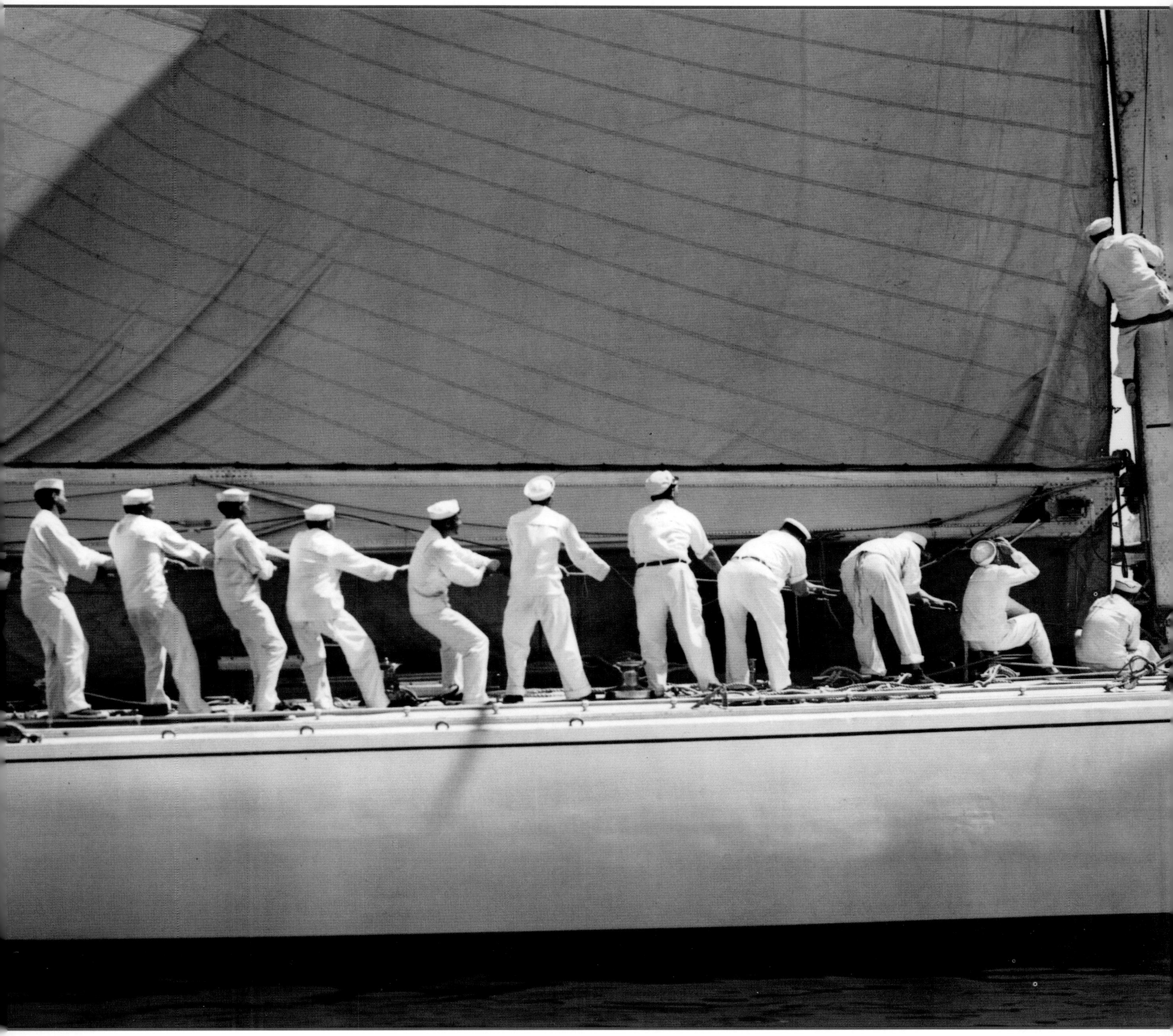

136 unten: Die *Ranger* war die erste Konstruktion, die auf den Ergebnissen von Schlepptankversuchen basierte. Die von Prof. Kenneth Davidson im Stevens Institute ausgearbeiteten Angaben waren für die Linien des Rumpfes maßgeblich. Auch die Leistungsfähigkeit der *Endeavour I* , die der *Rainbow* in Rennen an Schnelligkeit überlegen war, wurde im Schlepptank überprüft und mit den anderen Yachten der J-Klasse verglichen. Dies war ein wesentlicher Grundstein für die Arbeit von Starling Burgess und seinem jungen Assistenten Olin Stephens.

136/137: Auch wenn die America's-Cup-Yachten nunmehr aufgrund wissenschaftlicher Kriterien entworfen wurden und zunehmend mechanische Ausrüstung zur leichteren Bedienung verwendet wurde, blieb die Mannschaftsstärke einer Yacht der J-Klasse weiterhin ein ausschlaggebender Faktor. Zum Hissen des Großsegels der *Ranger*, immerhin eine Tonne Tuch, waren alle Hände nötig. Glücklicherweise wird das Segel hier bei Windstille und ruhiger See gesetzt.

Die *Resolute* und die *Shamrock IV*, die 1920 beim America's Cup antraten, waren, trotz ihrer vergleichbaren Vermessung, im engeren Sinne keine Yachten der J-Klasse. Dennoch sollen sie an dieser Stelle kurz erwähnt werden.

Die 1913 gebaute *Resolute* war eine Nat-Herreshoff-Konstruktion und trat, nachdem sie William Gardners *Vanitie* in den Ausscheidungen überlegen besiegt hatte, im America's Cup als amerikanischer Herausforderer gegen Sir Thomas Lipton an, der in jenem Jahr zum vierten Mal der Gegner war.

Wegen des in Europa aufkommenden Krieges musste der Cup jedoch verschoben werden, das Rennen wurde erst 1920 ausgetragen.

Die *Resolute* war ein wenig kleiner als der englische Herausforderer und erhielt eine geringfügige Vergütung. Der Rumpf war in Bronze auf Stahl beplankt und besaß ein Aluminium-Deck mit Kork-Belag. Wie ihre Vorgängerin, die *Reliance*, war auch die *Resolute* einzig und allein für den America's Cup entworfen und gebaut worden und sollte anschließend verschrottet werden. Ein sehr amerikanischer, sehr pragmatischer Ansatz, der sich aber als erfolgreich erweisen sollte.

Zumindest verglichen mit dem konservativen Standard im britischen Yachtbau lässt sich auch die *Shamrock IV* des englischen Herausforderers Lipton als einigermaßen innovativ bezeichnen. Die von Nicholson entworfene Yacht war in drei Lagen beplankt: eine aus Zedernholz, eine aus Fichte und die letzte aus Mahagoni. Das Spantgerüst war aus Fichte gefertigt. Eine sehr leichte Konstruktion mit wenig eleganten Linien, weshalb die Yacht den Spitznamen »The Ugly Duckling«, das häßliche Entlein, erhielt.

Die beiden Rivalen besaßen ein Gaffelrigg mit Klüverbaum. Es waren eben keine Yachten der J-Klasse, sondern sie gehörten noch der Ära der früheren Regatten der gigantischen Kutter mit über 1200 Quadratmetern Segelfläche an.

Die *Resolute* gewann letztlich den Cup, aber es war kein leichter Sieg. Das erste Rennen wurde dem Herausforderer zugeschlagen, denn die *Resolute* musste wegen eines Bruchs der Stenge aufgeben. Die zweite Wettfahrt gewann die *Shamrock IV* mit einem klaren Vorsprung und auch beim dritten Rennen kreuzte der englische Herausforderer als erster die Ziellinie, aber diesmal reichte der Vorsprung von 19 Sekunden nicht, um die Vergütung der amerikanischen Yacht auszugleichen. Es stand somit 2:1 für die Engländer. Die vierte

138 unten links: Die Vorfahren der Yachten der J-Klasse waren die großen Kutter – die Amerikaner bezeichneten sie als »sloops« –, die sich aus den ersten Flossenkielern des 19. Jahrhunderts entwickelt hatten, jene als »skimming dish«, gleitende Schüssel, bezeichneten riesigen Yachten mit enormen Überhängen und breiten Rümpfen und relativ wenig Tiefgang. Die *Resolute*, eine Herreshoff-Konstruktion für den America's Cup von 1920, war die letzte Vertreterin dieser Art.

Wettfahrt endete mit einem klaren Sieg der *Resolute*, während die Amerikaner das fünfte und entscheidende Rennen, das bei unruhigen Windverhältnissen ausgetragen wurde, für sich entscheiden konnten. Zum ersten Mal in einem America's Cup war also für den englischen Herausforderer die begehrte Trophäe zum Greifen nahe gewesen.

Von nun an waren die Yachten der J-Klasse die wahren Hauptdarsteller des America's Cup. Lipton erneuerte die Herausforderung und beauftragte wiederum Charles Nicholson mit dem Entwurf seiner neuen Yacht, der *Shamrock V*. Sie war in Mahagoni auf Stahlspanten gebaut und blieb die einzige Holz-Yacht der J-Klasse. Traditionsgemäß und den Bestimmungen ihrer Klasse folgend war das Interieur solide gebaut. Mögliche Gewichtseinsparungen wurden kaum berücksichtigt. Als das schwerwiegendste Handikap gegenüber dem amerikanischen Titelverteidiger sollte sich der riesige Holzmast erweisen. Die *Enterprise* setzte einen Mast aus vernietetem Aluminium, womit ein Gewicht von fast einer Tonne eingespart wurde.

138/139: Die *Shamrock IV*, das »häßliche Entlein«, segelte in der Ära der J-Boote. Sie wurde 1913 von Nicholson entworfen und gehörte wohl zu seinen innovativsten Booten. Wegen des Ersten Weltkriegs lag die *Shamrock IV* sieben Jahre lang in einem Lagerschuppen in New York auf. Wie alle Yachten des Eigners Lipton segelte sie für den Yacht Club von Cork in Irland, weshalb man eher von irischen als von englischen Herausforderungen sprechen sollte.

138 unten rechts: Als Thomas Lipton 1913 erneut seine Teilnahme am America's Cup bekanntgab, schlug er vor, das Rennen in der J-Klasse auszusegeln, um damit einem Entschluss des New York Yacht Club nachzukommen. Doch der Club entschied, das America's-Cup-Debüt dieser Klasse noch hinauszuzögern. Daraufhin ließ Lipton den letzten englischen »fin keel«, die *Shamrock II*, zu Wasser.

139 unten links: An Deck dieser großen Rennyacht gab es nichts Überflüssiges. Die J-Boote segelten unter großartigen Skippern, die von den Schiffen der Fischereiflotten angeheuert wurden. Auch die Mannschaft war hoch qualifiziert: namenlose Männer, die unter schwierigsten Bedingungen jeden Handgriff in einem absolut abgestimmten Timing beherrschten.

139 unten rechts: Die englischen Herausforderer um den America's Cup starteten oft mit einem Handikap. Ihnen fehlten wettkampfstarke Testpartner für die Optimierung von Rigg und Segeln und das Training der Mannschaft. Die letzte *Shamrock*, die fünfte der Serie, wird hier von der *Cambria* bedrängt, einer Yacht der »großen Kutterflotte«, die, wenn man das technisch hohe Niveau der Amerikaner bedenkt, wohl kein geeigneter Wettkampfpartner war.

Der America's Cup von 1930 wurde nach vier Siegen und ohne Vergütung entschieden. Statt auf dem stark befahrenen Long Island Sound wurden die Wettfahrten nun zum ersten Mal vor Newport, Rhode Island, ausgesegelt, was bis 1983 das Regattarevier bleiben sollte. Die Regattaserie verlief ohne nennenswerte Ereignisse, die *Enterprise* konnte mühelos alle Rennen für sich entscheiden.

Für die Ausscheidungen hatten die Amerikaner diesmal gleich vier Yachten der J-Klasse bauen lassen: die *Weetamoe*, ein Entwurf des Vermessungsspezialisten Clinton Crane, die als sehr schnell galt (noch im Jahr 1934 fungierte sie ausschließlich als Trainingspartner und wäre fast anstelle der *Rainbow* als Titelverteiger aufgestellt worden), weiterhin die *Whirlwind*, eine auch wegen des Kanuhecks eher untypische Francis-Herreshoff-Konstruktion, der im übrigen nie an die meisterhaften Entwürfe seines Vaters anschließen konnte, sowie die *Yankee*, eine Konstruktion von Starling Burgess und das langlebigste amerikanische J-Boot (in den Jahren 1930, 1934, 1937 und 1939 nahm sie an den Regatten vor Newport teil und wurde später, wie die *Weetamoe*, für die Ausrüstung der *Ranger* ausgeschlachtet), und schließlich die *Enterprise*, wiederum eine Starling-Burgess-Konstruktion, die sich letztlich als Cup-Verteidiger qualifizierte.

Die *Enterprise* wies viele Neuerungen am Rigg auf, sodass sie als »mechanische Yacht« bezeichnet wurde. Abgesehen von dem bereits erwähnten vernieteten Duralumin-Mast hatte sie einen sehr breiten Baum, den berühmten »Park-Avenue«-Baum, und eine Traveller-Schiene, mit deren Hilfe das Großsegel getrimmt wurde. Die Ausrüstung sah nicht weniger als 24 Winden zum Holen der Fallen und Schoten vor, von denen sich die meisten unter Deck befanden, um das Gewicht der Mannschaft möglichst nach unten zu verlagern. Sie verfügte außerdem über zwei aufholbare Schwerter, eins für Amwindkurse und ein kleineres für achterliche Winde.

Die *Enterprise* siegte bei allen Wettfahrten mit deutlichem Vorsprung, war aber derart extrem gebaut und teuer, dass die Amerikaner selbst Änderungen im Reglement vornahmen, um einer derart aufwendigen Ausrüstung zumindest teilweise entgegenzuwirken.

Das Rennen von 1930 war das Debüt zweier nunmehr legendärer Figuren des America's Cup und der J-Klasse: des Konstrukteurs Starling Burgess, dessen Vater schon die amerikanischen Titelverteidiger in den achtziger Jahren des 19. Jahrhunderts entworfen hatte, und Harold Vanderbilts, des Eigners der drei amerikanischen Yachten der J-Klasse, die sich den Herausforderungen der dreißiger Jahre stellten.

Angesichts der Erfahrungen, die Nicholson 1930 gemacht hatte, verwendete er bei der Konstruktion seiner nächsten drei J-Boote, der beiden *Endeavour* für Sir Thomas Octave Murdoch Sopwith und der *Velsheda*, die als Wettkampfpartner für die *Endeavour II* eingesetzt wurde, sowohl für die Spanten als auch für die Beplankung Stahl.

140/141: Im Jahr 1930 liefen in den Vereinigten Staaten insgesamt vier Yachten der J-Klasse vom Stapel: die beiden Burgess-Konstruktionen *Enterprise* und *Yankee*, die von Francis Herreshoff entworfene *Whirlwind* und Clinton Cranes *Weetamoe*. Das Foto zeigt die *Weetamoe* auf Amwindkurs bei frischer Brise und leicht bewegter See während der Qualifikation für den America's Cup des Jahres 1930. Sie erwies sich bei allen Ausscheidungen als wettkampfstark, unterlag aber jedesmal einer Burgess-Konstruktion: 1930 der *Enterprise*, 1934 der *Rainbow* und 1937 der *Ranger*.

140 unten: Die *Yankee*, ein Starling-Burgess-Entwurf aus dem Jahr 1930. Obwohl sie bei den Qualifikationsfahrten für den America's Cup immer einer anderen Yacht unterlag, zählt sie doch zu den stärksten J-Booten der Geschichte. In den 1934 ausgetragenen Ausscheidungsregatten gewann sie zehn Mal gegen die *Rainbow*, die wegen ihrer moderneren Takelung als Titelverteidiger aufgestellt wurde. Die *Yankee* überquerte außerdem als einzige Yacht der J-Klasse jemals den Atlantik, um an Regatten im Solent teilzunehmen, und erwiderte damit die Höflichkeit der Engländer, die diese Strecke so oft schon in entgegengesetzter Richtung zurückgelegt hatten.

141 unten: Die *Shamrock V* trat gegen die *Enterprise* an, eine hochtechnisierte Rennmaschine, auf der alle Trimmeinrichtungen mit Hilfe von Winden und Taljen leicht zu bedienen waren, so dass der amerikanische Regatta-Ausschuss entschied, einer solchen Entwicklung für den nächsten America's Cup Einhalt zu gebieten. Die *Enterprise* trat allerdings noch mit all ihren technischen Verbesserungen an, zum Beispiel dem wegen seiner Breite »Park-Avenue« genannten Plattengroßbaum, mit dessen Traveller-Schiene das Großsegel perfekt zu trimmen war. Die *Shamrock* hatte gegen diesen Konkurrenten keine Chance.

Auch der Mast der *Endeavour* bestand nicht mehr aus Holz, sondern aus seitlich vernieteten und an den horizontalen Verbindungsstellen verschweißten Stahlblechen. Der Baum, ebenfalls eine Stahlkonstruktion, war rund und erwies sich aufgrund seiner Biegsamkeit in alle Richtungen als derart schwierig zu regulieren, dass er für die Wettfahrten durch einen anderen Baum mit dreieckigem Profil ersetzt wurde.

Auf der *Endeavour* wurden zahlreiche Vorsegel mit neuem Zuschnitt und mit zwei oder gar drei Schothörnern erprobt. Letztgenannte Lösung wurde allerdings wegen der schwierigen Handhabung wieder verworfen, während mit der ersten eine deutliche Leistungssteigerung erzielt werden konnte. Der Segelmacher der *Endeavour* und unzähliger anderer englischer Yachten war die Werkstatt Ratsey aus Cowes, die sich schon damals zur Institution im englischen Segelsport entwickelt hatte und auch heute noch weltbekannt ist.

Die Fock mit zwei Schothörnern, die zum Unglück für die Engländer von den Amerikanern rechtzeitig kopiert wurde und bereits vom amerikanischen Titelverteidiger eingesetzt werden konnte, brachte unter gewissen Bedingungen einen zusätzlichen Vortrieb; belastete aber auch die Beschläge, so dass alle Schotblöcke ausgetauscht werden mussten.

Einen wichtigen Beitrag zum Trimmen des Riggs leistete Frank Murdoch, ein Ingenieur der Flugzeugfabrik T. O. M. Sopwith, der ein System entwickelt hatte, mit dem man die Spannung auf Wanten, Stagen und Rigg messen konnte.

Für das Rennen des Jahres 1934 entwarf Starling Burgess die *Rainbow*. Die Regattabestimmungen ließen eine Ausrüstung wie auf der *Enterprise* nicht mehr zu, sondern sahen ein Mindestgewicht für das Interieur von sieben Tonnen vor. Während Nicholson weiterhin solide Inneneinrichtungen entwarf, setzte Burgess zwei der sieben vorgeschriebenen Tonnen für die Akkumulatoren ein, die mittlerweile zur Energieversorgung der Schiffsgeräte nötig waren. Er brachte sie in der Bilge unter! Trotz allem blieb die *Endeavour* das schnellere Schiff. Dass der amerikanische Titelverteidiger auch diese Regatta für sich entscheiden konnte, hatte er lediglich der besser ausgebildeten Mannschaft und einer »großzügigen« Auslegung der Regeln zu verdanken.

Der Regattaverlauf:
Nach den ersten beiden Wettfahrten stand es zwei zu null für den Herausforderer und auch kurz vor Ende der dritten lag die *Endeavour* in Führung. In der sicheren Überzeugung, den Cup bereits verloren zu haben, überließ Vanderbilt das Ruder seinem zweiten Steuermann, dem es mit einem meisterhaften taktischen Manöver gelang, die *Endeavour* in ein Flautenloch zu drängen. Damit stand es zwei zu eins.

Die vierte Wettfahrt endete mit einem Sieg für den amerikanischen Titelverteidiger. Der Protest der Engländer wegen einer Missachtung des Wegerechts war zwar berechtigt, wurde aber vom Regatta-Ausschuss zurückgewiesen. Zwei zu zwei.

Die Amerikaner gewannen die letzten beiden Rennen und blieben damit weiterhin im Besitz des Pokals.

Bei dieser Regatta hatte die *Endeavour* ihre Überlegenheit über die *Rainbow* bewiesen, während man die beiden Steuermänner Sopwith und Vanderbilt als gleich stark bezeichnen konnte. Der eigentliche Gewinner war der amerikanische Regatta-Ausschuss.

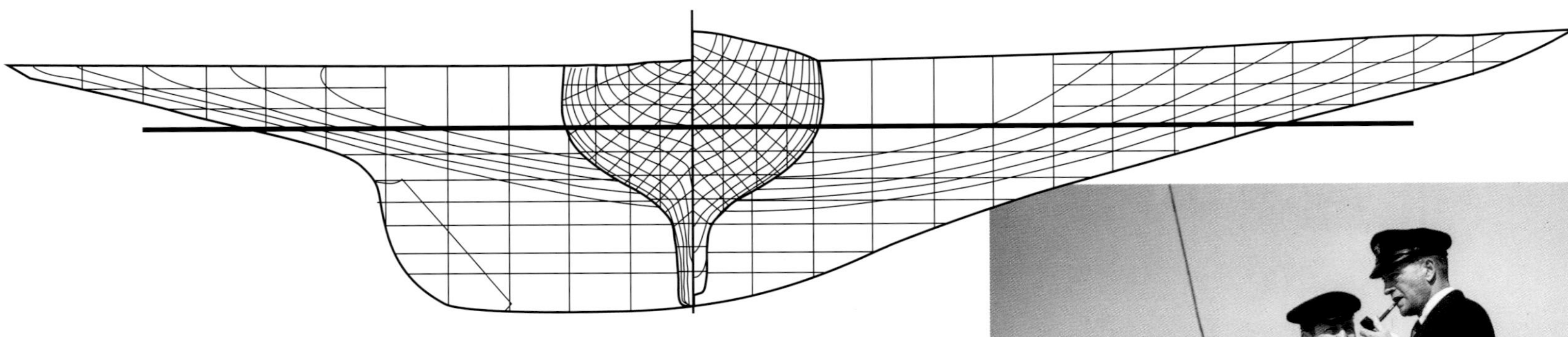

142 oben links: Auch heute noch ist die Segelmacherei Ratsey & Lapthorn in Cowes ein Symbol der Segelsportgeschichte. Es ist sicher nicht übertrieben zu behaupten, dass es kaum eine Yacht gibt, die sich nicht schon wegen eines Kostenvoranschlags an diesen Betrieb gewandt hätte. Auf dem immens großen Schnürboden sind alle Arbeiter um das für die *Endeavour* zugeschnittene und genähte Segel versammelt: 465 Quadratmeter Tuch aus 45 Zentimeter breiten, aneinandergereihten Bahnen ägyptischer Baumwolle.

142 oben rechts: Eine der wenigen Aufnahmen des Interieurs der Yacht einer J-Klasse: Stauraum für die Segel der *Endeavour*, des englischen, von Nicholson entworfenen Herausforderers.

142 Mitte: Die *Endeavour* war schneller als die amerikanische *Rainbow* gewesen. Nach den Rennen übermittelte Nicholson auf Anfrage des New York Yacht Club den Amerikanern die Konstruktionspläne seiner Yacht. Diese wurden umgehend an das Stevens Institute weitergeleitet, um im Schlepptank die Linien der *Ranger* zu optimieren.

142 unten: Angesichts des Erfolges der *Enterprise* beauftragte Vanderbilt wiederum Starling Burgess mit dem Entwurf des Titelverteidigers für das Jahr 1930. Die *Rainbow* konnte die Regatta, trotz Schwierigkeiten, siegreich beenden, woraufhin Burgess, hier links auf dem Foto, auch den Auftrag für den Entwurf der *Ranger* erhielt.

143: Der Eigner Thomas Octave Murdoch Sopwith und seine Ehefrau am Ruder ihrer J-Klasse-Yacht *Endeavour I*. Das Foto ist offensichtlich gestellt, denn es ist kein Besatzungsmitglied zu sehen. Nicht gestellt ist die Anwesenheit von Frau Sopwith an Bord. Sie war bei den America's-Cup-Rennen der dreißiger Jahre stets in der Plicht dabei und hatte die Aufgabe, die Manöver der gegnerischen Yacht zu beobachten.

Bei der Herausforderung von 1937 trat die *Endeavour II* wieder für Lipton an. Sie wies weder bautechnisch noch in der Ausrüstung besondere Neuerungen auf und war nur in der Wasserlinie und den Abmessungen ihrer Vorgängerin gegenüber verändert. Gegen die *Ranger*, das beste jemals gebaute J-Boot, hatte sie keine Chance.

Für die Optimierung des Feintrimms der *Endeavour II* hatten die Engländer ihre vierte J-Klasse-Yacht vom Stapel gelassen, die *Velsheda*, eine Nicholson-Konstruktion, die der alten *Endeavour* sehr ähnlich war. In den Proberennen war die *Endeavour II* immer schneller als ihr Testpartner gewesen.

Die Amerikaner bauten für die Herausforderung des Jahres 1937 ihr letztes J-Boot, die *Ranger*. Starling Burgess arbeitete den Entwurf zusammen mit Olin Stephens aus und testete die Modelle im Schlepptank des Stevens Institute in Hoboken, New Jersey. Hier wurde auch ein Modell der *Endeavour* getestet, denn C. E. Nicholson hatte – britische Sportlichkeit – die Originalzeichnung seines Bootes an Burgess geschickt.

Die *Ranger* gewann nicht wegen der Riggs oder der verwendeten Werkstoffe, noch waren diesmal die Regattabestimmungen ausschlaggebend. Ihre Linien waren einfach optimal und sie war somit schneller als die *Endeavour II*.

Die Herausforderung der *Endeavour II* durch die *Ranger* war insgesamt die sechzehnte im America's Cup und mit ihr endete die Ära der J-Boote. Nach dem Zweiten Weltkrieg wurde dieses Rennen mit Yachten der 12-m-R-Klasse gesegelt.

Vor den J-Booten hatten die Engländer verschiedene 23-Meter-R-Yachten gebaut, die regelmäßig Wettrennen im Solent austrugen und gegen die »große Kutterflotte« antraten. Unter den ersten sind die *Astra* und die *Candida* zu nennen, beides Nicholson-Konstruktionen, sowie die Fife-Entwürfe *Cambria* und *Shamrock* (ohne Nummer, weil es die Erste aus der für Tom Sopwith gebauten Serie war) und die *White Heater*. Unter den Yachten der »großen Kutterflotte« sind die im Besitz der englischen Königsfamilie stehende *Britannia* und die berühmte *Lulworth* von Herbert Weld (Nachfahre von Joseph Weld, Eigner der englischen Kutter *Alarm* und *Arrow*, die 1851 gegen Amerika segelten) zu nennen. Diese Yachten wurden nach der Universalformel

144 oben: Ein Bild des Abschied, vielleicht sogar der Resignation. Dem Ehepaar Sopwith merkt man die Enttäuschung angesichts des Endes ihres Traums deutlich an. Mit der Niederlage der *Endeavour II* im Jahr 1937 zerbricht die Hoffnung des englischen Flugzeugkonstrukteurs, den Pokal in die Heimat zurückzuholen, eine Hoffnung, die sich nach den ausgezeichneten Leistungen der *Endeavour I* im Jahr 1934 fast zur Gewissheit gesteigert hatte. Sopwith und seine Frau verlassen ihre Yacht nach der vierten Wettfahrt an Bord der *Philante*.

144 unten: Starling Burgess' Entwurf erwies sich dem englischen Herausforderer gegenüber als eindeutig überlegen. Vanderbilt ging in Führung und baute seinen Vorsprung stetig aus. In der vorhergehenden Herausforderung, in der die englische Yacht schneller gewesen war, konnte sie nicht den Eindruck vermitteln, das Rennen mühelos gewinnen zu können. Siegentscheidend waren die technischen Fähigkeiten und die Regattaerfahrung der amerikanischen Schiffscrew.

nachvermessen, um netto, also ohne Vergütung, gegen die J-Klasse im America's Cup antreten zu können.

Die J-Boote werden immer mit zwei Persönlichkeiten des damaligen Segelsports in Verbindung gebracht werden, die mit ihrer Begeisterung, ihrem Können und ihrem sportlichen Ehrgeiz das wohl bedeutendste Jahrzehnt der Geschichte des America's Cup prägten: Thomas O. M. Sopwith und Harold S. »Mike« Vanderbilt.

Sopwith und Vanderbilt haben außerdem eine neue Figur ins Leben gerufen, die des »owner-skippers«, des gleichzeitigen Eigners und Schiffsführers. Beide waren taktisch erfahrene Steuerleute und die Rennen, die ihre Yachten gegeneinander austrugen, wurden immer auch ein persönlicher und ehrgeizig ausgetragener Wettstreit um die bessere Technik und Strategie.

Thomas Sopwith war sowohl in der Segelszene als auch in den mondänen Kreisen, die sich um den Segelsport gebildet hatten, unter seinen Initialen T.O.M. bekannt. Als Flugingenieur und Pionier des Flugzeugsports hatte er in seiner Werft für Kriegsflugzeuge im Ersten Weltkrieg die berühmte »Sopwith Camel« entworfen und gebaut. Nach dem Fliegen galt seine Leidenschaft dem Segelsport und er wurde zum besten englischen Amateursteuermann. Da er schon zahlreiche Rennen in amerikanischen Gewässern gesegelt hatte, war er perfekt mit dem Regattarevier vor Newport, wo die Wettfahrten des America's Cup stattfanden, vertraut. Um die Trophäe nach England zurückzubringen, fehlte ihm nur noch eine fähige Crew. (In Wirklichkeit vertraute er nur seiner Frau, die auf unzähligen Wettfahrten als Zeitnehmer im Cockpit mitfuhr.)

Sein Regattagegner, Harold Vanderbilt, entstammte einer Dynastie von Schiffs- und Eisenbahnbauern. Wie der Engländer war auch Vanderbilt ein leidenschaftlicher Amateursegler und ausgezeichneter Steuermann (seine zweite Hauptbeschäftigung war das Bridgespielen). Darüber hinaus ließ der erfahrene, energische Unternehmer seine organisatorischen Fähigkeiten der Vorbereitung für den America's Cup zugute kommen. Seine Mannschaftsmitglieder waren perfekt trainiert und wussten zu jedem Zeitpunkt genau, was sie zu tun hatten.

144/145: Der Sieg der *Ranger* war im Schlepptank des Stevens Institute entschieden worden, aber auch die Mannschaft im Cockpit leistete einen nicht zu unterschätzenden Beitrag: Rod Stephens, Bruder des Konstrukteurs Olin, kontrollierte das Rigg und seine Handhabung, Olin Stephens selbst stand dem Eigner als zweiter Steuermann zur Seite, Professor Zenas Bliss übernahm die Navigation, Gertrude Vanderbilt verfolgte die gegnerischen Manöver und Arthur Knapp war für die Segelregulierung verantwortlich.

145: Die Segel, die die *America* 1851 setzte, waren ohne Zweifel ihre mächtigste Waffe, und als der eigentliche »Motor« einer Yacht werden die Segel immer der entscheidende Leistungsfaktor sein. Im Jahr 1934 setzte die *Endeavour I* diesen mit Löchern versehenen Spinnaker. Die Löcher sollten das Abfließen des Windes ermöglichen und damit die Entstehung eines Luftkissens vermeiden, das die Kraftentwicklung behinderte.

Die grossen Hochseeregatten

J-Boote traten nur bei Windstärken unter 21 Knoten an, denn sie waren so leistungsstark wie anfällig, so schön wie in ihrer Verwendung begrenzt, vergleichbar vielleicht mit den heutigen Formel-1-Wagen, die ja auch niemand bei einer Rallye einsetzen würde.

Aber es bedurfte seetüchtigerer Konstruktionen, wollte man auch die Rallyes des Segelsports, die Hochseeregatten, mitsegeln. Man erzählt sich, dass die Fischer in Gloucester, als sie sahen, dass die J-Klasse-Yachten bei einem Wind von 25 Knoten im Hafen blieben, mit ihren Schonern demonstrativ und unter voller Besegelung ausliefen, um eine Wettfahrt untereinander auszutragen. Sie hatten geglaubt, den Amateurseglern fehle es an Mut, sich Wind und Seegang auszusetzen, eine offensichtlich falsche Schlussfolgerung, wie auch das rapide zunehmende Interesse an Hochseeregatten in der damaligen Zeit bewies.

Mitte des 19. Jahrhunderts schon fanden das erste Bermuda-Rennen und die erste Transatlantik–Regatta statt, die sich in der Zeit zwischen den beiden Weltkriegen zu regelmäßigen Wettkampfveranstaltungen entwickeln sollten. Beim zweiten Bermuda-Rennen im Jahr 1923 gingen bereits 23 Yachten an den Start, darunter zahlreiche Schiffe des dem Gloucester-Schoner nachempfundenen Typs. Im Jahr 1930 war die Teilnehmerflotte trotz der schweren Wirtschaftskrise auf 42 Schiffe angewachsen. Zweifellos ein großer Erfolg im Hochseerennsport, auch wenn diese Veranstaltung vorerst ein rein »amerikanisches Ereignis« bleiben sollte. Erst nach dem Zweiten Weltkrieg segelten auch nichtamerikanische Yachten über die Startlinie.

146/147: Nach einer durch den Krieg erzwungenen Pause wurde das Bermuda-Rennen 1923 wieder aufgenommen. Wie so häufig beherrschen Flauten und Nebelbänke die Gewässer am Start vor New Port, Rhode Island.

147 oben: Von Newport über den Atlantik zu den Bermuda-Inseln sind über 600 Seemeilen zurückzulegen. Mitten hindurch fließt der Golfstrom, eine warme Meeresströmung, die Nebel und örtliche Tiefdruckgebiete verursacht, von der wegen der zu berücksichtigenden Strömungsrichtung und -stärke erschwerten Kursberechnung ganz zu schweigen. Wenn Strom und Wind gegenläufig sind, entsteht eine kurze, steile See, die nicht nur die Takelage enorm belastet, sondern auch für die Crew zu Unannehmlichkeiten führt.

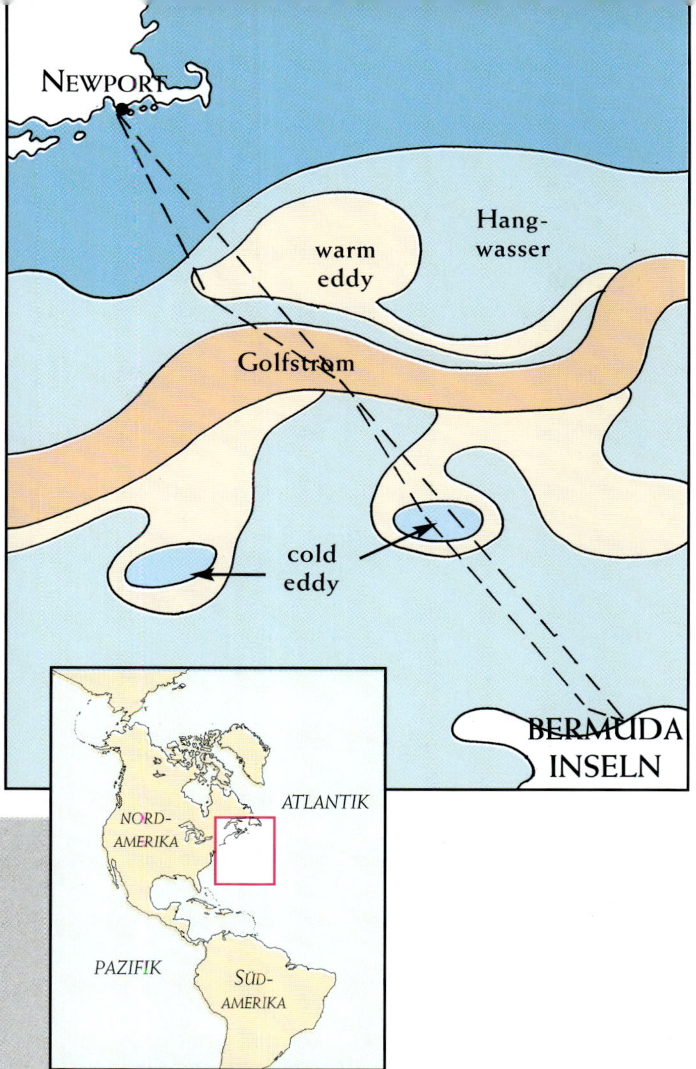

Ein Jahr nach dem unter der Schirmherrschaft des Kaisers organisierten Transatlantik-Rennen 1906 wurde das erste transpazifische Rennen ausgesegelt, mit Kurs von San Francisco nach Honolulu, der Hauptstadt Hawaiis. Eine Regatta über insgesamt 2300 Meilen, die allerdings weit weniger anspruchsvoll war als die 660 Meilen des Bermuda-Rennens mit der Golfströmung, den Nebeleinfällen und plötzlichen Unwettern.

Von San Francisco aus segelte man, sobald die freie See erreicht war, mit stetigem Nordost-Passat, der die Yachten genau im Südwesten zum Ziel brachte, ohne zu sehr aufzufrischen oder sich ganz zu legen. Eine lange, angenehme und entspannte Überfahrt.

Das Transpazifik-Rennen fand bis zum Zweiten Weltkrieg insgesamt zehn Mal statt. Ab 1936 wurde es im zweijährigen Rhythmus abwechselnd mit dem Bermuda-Rennen gesegelt, so dass die Crews mit ihren Yachten an beiden Rennen teilnehmen konnten.

147 Mitte: Die Wetterbedingungen haben den Ablauf des Bermuda-Rennens von jeher stark beeinflusst. Beim Start für das Rennen im Jahr 1923 war der Nebel der Hauptdarsteller: Die Yachten segeln gespensterhaft, nur von einer schwachen Brise getragen, um das Boot des Regatta-Komitees. Solche Situationen werden durch den Golfstrom verursacht, eine warme Meeresströmung, die zu starken meteorologischen Störungen führt.

147 unten: Am Start des Bermuda Race im Jahr 1923 fanden sich insgesamt 23 Yachten ein, darunter auch zahlreiche »Alden-Schoner«, insbesondere die *Malabar IV*, die das Rennen gewann. Bevor Yachten wie Stephens' *Dorade* oder *Stormy Weather* Ende der dreißiger Jahre auftauchten, zeichneten sich die Yachten eher durch Durabilität und Seetüchtigkeit als durch Schnelligkeit aus.

Das Zentrum des amerikanischen Segelsports blieb die Atlantikküste, genauer gesagt der Abschnitt vom geschützten Long Island Sound, an dessen Ende sich New York befindet, bis nach Boston in der Massachusetts Bay.

Diese meist windreichen, aber nur selten von Stürmen heimgesuchten Gewässer, die – zumindest in der warmen Jahreszeit – von blühenden Küstenstreifen, langen Sandstränden und den luxuriösen Sommerresidenzen der wohlhabenden

East-Coast-Bewohner gesäumt sind, waren der Schauplatz der bedeutendsten amerikanischen Segelveranstaltungen, allen voran der America's Cup.

Seit dem Gründungsjahr des New York Yacht Club im Jahr 1844 wurde zwischen New York und Marblehead die New York Yacht Club Cruise ausgerichtet, eine Regatta-Kreuzfahrt, die für die amerikanischen Yachtsportbegeisterten zu einem der wichtigsten gesellschaftlichen Ereignisse wurde.

Zur ersten Wettfahrt im Jahr 1844 waren sieben Yachten angetreten: außer der *Gimrack* des Kommodore John Cox Stevens, auf der im selben Jahr der Yacht Club gegründet worden war, nahmen die *Spray*, die *Coquille*, die *Cygnet*, die *Minna*, die *Petrel* und die *Mist* teil. Die Kreuzfahrten zwischen den zahlreichen Küstenbuchten wechselten sich mit Wettfahrten und mondänen Stopps ab. Die Veranstaltung fand von da ab einmal jährlich im August statt, dauerte ursprünglich eine Woche und wurde später auf zehn Tage verlängert. Man startete im geschützten Long Island Sound, der von dem britischen Yachtmann und Chronisten der Segelwelt, Heckstall-Smit, beschrieben wurde als »der ideale Platz für jede Art von Yacht bis hin zum 300-Tonnen-Schoner. Ein hinreißendes Gebiet mit tiefem Wasser, vom umliegenden Land geschützt, mit einer Fläche von zehn mal zwanzig Meilen ....« (in Wirklichkeit ist der Meeresarm nur ungefähr in der Mitte, in der Höhe von New Haven, zehn Meilen breit und von New York bis zur Mündung ins offene Meer sind es mehr als fünfzig Meilen). Genau vor dem Long Island Sound durchsegelt die Flotte ein relativ freies, durch Block Island einigermaßen geschütztes Seestück bis zum Feuerschiff Brenton Reef gegenüber von Newport, Rhode Island, dem milliardenschweren Feriendomizil der gehobenen amerikanischen Gesellschaft. Von dort aus geht es weiter zum nächsten Etappenziel, Martha's Vineyard bei Cape Cod, und schließlich nach Marblehead in der Nähe von Boston. Noch heute ist diese Veranstaltung für die Clubmitglieder ein »Muss«.

Im Zusammenhang mit der rapiden Verbreitung des Segelsports in Amerika ist eine weitere Regatta erwähnenswert, die Chicago-Mackinac-Regatta, die mit 333 Meilen wohl längste Süßwasserwettfahrt. Angesichts der Größe des Michigan-Sees ist der Begriff Hochseeregatta hier durchaus angebracht. Die Chicago-Mackinac ist eines der ältesten Langstreckenrennen, das erstmals 1898 stattfand. Damals nahmen acht Yachten aus Chicago an einer ziemlich dilettantischen und improvisierten Veranstaltung teil. Seit 1904 wird die Regatta einmal jährlich von dem Chicago Yacht Club organisiert und ist zur berühmtesten Süßwasser-Regatta der Welt geworden. Die Windverhältnisse sind mit unvorhersehbaren Flauten und heftigen Stürmen oft schwierig, was schon häufig zu dramatischen Unfällen geführt hat.

Im Jahr 1911 versammelten sich elf Yachten hinter der Startlinie und verließen die Küste vor Chicago bei einer leichten Brise. Wegen eines plötzlichen Sturms mit Böen von bis zu 50 Knoten Stärke waren mehrere Teilnehmer gezwungen, Schutz in einer Bucht zu suchen, wobei die Slup *Vencedor* an den Felsen zerschellte. Lediglich sieben Yachten erreichten damals das Ziel. Sieger wurde der 30-Meter-Schoner *Amorita* mit einem bis heute ungeschlagenen Rekord von 31 Stunden und 11 Minuten.

148: Im späten 19. Jahrhundert war der Wettkampf ein nur nebensächlicher Aspekt des Segelsports. Segeln war eher eine Prestigeangelegenheit und eine angenehme Freizeitbeschäftigung dazu. Für die Mitglieder und Schiffseigner des New York Yacht Club entwickelte sich die jährliche Club-Regatta zu einem bedeutenden gesellschaftlichen Ereignis, bei dem man nicht fehlen durfte. Die in Ankerbuchten, wie hier vor Rhode Island, eingelegten Stopps gaben Anlass zu Festen, Banketten und Tanzveranstaltungen.

148/149: Im 20. Jahrhundert trat der sportliche Charakter dieser wichtigsten Clubveranstaltung zunehmend in den Vordergrund, obwohl auch die gesellschaftlichen »Events« weiterhin nicht fehlten. Auf See wurde die Herausforderung jedoch ernst genommen und die Yachten der Mitglieder lieferten sich – in Klassen unterteilt – auf den einzelnen Etappen harte Wettkämpfe. Im Foto sieht man die *Petrel* beim Rennen im Jahr 1920, die nach dem Start die Gruppe anführt. Die Regatta konnte nun von Jahr zu Jahr steigende Teilnehmerzahlen verbuchen und wird auch heute noch ausgetragen.

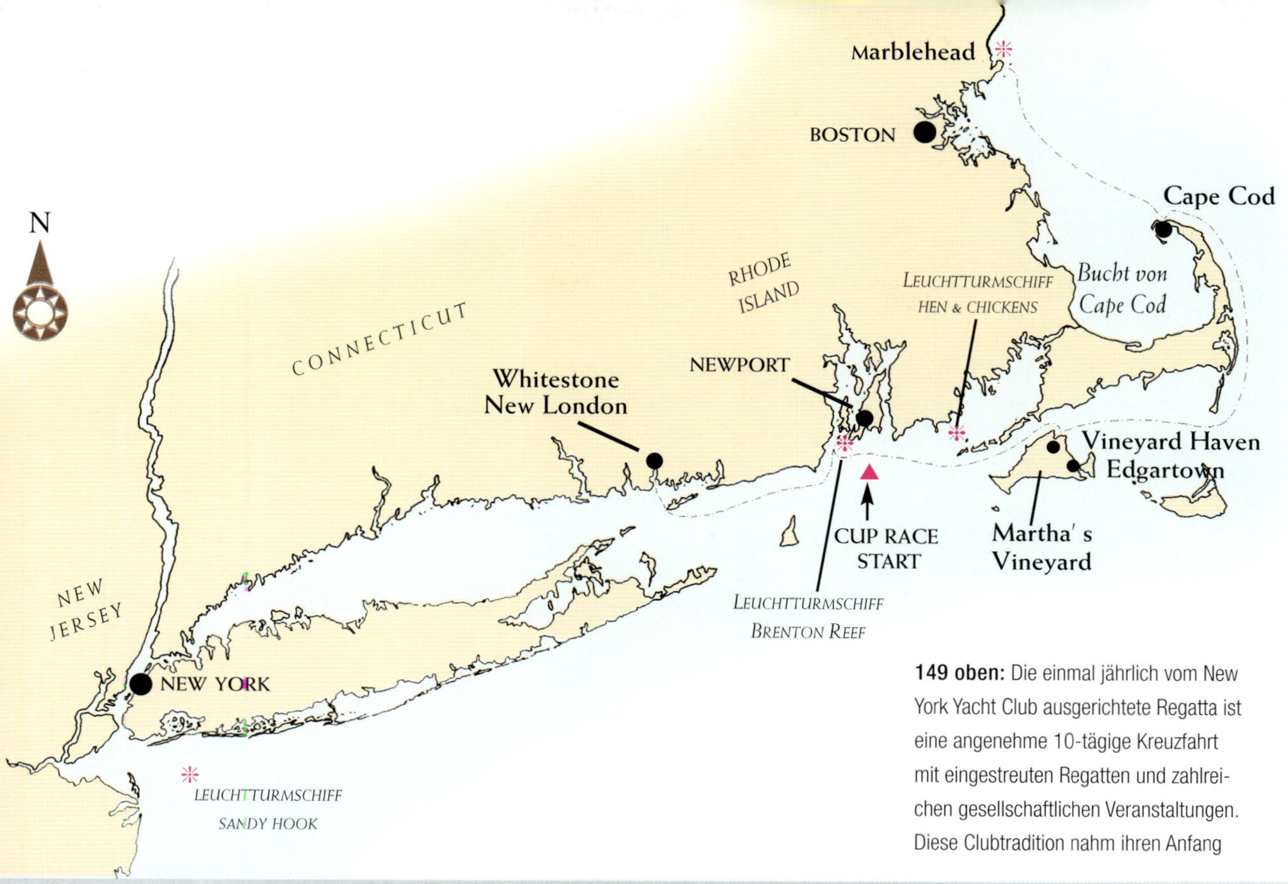

149 oben: Die einmal jährlich vom New York Yacht Club ausgerichtete Regatta ist eine angenehme 10-tägige Kreuzfahrt mit eingestreuten Regatten und zahlreichen gesellschaftlichen Veranstaltungen. Diese Clubtradition nahm ihren Anfang mit einer Kreuzfahrt-Regatta im Jahr 1844, an der außer Stevens' *Gimrack* sieben weitere Yachten teilnahmen. Die Veranstaltung gilt auch heute noch als eines der herausragenden Ereignisse der Segelsaison.

Trotz der Monopolstellung der Briten in vielen Bereichen des Segelsports, den sie im Übrigen erfunden hatten, fand in England die erste Hochsee-Regatta erst im Jahr 1925 statt. Der insgesamt 615 Meilen lange Kurs des Fastnet-Race startete vor Cowes im Solent. Nach Passieren von Lizard Point folgte die Strecke zum Fastnet Rock, vor der Südküste Irlands, der gerundet wurde. Vor der Ankunft im Zielhafen Plymouth, Devon, mussten noch Land's End und die Scilly-Inseln passiert werden, jene unberechenbare Anhäufung von Felsen und kleinen Inseln, die von jeher stumme Zeugen tragischer Schiffbrüche waren. Eigentlich sind nur knapp 200 Meilen freien Seeraums zurückzulegen, aber das Fastnet-Race gilt dennoch als eines der weltweit anspruchvollsten Hochseerennen. Starke Strömungen, häufige Stürme, Nebel und Regenschauer, Atlantikdünnung, die – wo sie auf die Kontinentalplatte trifft – steil und gefährlich wird, und zahlreiche Sandbänke und Klippen halten den Segler ständig in Schach. Bei meinem ersten Fastnet-Rennen segelten wir, um den Solent zu verlassen, ein unbeschreiblich hartes Bein hoch am Wind gegen eine See, die wegen der gegenläufigen Strömung nahezu senkrecht stand. Darauf folgte eine Totenflaute, so dass wir gezwungen waren, Anker zu werfen, um nicht von dem mittlerweile in die andere Richtung setzenden Gezeitenstrom zurückgetrieben zu werden. (Der Wellengang war, bevor die Strömung ihn glättete, durch den Wind derart kurz und rauh gewesen, dass einem Schiff in der Bucht allein durch die Stampfbewegung der Mast brach.) In der ersten Nacht auf freier See kreuzten wir bei Nebel und Regenschauern. Nach Rundung des Fastnet-Felsens schloss sich eine Fahrt bei 45 Knoten Wind mit bis ins Cockpit brechenden Wellen an. Windstille am Morgen und bei der Ankunft in Plymouth, im dunstigen und regnerischen Morgengrauen des zweiten Tages. Ein Mann stand am Bug, um rechtzeitig die zahlreichen Tonnen mit ihrem düster-dumpfen Glockenklang zu sichten, die die Ansteuerung begrenzen.

Von meinem zweiten Fastnet-Rennen wurde schon zu seiner Zeit und auch später viel berichtet. Von 303 Yachten trafen nur 85 am Ziel ein, 15 Männer blieben auf See.

Das erste Fastnet-Race wurde im Jahr 1925 mit nur sieben Yachten gesegelt. Siegerin wurde die *Jolie Brise*, ein in Le Havre gebauter und zur Yacht umgerüsteter Lotsenkutter, der jedoch eher den traditionellen englischen Kuttern von Anfang des 19. Jahrhunderts ähnelte als den damaligen Sportyachten. Was übrigens auch auf die anderen teilnehmenden Schiffe zutraf: eine wie üblich ziemlich überholte Shepard-Konstruktion, zwei Bristol-Channel-Kutter, ein Colin Archer und ein Arbeitsboot aus den Highlands. Die *Jolie Brise* des Eigners E.G. Martin konnte das Fastnet-Rennen auch in den Jahren 1929 und 1930 für sich entscheiden. Sie wurde damit legendär und ein ausgezeichnetes Argument der Fürsprecher des englischen Kutters.

Das zweite, im Jahr 1926 ausgetragene Fastnet-Race war bereits international besetzt. Unter anderem trat der Alden-Schoner *Primrose IV* an, der auch regelmäßig beim Bermuda-Rennen startete. Siegerin war die *Ilex*, eine Nicholson-Konstruktion aus dem Jahr 1899, die sich 1929 und 1930 auf dem dritten Platz behaupten konnte.

Das dritte Fastnet-Rennen im Jahr 1927 fand, wie in den beiden vorhergehenden Jahren, bei Sturm und Schlechtwetter statt. 1925 waren bis auf die *Jolie Brise* alle Yachten aufgrund der Wetterbedingungen gezwungen gewesen, Schutzhäfen anzusteuern oder abzulaufen. 1926 erwischte ein Sturm die Regattasegler genau bei der Rundung von Fastnet Rock. Eine der Yachten lief, um nicht zu sinken, in flachem Wasser auf. Aber die 1927er Regatta sollte noch schlimmer werden. Von fünfzehn Yachten hatten neun schon frühzeitig aufgeben müssen und nach der Rundung von Land's End waren lediglich noch die *Tally Ho*, Lord Stalbridges englischer Kutter, und die *La Goleta*, ein typischer amerikanischer Alden-Schoner des Eigners R. Peverhy, im Rennen. Die *Tally Ho* traf nur 52 Minuten nach dem Amerikaner im Ziel ein und siegte nach Berechnung. Schon zum zweiten Mal hintereinander hatte die englische, konservative Yachttradition über die Amerikaner gesiegt. Im folgenden Jahr sollte sich das Blatt jedoch wenden: Starling Burgess' Schoner *Niña*, mit Marconi-Großsegel und einem im Vergleich zu den klassischen Alden-Yachten innovativen Rigg, gewann das Rennen.

Burgess hatte diese Yacht für zwei amerikanische Geschäftsleute, Paul Hammond und Elihu Root jr., für das Transatlantik-Rennen, den King's and Queen's Cup, entworfen. (Der Name der Regatta bezog sich auf den spanischen König Alfonso XIII. und auf Königin Victoria von England.). Sie wurde von einer auf Dinghys und Kattboote spezialisierten Werft, Reuben Bigelow aus Buzzard's Bay, Massachusetts, in lediglich vier Monaten fertiggestellt. Eine heutzutage für den Bau einer 18-Meter-Yacht undenkbare Zeit, damals jedoch durchaus üblich: Arbeitskräfte waren zur Genüge vorhanden und der Arbeitstag war natürlich nicht auf acht Stunden begrenzt. Abgesehen davon waren die Yachten sehr viel einfacher gebaut. Nach Fertigstellung des Rumpfes, der Inneneinrichtung und der Takelage konnte das Boot bereits vom Stapel laufen. Elektroinstallationen, Maschinen und Zusatzausrüstung wie auf den heutigen Schiffen gab es noch nicht.

Die *Niña* gewann das Transatlantik-Rennen und startete danach, am 15. August 1928, beim Fastnet-Race. Als Steuermann und Taktiker war Sherman Hoyt an Bord, der schon damals, also vor seiner genialen Aktion am Ruder der *Rainbow* im America's-Cup-Rennen von 1934, als einer der besten amerikanischen Segler galt. Die *Niña* siegte auch beim Fastnet-Race.

151 oben links: Eine der traditionellsten Hochseeregatten startet bei Cowes vor dem Sitz der Royal Yacht Squadron. Die Strecke führt entlang der gesamten englischen Südküste bis zur Rundung der Scilly-Inseln und dann mit nord-nordöstlichem Kurs Richtung Fastnet Rock, Irland. Nach der Rundung des Fastnet Rock geht es zurück über die Scilly-Inseln bis nach Plymouth.

150 links: Die *La Goleta* segelte das Fastnet-Race von 1927 unter amerikanischer Flagge. Sie trug praktisch einen Zweikampf mit der *Tally Ho*, einem typischen englischen Kutter, aus. Den Sieg des Kutters als Überlegenheit dieses Yachttyps gegenüber dem amerikanischen Schoner zu interpretieren erscheint allerdings unangebracht. Ein Rennen mit einem sechs Tage währenden Sturm zu meistern zeugt lediglich von der Qualität der Crew.

150 rechts: Die robuste *Jolie Brise* gewann das erste Rennen im Jahr 1925 und konnte ihren Erfolg auch 1929 und 1930 wiederholen. Sie ist ein ehemaliger Lotsenkutter aus Le Havre, ein im Ärmelkanal sehr verbreitetes Modell, und ist noch immer ein attraktives Schiff.

151 unten links: Wie die *Jolie Brise* ist auch die *Tally Ho* ein ehemaliger Lotsenkutter, der von Albert Strange zur Yacht umgerüstet wurde. Die *Tally Ho* gewann das legendäre Duell gegen *La Goleta* im Jahr 1927. Durch die Zeitvergütung konnte sie den 52-minütigen Rückstand am Ziel ausgleichen.

151 rechts: Der von Burgess entworfene Schoner ringt mit der kurzen, steilen See des Bermuda-Rennens. Unter den bereits erwähnten »unangenehmen« Bedingungen zeigt die *Niña* ihr wahres Potential. Ein perfekter Segeltrimm führt zu gutem Vortrieb. Klüver und Vorstagsegel sind dabei flach geschnitten. Die *Niña* ist für Hochseeregatten wie diese wie geschaffen.

152 oben links: In den ersten Nachkriegsjahren gab es in Frankreich zahlreiche Initiativen zur Demokratisierung und Verbreitung des Segelsports: Yacht-Architekten entwickelten kostengünstige Konstruktionsmethoden und Philippe Viannay gründete in der Bretagne eine Segelschule für den segelbegeisterten Nachwuchs. Jean Jacques Herbulot entwarf Knickspant- oder Doppelknickspantkonstruktionen aus Sperrholz. Auf der Abbildung die »Cotre des Glénans«; die bretonische Schule sollte beispielhaft in Europa werden.

152 Mitte links: Der Argentinier Vito Dumas vollendete eine Weltumsegelung und umrundete damit als erster Einhandsegler das Kap der Guten Hoffnung, Kap Hoorn und Kap Leeuwin – ein besonders für die damalige Zeit extremes Unternehmen.

Der Wieder-anfang – ein neuer Yachtsport

Die Zweite Weltkrieg hatte verheerende Folgen für alle beteiligten Nationen, was unweigerlich dazu führte, dass Freizeitvergnügungen – und der Segelsport machte hier natürlich keine Ausnahme – fast völlig in den Hintergrund traten. Allerdings nur fast, denn selbst in den finstersten Kriegstagen finden sich Spuren dieser Sportart, die zuvor schon so viele Menschen in ihren Bann gezogen hatte.

Die enormen Mengen Blei, die als Ballast für die großen Yachten aus den dreißiger Jahren dienten, wurden während des Krieges beschlagnahmt, um daraus Munition herzustellen (auch heute noch werden, vor allem in England, alte Schiffsrümpfe zur Weiterverwertung geborgen, um Ballast in Form von Blöcken aus Gußeisen, Zement oder Ferrozement zu entnehmen). Große Yachten, allen voran die so genannten »schwimmenden Paläste«, wurden zu Fracht-, Hospital- oder Truppentransportschiffen umfunktioniert, und die riesigen Spinnaker aus reiner Seide oder bei den jüngeren Modellen aus Kunstseide wurden für die Herstellung von Hemden, Fallschirmen, Zelten oder anderen wichtigen Dingen geopfert.

Zahlreiche namhafte Konstrukteure, die bis dahin ihr Wissen und Talent darauf verwandt hatten, Industriemagnaten und Aristokraten das Segeln zu ermöglichen, stellten während des Krieges ihre Fähigkeiten in den Dienst des Vaterlandes. Stephens zum Beispiel entwarf nach der *Dorade* und der *Ranger* ein Amphibienfahrzeug, das in großem Umfang bei der Landung in der Normandie eingesetzt wurde, während der geniale Konstrukteur Uffa Fox eine seiner Jollen mit einer wasserdichten Segeltuchpersenning unsinkbar machte. Er rüstete es mit zwei kurzen, mit je einem Segel versehenen Masten aus und lieferte dazu eine knappe Bedienungsanleitung. So entstand das weltweit erste Rettungsboot, das, in großer Zahl hergestellt, von Flugzeugen über dem Meer abgeworfen wurde und Hunderte von Bomberfliegern rettete, die über dem Ärmelkanal abgestürzt waren.

Es gab auch Initiativen, die Kriegsgefangenen in den deutschen Internierungslagern mit Hilfe des Segelsports humanitär zu unterstützen.
Die Franzosen gründeten zu diesem Zweck den »Stalag 1 S Yacht Club«, der innerhalb des Lagers Regatten mit Schiffsmodellen veranstaltete, die von den Gefangenen selbst gebaut worden waren. Der Royal Ocean Racing Club schrieb für englische Lagerinsassen einen Wettbewerb für den Entwurf einer Yacht mit einer Länge von 30-35 Fuß aus und lieferte den Interessenten Papier, Bleistift und Instrumente für die Zeichnung.

Der Krieg trug ironischerweise zur Demokratisierung im Segelsport bei. Die provisorische französische Regierung Pétain förderte die Verbreitung des Freizeitsegelns mit Jollen und Einheitsklassen, so dass Frankreich in der Nachkriegszeit mit einer im Vergleich zu den dreißiger Jahren stärkeren Flotte auftrat. Jean Jacques Herbulot konstruierte die *Vaurien*, eine kleine, in Serie gefertigte Jolle aus Sperrholz, gefolgt von der *Corsair*. Trotz der sozial und wirtschaftlich schwierigen Lage fanden diese beiden Boote eine schnelle Verbreitung.

Schon während des Krieges war mithin der Grundstein für eine neue, jedermann zugängliche Form des Segelns gelegt worden und mit den Jollen wurde nun das entsprechende Sportgerät geliefert.

Gewiß, anfangs zahlte man für die *Vaurien* so viel wie für ein Fahrrad und das zu einer Zeit, in der ein Fahrrad so viel kostete wie eine kleine Wohnung, aber dennoch gab es 1947 in Frankreich eine Flotte von gut 2300 Jollen und Booten der Einheitsklassen!

In der unmittelbaren Nachkriegszeit fand die von der Regierung Pétain während des Krieges geförderte Entwicklung zu den kleineren Klassen trotz aller ideologischen und parteipolitischen Auseinandersetzungen energische Befürworter, zum Beispiel Philippe Viannay. Die von Viannay gegründete Segelschule »Les Glénans« richtete sich an den Nachwuchs und propagierte das spartanische, sportliche und volksnahe Segeln. Diese Initiative setzte ein wichtiges und zweifellos positives Zeichen im Segelsport der Nachkriegszeit, und nicht nur in Frankreich. Welch ein Unterschied zum großen Uffa Fox, dem persönlichen Segellehrer des Prinzen von Wales! Auch in England folgte man diesem Trend. Hier lancierte die Tageszeitung Daily Mirror 1947 eine für die Serienproduktion geeignete und damit preisgünstige Jolle, das *Mirror Dinghy*. Als eine der wenigen positiven Hinterlassenschaften des Krieges sind wohl die industrialisierte Produktion und die in diesem Zusammenhang entwickelten Schweißverfahren anzusehen.

Schon im Sommer 1945 fand die wohl erste Regatta der Nachkriegszeit statt, die Wettfahrt Cowes-Dinard, zu der zwar nur neun Teilnehmer meldeten, aber es war immerhin ein Neuanfang.

England hatte seine Vorrangstellung in der Entwicklung des Yachtsports nicht vergessen und so nahm auch der Royal Ocean Racing Club unverzüglich seine Aktivitäten auf. Einen bemerkenswerten Beitrag leistete in diesem Zusammenhang Kapitän John H. Illingworth mit seiner Yacht *Myth of Malham*.

In den Vereinigten Staaten wandten sich die Stephens-Brüder Olin und Rod ebenfalls wieder dem Entwurf von Rennyachten zu. Bereits zum ersten Nachkriegs-Bermuda-Race im Jahr 1946 ging das New Yorker Designer-Duo mit einer neuen Konstruktion an den Start.

Der Argentinier Vito Dumas hingegen hatte während der Kriegsjahre auf See den Frieden gesucht, den das Festland ihm nicht geben konnte. Mit seiner *Lehg II*, einer nach dem Riss eines Colin-Archer-Bootes entwickelten Konstruktion des auf diesen Schiffstyp spezialisierten Yacht-Architekten Manuel Campos, startete er am 1. Juli 1942 zu einer Weltumsegelung, auf der er die drei »großen« Kaps rundete. Eine Weltpremiere!

152 Mitte rechts: Schon 1946 war das Interesse an Regatten neu erwacht. In den Vereinigten Staaten zog das Bermuda-Race die Aufmerksamkeit der Segelsportler auf sich. Das Foto zeigt den Start dieser ersten Nachkriegsregatta. Die wunderschöne *Latifa*, eine William-Fife-III-Konstruktion aus dem Jahr 1936, führt die Flotte an. In der Mitte die *Sunbeam*, sowie, weit abgefallen und in Lee, die berühmte Burgess-Konstruktion *Niña*, Siegerin des 1929-Bermuda-Race, die sich auch 1962 noch in diesem Rennen durchsetzen sollte.

152 unten: Die *Lehg II*, mit der Vito Dumas seine Weltumsegelung vollendete, war ein klassischer Colin-Archer mit Kanuheck, ein sogenannter Doppelender oder Spitzgatter. Dieser durch seine Rumpfform charakterisierte Schiffstyp galt als besonders sicher und seetüchtig, ein Missverständnis, das auf seinem ursprünglichen Verwendungszweck beruhte. Der Colin-Archer wurde als Rettungsboot für die norwegischen Fischereifahrzeuge eingesetzt, das heißt, er musste auch bei schwerem Seegang ruhig auf der Stelle liegen können und in Seenot geratene Schiffe schleppen. Seine Verwendung als Fahrtenkreuzer liegt daher nicht gerade nahe, aber Dumas vollendete seine Reise dennoch erfolgreich.

152/153: Besonders bei den kleineren Yachten der B-Klasse kam beim 1946-Bermuda-Race ein großes Starterfeld zusammen. Obwohl der Kurs wegen der meist widrigen Wetterverhältnisse zu den anspruchsvollsten Hochseerennen zählt, waren in den ersten Jahren Yachten mit einer Länge unter 10 Metern zugelassen.

153 rechts: Die *Niña* macht gute Fahrt und läuft etwas höher als die Konkurrenz. Das Schonerrigg scheint ihre Leistung nicht zu beeinträchtigen, nicht einmal im Vergleich zu ihrem direkten Konkurrenten, der attraktiven 18-Meter-Slup *Gesture*, einer Olin-Stephens-Konstruktion aus jenem Jahr. Burgess änderte den traditionellen Segelplan, indem er das Gaffel-Großsegel durch ein Stagsegel ersetzte, was die Leistung beim Segeln hoch am Wind beachtlich steigerte. Die *Gesture* konnte in diesem Jahr das Bermuda-Race für sich entscheiden.

Die neue Yacht

154 oben: Die Werften, auf denen in England wie in den Vereinigten Staaten, in Frankreich wie in Italien Yachten hergestellt wurden, waren unmittelbar nach dem Zweiten Weltkrieg noch reine Handwerksbetriebe; auf provisorisch überdachten Hellingen bearbeiteten Bootsbauer, Kalfaterer, Zimmerleute und Kunsttischler das Bauholz mit einer handwerklichen Kunstfertigkeit, die schon bald der Vergangenheit angehören sollte.

154 unten: Aufgrund der Wirtschaftskrise der unmittelbaren Nachkriegszeit war an den Bau von großen Yachten wie in den dreißiger Jahren nicht zu denken. Der leidenschaftliche Sportsegler der damaligen Zeit griff daher notgedrungen auf Konstruktionen zurück, die noch heute für derartige Unternehmungen ungeeignet erscheinen. Die *Cohoe* des Engländers Adlard Coles zum Beispiel war eine kleine, von Knut Reimers 1937 konstruierte Slup von nicht einmal 10 Metern Länge.

Aufgrund der wirtschaftlichen Probleme der Nachkriegszeit wurden alle verfügbaren Mittel für den Wiederaufbau von Wohnungen und Fabriken sowie für die Versorgung mit dem Allernotwendigsten – wozu Yachten mit Sicherheit nicht zählten – eingesetzt.

Andererseits hatte der Krieg die Gesellschaft sozial »nivelliert« und ein neues Demokratieverständnis begünstigt. Das Interesse an der Segelei war unmittelbar nach Ende der Kriegswirren wieder erwacht, aber es traten nun andere Akteure auf die Bühne: nicht mehr die Industrie- und Finanzmagnaten oder Vertreter der Aristokratie, denn die einen wie die anderen waren entweder vom Lauf der Geschichte hinweggefegt worden oder hatten an Wichtigeres zu denken, sondern Amateure, echte Segelbegeisterte, die bereits Ende der dreißiger Jahre begonnen hatten, den Platz derer einzunehmen, für die der Segelsport im Grunde nur eine Prestigeangelegenheit gewesen war.

In der Nachkriegszeit stellte sich mithin das Problem, dass die traditionellen Yachten für diesen neuen Kreis von Interessenten unerschwinglich waren. Der Zweite Weltkrieg selbst lieferte – als einer der wenigen positiven Nebeneffekte – die Lösung des Problems. Während des Krieges waren im Schiffs- und Flugzeugbau industrielle Fertigungsprozesse entwickelt und eingeführt worden, um die steigende Nachfrage nach Schiffen und Flugzeugen zu befriedigen, Prozesse, die auf neuen Technologien und Werkstoffen basierten und maßgeblich zur Entwicklung der Serienproduktion beitrugen.

Natürlich war der Yachtbau in der Nachkriegszeit auf einen solchen Entwicklungssprung nicht vorbereitet. Um etwas rentabel in Serie herzustellen, bedarf es einer möglichst schon quantifizierbaren Nachfrage, die es unter anderem

wegen der hohen Kosten noch nicht gab. Aber die Lösung lag nahe: Man musste kleinere Einheiten bauen.

Die in der unmittelbaren Nachkriegszeit gebauten Yachten waren in der Tat »klein«. Damit einher ging aber auch die Anforderung nach Leichtigkeit, denn nur so war auch bei einer Yacht mit geringen Abmessungen eine befriedigende Leistung zu gewährleisten.

Der Anstoß zu leichteren Konstruktionen sollte wieder einmal aus England kommen: Colonel Hasler, ein leidenschaftlicher Sportsegler, suchte nach Kriegsende eine neue Regattayacht. Das einzig Brauchbare, was er fand, war ein skandinavischer 30-qm-Schärenkreuzer aus dem Jahr 1934, eine für Binnengewässer entworfene Konstruktion und sicherlich keine »Yacht« im traditionellen Sinn, aber 1945 musste sich auch der Segelsportler mit dem begnügen, was er bekam.

Nach einigen Verbesserungen des Riggs im Sinne der Bestimmungen des RORC und Veränderungen an der Inneneinrichtung und auf Deck, um ein Minimum an Komfort und Sicherheit zu erhalten, segelte Hasler schon in der folgenden Saison des Jahres 1946 mit seiner *Tre Sang* die ersten Regattasiege ein.

Der erste Nachahmer dieser Initiative fand sich schnell. Adlard Coles, ein berühmter englischer Sportsegler, kaufte ebenfalls ein schwedisches Boot, die von Knut Reimers 1937 entworfene *Coboe*. Es handelte sich dabei zwar um eine Rennyacht, die aber, wie auch Haslers *Tre Sang*, für die geschützten Gewässer der skandinavischen Fjorde konzipiert war. Dennoch erwies sich auch die leicht umgebaute *Coboe* als erfolgreich und gewann das erste nach dem Krieg ausgetragene Transatlantik-Rennen von den Bermudas nach Plymouth. Die *Tre Sang* hatte eine Länge über alles von 8,30 Metern bei 2,8 Tonnen Wasserverdrängung und die *Coboe* war mit einer Länge über alles von 9,80 Metern und einer Verdrängung von 3,5 Tonnen nur wenig größer. Die beiden skandinavischen Konstruktionen bewiesen ihre Qualitäten durch Regattaerfolge über die zwanzig Jahre zuvor gebauten großen Yachten. Der Unterschied lag eben darin, dass sie kleiner und leichter waren. Und preisgünstiger dazu.

Für kostengünstige Yachten hätte man einen größeren Interessentenkreis erschließen können, und je mehr Käufer, desto eher würde sich die »industrielle« Fertigung rentieren und desto preiswerter konnte man die Boote anbieten. Es sah mithin so aus, als ob sich eine rasante Entwicklung im Yachtsport abzeichnen könnte, zumal ein Wirtschaftsboom als Folge des Wiederaufbaus vorhersehbar war. Der letzte Teil dieser Annahme sollte sich bestätigen, nicht jedoch der erste. Es reicht eben nicht, etwas für alle erschwinglich zu machen, um eine breite Begeisterung dafür zu entfachen.

Aber kehren wir zur unmittelbaren Nachkriegszeit zurück, in der die technischen Grundbedingungen für die Einführung industrieller Herstellungsverfahren gegeben waren. Von einigen Errungenschaften des Krieges konnte der Yachtbau unmittelbar profitieren, nämlich von den neu entwickelten Werkstoffen und Konstruktionstechniken.

Während der Kriegsjahre waren verschiedene, bis dahin nur experimentell angewandte Verfahren weiterentwickelt worden und standen nun zuverlässig zur Verfügung. Bei Metallkonstruktionen konnte man das Vernieten durch das wesentlich schnellere, sicherere und billigere Schweißverfahren ersetzen und in Holzkonstruktionen setzte sich Sperrholz als Werkstoff durch. Auch im Flugzeugbau wurden, da Aluminiumlegierungen noch nicht ausreichend entwickelt waren, zahlreiche Konstruktionselemente aus Sperrholz hergestellt, das heißt aus mehreren sehr feinen, übereinander verleimten Holzlagen, deren Fasern um 90° versetzt sind. Da es vor dem Krieg noch keine wasserfesten Klebstoffe gab, war der Werkstoff Sperrholz im Yachtbau allerdings auf Innenausbauten beschränkt. Die *Flica II* zum Beispiel, eine Yacht der 12-m-R-Klasse, die 1933 nach einem Riss des Yacht-Architekten und Vorreiters der Leichtbauweise L.Giles auf der Fife-Werft gebaut wurde, hatte Schotten aus Sperrholz mit zwei Außenlagen aus Mahagoni auf einer Innenlage aus Balsaholz, einer extrem leichten, aber »weichen« Holzart.

155 oben links: Für die Produktion von Schiffsrümpfen erwies sich formverleimtes Sperrholz als geeigneter Werkstoff. Über ein Positiv-Modell des Rumpfes, das Mall, wurden Furnierstreifen gelegt und lagenweise angeklammert und verleimt. Sobald der Leim angezogen war, konnte der Krampen entfernt werden.

155 oben rechts: Für die traditionelle Holzbauweise benötigt man sowohl hochspezialisierte Arbeitskräfte als auch hochwertiges Holz. Beides wurde seit den fünfziger Jahren zunehmend knapper.

155 Mitte: Ein schwedischer, für Regatten in den skandinavischen Fjorden gezeichneter 30-Quadratmeter-Schärenkreuzer: Oberst Haslers *Tre Sang* mit weniger als 9 Meter Länge über alles bei einer Verdrängung von knapp 3 Tonnen. Nur geringfügig im Sinne des RORC-Ratings verändert, gaben die Wettkampferfolge der *Tre Sang* in der Nachkriegszeit einen Anstoß für Konstrukteure und Schiffsbauer, sich mit dem Thema Leichtverdränger auseinanderzusetzen.

155 Unten: Sowohl große Schiffe und Yachten von mehr als 100 Metern Länge als auch kleine Arbeits- und Vergnügungsboote wurden aus Holz gebaut: Quer über den Kiel laufen die Bodenwrangen, die mit dem oberen Teil der Spanten, den Auflangern, verbunden sind. Die Außenbeplankung ist eine Präzisionsarbeit, bei der einerseits die Materialausdehnung durch Feuchtigkeit zu berücksichtigen ist, andererseits das Eindringen von Wasser ins Schiffsinnere verhindert werden soll.

156/157: Einer der innovativsten englischen Yacht-Architekten, die sich schon vor 1940 mit dem Thema Leichtdeplacement befassten, war zweifellos Laurent Giles. Die 12-m-R-Yacht *Flica II* wurde 1938 entworfen und lief im Jahr darauf in der Fife-Werft in Fairlie vom Stapel. Die Schotten auf der *Flica II* bestanden aus zwei dünnen Holzfurnieren, die auf eine Schicht aus dem äußerst leichten Balsaholz aufgeklebt waren. Diese Konstruktionsmethode ist damit ein Vorläufer der bei modernen Regattayachten verwendeten Sandwichbauweise.

Nachdem während des Krieges wasserbeständige synthetische Klebstoffe auf Phenolharz- und Resorzinharz-Basis entwickelt worden waren, konnte Sperrholz nun auch zur Fertigung preisgünstigerer Schiffsrümpfe verwendet werden. Es war schneller in der Verarbeitung, erforderte weniger spezialisierte Arbeitskräfte als die traditionelle Beplankung und löste zusätzlich das große Problem der Versorgung mit geeignetem Holz.

Eine kleine Unannehmlichkeit musste man bei diesem Verfahren allerdings in Kauf nehmen: Sperrholz ließ sich nicht »formen«, der Rumpf besaß also Knicke, war dadurch zwar nicht weniger funktionsfähig, aber eben »hässlich«, und wie man weiß, ist Formschönheit bei Yachten ein wesentlicher Aspekt.

Viele Yacht-Architekten griffen daher auf ein anderes Verfahren zurück, die edlere Variante der Sperrholzbauweise: das »bois moulé« oder formverleimtes Sperrholz. In Wirklichkeit handelt es sich um eine altbekannte, vor allem in der Möbeltischlerei angewandte Technik, bei der lagenweise mehrere sehr dünne und – da sie in feuchtem Zustand verarbeitet werden – gut formbare Holzschichten verleimt wurden. Für den Yachtbau ergab sich allerdings wiederum das Problem eines geeigneten Klebstoffes. Vor dem Krieg waren bereits große Yachten in dieser Technik gebaut worden, ein arbeitsaufwändiges und extrem teures Verfahren, denn mangels eines wasserbeständigen Leims mussten zur Fixierung der einzelnen Holzlagen, zwischen die zusätzlich eine Trennschicht aus in Olivenöl getränktem Seidenstoff gelegt wurde, unzählige Kupfernägelchen eingeschlagen werden.

Auch die neuentwickelten synthetischen Klebstoffe lösten das Problem nicht vollständig, denn die zu verklebenden Schichten mussten, damit der Kleber seine Wirksamkeit vollständig entfaltete, bei hohen Temperaturen und unter Druck bearbeitet werden. Das Problem der Temperaturen ließ sich mit einem Ofen lösen, aber wie sollte man den nötigen Druck erzeugen? Man griff also wiederum auf Metallklammern zurück, die allerdings auf einem zusätzlichen Streifen eingeschlagen und zusammen mit diesem Streifen wieder entfernt wurden, sobald der Klebstoff angezogen hatte. Ein etwas kompliziertes, aber wirkungsvolles und vergleichsweise kostengünstiges Verfahren, das auch heutzutage noch gelegentlich angewendet wird.

In der Zwischenzeit machte auch ein anderes »leichtes« Material Fortschritte: das Aluminium. Um die Oxidation zu verhindern, mischte man der Aluminiumlegierung (der wichtigste Rohstoff, aus dem Aluminium hergestellt wird, ist Bauxit, der handelsübliche Werkstoff Aluminium ist also bereits eine Legierung) einen Anteil Magnesium bei, der je nach Verwendungszweck variierte. Schon bei einigen Yachten der J-Klasse war, wie bereits erwähnt, »reines« Aluminium für die Beplankung verwendet worden, allerdings waren diese Yachten alles andere als auf Langlebigkeit entworfen. Ende des 19. Jahrhunderts entstanden in Frankreich mit der *Vendenesse* und in Amerika mit der *Defender* die ersten Yachten mit Aluminiumrumpf, experimentelle Konstruktionen, die nicht weiter verfolgt wurden, weil sich die damals verfügbare Aluminiumlegierung nicht für diese Verwendung eignete. Mit der Entwicklung der neuen Legierung Duraluminium eröffneten sich neue Horizonte: In den USA entstand bereits 1944 aufgrund der Erfahrungen im Flugzeugbau mit diesem Werkstoff eine kleine Slup in Leichtmetalllegierung; zwei Jahre später entwarf Stephens eine weitere Yacht von 11,50 Metern Länge aus Duraluminium, die *Wind Call*. Die Verbindungsstellen zwischen den Platten der Außenhaut waren hier allerdings noch vernietet, wie es auch heute noch im Flugzeugbau üblich ist. Bis zur Entwicklung eines Verfahrens zum Schweißen von Aluminium sollte noch einige Zeit vergehen.

157 oben: Ab Ende der dreißiger Jahre wird der Yachtbau zunehmend wissenschaftlich. Dank der Entwicklung von Verfahrensweisen bei Schlepptankversuchen und der Festlegung von Parametern für die Auswertung der Prüfergebnisse war diese Methode nun effizient anwendbar. Das zu prüfende Rumpfmodell wurde durch ein durchschnittlich zwanzig Meter langes Wasserbecken, den Schlepptank, gezogen, um die Daten hinsichtlich seines Zugwiderstandes, das heißt hinsichtlich der für den Zug erforderlichen Kraft bei verschiedenen Geschwindigkeiten und – im Fall von Segelyachten – bei unterschiedlicher Krängung, zu messen.

157 unten: Obwohl die Rumpfformen nun mit Hilfe einer wissenschaftlichen Methode wie dem Schlepptank ausgefeilt werden konnten, blieb der menschliche Eingriff wesentlicher Bestandteil der Konstruktionen. So muss die Zeichnung des Konstrukteurs in Originalgröße auf dem Schnürboden aufgerissen werden, eine schwierige Aufgabe, die äußerste Präzision, Erfahrung und ein geschultes Auge erfordert, denn auch minimale Ungenauigkeiten in dieser Phase führen unweigerlich zu großen Abweichungen.

158: Die experimentelle Bauweise der *Vendenesse* in Frankreich und der *Defender* in den Vereinigten Staaten, um nur die bekanntesten zu nennen, wurde nicht weiter verfolgt, denn Aluminium neigt bei Berührung mit Wasser zur Oxidation und folglich zur Korrosion. Erst in den dreißiger Jahren entwickelte die Aluminium Company of America ein nichtoxidierendes Leichtmetall auf der Basis von Aluminium, Mangan und Magnesium und beauftragte Starling Burgess, aus dieser Legierung einen halben Rumpf einer Yacht herzustellen. Nach sechsmonatiger Lagerung in Salzwasser wurde dieser ohne Spuren von Oxidation wieder aus dem Wasser geholt. Der neu entwickelte Werkstoff wurde erstmals 1944 bei einer von Geerd Hendel in den Vereinigten Staaten gebauten Slup von ca. 9 Metern Länge mit Doppelknickspant eingesetzt. Es war allerdings Olin Stephens, der 1946 die erste richtige Aluminiumyacht, die hier abgebildete 11,60-m-Slup *Wind Call*, vom Stapel laufen ließ. Ihr Schiffsrumpf aus wasserdicht vernieteten Leichtmetallplatten knüpft an die im Flugzeugbau verwendete Technik an. Nach der Entwicklung des Schweißverfahrens sollten solche Konstruktionen in den Jahren 1960 bis 1980 sehr beliebt werden.

159 oben: Wie die Herreshoff Manufacturing Company in den Vereinigten Staaten, gab es auch für den englischen Yachtbau in jener Zeit einen großen und schon industriell orientierten Schiffsbaubetrieb. Die bereits im 19. Jahrhundert gegründete Werft Camper & Nicholson war im Zweiten Weltkrieg zerstört worden und wurde in der Nachkriegszeit in Gosport nach neuen Kriterien wieder aufgebaut. Aber schon das alte Unternehmen war moderner ausgerüstet und organisiert als die damals üblichen Handwerksbetriebe.

Einstweilen ging die Entwicklung an einem neuen zukunftsweisenden Material voran, einem Verbundwerkstoff aus einem synthetischen Harz (einem Derivat aus Kohlenwasserstoffen) und einer festen Faser. Harze wurden seit der Erfindung von Bakelit im Jahr 1907 bereits vielfach verwendet und auch widerstandsfähige Fasern waren genügend bekannt. Neben Naturfasern wie Sisal, Jute, Hanf, Leinen oder Baumwolle kannte man schon seit 1836 die Glasfaser. Zur Verarbeitung von Glasfasern wurde nun ein Polyesterharz entwickelt. Damit war ein Verbundwerkstoff geboren, der den Yachtsport revolutionieren sollte, der glasfaserverstärkte Kunststoff GFK. 1948 wurde auf der New Yorker Messe die erste Yacht aus glasfaserverstärktem Kunststoff vorgestellt.

In den Werftbetrieben zeichneten sich bereits einige wegweisende Veränderungen ab. Im 19. Jahrhundert wurden Schiffe und Yachten zumeist direkt am Strand oder bestenfalls auf primitiven Hellingen und mit wenigen Ausnahmen im Freien gebaut. Dass der Bau einer Yacht relativ schnell vonstatten ging, war nicht dem Einsatz zeitgemäßer Technik zu verdanken, sondern der Verfügbarkeit billiger Arbeitskräfte, längeren Arbeitszeiten und der Möglichkeit, Holz in großen Mengen zu lagern, das zwischen zwei Aufträgen auf Standardmaße zugeschnitten wurde.

Nach Kriegsende sahen sich die Schiffsbaubetriebe veränderten Arbeitsbedingungen gegenüber: Einerseits wurden erstmals die Werkstoffe knapp, andererseits forderten die Arbeitskräfte – zu Recht – höhere Löhne und waren auch nicht mehr bereit, siebzig Stunden in der Woche zu arbeiten. Die Werften mussten mithin die Fertigungsprozesse umorganisieren, um sich der Nachfrage nach kostengünstigen Produkten anzupassen.

Die Herreshoff Manufacturing in Bristol kann wohl als die erste »moderne« Werft gelten, denn dort wurde in überdachten Hallen und somit witterungsunabhängig, mit weniger Arbeitskräften und an modernen Maschinen gearbeitet. Zwar schloss die Herreshoff-Werft nach dem Krieg ihre Pforten, blieb von ihrer Organisation her für die kommenden Schiffsbauer aber beispielhaft. Die endgültige Umstellung vom Handwerks- zum Industriebetrieb erfolgte allerdings erst in den sechziger Jahren des 20. Jahrhunderts, die den Beginn der Serienproduktion im Yachtbau markieren.

Ein Vorläufer der Serienyacht, oder mehr noch der kleinen, für Kreuzfahrten und Hochseeregatten gleichermaßen geeigneten Yacht, wurde 1935 von einem der innovativsten englischen Konstrukteure seiner Zeit, Laurent Giles, entworfen. Es handelt sich um die *Andrillot*, einen 7,60 Meter langen Gaffelkutter. Sie war der Prototyp für die »*Vertue*«, die nach dem Krieg mit kleinen Abweichungen in Serie gebaut wurde.

159 Mitte: Im Yachtbau wurde Sicherheit am Arbeitsplatz nicht gerade groß geschrieben. Die Rümpfe waren nur unzureichend abgepallt, was nicht nur die Gefahr für die Arbeiter erhöhte, sondern auch die präzise Kontrolle der Abmessungen beeinträchtigte (links). Mit dieser Ausrüstung wurde das Schmelzen großer Mengen Blei für den Ballast zu einer gefährlichen Angelegenheit.

159 unten: Laurent Giles' *Vertue* gilt als erste seriengefertigte Yacht und wird auch heute noch als GFK-Version hergestellt. Sie wurde 1935 entworfen, hat eine Länge über alles von 7,81 Metern, eine Breite von 2,38 Metern und eine Verdrängung von 4 Tonnen. Unter Deck ist sie komfortabel.

160 oben: Die *Stormvogel* ist ein Van-de-Stadt-Riss aus dem Jahr 1961. Der holländische Yacht-Designer wurde mit der Konstruktion der *Zeevalk* bekannt, einem Leichtverdrängungsboot aus Bootsbausperrholz mit Doppelknickspant. Keine Schönheit im traditionellen Sinne, aber eine bestechend schnelle Yacht. Auch die *Stormvogel*, ein Co-Projekt von Van de Stadt, Laurent Giles (verantwortlich für die Verbände) und John Illingworth, kann nicht als attraktiv bezeichnet werden, dennoch gebührt ihr in jedem Fall ein Ehrenplatz, denn in den sechziger Jahren gewann sie praktisch alle Rennen, an denen sie teilnahm. Mit achterlichem Wind glitt sie leicht, während Illingworths Segelplan ihr mit Klüver und Stagsegel (auf dem Foto gut zu sehen) bei Amwindkursen eine imponierende Kraft verlieh, unterstützt durch die geringe Verdrängung, so dass der Rumpf auch bei starkem Wellengang schnell blieb. Nach all den Jahren, in denen »kleine« Yachten das segelsportliche Geschehen geprägt hatten, kehrte mit *Stormvogel* wieder die große Rennyacht nach Europa zurück. Die Angabe ihrer Länge über alles von 22,70 Metern ist irreführend, denn die *Stormvogel* hat keine Überhänge, sie ist also vergleichbar mit einer Yacht der bereits bekannten 24-m-R-Klasse.

160 unten: Kapitän John Illingworth gab dem Hochseerennsport maßgebliche Impulse. Der aktive und erfahrene Hochseesegler entwarf ein Rigg, das sich vor allem bei steifer Brise als außerordentlich leistungsfähig erwies. Besonders fruchtbar sollte sich Illingworths Zusammenarbeit mit Laurent Giles entwickeln. Der englische Prophet des Leichtdeplacement traf auf den großen Fürsprecher des Siebenachtelrigg. Aus dieser Zusammenarbeit entstand die *Maid of Malham*.

161 oben und unten: Auch bei anderen bedeutenden Yachten wirkten sich John Illingworths Ideen siegentscheidend aus: Die kleine Yawl *Mouse of Malham* (unten), eine Klasse-3-Yacht, gewann 1955 das Fastnet-Rennen. Ihr Erfolg bestätigte eindrucksvoll das

Konzept Leichtverdrängung und besiegelte damit den endgültigen Untergang der klassischen Yachtkonstruktion. Mittlerweile versucht man bei der Konstruktion von Regattaschiffen die vermessungsbedingten Baubestimmungen so vorteilhaft wie möglich auszuschöpfen und die Leistungsfähigkeit zu steigern. Bei der Verdrängung sind Rigg und Rumpf weniger belastet, die Yachten werden schneller und zuverlässiger. Die *Outlaw* (Foto oben) ist wohl auch heute noch der bekannteste Entwurf des Engländers: 14 Meter Länge über alles mit charakteristischem negativem Decksprung, der Steuerstand vor dem Arbeitscockpit mit den Winschen, der Rumpf gefertigt aus kaltverformten Zedernholz-Lagen.

Angesichts der Erfolgswelle der *Tre Sang* und der *Coboe* beschäftigten sich die Yachtkonstrukteure in der Zwischenzeit zunehmend mit dem Thema der Leichtverdrängung. Auch in diesem Bereich leistete der eben erwähnte Yacht-Architekt Laurent Giles mit zahlreichen Konstruktionen Pionierarbeit. Entscheidend für den Erfolg dieser Yachten war die aktive Mitarbeit von Giles' Auftraggeber, Kapitän John Holden Illingworth, einem hervorragenden Segler, der sich mit Herz und Seele und unermüdlicher Leidenschaft dem Segelsport und allem, was damit zusammenhing, verschrieben hatte. Er war eine für den britischen Segelsport typische Figur, vergleichbar mit seinem Zeitgenossen Uffa Fox oder mit Henry Spencer in unseren Tagen. 1937 beauftragte der Marineoffizier Laurent Giles mit dem Entwurf der *Maid of Malham*, die im folgenden Jahr die englische Hochsee-Meisterschaft gewann. Illingworths Einfluss auf die Konstruktion spiegelte sich weniger in den Rumpflinien denn in Rigg und Decklayout wider. Hier kamen seine jahrelange Erfahrung und seine unübertroffenen Fähigkeiten beim Trimmen der Segel, bei den Manövern und in der Regattataktik siegentscheidend zur Geltung. Aus der Zusammenarbeit zwischen Giles und Illingworth entstand 1947 die *Myth of Malham*, das erste englische Leichtdeplacementboot und zweimaliger Sieger des Fastnet-Race, und danach die *Mouse of Malham*.

John Illingworth hat im Segelsport der Nachkriegszeit nicht nur in England eine überragende Rolle gespielt. In Neusüdwales, Australien, wo sich Illingworth 1945 im Auftrag der Marine befand, wurde auf seine Initiative Ende des Jahres das Sydney-Hobart-Race organisiert, an dem er mit seiner Yacht *Rani* teilnahm und gewann. 1950 erfolgte seine Ernennung zum Kommodore des Royal Ocean Racing Club , der sich zur wichtigsten Organisation im Regattasport entwickeln sollte. Gemeinsam mit Angus Primrose eröffnete Illingworth in jenen Jahren ein Konstruktionsbüro, in dem absolut unkonventionelle und unverwechselbare Yachten entstanden, die sich zudem regelmäßig als überaus erfolgreich erwiesen. Die 14,80 Meter lange *Outlaw* aus dem Jahr 1963 ist auch heute noch eine wunderschöne Rennziege. Sie liegt tief im Wasser, hat einen stark betonten negativen Decksprung und ist ultraleicht gebaut mit einer diagonal beplankten Außenhaut aus Zedernholz; innovativ vor allem das hochgetakelte Kutterrigg mit hoch geschnittenen Klüvern und auf dem Deck aufliegenden Stagfocks, Markenzeichen des Designers Illingworth. Er leistete auch einen wichtigen Beitrag zu einer weiteren Rennyacht, die als eine der Schlüsselkonstruktionen der sechziger Jahre angesehen wird, die *Stormvogel*, ein Co-Projekt der Yacht-Designer Van de Stadt (Wasserlinien) und Laurent Giles (Verbände). Mit einer Länge über alles von 22,70 Metern war sie ein für damalige Verhältnisse großes Schiff und dennoch eine Leichtdeplacement-Konstruktion mit den Gleiteigenschaften einer Jolle. Die *Stormvogel* segelt heute als Charteryacht um die Welt. Das letzte Illingworth-Projekt, die für Francis Chichester entworfene *Gipsy Moth IV*, stammt aus dem Jahr 1966. Zwischenzeitlich fungierte Illingworth als technischer Berater für die beiden Herausforderungen des America's Cup in der Nachkriegszeit, doch schenkten die Engländer – zu ihrem eigenen Schaden – seinen Vorschlägen nicht die gebührende Aufmerksamkeit. Einer seiner besten Tipps betraf einen neuartigen, von dem Franzosen Herbulot entworfenen und hergestellten Spinnaker, der sich im Vergleich zu den amerikanischen als entschieden wirkungsvoller erwies.

Als Illingworth mit fortschreitendem Alter gezwungen war, nach einer gesetzteren Beschäftigung als dem aktiven Hochseerennsport Ausschau zu halten, widmete er sich zunehmend der Verbreitung des Segelsports. Er schrieb mehrere Bücher, darunter »Offshore« und »Further offshore«, in denen auch heute noch die Stimme Kapitän John Illingworths in der Welt des Segelrennsports zu hören ist.

Aber zurück zu Giles und seiner Konstruktion der *Myth of Malham*, einer durch und durch innovativen Yacht. Sie besaß praktisch keine Überhänge, einen recht kurzen Kiel und war relativ flachbordig. Ein Decksprung fehlt. Der Segelplan zeigte ein bis dahin einmaliges, gedehntes Streckungsverhältnis und das Vorsegeldreieck war in verschiedene kleine Segel unterteilt. Das herausragende Merkmal der *Myth of Malham* war aber ihr geringes Gewicht: bei 11,50 m Länge nur 8 Tonnen, davon 4 im Ballast. Der Einfluss des Flugzeugbaus auf diese Leichtkonstruktion ist offensichtlich: Der Rumpf hat eine Doppeldiagonalbeplankung auf einer Konstruktion aus Spanten und Stringern.

Ein Vergleich des Verhältnisses von Länge zur Verdrängung verdeutlicht den Entwicklungstrend: Bei der *Jollie Brise*, die nur zwanzig Jahre zuvor das Fastnet-Rennen gewonnen hatte, lag es bei 5:1, bei der *Dorade*, der Fastnet-Siegerin der Jahre 1931 und 1933, war es bereits auf 3:1 verringert und bei der *Myth*, die zwischen 1947 und 1950 alle nur erdenklichen Siege holte, reduziert sich der Koeffizient auf 2.

1949 wagte sich Giles noch weiter vor und konstruierte einen Schiffsrumpf ganz aus Leichtmetall, die *Gulvain* mit 16,80 Meter Länge über alles und einer Verdrängung von 15 Tonnen, genau wie bei der um einen Meter längeren *Dorade*.

Auch der holländische Konstrukteur Van de Stadt, ein zum damaligen Zeitpunkt noch unbekannter Name, der in den kommenden Jahren viel von sich reden machen sollte, arbeitete in diese Richtung. Seine *Zeevalk* ist mit 12,50 Meter Länge über alles bei 4,8 Tonnen noch leichter als die Giles-Konstruktionen. Der Schiffsrumpf bestand mit harter Kimm aus Sperrholz mit tragenden Schotten und blieb in Vor- und Achterschiff unausgebaut. Die vor allem auf Kostenersparnis konzipierte Konstruktion verschwand aber nach einer gewissen anfänglichen Verbreitung zunehmend von der Bildfläche. Hässlichkeit zahlt sich nicht aus, zumal nicht im Yachtbau.

162 oben und unten: Während in England mit Giles und Clark die Entwicklung bereits in den späten dreißiger Jahren spürbar in Richtung Leichtverdrängung ging, einem Trend, der sich nach dem Krieg mit teilweise extremen Konstruktionen fortsetzen sollte, beschritten die amerikanischen Yacht-Architekten eher traditionelle Wege. Nach den Erfolgen mit der *Dorade* und der *Stormy Weather* vertrauten die Stephens-Brüder weiterhin auf ihr Konzept einer Kompromisskonstruktion zwischen der alten englischen und der amerikanischen Schule, ohne allzuviel Gedanken an das Leichtdeplacement zu verschwenden. Stephens' Yachten waren in diesem Sinne traditionelle und solide Konstruktionen, bei denen die Gewichtsfrage unter dem Gesichtspunkt der optimalen Verteilung und nicht der Verringerung berücksichtigt wurde. Die 1949 gebaute *Loki*, auf der Fotografie oben zu sehen, ist konservativer als die fünfzehn Jahre ältere *Stormy Weather*. Die *Argyll*, unten, ist lediglich größer, ansonsten im Segelplan und Innenausbau identisch und hat die typisch attraktiven Stephens-Linien. Diese Yachten waren ebenso erfolgreich wie die zeitgenössischen englischen Giles- und Illingworth-Konstruktionen und traten häufig mit wechselndem Erfolg gegeneinander an.

Dass sich die Wege der Konstrukteure Illingworth, Giles und Van de Stadt kreuzen würden, war praktisch nur eine Frage der Zeit. Die Yacht, die aus ihrer Zusammenarbeit entstand, war die *Stormvogel*.

Erstaunlicherweise konnte die von einigen europäischen Konstrukteuren derart auf die Spitze getriebene Leichtdeplacement-Bauweise gerade in den USA, wo es vor dem Krieg eine zunehmende Tendenz zu leichteren Schiffsrümpfen gegenüber den traditionellen englischen Kuttern gab, nicht Fuß fassen.

Von einigen Ausnahmen abgesehen entwarfen die Amerikaner ganz im Trend von Stephens' *Stormy Weather* »Kompromiss-Konstruktionen«. Die *Argyll* und die *Loki* waren »klassische« Yachten im Sinne einer wohldurchdachten Weiterentwicklung des bestehenden Designs, die sich bei Regatten gegen die europäischen Leichtdeplacement-Yachten gleichwohl erfolgreich schlugen.

163: Die *Myth of Malham* ist der Prototyp des englischen Leichtdeplacementbootes der ersten Nachkriegszeit, die Vorläuferin aller leichten und vor allem europäischen und erfolgreichen Regattayachten der fünfziger und sechziger Jahre. Die gemäß der Vermessungsformel entworfene Konstruktion kann sicherlich nicht als attraktiv gelten – John Illingworth und Laurent Giles gelang es jedoch, mit den zulässigen Mindestabmessungen eine kraftvolle Rennmaschine zu entwickeln. Die Konstruktion knüpft eindeutig an den Flugzeugbau an: ein Rahmenwerk aus Stringern und Spanten mit einer tragenden Außenhaut aus diagonal geplanktem Zedernholz. Diese Art der Beplankung ist äußerst steif und unterstützt das Spantenwerk, was bei einem traditionellen Schiffsrumpf nicht oder in sehr viel geringerem Maß der Fall ist. Der Decksplan wurde von John Illingworth entwickelt: Der Steuerstand ist vom Arbeitsplatz der Männer an den Winschen getrennt, das Deckshaus gewährleistet in der Mitte gerade Stehhöhe, ist aber schmal, damit die Seitendecks für die Manöver frei bleiben. Das Rigg mit hohem Seitenverhältnis, kleinem Großsegel und mehreren Vorsegeln stellt ein für die damalige Zeit einzigartiges Novum dar. Die vielen Segel mit jeweils geringer Fläche sorgen für ein konstant ausgewogenes Boot. Die Innenausstattung ist spartanisch und mittschiffs konzentriert; Bug und Heck der *Myth* sind leicht, haben keinen Überhang und entsprechend wenig Volumen und daher einen geringen Auftrieb. Wie *Loki* und *Argyll* datiert die *Myth* auf das Jahr 1947, ist aber eine grundverschiedene Konstruktion. Sie gewann das Fastnet-Rennen bei Schwerwetter, während sich die *Loki* und die *Argyll* im Bermuda-Race durchsetzten.

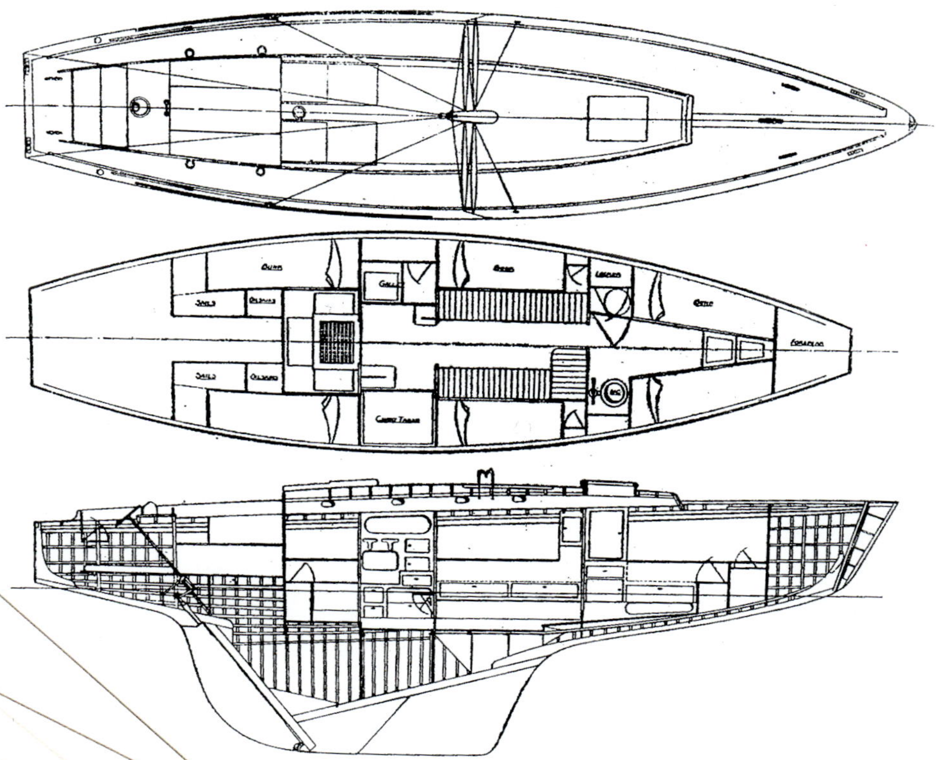

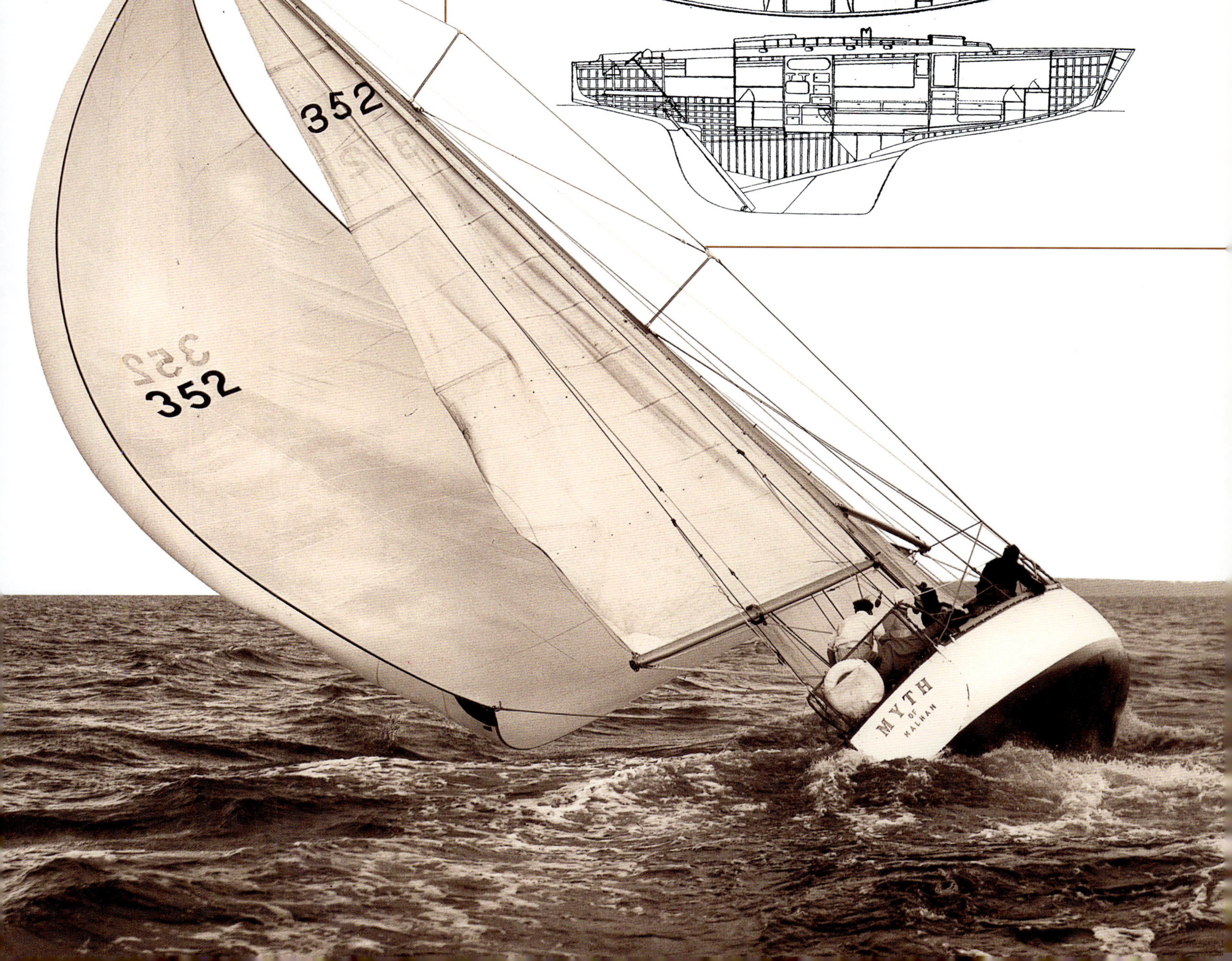

EINHANDSEGELN

In der Vergangenheit, das heißt bis zum Zweiten Weltkrieg, war der Yachtsport von Romantik und aristokratischem Exhibitionismus gekennzeichnet. In den dreißiger Jahren blitzte zwar schon hier und da die reine Leidenschaft für das Segeln auf, der Segelsport blieb jedoch auch in dieser Zeit noch das Privileg eines kleinen Personenkreises und war leicht mit Snobismus zu verwechseln.

Die Nachkriegszeit brachte grundlegend veränderte Motivationen für das Segeln mit sich und neben der allgemein zunehmenden Popularität des Segelsports tauchte ein neues Phänomen auf: Einerseits gab es die Gruppe der Fortschrittsorientierten, die sich für den Wiederaufbau und den wirtschaftlichen Aufschwung einsetzten, andererseits kristallisierte sich im Yachtsport auch eine Gruppe von Fortschrittsskeptikern, von gesellschaftlichen Aussteigern mit einer eher romantischen Mentalität heraus, für die das Segeln ein Medium zur Selbstverwirklichung war.

Seit Ende der fünfziger Jahre drängte sich diese Entscheidung auf: entweder alles auf die Karte des Fortschritts zu setzen oder alternative Wege zur Selbstverwirklichung einzuschlagen. Einer davon war für viele das Einhand-Hochseesegeln.

Natürlich hatte es in diesem Bereich Vorläufer gegeben, Männer, die allein segelnd die Weltmeere querten. Aber dabei handelte es sich immer um Randerscheinungen, vereinzelte Ereignisse, die weder Beachtung noch Nachahmer fanden. In den sechziger Jahren jedoch erfolgte im internationalen Segelsport eine regelrechte Spezialisierung auf das Einhand-Hochseesegeln – ein Trend, den die Konsumgesellschaft im Handumdrehen vereinnahmte und für ihre Zwecke einsetzte, obwohl das Phänomen im Grunde gegen sie gerichtet war.

Den Anstoß zu dieser Entwicklung gab ein Engländer, Herbert G. »Blondie« Hasler. Während des Krieges hatte Colonel Hasler eine Kommandotruppe bei einem abenteuerlichen Nachtangriff gegen die deutsche Flotte auf ihrem Stützpunkt Bordeaux im besetzten Frankreich angeführt. Mit Kajaks gelang es dem Einsatzkommando, sich im Schutz der Dunkelheit in den französischen Hafen einzuschmuggeln, wo es sieben Schiffe versenkte.

Der begeisterte Segelsportler nahm in der unmittelbaren Nachkriegszeit mit seiner *Tre Sang* erfolgreich an Regatten teil, begann aber auch, sich intensiv mit einem Rigg zu beschäftigen, das sich für das Einhandsegeln eignete. Für seine *Jester*, ein umgebautes Folkeboot, mit der er in den sechziger Jahren Einhand-Segelregatten segelte, entwarf er ein Rigg nach dem Vorbild der chinesischen Dschunke. Abgesehen von dieser und anderen Anregungen im Einhand-

Der Wiederanfang – ein neuer Yachtsport

164 oben: Das Folkeboot entsprach den Anforderungen des Segelyachtmarktes der Nachkriegszeit nach preiswerten, auch bei Schwerwetter zuverlässigen Booten mit akzeptablen Leistungen sowohl beim Fahrtensegeln als auch bei Regatten. Diese an der englischen Südküste weit verbreitete Yacht hat auch heute noch Liebhaber und dies zu Recht. Colonel Hasler rüstete ein Exemplar für das Einhandsegeln aus. Er erhöhte die Decksaufbauten, um den Innenraum zu erweitern, und sorgte für größere Kentersicherheit. Vor allem aber veränderte er die Takelage: Er rüstete das Boot mit einem fremd anmutenden, einfachen Dschunkenrigg aus, das leicht zu bedienen und leicht zu reffen war. Kein schnelles Rigg, aber das war für Hasler nicht vorrangig.

164 unten: Auf Colonel Herbert Haslers Initiative wurde das erste Einhand-Transatlantik-Rennen ins Leben gerufen. Es folgten zahlreiche weitere Veranstaltungen, die sich noch heute größer Beliebtheit erfreuen.

ABONNEMENTS
Trois mois . Six mois Un an
FRANCE & COLONIES
4 fr. 7 fr. 50 14 fr
UNION POSTALE
6 fr. 12 fr. 22 fr.

Le Petit Journal
illustré

PARAISSANT LE DIMANCHE
35e Année - No 1769
On s'abonne dans tous les bureaux de poste
Les Manuscrits ne sont pas rendus

Un Français qui a du "cran"

Tout le monde se souvient de la merveilleuse aventure d'Alain Gerbault traversant seul, sur un petit cotre, l'Atlantique, de Gibraltar à New-York. Cet exploit a mis en goût notre hardi sportif. A bord du même bateau et seul comme la première fois, il vient de s'élancer à travers l'immensité de l'Océan Pacifique.

165 Mitte: Francis Chichesters *Gipsy Moth IV* vor Kap Hoorn, der Südspitze des amerikanischen Kontinents – eine legendäre Passage in der Geschichte der Segelschifffahrt. Chichester nahm 1966 an der ersten Einhandregatta um die Welt teil. Der englische Segler sollte bis zur Rückkehr in den Ausgangshafen – mit nur einem Zwischenstopp in Sydney – insgesamt 226 Tage für sein Unternehmen benötigen. Die *Gipsy Moth* war eine 16-Meter-Ketsch, das bis dahin größte Einhand-Segelboot.

165 oben rechts: Der Franzose Alain Gerbault, Flugzeugpilot und Tennis-Champion, hatte zwischen 1923 und 1929 eine Einhand-Weltumsegelung gemacht, die in der französischen Presse auf große Resonanz stieß.

165 unten: Nach Vollendung seiner Einhand-Weltumsegelung im Jahr 1966 wurde Chichester von der englischen Königin geadelt. Sir Francis Chichester hatte das Abenteuer zu seinem Lebensinhalt gemacht. Er hatte eine lebensgefährliche Krankheit überwunden und bereits 1930 eine Weltumrundung versucht, allerdings in der Luft. Er startete in England und erreichte Australien und Neuseeland, als sein Flug nach der Berührung einer Hochspannungsleitung jäh unterbrochen wurde. 1960 gewann er die erste Einhand-Transatlantik-Regatta, bei der zweiten, 1964, erreichte er hinter Tabarly als Zweiter das Ziel. Zu seiner letzten Transat trat er 1968 mit seiner neuen *Gipsy Moth V* an.

segeln ist Haslers Name mit der Erfindung des Windruders verbunden, das die Steuerung der Yacht automatisch übernahm und dabei der einmal eingestellten Windrichtung folgte.

»Blondie« Hasler, der sich nach seinen Kriegsabenteuern offensichtlich nicht mehr an ein ruhiges Leben gewöhnen konnte oder wollte, hängte 1958 die Ankündigung einer Einhand-Segelregatta über den Atlantik an das Schwarze Brett des Royal Ocean Racing Club in London. Erst nach zwei Jahren – der Anschlag begann bereits unter den Scheiben des Schaukastens zu vergilben – meldete sich jemand: Francis Chichester.

Chichester, ein Pionier der Luftfahrt, der bereits im Alleinflug über den Atlantik geflogen war, hatte den Absturz seines Wasserflugzeuges und danach eine schwere Krankheit überstanden, bevor er am Ruder seiner *Gipsy Moth* das erste Einhand-Transatlantik-Rennen in der Geschichte des Segelsports gewann.

Zum zweiten Transat im Jahr 1964 traten sowohl Colonel Hasler mit seiner kleinen *Jester* als auch Francis Chichester, der in diesem Jahr den zweiten Platz belegte, erneut an. Sieger wurde ein junger Franzose namens Eric Tabarly, der in seinem Leben nur zwei Leidenschaften kannte, das Segeln und die Familienyacht *Pen Duick*, einen schon betagten, von Fife 1898 entworfenen Gaffelkutter.

In der Zwischenzeit besegelte ein weiterer Franzose, Bernard Moitessier, die Weltmeere. Auf der Suche nach dem Sinn des Lebens nach der Niederlage in Indochina war er wenig geneigt, sich vom Strom der neuen Wohlstandsgesellschaft mitreißen zu lassen. Moitessier war ein Segler neuen Typs, eigenbrötlerisch, der Zivilisation gegenüber feindselig eingestellt, aber verliebt in die Weite des Meeres. Ihm war unwichtig, ob sein Schiff schnell, schön oder repräsentativ war, es war für ihn ein schwimmender Untersatz, der es ihm ermöglichte, sich möglichst weit von jeder Küste zu entfernen. Eines der ersten Boote von Moitessier war eine alte Dschunke, die er ohne weitere Vorkenntnisse am Strand in Stand setzte. Ein späteres Schiff wurde auf einer Werft hergestellt, beziehungsweise nur der Schiffsrumpf aus Stahl, während der Franzose für das Rigg auf alles, was er gerade ergattern konnte, zurückgriff. (Die beiden Masten zum Beispiel waren ursprünglich Telegrafenmasten). Moitessier war eine Art »Vagabund der Meere«, ein absoluter Einzelgänger, dessen Bücher – zumindest einige Jahrzehnte lang – Schule machten.

167 oben links: Der noch junge Tabarly an Bord der *Pen Duick* peilt einen Ort an der Küste. Ein Bild aus vergangenen Zeiten.

167 oben rechts und Mitte: Eric Tabarly taufte alle seine Schiffe auf den Namen seiner ersten Yacht *Pen Duick*, eines Kutters aus dem Jahr 1898, den ihm sein Vater überlassen hatte (Foto oben rechts, während einer Segeltour nach Saint Tropez); sein zweites Boot war eine 14-Meter-Ketsch, mit der er das Transat 1964 gewann; mit der dritten *Pen Duick*, einem 17-Meter-Schoner mit gleich hohen Masten, segelte Tabarly weltweit zahlreiche Regatten einschließlich des Admiral's Cup 1967; die *Pen Duick* Nummer sechs war eine 22-Meter-Ketsch.

167 unten: Bernard Moitessier verkörpert den Typ Einhandsegler, den die Faszination der hohen See unwiderstehlich in ihren Bann zieht. Er war nicht so sehr Seemann und noch weniger Wettkämpfer als vielmehr ein segelnder Philosoph. 1968 steuerte er nach einer praktisch vollendeten Nonstop-Weltumsegelung sein Boot erneut auf die freie See und nahm Kurs auf die Inseln im Pazifischen Ozean, um der »zivilisierten Welt« so weit wie möglich zu entfliehen.

166: Die *Pen Duick* war ein bereits 1898 in Cork, Irland, nach einem Riss von William Fife III gebauter Kutter. Nach dem Krieg überredete Eric Tabarly seinen Vater, ihm das Boot zu überlassen, und setzte seine gesamten Ersparnisse in die langwierige Instandsetzung des Schiffsrumpfes, der sich wegen mangelnder Pflege während des Weltkrieges in einem erbärmlichen Zustand befand. Im Juni 1998 segelte Tabarly mit der *Pen Duick* durch die Irische See, als er durch eine Unvorsichtigkeit über Bord ging und auf See blieb.

1966 startete Francis Chichester mit seinem neuen Schiff *Gipsy Moth IV* die erste Einhand-Weltumsegelung via Kap der Guten Hoffnung, Kap Leeuwin und Kap Hoorn, den berühmten Wegepunkten dieser Art von Regatta. Nach nur einem einzigen Zwischenstopp in Sydney traf er 1967 wieder in England ein. Dieser Landaufenthalt schien den Abenteuergeist seiner Zeitgenossen anzustacheln. Denn die Sunday Times organisierte tatsächlich, kaum dass Chichester zurückgekehrt war, eine Nonstop-Einhandweltumsegelung mit Rundung der drei Kaps gegen den Uhrzeigersinn.

Zu diesem Rennen starteten insgesamt neun Yachten, doch nur Robin Knox-Johnston, ein weiterer Ex-Marineoffizier Seiner Majestät, erreichte das Ziel. Ein Teilnehmer zog seine Meldung zurück, vier gaben wegen Havarien frühzeitig auf, einer fühlte sich alsbald überfordert. Ein Trimaran wurde kurz vor dem Ziel zerstört und ein anderer Segler verlor mitten auf dem Atlantik seinen Verstand und blieb auf See. Der Aussteiger Bernard Moitessier dagegen entschloss sich, nachdem er Kap Hoorn bereits gerundet hatte, nicht in den Zielhafen einzulaufen, ja nicht einmal die Ziellinie zu kreuzen, sondern setzte seine Fahrt einfach in Richtung Osten und Kap der Guten Hoffnung fort und segelte noch einmal um die halbe Welt, ehe er in Polynesien einen Platz fand, der seinen Vorstellungen entsprach.

Eine Neuauflage der von der Sunday Times ins Leben gerufenen Regatta gab es nicht. Der Schotte Chay Blyth aber startete 1970 zu einer Nonstop-Einhand-Weltumsegelung entgegen der vorherrschenden Windrichtung, also von Ost nach West. Er benötigte 302 Tage!

Die »zivilisierte Welt« begann zunehmend, die vermeintlichen Aussteiger für ihre Zwecke zu vereinnahmen. Schon 1968 wurde Geoffrey Williams beim Transat (das er gewinnen sollte) von einem Großunternehmen gesponsert, der Firma Lipton. Die im 19. Jahrhundert von Thomas Lipton, der im Segelsport in fünf Herausforderungen um den America's Cup berühmt geworden war, gegründete Tee-Importfirma finanzierte die nicht ganz billige Konstruktion von Williams Yacht *»Sir Thomas Lipton«*.

In den siebziger Jahren rief die Firma Whitbread, die schon Francis Chichester bei seiner Weltumsegelung 1966 finanziell unterstützt hatte, ein nach dem Unternehmen benanntes Rennen ins Leben, das sich zur wichtigsten Langstrecken-Regatta der Welt entwickeln sollte – das Whitbread Round The World Race für Yachten mit voller Mannschaftsstärke.

Das Sponsorenwesen ist ein weiteres Novum in der Welt des Segelsports. So fragwürdig dieser Aspekt zumal für die »Puristen« unter den Sportlern sein mag – man muss sich darüber klar sein, dass auch im Segelsport heutzutage nichts mehr ohne die Finanzspritzen der Industrie läuft.

Der Yachtsport verdankt dem Geist der Einhandsegler viel, denn sie trugen zweifelsohne zu seiner Popularität und Verbreitung bei, wie am Beispiel Italien und Deutschland erkennbar wird. Dass sich der Segelsport in diesen Ländern nur zögerlich durchsetzen konnte, liegt nicht zuletzt daran, dass es hier keine Einhandsegler vom Format eines Tabarly oder Moitessier gab, während man in Frankreich einen regelrechten Boom im Segeln verzeichnete. In Zahlen ausgedrückt: 1963 wurden in Italien 3800 »Sportboote« gebaut, in Frankreich hingegen 28400! Diese Entwicklung wurde auch durch die große Resonanz gefördert, die Eric Tabarlys Unternehmungen in den französischen Medien fanden, was wiederum den Anreiz für zukünftige Sponsoren vergrößerte.

168 links: Die *Gipsy Moth IV* auf ihrer Weltumsegelung im Jahr 1966. Der Segelplan, ein Klassiker für den Einhandsegler, beinhaltet zwei Vorsegel, darunter eine Baum- oder Selbstwendefock sowie ein Besanstagsegel. Damit ist das Schiff gut balanciert. Bei Starkwind verhindert das sehr hohe Unterliek der beiden Vorsegel, dass die Segel Wasser nehmen.

168 rechts: Francis Chichester startete 1968 zu seiner dritten und letzten Einhand-Transatlantik-Regatta an Bord der *Gipsy Moth V*. Sie war ein Schoner mit gleich großen Masten, ein in den sechziger Jahren weit verbreitetes Rigg, da es von Einhandseglern wie Moitessier, dann Tabarly und schließlich Chichester eingesetzt wurde. Es bietet den Vorteil einer gleichmäßigen Verteilung der Segelfläche über die gesamte Schiffslänge. Darüber hinaus sind viele kleine Segel für Einhandsegler sehr viel leichter bedienbar. Auf dem Foto sieht man den hier schon 60-jährigen Chichester, der problemlos die Wanten hinaufklettert.

169 oben: In den sechziger Jahren wurden zahlreiche Einhand-Regatten von Großunternehmen gefördert, die das Werbepotential dieser Veranstaltungen erkannten. Eines der ersten war die Firma »Lipton Tea«, ein Name, der wegen der fünf Herausforderungen des Firmengründers Sir Thomas Lipton um den America's Cup im Segelsport alles andere als unbekannt war. Das englische Unternehmen finanzierte die Yacht von Geoffrey Williams, die daraufhin auf den Namen *»Sir Thomas Lipton«* getauft wurde, eine im Vergleich zu der heutzutage üblichen Werbung an Segeln, Masten und Rümpfen eher schüchtern anmutende Kampagne. Geoffrey Williams gewann mit der *Sir Thomas Lipton* die Einhand-Transatlantik-Regatta des Jahres 1968, eine mittlerweile regelmäßig im 4-Jahres-Rhythmus ausgerichtete Veranstaltung.

169 unten links: Die große *British Steel* von Chay Blyth beim Start im Solent zur Nonstop-Einhandweltumsegelung des Jahres 1970/1971. Die gesponserte 18-Meter-Stahl-Ketsch trat in diesem Jahr zu einer Wettfahrt an, die zwei Jahre zuvor acht Einhandsegler, darunter auch Blyth selbst, in große Schwierigkeiten gebracht hatte: Von neun gestarteten Teilnehmern gelang es aus mehr oder weniger tragischen Gründen nur einem Einzigen, die Regatta zu Ende zu segeln. Der ehemalige Fallschirmspringer Blyth machte seine Niederlage wett, indem er seinen zweiten Versuch von Ost nach West unternahm – also gegen die vorherrschende Windrichtung – und auch vollendete.

169 unten rechts: Robin Knox-Johnston mit der *Ocean Spirit*. 1968 war er der Einzige, der die von der Sunday Times ins Leben gerufene Nonstop-Einhandweltumsegelung beendete. In den neunziger Jahren errang der Engländer die Jules-Verne-Trophäe für die Weltumsegelung in weniger als 80 Tagen.

Regatten der Nachkriegszeit

Der Neuanfang

Bei der Cowes-Week im Jahre 1953 konnten die Zuschauer, die die Regatten von den Uferwiesen des Solent aus verfolgten, sofort bemerken, dass etwas fehlte: die großen Segel der *Britannia*, der *Lulworth* sowie der Yachten der J-Klasse oder der internationalen 23-m-R-Klasse. Man sah einige wenige Yachten der Zwölfer, und die Schiffe der 8-m-R-Klasse konnten nur im Vergleich mit den anderen »groß« erscheinen. Daneben tummelten sich zahlreiche kleinere, meist offene Schiffe wie die Swallows oder halb eingedeckte Konstruktionen wie die X-Klasse und die skandinavischen 30-Quadratmeter-Schärenkreuzer sowie einige Sechser und Drachen.

ersten 7,30-Meter-Yacht *Wanderer* eine Fahrt zu den Azoren und segelte mit seinem zweiten – gleichnamigen – 30-Fuß-Schiff (beides Laurent-Giles-Konstruktionen) einmal um die Welt.

Dabei enthält diese Aufzählung nur solche Fahrten, von denen Reiseberichte veröffentlicht wurden, was zweifellos viel zur Popularität und Anerkennung kleiner Yachten auch in der Regattaszene beitrug.

Heutzutage erscheint uns dies alles erstaunlich. Auch die großen Yachten wie die der IMS- bzw. IOR-Klasse I segeln heutzutage ausgelegte Bahnen, etwa in Form des Dreiecks, Trapezoids oder das sogenannte »up and down«.

An dieser Stelle sei angemerkt, dass schon einige Jahre zuvor, 1950, zum Start der Transatlantik-Wettfahrt von Bermuda nach Plymouth, ausschließlich Yachten mit einer Länge unter 20 Metern an den Start gegangen waren, während zu Beginn des Jahrhunderts die 33 Meter lange *Fleur de Lys* der kleinste Teilnehmer der Wettfahrt um den Kaiser-Pokal war. (Das größte war die *Valhalla* mit einer Länge von 74 Metern!).

Es ist erstaunlich, wie viele Atlantiküberquerungen in der unmittelbaren Nachkriegszeit mit Yachten unter 12 Metern Länge unternommen wurden: Lennon Goldsmith segelte mit der *Diotima*, einem 30-Fuß-Gaffelkutter, zu den Bermuda- und Bahama-Inseln, Humphrey Burton mit der 26 Fuß langen Giles-Konstruktion *Vertue XXXV* von Falmouth nach New York und Patrick Ellam und Colin Mude legten mit ihrer kleinen, ebenfalls von Giles entworfenen *Sopranino* in 28 Tagen 2680 Meilen zurück. Ann Davison vollendete als erste Frau eine Einhand-Atlantiküberquerung mit ihrer 23 Fuß-Slup *Felicity Ann* und Eric Hiscock schließlich unternahm mit seiner

1999 wurde beim Admiral's Cup das Fastnet-Race durch ein kürzeres Rennen ersetzt, dessen Kurs nicht auf den offenen Atlantik hinausführte.

Wer würde sich heute noch mit einer 30-Fuß-Yacht wie der *Cohoe* oder einem ehemaligen Flossenkieler wie der *Tre Sang* auf den Ozean wagen, um das Bermuda-Rennen zu segeln oder den Atlantik zu überqueren? Damals war es jedoch durchaus normal.

Vor einigen Jahren war ich im Sommer in Cowes zu Gast bei Henry Spencer, einer herausragenden Figur im Segelsport. Der Konstrukteur von Holzmasten und traditioneller Takelage war so von der See und dem Segeln besessen, dass er persönlich mit einem kleinen Schlepper in Seenot geratenen Yachten oder kleinen Booten zu Hilfe eilte. (Er zog die *Lulworth*, immerhin eine Yacht der »großen Kutterflotte«, aus dem Schlamm, in dem sie seit rund 40 Jahren gelegen hatte, indem er den Rumpf mit luftgefüllten Ballons voll räumte, um ihn zu Camper & Nicholson schleppen zu lassen. Nach Originalzeichnungen rekonstruierte er den Mast der *Lulworth*. Später unterstützte er mich außerdem bei Arbeiten für die Riggs der *Flica II* und der *Trivia*. Königin Elisabeth adelte ihn für seine Verdienste). Henry erzählte mir, wie er die *Evaine*, ein von Nicholson vor dem Krieg konstruiertes Boot der Zwölfer, von Gosport nach Newport, Rhode Island, in den USA überführt hatte, natürlich auf dem Seeweg und unter Segeln (schließlich hatte die Yacht keinen Motor), und zeigte mir dazu einige Fotos. Er schilderte den Vorgang, als sei es eine völlig normale Angelegenheit und keinesfalls ein Abenteuer. Ich habe schon oft genug Yachten der 12-m-R-Klasse gesegelt, um zu wissen, was es heißt, auf diesen schlanken Schiffen mit einem 27 Meter hohen Mast und ohne Seereling zu segeln – bei Wellen von einem halben Meter greifst du schon zu Ölzeug und Gummistiefeln! Bei den Regatten in den fünfziger Jahren mussten diese Zwölfer wie absolute Giganten erscheinen.

In England waren zur damaligen Zeit die Laurent-Giles-Konstruktionen die unangefochtenen Stars.

170 und 170/171: In den fünfziger Jahren verbreiteten sich in Europa die Kielbootklassen. (In jüngerer Zeit erfreuten sich die Jollen mit aufholbarem Schwert zunehmender Beliebtheit, zumal sie häufig als olympische Klassen gewählt wurden). Sie gehen zurück auf die kleinen Meter-Klassen und auf die amerikanischen Nat-Herreshoff-Konstruktionen wie die schon fünfzig Jahre zuvor gebaute *Dilemma*. Gerade in den Vereinigten Staaten waren uneingedeckte Schiffe ohne Kajüte schon früh sehr beliebt. Es gab Regatten der »sand baggers« und anderer kleiner Klassen, deren Konstruktionen zumeist an die Fischerboote der Buchten und Binnengewässer der Atlantikküste anknüpfte. Auf diesen Fotos von den ersten Nachkriegsregatten auf dem Solent segeln Yachten der XOD-Klasse bei steifer Brise an der Kreuz (links). Auf dem Foto rechts ist die Swallow-Klasse zu sehen, die von einem Linksdreher überrascht wird, auf den die K 46 als erstes reagiert.

171 unten links: Die *Wanderer III* wurde 1952 von Laurent Giles für das Ehepaar Hiscock entworfen. Sie war ein wenig größer als ihre 1936 ebenfalls von Giles gezeichnete Vorgängerin und hatte eine drei Jahre dauernde Weltumsegelung vor sich. Diese 9,20 Meter lange Yacht ist ein perfektes Beispiel für die neue Art der Fahrtenyacht: vom Preis her erschwinglich, äußerst zuverlässig, aber mit einer Innenausstattung, die heute höchstens für Tagesfahrten als annehmbar gälte.

171 unten rechts: Giles' Serienmodell *»Vertue«*, hier im Bild die Nummer 35, sollte durch die Einhand-Transatlantiküberquerung ihres Skippers Humphrey Burton berühmt werden. Die 26-Fuß-Yacht wurde inzwischen in Hunderten von Exemplaren gebaut, die alle auf einen Prototyp aus dem Jahr 1935 zurückgehen: die *Andrillot* mit Gaffelrigg und einem kleinen, sehr niedrigen Deckshaus. Giles veränderte das Rigg und entwarf einen schlichten Decksaufbau, der ausreichend Stehhöhe gewährleistet. Auch heute noch eine sehr attraktive Yacht.

Nach seinem Erfolg mit der *Myth of Malham* in den Jahren 1947, 1948 und 1949 entwarf der Engländer, wiederum in Zusammenarbeit mit Illingworth, die *Mouse of Malham*, einen Klasse-III-Leichtbau, der das Fastnet-Rennen 1955 gewann. In der größeren Klasse setzte sich 1953 und 1955 ebenfalls ein Giles-Riss durch, die *Lutine*. Die Entwürfe des englischen Pioniers des Leichtdeplacement fanden nun auch im Ausland zunehmend Anklang.

In Italien zeichnete sich dank des von den USA unterstützten Wiederaufbaus und der jahrhundertealten Schiffsbautradition an den ligurischen Stränden eine neue Entwicklungsphase im Segelsport ab. Die Entwürfe von Laurent Giles waren die ersten Auslandsaufträge der später berühmtesten italienischen Yachtbaubetriebe: Sangermani zum Beispiel konstruierte die *Artica II* und die *Tapineer*, und bei Beltrami lief die *Niña V* vom Stapel.

Robert Clark war im Gegensatz zu Giles sehr viel konservativer, denn er glaubte nicht an Leichtdeplacement-Konstruktionen. Seine Entwürfe knüpfen an die Linien der *Ortac* an, mit der er Ende der dreißiger Jahre einen gewissen Erfolg erzielen konnte: klassische Konstruktionen mit Löffelbug und stark ausgeprägtem Hecküberhang, während der kurze, aber relativ hohe Kajütaufbau an das dreißig Jahre zuvor übliche »doghouse« erinnert. Dennoch setzten sich auch einige Clark-Konstruktionen bei Rennen durch, zum Beispiel die 17-Meter-Slup *Jocasta*, die das Fastnet-Rennen von 1951 in Klasse I gewann, und auch die *Favona*, die im selben Jahr in Klasse III (RORC) als Siegerin hervorging. Die *Favona* wurde aufgrund einer Ausschreibung des englischen Seglerverbandes entworfen. Man wollte ein kostengünstiges Schiff mit guten Leistungen und einer Wasserlinienlänge von maximal 24 Fuß, das in einer kleinen Serie gebaut werden sollte. Clark entwarf daraufhin die *Favona*, Giles antwortete mit der berühmten *Samuel Pepys*, der Siegerin im Transatlantik-Rennen von 1950 und dem Prototyp für eine Serienkonstruktion im Auftrag der Royal Navy, dem RNSA-24-Programm.

Eine weitere Yacht traditioneller Bauart war Charles Nicholsons *Foxhound*, eine von drei Konstruktionen, die direkt an die Linien der 1931 gebauten *Patience* anknüpften; die beiden anderen waren die *Bloodhound*, die Fastnet-Siegerin von 1939 und 1949, und die *Stiarna*.

172 oben links: Die *Jocasta*, eine von Robert Clark entworfene Klasse-I-Yacht, segelte im englischen Mannschaftsteam beim allerersten Admiral's Cup im Jahr 1957. Sie war nicht gerade die Trumpfkarte der Mannschaft: Im Channel-Race wurde sie fünfte von sechs Teilnehmern, auf den beiden Dreiecken belegte sie den letzten Platz. Beim Fastnet-Race schaffte sie allerdings eine akzeptable dritte Platzierung. (1951 konnte sie das Fastnet-Race gewinnen!) Der englische Sieg bei der Admiral's-Cup-Premiere ist vor allem der überragenden Leistung der *Myth of Malham* zu verdanken.

172 oben rechts: Ein klassisches Laurent-Giles-Design aus den fünfziger Jahren: Die yawlgetakelte Klasse-1-Yacht *Lutine* gewann zweimal hintereinander – 1953 und 1955 – das Fastnet-Rennen. 1953 besiegte sie Clarks *Jocasta* sowohl in gesegelter Zeit als auch nach Berechnung und setzte sich 1955 nach berechneter Zeit gegen die Nicholson-Konstruktion *Foxhound* durch. Sie nahm 1957 noch einmal – allerdings außerhalb der Admiral's-Cup-Klassifizierung – am Fastnet-Rennen teil und unterlag der amerikanischen *Carina*.

173: Zwei wunderschöne Charles-Nicholson-Konstruktionen mit Linien aus vergangenen Tagen – sie stammen aus den Jahren 1935 und 1936 – stellten auch in der Nachkriegszeit noch ihre Leistungsfähigkeit unter Beweis. Die unten abgebildete *Bloodhound*, eine große Yawl von fast 20 Metern, debütierte 1936 mit einem Sieg im Channel-Race, gewann im selben Jahr sowie 1939 und noch einmal 1949 das Fastnet und wurde 1952 Zweite in ihrer Klasse im Bermuda-Race. Auch in den sechziger Jahren nahm sie unter ihrem neuen Eigner, der englischen Königsfamilie, erfolgreich an Regatten teil. Die *Foxhound*, oben, eine der drei von Nicholson nacheinander entworfenen Yachten ist, im Gegensatz zur *Bloodhound*, deren Segelplan von Stephens beeinflusst war, als Slup getakelt und trägt ein Siebenachtel-Rigg.

126

101

Die amerikanischen Yacht-Designer Olin und Rod Stephens und Philip Rhodes versuchten, diesen britischen Konstruktionen etwas entgegenzusetzen. Die von Rhodes entworfene *Carina* ist eine wunderschöne Yacht mit ausgeprägten, aber nicht übertriebenen Bug- und Hecküberhängen. Sie war im Verhältnis zu den zeitgenössischen englischen Yachten durchschnittlich 10% breiter und hatte – als wichtigeres Merkmal – ihr Haupt- oder auch Nullspant fast mittschiffs, was ihr ein ausgewogeneres Aussehen verlieh. Der Kajütaufbau ist klein, nicht extrem niedrig und abgerundet und weist damit nicht die harten Linien des Clark-Designs auf. Die *Carina* ist mit einem aufholbaren Schwert, das hoch am Wind

Nach den in der Vorkriegszeit errungenen Siegen der *Dorade* und der *Stormy Weather* mussten sich die Yachten der Stephens-Brüder nun allerdings mit Zweitplatzierungen zufrieden geben. Dafür siegten *Bolero* und *Argyll* beim Bermuda-Race in Klasse I und die *Loki* in Klasse III und setzten sich damit in diesen Rennen gegen ihre britischen Konkurrenten durch.

Die *Bolero* war mit 22,40 Metern Länge über alles und 4,80 Metern Breite eine der ersten großen Yachten der Nachkriegszeit. Die etwas kleinere *Argyll* vermaß 17,50 Meter Länge über alles, während *Loki* eine Klasse-III-Yacht mit einer Länge über alles von 11,60 war. Sie gewann in ihrer Klasse das Bermuda-Race gegen Giles' Leicht-

kürzeren Zeitraum beteiligt, vor allem aber war ihr Territorium nicht direkt betroffen. Da der Solent als Regattarevier ausfiel und Kiel mit der Herrschaft der Nationalsozialisten verbunden wurde, versuchten die Amerikaner, in eigenen Gewässern eine Hochsee-Meisterschaft ins Leben zu rufen. Vor Newport fanden bereits die Wettfahrten des America's Cup statt und der Pazifik war noch zu weit entfernt, daher fiel die Wahl des Austragungsortes für die »Southern Ocean Racing Conference«, kurz die SORC, auf Florida. Die Wettfahrtserie setzte sich aus Dreieckskursen wie in Cowes und Offshore-Regatten auf dem Atlantik zusammen, deren Schwierigkeitsgrad durch die Querung des Golfstroms erhöht wurde.

abgefiert wird, ausgerüstet. Die Stabilität wird durch die Breite und einen Ballastanteil von 45% gewährleistet. Diese Eigenschaften scheinen auf den ersten Blick eher für achterliche Winde geeignet, aber die *Carina* gewann 1957 das Fastnet-Rennen, das sich durch harte Kreuzen bei starken bis stürmischen Winden auszeichnete. Zudem verhielt sich so eine Yacht mit einem nicht extrem tiefliegenden Ballast angenehm weich im Seegang. Andererseits kann ein gut konstruiertes Schwert eine größere Wirkung haben als ein langer Ballastkiel. Das Ergebnis ist eine Yacht, die schneller und höher am Wind segelt.

deplacement-Konstruktionen, unterlag aber im Fastnet den von Giles und Clark gemeinsam entworfenen Schiffen des RNSA-24-Programms. Der Vorteil, in »heimischen« Gewässern zu segeln, sollte eben nie unterschätzt werden.

Wie die von Giles, so wurden auch amerikanische Entwürfe zunehmend auf den Werften des europäischen Kontinents gebaut. Olin und Rod Stephens und Philip Rhodes wandten sich bevorzugt an das deutsche Unternehmen Abeking & Rasmussen oder an die italienischen Yachtbaubetriebe Baglietto und Sangermani.

Die USA waren am Zweiten Weltkrieg im Vergleich zu den europäischen Staaten über einen

Die erste Veranstaltung fand 1941 und aus naheliegenden Gründen ohne europäische Teilnehmer statt, weshalb man problemlos die Formel des Cruising Club of America (die CCA-Formel) anwenden und die RORC-Ratings außer Acht lassen konnte. Nach dem Krieg blieb den europäischen Konstrukteuren nichts anderes übrig, als entweder Yachten für die RORC-Formel zu entwerfen und die damit verbundenen Nachteile aufgrund des amerikanischen Vermessungssystems in Kauf zu nehmen oder auf »Kompromisslösungen« zu setzen. Einer dieser Kompromisse war die schon als Siegerin im Fastnet-Rennen genannte Giles-Konstruktion *Lutine*, die beiden

175 unten: Einer der schönsten Stephens-Entwürfe in den vierziger und fünfziger Jahren ist die *Bolero*, eine große Yawl von mehr als 22 Metern Länge über alles, deren Riss auf den Linien der zehn Jahre älteren *Stormy Weather* basiert. Der amerikanische Yachtkonstrukteur ist konservativ: Seine Boote siegen und wecken Begeisterung – warum also sollte er etwas ändern? Die *Bolero* erhielt den Beinamen »Miss America« und konnte es sich sogar erlauben, auf der New York Yacht Club Cruise 1954 einen horizontal gesetzten Tallboy zu fahren.

Vermessungsformeln gerecht wurde. Die *Lutine* gewann dennoch nur in den europäischen Regattarevieren, während sich die amerikanischen Yachten vorwiegend in heimischen Gewässern durchsetzten, was einmal mehr beweist, wie sehr Formeln die Performance beeinflussen.

Die SORC war bereits seit 1952 international besetzt, entwickelte sich allerdings erst im Verlauf der siebziger Jahre, nach der Verschmelzung der Vermessungsformeln und der Einführung der International Offshore Rule (IOR), zu einem der bedeutendsten Ereignisse im internationalen Yachtsport.

Das trifft auch auf das Sydney-Hobart-Race zu. Es wurde 1945/1946 erstmals ausgetragen und zählt heute, zusammen mit dem Fastnet- und dem Bermuda-Race, zu den weltweit berühmtesten und hochrangigsten Hochsee-Regatten. Der 630 Meilen lange Kurs von Sydney in Australien nach Hobart, der Hauptstadt von Tasmanien, wird während des australischen Winters gesegelt (in Australien die günstigste Saison) und schneidet die sogenannten »Brüllenden Vierziger«, ein zwischen dem 40. und 50. Grad südlicher Breite gelegenes, von keinem Festland unterbrochenes Seegebiet, das für seine praktisch gleichbleibend starken Westwinde und gigantischen Wellen berühmt-berüchtigt ist. Diese Wettfahrt gilt allgemein als die härteste und schwierigste Regatta der Welt. Zweifellos ist das Sydney-Hobart jedoch seit den siebziger Jahren die Regatta mit dem größten Starterfeld auf der südlichen Hemisphäre, auch wenn die Teilnahme für europäische Yachten wegen der Entfernung relativ problematisch ist.

174: In den fünfziger Jahren staunten die Europäer nicht schlecht über die »typisch amerikanische« *Carina*. Die von Philip Rhodes entworfene Klasse-II-Yacht gewann 1955 und 1957 das Fastnet-Rennen für das amerikanische Team im Admiral's Cup. Sie war breiter als die zeitgenössischen Yachten, war mit einem Schwert ausgerüstet und wirkte daher im Vergleich zu Stephens' »Kompromisskonstruktionen« wie eine Rückkehr zu vergangenen Tagen. Ihre Crew spielte wohl eine Schlüsselrolle für den Erfolg.

175 oben: Bis 1970 teilte sich die Welt des Segelsports in zwei Gruppen: Die Amerikaner segelten nach der CCA-Formel, die Europäer in den Klassen des RORC. Die Konstrukteure mussten gemäß den Anweisungen ihres Auftraggebers entscheiden, welche Formel der Konstruktion zugrunde gelegt werden sollte. Als Alternative konnte man eine Konstruktionslösung für Rumpf und Rigg wählen, die teilweise beide Formeln berücksichtigte, wie Giles bei der *Lutine*, deren Eigner sowohl an europäischen als auch an amerikanischen Regatten teilnehmen wollte. Die *Lutine* war dennoch besonders bei englischen Rennen erfolgreich. Jenseits des Atlantiks fiel wahrscheinlich auch die Unerfahrenheit mit den dortigen Gewässern nachteilig ins Gewicht.

yacht

Die neuen Protagonisten des Fastnet-Race

176 oben: Auf Hochseeregatten treffen Yachten teilweise auf extreme Wind- und Seebedingungen, die den Schiffsrumpf besonders bei Amwindkursen einer enormen Belastung aussetzen. Durch eine gute Konstruktion und eine erfahrene Handhabung lässt sich die Belastung für Rumpf und Rigg innerhalb der Toleranzgrenzen halten. Manchmal wird der kritische Punkt aber überschritten, zum Beispiel 1955 beim Fastnet: Nach zwei Tagen Knüppelkreuz machte die *Carina* Wasser. Dank der Arbeit der Crew an der Lenzpumpe gelang es ihr nicht nur, den Kurs zu absolvieren, sondern auch zu gewinnen. Beim Fastnet-Rennen 1979 verließen 24 Mannschaften ihre beschädigten Yachten und 15 Menschen verloren in dem orkanartigen Sturm das Leben.

176 unten: Mehr noch als andere Regatten am Solent ist der Start zum Fastnet-Race ein Muss für alle Segelbegeisterten. Hier führt die *Outlaw* eine kleine Gruppe von Yachten an, die im Flachen außerhalb des Fahrwassers segeln, wo die Strömung schwächer ist. Mit kurzen Schlägen bleibt sie auf jener Seite des Solent, die der Skipper im Vertrauen auf Erfahrung und Glück ausgewählt hat. Sie ist klar zur Wende, ebenso wie die leewärts segelnde Yacht, die schon »Raum Land« einfordern kann. Die von Illingworth konstruierte Yacht, die nicht zum Admiral's-Cup-Team gehört, segelt klar vor der Nicholson-Konstruktion *Quiver IV* und der betagten *Ortac* von Clark. Halb verdeckt sieht man die *Musketeer*, einen weiteren Nicholson-Riss.

177 oben: Der Sturm hatte 1979 besonders die Yachten der kleinen Klassen auf der Kreuz zum Fastnet Rock überrascht. Die größeren Yachten hatten den Leuchtturm hingegen zumeist schon gerundet und segelten nun bei raumem Wind unter vergleichsweise günstigen Bedingungen. Mastbruch war die häufigste Havarie, und viele Crews verließen ihr Schiff, weil der Mast gebrochen und die Yacht manövrierunfähig geworden war. Unter diesen Umständen einen kühlen Kopf zu bewahren und an Bord zu bleiben ist kein Kinderspiel. In solch einer Situation muss ein Behelfsmast geriggt und ein Segel gesetzt werden, um den Sturm beigedreht abzuwettern. Leicht gesagt, wenn man sich dabei bequem im Sessel eines Yachtclubs zurücklehnen kann.

Unterdessen nahm man in den fünfziger Jahren auch in Europa die traditionellen Segel-Veranstaltungen wieder auf, wenn sich die Szene auch verändert hatte.

1953 erreichte das Fastnet-Race mit vierzig gemeldeten Yachten eine Rekordteilnahme; wichtiger aber war, dass neben den die Wettfahrt ausrichtenden Engländern Teilnehmer aus Amerika, Belgien, Holland, Deutschland, Irland und Frankreich an den Start gingen. In nur acht Jahren hatte der Yachtsport den Hass des Krieges überwunden. Zu dieser Wettfahrt ließ der RORC erstmals die »kleinen«, 10 bis 11 Meter langen Yachten der Klasse III zu, die in der Zwischenzeit ihre Hochseetüchtigkeit auf allen Weltmeeren unter Beweis gestellt hatten.

Diese Annahme wurde jedoch nach dem tragischen Ausgang des Fastnet-Rennens im Jahr 1979 von neuem in Frage gestellt. 15 Menschen, allesamt Crewmitglieder von Yachten der kleinen Klassen, verloren bei dieser Wettfahrt ihr Leben. Die sich anschließenden Diskussionen über das Warum und darüber, wie man eine solche Tragödie in Zukunft vermeiden könnte, führten zu keinem Ergebnis. Fest steht, dass die meisten Opfer ihre Schiffe bereits verlassen hatten und dass ein Großteil der Yachten, unabhängig von ihrer Größe, schlecht ausgerüstet war und unerfahrenen Skippern unterstanden hatte. Viele der größeren Yachten waren deshalb nicht in Schwierigkeiten gekommen, weil sie aufgrund ihrer Schnelligkeit bereits im Hafen waren, als der Sturm seinen Höhepunkt erreichte.

177 links: Die Organisatoren des tragischen Fastnet-Rennens von 1979 hatten umgehend die Küstenwache alarmiert. Auf dem Foto ist einer der Rettungskreuzer zu sehen, die von ihrer Basis auf den Scilly-Inseln, von jeher Ort tragischer Schiffsunglücke, losfuhren, um die in Seenot geratenen »cupper« zu retten. Diese Rettungskreuzer sind unsinkbar und richten sich bei einer Kenterung von selbst wieder auf.

177 rechts: Der Einsatz von Rettungshubschraubern ist in einer Situation, wie sie während des Fastnet-Rennens 1979 auftrat, unerlässlich. Die Seenot-Helikopter retteten viele Menschenleben, sowohl Crewmitglieder, die ihre Yachten aufgegeben hatten, als auch die, die von ihren manövrierunfähigen Schiffen SOS-Signale sandten. Auf dem Foto sieht man die Bergung der Crew der *Camargue*. Es ist bestimmt keine leichte Entscheidung, ins Wasser zu springen, um sich vom Hubschrauber hinaufwinschen zu lassen. Die *Camargue* scheint keine größeren Schäden davongetragen zu haben.

Vom Fastnet-Race zum Admiral's Cup

Seit 1957 wird das Fastnet-Rennen als Wettfahrt für eine neue, vom RORC organisierte Veranstaltung gewertet, den Admiral's Cup. Dieser internationale Mannschaftswettbewerb – drei Yachten treten pro Nation an – findet in ungeraden Jahren während der Cowes-Week statt. Die Wettkampfserie umfasst zwei Regatten mit Dreieckskurs auf dem Solent, eine Hochsee-Regatta auf dem Ärmelkanal, das 220-Meilen-Channel-Race, das wegen der Strömungen und der drehenden Winde in diesem Seegebiet hohe technische Anforderungen stellt, und schließlich das Fastnet-Rennen.

An der Admiral's-Cup-Premiere 1957 nahmen nur zwei Mannschaften teil, England und USA. Das englische Team siegte mit *Myth of Malham*, *Jocasta* und *Uomie*. Zum Admiral's Cup traten neben England auch Frankreich mit *Eloise II*, *Marie-Christine II*, *St. François* und Holland mit *Zeevalk*, *Zwerver* und *Olivier van Noort* an. Das britische AC-Team konnte sich in diesem Jahr erneut durchsetzen. In der nächsten Auflage, bei der erstmals auch eine schwedische Mannschaft vertreten war, siegten die Amerikaner mit *Figaro*, *Cyane* und *Windrose*.

Die Zahl der teilnehmenden Länder stieg in wenigen Jahren kontinuierlich an: 1963 waren es sechs (Sieger war wieder England), 1965 traten acht Mannschaften an und 1967 waren bereits neun Teams am Start, von denen der Neuling Australien den Sieg davontrug. 1969 nahmen erstmals Spanien, Italien und Argentinien teil. Seit den siebziger Jahren bis heute entwickelte sich der Admiral's Cup zu einer wahren Offshore-Weltmeisterschaft, an der durchschnittlich fünfzehn Nationen teilnehmen. Die einzelnen Yachten jedes Teams werden von den jeweiligen Segelverbänden ausgewählt.

In diesem Jahrzehnt hörte Segeln auf, Zeitvertreib für Aristokraten oder snobistische Leidenschaft einiger betuchter Zeitgenossen zu sein, und wurde zu einer Sportart im modernen Sinn.

Im Gegensatz zur SORC hatte der Admiral's Cup praktisch seit seinen Anfängen internationalen Charakter. Es waren die Zeiten von Eric Tabarly mit seiner *Pen Duick III* und Dick Carter, einem amerikanischen Designer, der an der Vorrangstellung der Stephens-Brüder rüttelte.

178 oben links: Die *Noryema*, das zehnte Boot einer Serie, die oft im Solent zu sehen ist, war eine 46-Fuß-Konstruktion von German Frers. Sie segelte zusammen mit *Battlecry* und *Yeoman XX* im englischen Admiral's-Cup-Team, das den Cup 1975 gewann. Die *Noryema* gewann das Channel-Race und belegte auch bei den anderen Rennen gute Plätze. Ein gerefftes Groß und Genua 2 sind die ideale Besegelung für die Kreuz bei frischer Brise und mäßiger See.

178 Mitte links: Das amerikanische AC-Team trat 1977 mit drei entschieden avantgardistischen Konstruktionen von Architekten der neuen Generation an. Die Schwert-Yacht *Bay Bea* entstand bei Palmer & Johnson in Lamellarbauweise nach einem Riss von Britton Chance. Es war allerdings nicht das Spitzenschiff im amerikanischen Team und belegte wegen einiger Schwierigkeiten mit den Strömungen beim Channel-Race nur den 44. Platz.

178 Mitte rechts: Australien gewann 1979 zum zweiten Mal den Admiral's Cup mit einer innovativen Yachtkonstruktion im Team: der *Police Car III*, einem Entwurf des jungen britischen Yacht-Designers Edward Dubois. Der vor allem bei achterlichen Kursen extrem schnelle Halbgleiter fuhr ein Siebenachtel-Rigg, das von nun an populär werden sollte. Bei der ersten Küstenfahrt ging die *Bay Bea* als Siebte durchs Ziel, bei den Inshore-Races wurde sie Zweite und Siebte beim Channel-Race. Beim zweiten Inshore bekam sie Strafpunkte und fiel auf den vierzehnten Platz, trug dann aber als Drittplatzierte im Fastnet entscheidend zum Erfolg ihres Teams bei.

178 unten: 1977 wird im Admiral's Cup eine küstennahe Wettfahrt vor Cowes eingeführt, von der man sich angesichts der bisherigen zu starken Gewichtung der beiden Hochseelangstrecken für die Endklassifizierung eine Steigerung des technischen Schwierigkeitsgrades erhoffte. Cup-Sieger dieses Jahres waren erneut die Engländer, die natürlich die Strömungsbedingungen im Solent am besten kannten. Das australische Team trat in diesem Jahr wie auch 1979 mit dem Klasse-I-Schiff *Ragamuffin* an, dessen Eigner Syd Fisher noch im Zusammenhang mit dem America's Cup von sich reden machen sollte.

179: Zu den Wettfahrten der Admiral's-Cup-Serie gingen bis zu sechzig Yachten vor Cowes an den Start, zu denen sich die Teilnehmer der Cowes-Week gesellten, dazu Freizeitsegler und Ankerlieger, Zuschauer- und Presseboote und natürlich die Fährlinien und Hovercrafts. Ein weltweit einmaliges Schauspiel. Im Admiral's Cup wird um einen 1957 von Admiral Myles Wyatt, Kommodore des RORC, gestifteten Pokal gesegelt.

180 oben: Im Segelsport wird man sich im Zusammenhang mit dem Jahr 1979 an die fünfzehn Todesopfer erinnern, die der Sturm beim damaligen Fastnet-Rennen einforderte. Es war aber auch das Jahr, in dem das italienische Team mit dem Gary-Mull-Riss *Vanina*, der hier abgebildeten *Rose Selavy* (der ehemaligen *Moonshine* des englischen AC-Teams in der vorhergehenden Auflage), und dem Neubau *Yena*, beide Doug-Peterson-Konstruktionen, den dritten Platz erkämpfte. Die Australier gewannen bei den starken Winden vor den Amerikanern, während sich das britische Team mit dem 6. Platz begnügen musste.

180 unten: Die mit einem Rating von 36 Fuß mittelgroße *Aries* – ein Entwurf des Neuseeländers Ron Holland – segelte im amerikanischen Team, das nach den Australiern Platz zwei belegte. Starkwind prägte die gesamte Admiral's-Cup-Serie 1979. Auf dem Foto nähert sich die *Aries* mit kritischer Geschwindigkeit einer der zahlreichen Tonnen, die das Fahrwasser des Solent markieren und zugleich Bahnmarken sind. Die »Drei« ist bereits gesetzt: Die nächste Kreuz wird bestimmt hart!

Schon 1965 hatte Carter mit seiner RORC-Klasse-III-Yacht *Rabbit* das Fastnet-Race gewonnen, wenn auch außerhalb der Qualifizierung für den Admiral's Cup, und 1966 setzte sich seine *Tina*, eine weitere Klasse-III-Konstruktion von der holländischen Werft Franz Maas, im One Ton Cup durch. Für den Admiral's Cup 1967 hatte Dick Carter die *Rabbit II* entworfen, eine bei Maas gebaute Klasse-II-Yacht aus Stahl, die sich für das amerikanische AC-Team qualifizierte. Trotz einer Disqualifizierung im ersten Inshore schnitt die *Rabbit II* als bestes amerikanisches Teamboot ab. Überraschend gewannen die Australier in diesem Jahr den Admiral's Cup, obwohl sie nicht mit überragenden Konstruktionen an den Start gingen: Mit der *Mercedes* traten sie erstmals mit einem australischen Riss an (Konstrukteur Bob Miller, der später anlässlich einer America's-Cup-Herausforderung als Bob Lexcen zeichnete), der im Fastnet den dritten Platz belegte; das zweite Teamboot war die *Balandra*, die auf Rang vier landete, und schließlich die mit 15 Jahren schon »alte« Robert-Clark-Konstruktion *Caprice of Huon*. Beim Fastnet setzte sie sich gegen alle englischen und gegen zwei amerikanische Yachten überlegen durch!

Aufgrund der neuen IOR-Vermessung veränderte sich in den siebziger Jahren die Konstruktion der Schiffsrümpfe. Die klassischen Yachten hatten sich in Richtung Leichtdeplacementboot entwickelt, mit sehr breitem Hauptspant, einem eher breiten Achter- und flachen Unterwasserschiff. Carters Risse hatten diesen Trend vorweggenommen, dann folgten die Franzosen mit Finots *Revolution* und schließlich die neuseeländischen Konstruktionen, wie die von Farr entworfene *Gerontius*. Die auf Gewichtsreduzierung konzipierten Yachten blieben dennoch seetüchtig, wiesen jedoch einige Schwachstellen auf, an denen die Belastung auf die Strukturen weniger vorhersehbar war. Vielleicht führte gerade dieser Aspekt zu einer der größten Tragödien im Segelsport: Beim Fastnet-Race, der fünften Wettfahrt im Admiral's Cup 1979, waren insgesamt fünfzehn Tote zu beklagen, 24 Yachten wurden von ihren Crews verlassen und von über dreihundert Yachten erreichten nur 85 das Ziel. Ein gewaltiges Tiefdrucksystem mit bis zu siebzig Knoten starken Böen überraschte den Teil der Flotte, der noch zum Fastnet kreuzte, während diejenigen Yachten, die den Leuchtturm bereits gerundet hatten, einen vergleichsweise sicheren Raumschotskurs segeln konnten. Für die anderen sollte es eine mörderische Kreuz werden. Alle Admiral's-Cupper überstanden den Sturm. Unter den Todesopfern waren ausschließlich Crewmitglieder, die ihre Yachten verlassen hatten, um sich den Rettungsinseln anzuvertrauen. 1979 stellte der Maxi *Condor* einen neuen Fastnet-Rekord auf. Unter den Cuppern gewann die kleine englische *Eclipse*, eine Doug-Peterson Konstruktion mit Rennwert 30, vor der französischen *Jubilée* und der australischen *Impetuous*.

180/181: Die *Imp*, ein Ron-Holland-Entwurf für das amerikanische AC-Team, hatte die Segelwelt schon zwei Jahre zuvor durch ihren Sieg bei der SORC und ihren Erfolg im Admiral's Cup von 1977 beeindruckt. Auch 1979 war diese relativ kleine Yacht (12 Meter Länge über alles, 10 Meter in der Wasserlinie, 3,80 Meter Breite), bestes Schiff des amerikanischen Teams. Den Erfolg verdankt die in der kalifornischen Werft Kiwi Yachts entstandene Konstruktion ihrer revolutionären Verbundbauweise: Die Außenhaut besteht aus Glasfaserdeckschichten mit Balsa-Kern und verstärkenden Carbonfiber-Elementen an den Schiffsenden. Sie ruht auf einer gitterartigen Struktur aus H-förmigen Leichtmetallprofilen. Ron Holland griff bei der *Imp* auf Erfahrungen zurück, die er 1971 als Assistent von Gary Mull an Bord der *Improbable* gemacht hatte. Diese war außer Konkurrenz gestartet und hatte wegen ihrer Linien für Aufsehen gesorgt. Sie besaß ein am Spiegel aufgehängtes Ruder und ein sehr breites Heck ohne Überhang. Vor allem aber war sie mit einer Spitzengeschwindigkeit von sechzehn Knoten beeindruckend schnell.

181 oben: Da das Reglement des Admiral's Cup lediglich drei Yachten pro Nation vorsah, wurden nicht qualifizierte, aber schnelle Yachten anderen Nationen angeboten. Das konnten die Engländer durch das Commonwealth zu ihrem Vorteil nutzen. Die *Vanguard* nahm zusammen mit *Panthera* und *White Rabbit* für Hongkong am Admiral's Cup von 1977 teil und trug so zum dritten Platz des Teams bei.

F 5999

Das Whitbread »Round-The-World« Race

Im Zusammenhang mit dem Sponsorenwesen, das seit Beginn der siebziger Jahre im Segelsport zunehmend aufkam, ist als einer der ersten Geldgeber die britische Brauerei Whitbread zu nennen, die 1973 erstmals die längste Regatta der Welt organisierte: das Whitbread »Round-The-World« Race. Der 27000-Meilen-Kurs rund um die Welt folgt der Route um das Kap der Guten Hoffnung, Kap Leeuwin und Kap Hoorn mit Zwischenstopps in Kapstadt, Sydney und Rio de Janeiro.

Am 8. September 1973 starteten in Portsmouth am Solent insgesamt 17 Yachten verschiedener Größe, von der kleinen, 13,70 Meter langen *Copernicus*, die auch wegen ihres damals noch jenseits des »Eisernen Vorhangs« liegenden Herkunftslandes Polen mit großem Beifall empfangen wurde, bis zum großen englischen *Burton Cutter* mit einer Länge von 24,40 m.

Schon auf der ersten Etappe hatten die *Burton Cutter* und der große Favorit dieser Wettfahrt, Eric Tabarlys *Pen Duick VI*, schwere Havarien zu verzeichnen. Die zweite und dritte Etappe waren von noch dramatischeren Ereignissen gekennzeichnet: Insgesamt drei Männer blieben in den berüchtigten »Brüllenden Vierzigern«, den Südlichen Breiten, auf See. »First ship home« war die *Great Britain II* unter dem Segelveteran Chay Blyth, der mit eiserner Disziplin eine Mannschaft aus Fallschirmjägern der britischen Armee anführte. Siegerin nach berechneter Zeit wurde hingegen die Swan 65 *Sayula II*, ein Serienschiff des Mexikaners Ramon Carlin, der – wie Blyths Soldaten nicht ohne Neid feststellen mussten – die Regatta gemeinsam mit seiner gesamten Familie sowie einem beachtlichen Bordvorrat an Wein, Wodka und Kaviar segelte. Von 1973 an entwickelt sich das Whitbread unaufhaltsam zu einem Klassiker des Hochsee-Regattasegelns.

182 und 183 Mitte rechts: Eric Tabarly war entschlossen, die Whitbread-Premiere des Jahres 1973 zu gewinnen, und hatte zu diesem Zweck eine ehrgeizige Konstruktion ausgeklügelt, die nach dem Riss von André Mauric in Brest gebaut worden war. Die Leichtmetallkonstruktion hatte eine Länge über alles von 22 Metern, 18,80 Meter Länge in der Wasserlinie und verdrängte 32 Tonnen mit einem Ballastanteil von fast 50 Tonnen. Schwachpunkt: Die *Pen Duick* hatte während der Regatta zwei Mastbrüche zu verzeichnen.

183 oben: Die von Chay Blyth gesteuerte *Great Britain II* lief als erster Teilnehmer der Whitbread-Premiere 1973 im Start- und Zielhafen Portsmouth ein. Sie absolvierte den 27000 Meilen-Kurs in 144 Tagen. Die *Sayula*, Carlins Swan 65, traf sechs Tage später ein und wurde damit Erste nach berechneter Zeit. Das Foto zeigt die Yacht von Blyth mit ihrer Crew aus Armee-Fallschirmspringern beim Start unter Spinnaker, um schnellstmöglich den Ärmelkanal zu verlassen.

183 Mitte links: Die Yacht des Mexikaners Carlin, Sieger der ersten von Whitbread gesponserten Regatta, war das Serienschiff Swan 65, das nach einem Stephens-Riss auf der finnischen Werft Nautor gebaut worden war.

183 unten: Das Bild zeigt die *Pen Duick VI* bei steifer Brise hoch am Wind: Fock und Stagsegel sind gesetzt, Groß und Besan sind einfach gerefft. Die *Pen Duick* war eine schnelle, extrem hochseetüchtige Yacht. Die Masten stehen nicht auf dem Kiel, sondern auf Deck – eine Eigenheit der französischen Schule, die nur wenige Anhänger hat. Unwahrscheinlich, dass dies der Grund für die beiden Mastbrüche war, ein letzter Zweifel bleibt jedoch bestehen. Mauric wollte ein vor allem bei Starkwind schnelles Schiff mit einer langen Wasserlinie bauen. Er verteilte den Auftrieb langgestreckt. Das Ruder war sehr weit achtern montiert. Die Ruderpinne war früher weit verbreitet, erscheint aber heutzutage – zumal auf einem Boot dieser Größe – äußerst ungewöhnlich.

184 oben rechts: Einer der Stars auf der internationalen Regatta-Bühne der sechziger Jahre war die internationale 12-m-R-Yacht *War Baby*, die ehemalige *American Eagle*, 1964 von Luders für ein Eigner-Syndikat entworfen, dessen Vorsitz die Multinationale Dupont innehielt und das sicher nicht unter finanziellen Problemen litt. Bei den Ausscheidungen um den Titelverteidiger im America's Cup unterlag sie der Stephens-Konstruktion *Constellation*. Die *War Baby* wurde dann umgebaut und gemäß RORC vermessen und machte die Niederlage durch einen Sieg in Rekordzeit im 1971er Fastnet-Race und einen 1. Platz beim Sydney-Hobart 1972 nach gesegelter und berechneter Zeit wett. Ein deutlicher Beweis für das technische Format der alten Meter-Klasse!

184 links: In den siebziger Jahren schien die Ära der großen Rennyachten zurückzukehren. Im Zuge der Verschmelzung der Vermessungen in der IOR-Formel wurde die A-Klasse für Yachten eingeführt, die die Abmessungen der Klasse I überschritten. Die *Kialoa*, eine große Stephens-Konstruktion der A-Klasse mit 80 Fuß Länge über alles, gewinnt 1975 das Transatlantik-Rennen nach gesegelter Zeit, startet in Europa außerhalb der Cup-Wertung beim Fastnet und segelt dann nach Australien, wo sie das Sydney-Hobart-Race in Rekordzeit absolviert.

184 unten rechts: In der Nachkriegszeit wurden auch die traditionellen Transatlantik-Rennen wieder aufgenommen. Die *Robin*, hier auf dem Foto, gewann nach berechneter Zeit das Transatlantik-Rennen 1975. Sie gehörte zum amerikanischen Team des Admiral's Cup. Die Konstruktion des Segelmachers Ted Hood bestand aus Polyester mit Kevlar, einer neuen synthetischen Faser, die der Yacht-Designer in der von ihm gegründeten Werft entwickelt hatte. Ted Hood steuerte die *Robin* selbst zum Sieg und sollte in jenen Jahren zu einem der Hauptakteure im America's Cup werden.

185: Die *Kialoa* gehörte zu den Teilnehmern des dramatischen Fastnet-Rennens 1979 und passierte den Leuchtturm als Erste. Sie wurde nach gesegelter Zeit von dem anderen A-Klasse-Boot, der *Condor* aus Bermuda, geschlagen, die den Rekord beim Fastnet-Rennen aufstellte. Noch im selben Jahr gelang ihr die Revanche mit einem Sieg beim Sydney-Hobart. *Kialoa* war einer der Stars der großen Saison der »Maxis«, wie man die Nachfolger der großen, zu Beginn des Jahrhunderts gebauten Klassen in Seglerkreisen nannte.

Im Zuge der explosionsartigen Verbreitung des Segelsports in Frankreich und Italien wurde auch im Mittelmeerraum Mitte der fünfziger Jahre eine Hochsee-Regatta ins Leben gerufen, das Giraglia-Rennen. Mit 240 Seemeilen läuft es über eine mittellange Distanz, mit Start abwechselnd von einem italienischen oder französischen Hafen und Ziel im jeweils anderen Land nach Rundung der Klippen vor der Île de la Giraglia in Korsika.

Zur ersten Wettfahrt meldeten 22 Boote der drei RORC-Klassen. Unter den Favoriten befanden sich zwei von Meistern der internationalen Yacht-Konstruktion entworfene Boote: die nach einem Stephens-Riss von Baglietto gebaute *Mait II* und die *Miranda IV* von Giles, die ebenfalls bei Baglietto vom Stapel lief.

Die *Mait II* war eine der ersten »Mittelmeer-Yachten«, die später im Geburtsland des Segelsports an Regatten teilnahm. Sie starte 1955 beim Fastnet, war 1959 erneut in England dabei und ging 1962 zum Rennen Buenos Aires – Rio de Janeiro an den Start.

Die Anziehungskraft von Hochseeregatten ließ auch in den siebziger Jahren nicht nach. 1975 wurde eine weitere Transatlantik-Regatta organisiert, von Brenton Reef gegenüber von Newport, Rhode Island, der historischen Wendemarke des America's Cup, zum Leuchtturm Nab im Solent, dem stummen Zeugen der verwegenen »inneren Passage« des Schoners *America* im Jahre 1851. Zwölf Yachten aus USA, England, Frankreich, Italien, Österreich und Bermuda querten die Startlinie. »First ship home« war die amerikanische 80-Fuß-Ketsch *Kialoa*, eine S & S-Konstruktion, Siegerin nach berechneter Zeit wurde die ebenfalls amerikanische 40-Fuß-Slup *Robin*, entworfen, gebaut und gesteuert von Ted Hood, einem amerikanischen Segelmacher und großartigen Yachtsegler.

Unter den Teilnehmern war auch die *War Baby*, die frühere *American Eagle*, die als 12-m-R-Yacht für die Ausscheidungsrennen zur Titelverteidigung im America's Cup 1964 konstruiert worden war. Kurz nach dem Start brach der Mast und sie musste aufgeben. Mit einem neuen Mast ausgerüstet überquerte sie später den Atlantik und stellte 1977 beim Fastnet-Race einen Rekord auf.

Die Weiterentwicklung der Rennformeln

In den siebziger Jahren schien es, als würde die aus der Verschmelzung der amerikanischen CAA- und der englischen RORC- entstandene IOR-Formel die Probleme eines gemeinsamen Starts von Rennyachten verschiedener Größe und Bauart aus dem Weg räumen.

Die Formel stellte die wohl vollständigste und ausgefeilteste aller Vermessungsformeln dar und führte im Gegensatz zu den vorherigen Systemen nicht zu Auswüchsen im Yachtbau. Trotzdem war ihre Gültigkeitsdauer kürzer als bei früheren Formeln.

Ein »kleiner« Faktor blieb unberücksichtigt: Wer als Erster die Ziellinie kreuzt, sieht sich nur ungern durch eine Yacht besiegt, die später eintrifft. Andererseits fühlt sich die Mannschaft, die nach berechneter Zeit als Sieger aus einem Rennen hervorgeht, dem besiegten Konkurrenten gegenüber schuldig. Für den Segler zählt »First ship home«.

Die Formel war technisch gesehen unanfechtbar, doch die nach Zeitberichtigungssystemen ausgetragenen Regatten verloren an Reiz. Es gab weitere Versuche mit anderen Formeln, IMS und CHS beispielsweise, um allen Eignern und Yachten die Möglichkeit zu eröffnen, an Regatten teilzunehmen, aber auch diese Bemühungen liefen notgedrungen in die falsche Richtung. Es zeichnete sich jedoch ein anderer Trend hin zu Regatten zwischen Booten gleicher Bauart ab, anfangs vor allem zwischen den Tonner-Klassen, den heutigen Einheitsklassen.

Die Tonner-Klassen (Eintonner, IOR-Klasse 3 mit Rennwert 27,5 Fuß; Zwei-, Dreiviertel-, Halb-, Vierteltonner und die zuletzt eingeführten Minitonner) sind im Endeffekt die Neu-Erfindung eines Konzepts, das schon zu Beginn des Jahrhunderts erprobt wurde. Unter Rückgriff auf eine Ausgleichsformel (das IOR in unserem Fall) ließ man Yachten mit gleichem Rennwert gegeneinander segeln. Ein Jahrzehnt lang war die Regatta-Szene von den Tonner-Klassen beherrscht, was eine Spezialisierung im Yachtbau auf Rennyachten einerseits und Fahrtenyachten andererseits mit sich brachte. Im Jahr 1967 setzte sich noch die *Pen Duick III* im Fastnet-Rennen durch: Sie war weder Fahrten- noch reine Rennyacht. In den siebziger Jahren kamen hingegen die ersten ausschließlich für Regatten konzipierten Konstruktionen auf, bei denen an Fahrtensegeln nicht mehr zu denken war: Rümpfe mit Flushdeck (ohne Kajütaufbau) aus Leichtmetall, die lediglich mit einem Antirutsch-Anstrich versehen wurden (Teakholz brachte nur unnötig Gewicht und war damit »out«), und Linien, die ausschließlich im Hinblick auf die Klassenformel gezeichnet wurden. Die Finot-Konstruktion *Revolution*, ein von dem holländischen Aluminium-Spezialisten Huismann gebautes Leichtmetallboot, ist in gewissem Sinn der Prototyp für diese Art von Regattayacht. Mit dem Aufkommen der Tonner-Klassen wurde diese Spezialisierung offiziell anerkannt. Der Eintonner ist ein Regattaschiff, das nach der IOR-Formel vermessen wird. Ein oberster Rennwert darf dabei nicht überschritten werden. Die Formel achtet zudem auf die Eignung als Fahrtenschiff.

186 oben: Die Entwürfe von Stephens in den USA und Giles in England brachten Ende der dreißiger Jahre eine erste Neuorientierung in der Yachtkonstruktion. Der zweite Entwicklungssprung erfolgte in den siebziger Jahren und ging von französischen und australischen Yacht-Designern aus. Beim Admiral's Cup 1973 präsentierten die Franzosen ihre *Revolution*, eine in Leichtmetall auf der Huismann-Werft gebaute Finot-Konstruktion: ein Leichtdeplacementboot mit breitem Heck, langer Wasserlinie und »Flushdeck«. Die *Revolution* war in der Tat revolutionär. Die von Carter angewandten Konstruktionslösungen hinsichtlich der Formstabilität waren hier extrem ausgefeilt und auch die Ideen des Neuseeländers zur Leichtverdrängung wurden bis an die Grenze des Möglichen weiterentwickelt. Die *Revolution* segelte 1973, 1975 und 1977 im französischen Team den Admiral's Cup und war auch in der 1979-Auflage als Teamboot am Start! Sie gewann in den vier genannten Jahren die RORC-Meisterschaft sowie das Channel-Race von 1973 und 1975. 1978 siegte sie in vier Regatten des RORC-Regatta-Zirkus.

186 unten: Die ersten Vorläufer einer neuen Yachtgeneration wie *Revolution* oder *Improbable* oder *Ginko* hatten bereits ihren Auftritt auf der Segelsportszene gemacht, doch die meisten Regattaschiffe waren von ihren Linien und ihrer Bauweise nur noch klassische Konstruktionen. Es waren hervorragende, leistungsfähige Yachten, die außerdem einen gewissen Komfort beim Fachtsegeln bieten konnten. Stellvertretend sei die hier abgebildete *Mabelle* genannt, die 1971 und 1973 im italienischen Admiral's-Cup-Team segelte, eine bei Sangermani gebaute Stephens-Konstruktion. Derartige Schiffe segelten selten auf Platz eins, doch schlugen sie sich recht gut im Mittelfeld.

Die modernen Vermessungsformeln

Trotz der zunehmenden Beliebtheit internationaler Wettfahrten war der Yachtsport noch in der Nachkriegszeit zweigeteilt: auf der einen Seite die Amerikaner mit dem Rating des Cruising Club of America, kurz CCA-Formel, auf der anderen die Europäer mit der Vermessungsregel des Royal Ocean Racing Club, der RORC-Formel.

Dieselbe Situation hatte sich schon zu Beginn des 20. Jahrhunderts ergeben, als sich die von Nat Herreshoff für den New York Yacht Club ausgearbeitete Universal Rule und die auf der Pariser Konferenz verabschiedete International Rule gegenüberstanden. Auch die schon von früheren Formeln begünstigte Tendenz wurde beibehalten: Die

187 oben links: die CCA-FORMEL. Der Cruising Club of America entwickelte 1932 eine Rennformel, die die Form der amerikanischen Yachten bestimmen sollte und sich für die europäischen, nach RORC-Formel vermessenen Yachten benachteiligend auswirkte. Die CCA-Formel erwies sich in ihrer Anwendung als schwierig, denn sie bezog nur schwer ermittelbare Werte wie die Verdrängung und das Verdrängung-Ballast-Verhältnis in die Berechnung ein. Die Yachten mussten entweder gewogen werden oder ihr Volumen wurde errechnet oder man vertraute den Angaben der Zeichnungen. Eine typische CAA-Yacht hatte füllige Linien, insbesondere ein breites Heck, einen geringen Tiefgang – deshalb häufig ein Schwert – sowie eine hohe Verdrängung. Dennoch war eine gewisse Konstruktionsfreiheit gegeben, da die einzelnen Werte – ähnlich wie in der Meter-Klassen-Formel – zueinander in Relation gesetzt waren.

187 oben rechts: die RORC-FORMEL. 1931 wurde auf Initiative des Royal Ocean Racing Club in Europa eine neue Formel eingeführt. Ihr Erfolg – in der Tat fand sie sofort weltweit, außer in den USA, Verbreitung – basiert vor allem auf der einfachen Anwendung. Der Faktor Verdrängung wurde durch das Produkt aus zwei leicht an der im Wasser liegenden Yacht zu ermittelnden Maßen ersetzt: die Breite und den Tiefgang des Rumpfes. Diese Formel begünstigte gewisse Auswüchse in der Konstruktion, beispielsweise das eingezogene Deck, das zu der nach RORC-Formel begünstigten geringen Breite führte, oder auch die verkürzten Überhänge, wie bei der *Myth of Malham*. Die Formel erlebte eine Vielzahl von Änderungen, mit denen nachträglich alle »Schlupflöcher« gestopft wurden, die die Konstrukteure immer wieder fanden und auszunutzen wussten.

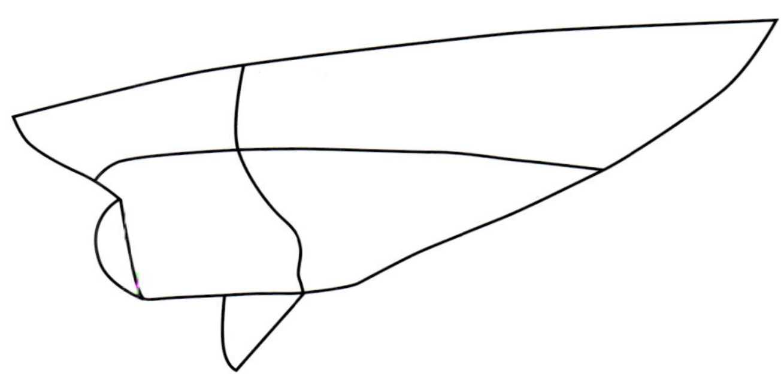

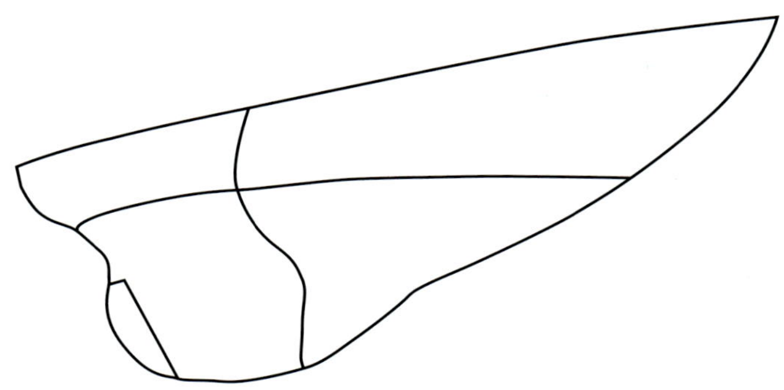

amerikanischen Ratings bevorteilten flache und breite Schiffe, während die in England üblichen Formeln das »Plank on edge«-Design der schlanken, tiefgehenden Schiffe hervorbrachten. So unähnlich waren sich aber die RORC-Formel und die CCA-Formel nicht.

Die amerikanische Formel von 1932 ist eine lineare Formel, die eine »vermessene Länge« bestimmt, auf deren Grundlage die Handicaps ermittelt wurden.

R (Rated Length) = 0,95 x (L ± Bm ± Dra ± Disp ± S ± F) x Stab. F x Prop., wobei L die Länge ist, Bm die Breite, Dra der Tiefgang, Disp die Verdrängung, S die Segelfläche und F der Freibord. Stab. F ist ein Stabilitätskoeffizient, Prop. ein Propeller-Faktor.

Die Abmessungen ergeben sich aus den faktisch gemessenen Werten, während die Verdrängung aufgrund der Konstruktionsdaten oder durch Wiegen der Yacht ermittelt wird, wobei sich eine objektive Bestimmung des Verdrängungswertes und auch der Stabilität als schwierig erweist.

In Europa war kurz zuvor, 1931, die ebenfalls lineare RORC-Formel eingeführt worden:

$$R\ (\text{Rennwert}) = 0{,}15\,\frac{L\sqrt{S}}{BD} + 0{,}2\,(L+\sqrt{S}).$$

Die Formel sieht schon einfacher aus: L ist die Länge, B die Breite, D die gewertete Tiefe und S die Segelfläche; die umständliche Ermittlung von Verdrängung und Stabilität wird somit umgangen. Dieses System verfolgte den ausdrücklichen Zweck, auf einfache Art Yachten verschiedener Herkunft oder solche, bei denen die Konstruktionsdaten nicht oder nur teilweise vorlagen, vermessen zu können.

Weder die eine noch die andere Formel führten zu einem unmittelbar erkennbaren Yachttyp, so

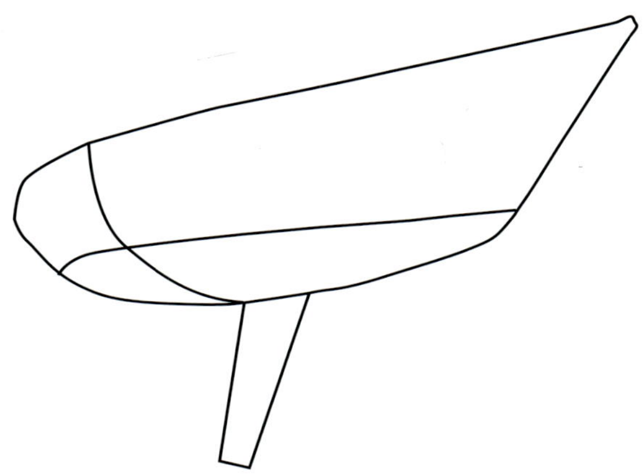

187 unten: die IOR-FORMEL. Immer häufiger nahmen amerikanische Yachten an Regatten in Europa teil und umgekehrt, woraus sich die Notwendigkeit ergab, eine einheitliche Formel festzulegen. Die IOR-Formel erscheint nur auf den ersten Blick komplizierter als die beiden vorgenannten. Sie beseitigte einerseits das Vermessungsproblem der amerikanischen Formel, war aber flexibler als die alte RORC-Formel und daher ein effektiver Kompromiss. Eine nach IOR konstruierte Yacht ist nicht so unverwechselbar wie die nach einer früheren Formel gebauten Yachten. Die IOR wird heute als überholt angesehen, weil niemand, der als Erster das Ziel erreicht, sich gern mit weniger als dem Sieg zufrieden gibt.

wie es schwierig ist, eine J-Klasse-Yacht von einer 23-m-R-Klasse zu unterscheiden.

Die amerikanische Formel begünstigte breite und schwere Schiffsrümpfe und auch die nur gering bewertete Großsegelfläche war bei CCA-Konstruktionen entsprechend groß, während für das britische System das Gegenteil zutraf. Die zunehmende Verbreitung internationaler Regatten ab Mitte der fünfziger Jahre machte eine Vereinheitlichung nötig. 1968 schuf die International Yacht Racing Union, damals wie heute größte Organisation des internationalen Segelsports, ein »internationales technisches Komitee« mit dem Auftrag, eine einheitliche Ausgleichsformel auf der Grundlage der CCA und der RORC Rule zu entwickeln. Das Komitee setzte sich aus den amerikanischen Konstrukteuren Olin Stephens und Dick Carter, den europäischen Yacht-Designern Ricus Van de Stadt und Gustav Plym, sowie zwei Experten für internationale Formeln, Robin Glover und David Fayle, zusammen.

Nach zweijähriger Arbeit wurde am 1. Januar 1970 die International Offshore Rule, die IOR, als weltweit einheitliches System für den Hochseerennsport verabschiedet. Sie lautet:

$$R = 0{,}13\,\frac{L\sqrt{S}}{B \times D} + 0{,}25\,L + 0{,}25\sqrt{S} + DC + FC \times EPF \times CGF \times MAF.$$

L, B, D, und S beziehen sich auf die oben genannten Abmessungen, DC und FC sind Korrekturfaktoren für Tiefgang und Freibord, EPF ist Korrekturfaktor für Motor und Propeller, CGF für die Stabilität und MAF für mögliche Schwerter oder bewegliche Anhänge. Die IOR ist eine komplexe Formel, die sowohl Elemente der RORC-Formel als auch der CCA-Formel enthält, und andererseits präzise genug, um »Schlupflöcher« zu vermeiden. Sie stellt sich mithin als gut entwickeltes Regelwerk für das Design moderner Yachten sowohl in Hochseerennen als auch im olympischen Dreieckskurs dar.

Die Entwicklung der Regattaboote

Die sechziger Jahre waren von einem herausragenden Yacht-Designer dominiert: Olin Stephens. Aber schon 1966 gewann Dick Carter den Ein-Tonner-Cup mit seiner *Tina*, einer Stahlkonstruktion mit einer nur 3 mm starken Außenhaut, einer gegenüber den Stephens-Entwürfen größeren und leichteren Yacht, die sich außerdem durch das stark nach achtern gelegte Ruder abhob, ein Merkmal, das für die Spitzenyachten des folgenden Jahrzehnts charakteristisch werden sollte.

Bei den Cowes-Regatten und im Fastnet sorgte 1971 der Entwurf eines jungen Amerikaners für Aufregung. Die *Improbable* von Gary Mull besaß ein am Spiegel aufgehängtes Ruder, sie war sehr leicht und besaß Gleiteigenschaften wie eine Jolle.

Im selben Jahr bewarb sich Carters *Gitana V*, eine Art vergrößerter *Tina*, für den Admiral's Cup. Auch in diesem Jahr setzte sich noch einmal eine Stephens-Konstruktion durch, daneben machte aber ein gewisser German Frers, ein Stephens-Schüler, mit seiner Konstruktion *Matrero* von sich reden. Frers führte die »klassische« Schule seines Lehrers weiter, so dass ein roter Faden von den Stephens-Rissen der sechziger Jahre bis zu den Yachten von Frers noch in den neunziger Jahren verläuft: Ausgewogenheit der Formen, keinerlei »Verzerrung« der Linien und Überhänge, klassisch schöne Yachten.

Die Frers-Konstruktion *Recluta* aus dem Jahr 1970 könnte sowohl aus dem vergangenen als auch aus dem folgenden Jahrzehnt stammen. Bob Millers *Ginko* wie Gary Mulls *Improbable* sind mit dem am Spiegel aufgehängten Ruder, dem Flushdeck und dem flachen Unterwasserschiff zeitlich eindeutig zuzuordnen.

Es gab also einerseits Regattayachten, die einer bestimmten Entwicklungslinie folgten, wie die von Stephens, auch wenn er in seiner Materialwahl durchaus innovativ ist (siehe die bei Huisman aus Leichtmetall gebaute *Charisma*), und die von Frers, andererseits tauchten aber auch Yachten einer neuen Generation auf, allen voran Carters *Tina*, die sich durch breite, füllige Hecklinien und größtmögliche Leichtigkeit auszeichneten. Zu dieser neuen Schule gehörten die Franzosen Jean Marie Finot und Michel Joubert, die mit ihren Konstruktionen *Revolution* und *Subversion* Carters Ideen zur Vollendung bringen. Sie sind die Vorläufer der Neuseeländischen Schule.

Weitere Impulse kamen von Gary Mull, seinem Schüler Ron Holland und dem Australier Bob Miller, deren Philosophie auf einer maximalen Länge der Wasserlinie und größtmöglicher Segelfläche beruhte.

Anfang der siebziger Jahre veränderte sich auch das Rigg. Man experimentierte mit den ersten Kevlar-Segeln, die zwar beim Knicken schnell brachen, aber ansonsten durch nur minimale Dehnung bestachen. (Schon nach den ersten Versuchsfahrten war allerdings klar, dass Kevlar wegen seiner mangelnden Festigkeit mit einem anderen Material zusammen verarbeitet werden musste.)

188 oben und unten: Bei Regatten der Tonner-Klassen kann man unmittelbar die Leistungsfähigkeit einer Konstruktion im Vergleich zu den anderen ermitteln (soweit die Steuerleute dies zulassen). Hier bleibt kein Raum für »Formel-Mogelei«. Dick Carters *Tina* war die Siegerin des Ein-Tonner-Pokals von 1966, eine neue und somit überlegene Yacht: Sie ist leichter, hat breitere Formen und einen verbesserten Heckauftrieb. Mit ihr wird die alte amerikanische, durch den erfolgreichen Kompromiss der Stephens-Konstruktionen modernisierte Schule mit zwei neuen Faktoren weitergeführt: der Leichtdeplacement-Bauweise und einer möglichst großen Länge in der Wasserlinie. Die *Tina* war aus Stahl hergestellt (Leichtmetalllegierungen waren sehr kostenintensiv) und hatte eine derart dünne Außenhaut, dass sie während der Rennen einbeulte. Das Ruder war am Ende der Wasserlinie angebracht und stellte zusätzliches Auftriebsvolumen am Heck dar.

188/189: Der neuseeländische Yacht-Designer Ron Holland griff die von Dick Carter auf dessen *Red Rooster* verwirklichten Designerideen auf. Er arbeitete auch mit Gary Mull bei der Konstruktion der *Improbable* zusammen, deren Leistungen er an Bord während der AC-Regatten von 1971 mitverfolgte. 1976 konstruierte er die *Imp*, die mit einem Sieg beim SORC debütierte und 1977 im amerikanischen Admiral's-Cup-Team segelte. Konstruktionstechnisch stellte die *Imp* eine ausgefeilte Weiterentwicklung des Carter- und Mull-Designs im Sinne extremer Leichtigkeit und vor allem der Gewichtskonzentration zur Schiffsmitte dar. Dieser Faktor entwickelte sich zu einem zentralen Aspekt der Yachtkonstruktion, denn auf einer Dreißig-Tonnen-Yacht mag das Gewicht von Innenausstattung und Crew ein zu vernachlässigendes Moment sein, bei insgesamt fünfzehn Tonnen wirkt es sich aber entscheidend aus.

189 unten: Neben der neuen Generation von Rennyachten waren auch weiterhin Yachten mit klassischen Linien und traditioneller Bauweise auf den Regattafeldern präsent und setzten sich teilweise sogar erfolgreich gegen die Extremkonstruktionen durch. Der Argentinier German Frers hatte, wie übrigens auch Gary Mull, bei Sparkman & Stephens gelernt, aber während der Amerikaner gegen seinen Meister rebellierte, führte Frers dessen Philosophie weiter. Die *Matrero* verhalf dem argentinischen Admiral's-Cup-Team 1971 zu einem überraschenden vierten Platz.

Einige Jahre lang setzten sich die Carter-Konstruktionen, beginnend mit dem Erfolg seiner *Tina*, auf den Regattafeldern durch. Der amerikanische Yacht-Architekt beschränkte sich darauf, einen neuen Weg im Yachtdesign zu weisen, den andere weiterführen sollten. Seine *Gitana V* ist eine klassische Konstruktion, die den Erfolg der *Red Rooster* beim AC 1969 vergessen zu haben scheint.

Das doppelkehlige Profilstag ermöglichte es, ein zweites Vorsegel zu setzen, während das erste noch oben ist. Dieses neue Fitting beendete die Zeiten, in denen man sich beim schnellen Abfieren der Fock die Finger aufschnitt! Die Fallen wurden am Mast umgelenkt und verdeckt zu den Winschen an der Achterkante des Aufbaus geführt. So konnten sie von zwei Leuten durchgesetzt werden.

Die Beschläge waren zentral positioniert, um Gewicht aus den Schiffsenden zu nehmen, und vor jeder Regatta wurde alles Überflüssige ausgeladen. Was nicht von Bord gebracht werden konnte, wurde zur Verringerung des Stampfeffekts mittschiffs verlagert. Dasselbe galt für die Crew. An der Kreuz wurde sie nach jedem Schlag nach Luv in die Mitte geschickt, denn bei einer 6000 kg schweren Klasse-III-Yacht machte das Gewicht der Crewmitglieder 5 bis 10 Prozent der gesamten Verdrängung aus.

Die verwirrende Fülle neuer Designerideen, die den Anfang des Jahrzehnts gekennzeichnet hatte, schien Mitte der siebziger Jahre überwunden, als Doug Peterson die Segelsportszene betrat. Seine *Ganbare*, ein Ein-Tonner aus dem Jahr 1973, war beim Ein-Tonner-Pokal desselben Jahres das eindeutig schnellste Boot der Flotte, berührte aber unglücklicherweise bei der letzten Wettfahrt eine Bahnmarke und verlor damit den schon sicheren Sieg. Peterson machte die Niederlage im folgenden Jahr mit der *Gumboots* wett und siegte auch im Halbtonner-Cup mit der *North Star*. 1975 setzte er sich dann mit der *Stinger* in der SORC durch und seine *Yeoman XX* erwies sich als eine der besten Yachten im Admiral's Cup.

Doug Peterson verband die Konzepte der kalifornischen Schule mit denen von Bob Miller, alias Ben Lexcen, und Nachfolgern. Seine Konstruktionen waren leicht, ein wenig schlanker als die von Carter, und hatten eine lange Wasserlinie. Vor allem aber waren sie simpel, denn Peterson verzichtete kompromisslos auf alles Unnötige, beispielsweise den Skeg. Ron Holland war auf derselben Linie.

1975 war die Zahl der Yachtdesigner, die sich die Siege streitig machten, auf eine relativ große Runde angewachsen: allen voran Olin Stephens (von den in jenem Jahr insgesamt 57 im Admiral's Cup gemeldeten Yachten stammten 24 aus seinem New Yorker Konstruktionsbüro!), aber auch German Frers war mit sieben Konstruktionen vertreten. Der Holländer Franz Maas (der seine Yachten aus glasfaserverstärktem Kunststoff auf eigener Werft baute) setzte die Van-de-Stadt-Tradition fort und trat mit vier Yachten im Solent an (seine Konstruktionen sind allerdings keine reinrassigen »One-offs«, sondern mit einem Auge auf die Serienproduktion konzipiert – siehe die *Standfast 40*). Weiterhin die Entwürfe von Nicholson, Carter, Cuthbertson & Cassian (kanadische Konstrukteure und Hersteller von seriengefertigten GFK-Yachten), Elvstrom (der erfolgreiche dänische Segler hatte sich ebenfalls dem Yachtdesign zugewendet und entwarf in der Folgezeit, mit weniger Erfolg allerdings, GFK-Konstruktionen), Finot, Hood und anderen.

Yachten aus glasfaserverstärktem Kunststoff eroberten dann ab 1975 die Regattafelder. Dies waren beispielsweise anspruchsvolle Serienschiffe von Nautor (Swan), Baltic oder von Camper & Nicholson.

190 oben: Wenngleich Doug Peterson als einer der konservativsten Designer der neuen Generation angesehen werden kann, war seine *Moonshine* eine aufsehenerregende Konstruktion, weniger wegen der Linien, die eine konzeptionelle Weiterentwicklung der *Ganbare* darstellten, als vielmehr aufgrund der Bauweise, bei der Materialien eingesetzt wurden, die zwei Jahrzehnte später bei Sportbooten üblich sein sollten. Die damals exotisch anmutenden Fasern hatte man bis dahin lediglich mit Holz kombiniert auf der *Imp* und mit Leichtmetallspanten gepaart auf der *Improbable* gesehen. Es handelte sich um Kevlar oder Kohlefaser, die, mit Epoxidharz getränkt, auf der *Moonshine* für Rumpf und Außenhaut verwendet wurde.

190 unten: Zwei Jahre nach der *Moonshine* entwarf Peterson die *Eclipse*, die sich für das englische Admiral's-Cup-Team qualifizierte. Die Yacht wurde bei Jeremy Rogers in Kompositbauweise unter Verwendung neu entwickelter Fasern gebaut. Erstmals wurde im Yachtbau das Vakuumverfahren angewendet, eine Technik, die bereits bei Formel-1-Wagen erprobt worden war. Die Fasern, ob Glasfasern oder Kevlar mit Kohlefasern, wurden unter Vakuum mit Harz imprägniert, wodurch sich eine bessere und homogene Verteilung des Harzes und demzufolge ein geringeres Gewicht ergab. *Eclipse* ging im Admiral's Cup 1979 als Sieger aus dem mörderischen Fastnet-Rennen jenes Jahres hervor.

Es gab weiterhin Holzkonstruktionen, aber viele Yachten hatten Leichtmetallrümpfe, die beispielsweise von Huismann in Holland, von Derecktor in den USA und auf kleineren französischen Werften gebaut wurden. In der Überzahl waren Yachten aus glasfaserverstärktem Kunststoff, wie die AC-Flotte aufzeigt: 14 Schiffsrümpfe aus Holz, 14 aus Leichtmetall, 27 aus GFK.

Bei der SORC ging 1976 eine in Neuseeland bei Kiwimagic entstandene Ron-Holland-Konstruktion als Sieger durchs Ziel, die Klasse-II-Yacht *Imp*. Ihre Außenhaut in Verbundbauweise aus zwei mit Carbon verstärkten GFK-Schichten mit Balsa-Kern wurde durch ein Aluminium-Gerüst verstärkt. Den Ein-Tonner-Cup jenes Jahres gewann eine von Britton Chance konstruierte Schwert-Yacht. Es waren jedoch die ultraleichten Konstruktionen des jungen Neuseeländers Bruce Farr, die wirklich beeindruckten.

Beim Admiral's Cup hingegen erregte eine von Doug Peterson entworfene Yacht Aufsehen, die *Moonshine*, eine Weiterentwicklung der *Yeoman XX*. Es handelte sich um eine Kompositkonstruktion in Sandwichbauweise mit Kevlar und Kohlefasern.

Ende der siebziger Jahre setzten sich vor allem die Designs von Bruce Farr und einem englischen Architekten, Ed Dubois, durch: leichte Rümpfe, gleitende Formen und das Siebenachtel-Rigg. Der Vorstag reichte nicht bis zum Masttopp, sondern bis zu 7/8 seiner Länge, so dass der Mast biegsamer war und die Belastung des Vorstags geringer wurde.

In jenen Jahren tauchten die ersten in Vakuum »gebackenen« Rumpfkonstruktionen auf, beispielsweise die *Eclipse*, eine Doug-Peterson-Konstruktion. Diese Methode diente einer besseren Verteilung des Harzes während der Beschichtung der Glas-, Kohle- oder Kevlarfasern, so dass ein optimales Harz-Faser-Verhältnis erreicht wurde. Zu viel Harz bedeutet unnötig viel Gewicht, zu wenig Harz führt zum Lösen der Schichten.

In den achtziger Jahren veranstaltete man auch eine Weltmeisterschaft für die so genannten Maxis, »große« Yachten mit einer Länge über alles von ungefähr 24 Metern. Diese Konstruktionen wurden nach IOR als A-Klasse vermessen, das heißt, sie lagen über den für Klasse I zulässigen Abmessungen. Die Meisterschaft wurde zwischen echten Rennmaschinen ausgetragen, die von einer 20 bis 30-köpfigen Crew bedient und wie ein Ein-Tonner geriggt waren, und bestand aus Regattaserien auf der ganzen Welt, was einen beträchtlichen finanziellen Aufwand bedeutete. Es gibt nicht viele Eigner, die Yachten wie die *Helisara*, die *Ondine* oder die *Kialoa* unterhalten können, und so blieb diese Meisterschaft auf jenes Jahrzehnt beschränkt, in dem die größte finanzielle Extravaganz gerechtfertigt schien.

190/191: Die Entwicklung im Segelsport nach dem Krieg gipfelte im Wiederaufleben von Regatten für große Yachten. Seit den dreißiger Jahren waren diese aufwändigen, über 20 Meter langen Konstruktionen aus dem Hochseerennsport verbannt gewesen. Nun knüpften die nach IOR als A-Klasse vermessenen »Maxis« an die alten Zeiten an. Die *Kialoa*, ein bei Segelsportereignissen der späten sechziger Jahre allgegenwärtiger Name, brachte ein schon vergessenes Schauspiel auf die Hochseebühne: Größe war im Segeln schon immer eine ästhetische Komponente und eine 30-Mann-Crew steigerte noch den Eindruck von Kraft beim Anblick dieser Yachten.

Der America's Cup

Die lange, kriegsbedingte Unterbrechung hatte den Wunsch der britischen Segelsportler nach Revanche alles andere als gedämpft: Einhundert Jahre waren inzwischen seit dem Sieg der *America* vergangen und der »Hundred Guinea Cup« befand sich noch immer auf der anderen Seite des Atlantiks in den üppig ausgestatteten Salons des New York Yacht Club.

Nachdem das Interesse an Regatten schon in der unmittelbaren Nachkriegszeit neu erwacht war und ständig zunahm, gab es weder auf englischer noch auf amerikanischer Seite Gründe gegen eine Wiederaufnahme der Herausforderungen, auch wenn diese wegen der allgemeinen Wirtschaftslage auf keinen Fall weiterhin mit den kostspieligen J-Yachten ausgetragen werden konnten.

Der RORC stimmte im Prinzip kleineren Yachten zu, vertrat allerdings, seiner eher konservativen Philosophie getreu, den Standpunkt, dass die Boote vor allem seetüchtig sein sollten, so dass man sie nach Abschluss der Wettfahrtserie anderweitig einsetzen könne, eventuell auch für Fahrten- und Seesegeln.

Letztendlich überwog die Position der Royal Yacht Squadron, der America's Cup könne zwar mit einer kleineren Yacht ausgetragen werden, es müsse aber eine reinrassige Rennyacht sein, schön und unverwechselbar, kurzum ein America's Cupper.

Die Wahl, die mit Zustimmung des New York Yacht Club in das America's-Cup-Reglement aufgenommen wurde, fiel auf die internationale Zwölfer-Klasse, sozusagen die Junior-Version der J-Klasse, deren genaues IOR-Pendant die 23-m-R-Klasse war.

Trotz ihrer gegenüber der J-Klasse kleineren Abmessungen, sind die Zwölfer noch immer große Yachten mit einer Länge über alles von ungefähr 21 Metern. Der Rumpf besitzt ausgeprägte Überhänge, hat eine Länge in der Wasserlinie von mindestens 44 Fuß und ist bei einer Breite von ungefähr 3,60 Metern eher schlank gebaut mit einem maximalen Tiefgang von 2,70 m. Mit circa 27 Tonnen ist ein Schiff der 12-m-R-Klasse relativ schwer, auch wenn der Innenraum so gut wie leer ist; ohne Motorantrieb eine ziemlich leichte Konstruktion, die einen Großteil der Verdrängung im Ballast fährt.

Das Hochrigg der Slups trägt knapp 200 Quadratmeter Segelfläche, wobei der Mast rund 27 Meter über Deck misst. Es sind konsequente Rennmaschinen mit größeren Abmessungen und Leistungen als eine mittlere Hochseeyacht und dabei konzipiert für den Dreieckskurs. Der spitze Bug neigt zum Unterschneiden und das Fehlen von Reling und Bugkorb macht alle Manöver in diesem Bereich zu einem heiklen Unterfangen.

Auf jeden Fall ist die 12-m-R-Klasse eine extrem attraktive Konstruktion, eine Yacht, wie sie sein sollte, und ein, wie oben bereits im Zusammenhang mit den J's erwähnt, recht großes Schiff. Alle America's-Cup-Herausforderungen der Nachkriegszeit wurden bis einschließlich 1987 mit diesem Yachttyp ausgetragen.

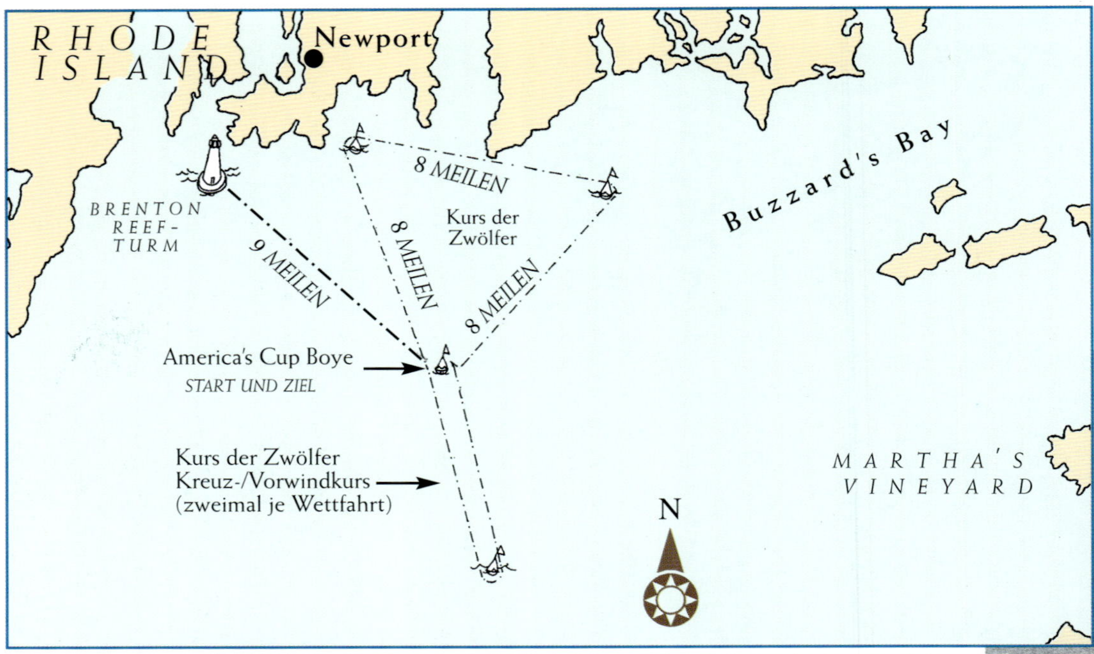

Die erste Herausforderung der Zwölfer

Die erste Regatta fand 1958 statt: Die *Sceptre*, eine David-Boyd-Konstruktion, trat gegen den von Olin Stephens gezeichneten amerikanischen Titelverteidiger *Columbia* an.

Sowohl die Amerikaner als auch die Engländer hatten diese Auseinandersetzung mit großem Ernst und Einsatz vorbereitet. In England hatte man insgesamt acht Entwürfe im Schlepptank getestet, jeweils zwei von David Boyd, Charles Nicholson, Art Robb und James McGruer, und wählte schließlich einen Boyd-Riss als Herausforderer aus. Ein – wie sich zeigen sollte fundamentaler – Schwachpunkt der britischen Yachten war die mangelnde Möglichkeit, den optimalen Feintrimm von Rigg und Segeln zu ermitteln, denn es fehlte an angemessenen Traningspartnern. Bei der ersten Herausforderung des Jahres 1958 war der einzige verfügbare Trainingspartner die mittlerweile betagte Nicholson-Konstruktion *Evaine*, die weder optimal geriggt noch mit einer wettkampferprobten Crew besetzt war.

192 oben: Von 1930 bis Ende der sechziger Jahre wurde der America's Cup vor Newport, Rhode Island, nördlich von New York ausgetragen. Die J-Klassen-Boote segelten einen großen Dreieckskurs mit Beinen von jeweils 10 Meilen und einen Up-and-Down-Kurs von je 15 Meilen. Bei den 12-m-R-Yachten hatte der Dreieckskurs eine Länge von 8 Meilen pro Schenkel und der anschließende Up-and-Down-Kurs sechs Meilen. Der Brenton-Riff-Leuchtturm überragt die Szene.

192 Mitte: Die 12-m-R-Yachten waren technisch anspruchsvolle Konstruktionen. Auch wenn die Ausrüstung und die Decksbeschläge der *Columbia* heute auf den ersten Blick antiquiert anmuten – die Blöcke aus Holz würde man eher Schiffen aus dem 19. Jahrhundert zuordnen –, entsprach die gesamte Ausstattung dem modernsten Stand. Hier sieht man die Crew der *Columbia* während einer Trainingsfahrt, wie die zum Schutz der Mannschaft installierte Reling beweist. Während der Regatta hingegen musste eine Fußleiste genügen, um nicht über Bord gespült zu werden.

192 unten: Der Hundred Guinea Cup – diesen Preis bezahlte man 1851 dem Londoner Juwelier – ist eine ziemlich hässliche Silberkanne, um die seit 150 Jahren Yachten aus aller Welt kämpfen.

193 oben: Die Segel spielten bei dem Kampf um den America's Cup eine bedeutende Rolle. Die Amerikaner waren auf diesem Gebiet immer einen Schritt voraus gewesen, angefangen von der Ära der *America* bis zum Auftauchen der Australier und Neuseeländer, die allerdings rasant aufholten. *Columbia* bolzt durch die kurzen Wellen vor Newport ein. Ihre Genua mit Strahlenschnitt wurde prompt von den englischen Herausforderern kopiert.

193 unten: 1958, die 17. Herausforderung: Die englische David-Boyd-Konstruktion *Sceptre* tritt gegen den amerikanischen Titelverteidiger, die von Stephens gezeichnete *Columbia*, an. Mangels geeigneter Trainingspartner war die englische Yacht auf diese Wettfahrten nur ungenügend vorbereitet. So blieb der Cup weiterhin beim New York Yacht Club, dessen Titelverteidiger die Wettfahrtserie 4:0 für sich entschied.

Jenseits des Atlantiks ließ man für die Ausscheidung für die Titelverteidigung die Stepens-Konstruktion *Columbia*, die von Phil Rhodes gezeichnete *Weatherly* und Ray Hunts *Easterner* vom Stapel.

Außerdem wurde die Stephens-Konstruktion *Vim* aus dem Jahr 1939, die vor dem Krieg problemlos alle englischen Zwölfer besiegt hatte, überholt und dem Steuerman »Bus« Mosbacher anvertraut, der als äußerst geschickter Steuermann galt.

Obwohl sich die *Vim* der *Columbia* als ebenbürtig erwies, fiel die Wahl nach Hunderten von Ausscheidungswettfahrten zwischen den vier Schiffen auf die *Columbia*. Dank ihres perfekten Trimms errang sie einen unangefochtenen 4:0-Sieg über den englischen Herausforderer *Sceptre*.

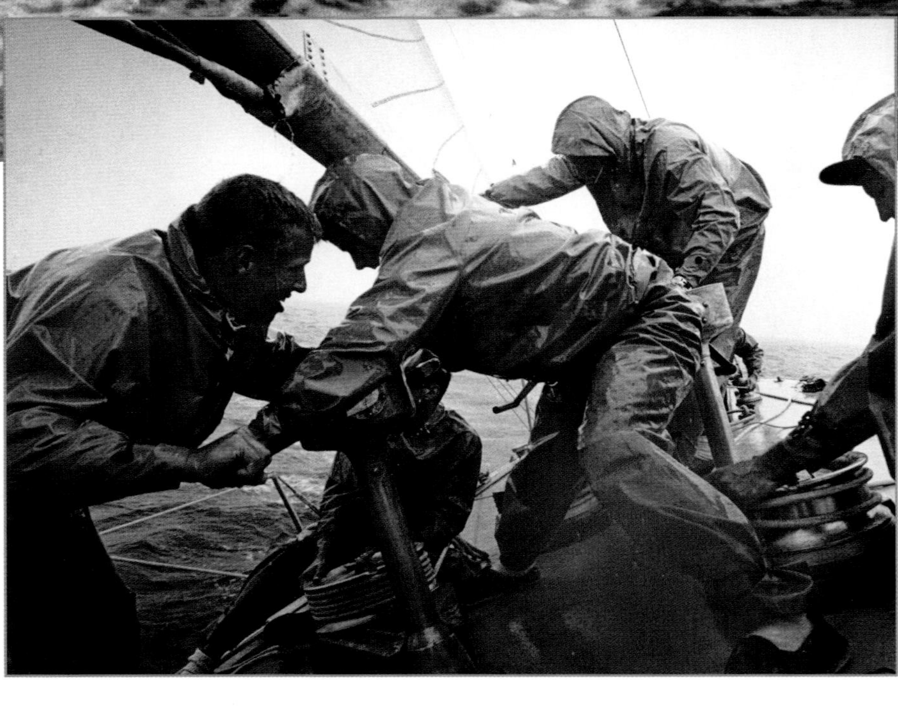

194/195: An der Kreuz trimmt die gesamte Crew nach Luv und »hängt« wie im Starboot. Wenn der Wind unvermittelt wegbleibt, richtet sich die Yacht schlagartig auf und wer nicht schnell genug ist, riskiert, von Bord zu rutschen. Hier im Bild die Australier, die weltweit zu den besten Seglern zählen, auf der *Gretel* während einer Trainingsfahrt für den America's Cup 1962. Schon in ihrer ersten Herausforderung erwiesen sie sich als ernst zu nehmende Gegner, begünstigt durch die Tatsache, dass sie an gröbere See gewohnt waren und ihnen die Bedingungen vor Newport kaum Schwierigkeiten bereiteten.

194 unten: Die als »Kaffeemühlen« bezeichneten starken Zweihandwinschen wurden auf einem Zwölfer erstmals bei der *Vim* installiert. Die Stephens-Konstruktion entstand bei Nevins, einer Werft, die sich durch den Bau der ersten America's-Cup-Yachten dieses Typs spezialisierte. Diese Art Winde, bei der die Kraft von zwei Männern gleichzeitig auf die Schot übertragen wird, und zwar in einer – verglichen mit konventionellen Winschen – günstigeren Position, war alsbald auf allen großen Yachten verbreitet.

Das australische Debüt

Die zweite Herausforderung der Nachkriegszeit im Jahr 1962 ging von einem Land aus, das die Segelei im Blut hatte: Australien. Das Herausforderer-Team startete die America's-Cup-Kampagne erfolgversprechend: Die Australier kauften die *Vim* als Trainingspartner und orientierten sich bei der Neukonstruktion, der von Alan Payne entworfenen *Gretel*, an den Linien und der Ausrüstung des amerikanischen Zwölfers.

Die Amerikaner ließen eine neue 12-m-R-Yacht vom Stapel, den Hood-Riss *Nefertiti*, während die *Columbia*, die *Easterner* und die *Weatherly* überholt und neu geriggt wurden. Die Rhodes-Yacht verteidigte den Cup erfolgreich gegen die *Gretel*.

Die australische Yacht und ihre Crew machten es dem Titelverteidiger schwer. Der Steuermann, Cup-Verteidiger »Bus« Mosbacher, trug entscheidend zu beiden amerikanischen Siegen bei.

195 oben: Auf einer 12-m-R-Yacht ohne Reling und mit spitzem, zum Eintauchen neigenden Bug wurde der Wechsel der Vorsegel zu einem wahrhaft gefährlichen Unterfangen. Daher wurde auf der *Gretel* ein kleiner Bugkorb angebracht, der das Manöver teilweise absicherte. Heutzutage ist das Manöver dank des doppelkehligen Profilvorstags sehr viel einfacher. Während die eine Kehle durch das ziehende Vorsegel besetzt ist, kann in die andere bereits das Vorliek des Wechsel-Segels eingeführt werden. Die Rutscher waren Teufelsdinger und schwer zu öffnen. Andererseits konnte sich die Schnelligkeit, mit der dieses Manöver ausgeführt wurde, entscheidend auf den Ausgang des Rennens auswirken, denn ohne Genua segelt eine Yacht wie mit »angezogener Handbremse«.

195 Mitte: Die *Weatherly* war ein gutes Schiff, vor allem bei leichten Winden. Außerdem kannte Mosbacher, hinten links am Ruder der Rhodes-Konstruktion, diese Gewässer wie seine Westentasche und fühlte sich bei Leichtwetter-Bedingungen in seinem Element. Die *Gretel* war bei achterlichem Wind extrem schnell: Payne hatte einen Rumpf mit einer flachbodigen und auftriebsstarken Heckpartie gezeichnet. Bei der zweiten Regatta kam *Gretel* mehrfach ins Gleiten und erreichte Spitzengeschwindigkeiten von 12 Knoten.

195 unten: An der 18. Herausforderung um den America's Cup nahmen zum ersten Mal die Australier teil. Die Amerikaner hatten für die Verteidigung eine neue Yacht ausgewählt, die *Weatherly*, einen Phil-Rhodes-Riss. Die Yacht der australischen Herausforderer, *Gretel*, war von Alan Payne nach den Linien der schon betagten, aber immer noch wettkampfstarken *Vim* entworfen worden. Die *Weatherly* konnte sich nach einer Reihe von hart umkämpften Rennen, von denen das zweite von den Herausforderern gewonnen wurde, letztendlich durchsetzen.

Der letzte englische Herausforderer

1964 fand die nächste Herausforderung um den America's Cup statt: Die wiederum von David Boyd entworfene *Sovereign* trat gegen die neue Stephens-Konstruktion *Constellation* an. Erneut endete die Wettfahrtserie ohne erwähnenswerte Ereignisse mit einem überlegenen 4:0-Sieg des amerikanischen Titelverteidigers.

196/197: Für die Herausforderung im Jahre 1964 beauftragte der New York Yacht Club erneut Olin Stephens mit dem Entwurf des Titelverteidigers. Stephens legte eine Zwölfer-Konstruktion vor, die sich gegen einen weiteren Anwärter durchsetzen musste, die *American Eagle*. Diese befand sich im Besitz eines von der Multinationalen Dupont angeführten Syndikats. Stephens *Constellation* fand in der von Ludder entworfenen 12-m-R-Yacht *American Eagle* einen starken Gegner, gegen den sie sich erst durchsetzen konnte, nachdem das Ruder Bob Bavier übergeben worden war. Die *American Eagle* erholte sich von der Niederlage, indem sie Siege bei allen möglichen RORC-Regatten auf der ganzen Welt heimfuhr. Während der Probeschläge der *Constellation* herrschte ein böiger Nordost: ein prüfender Blick zum Mast, dem ständigen Schwachpunkt im Rigg dieser Yachten.

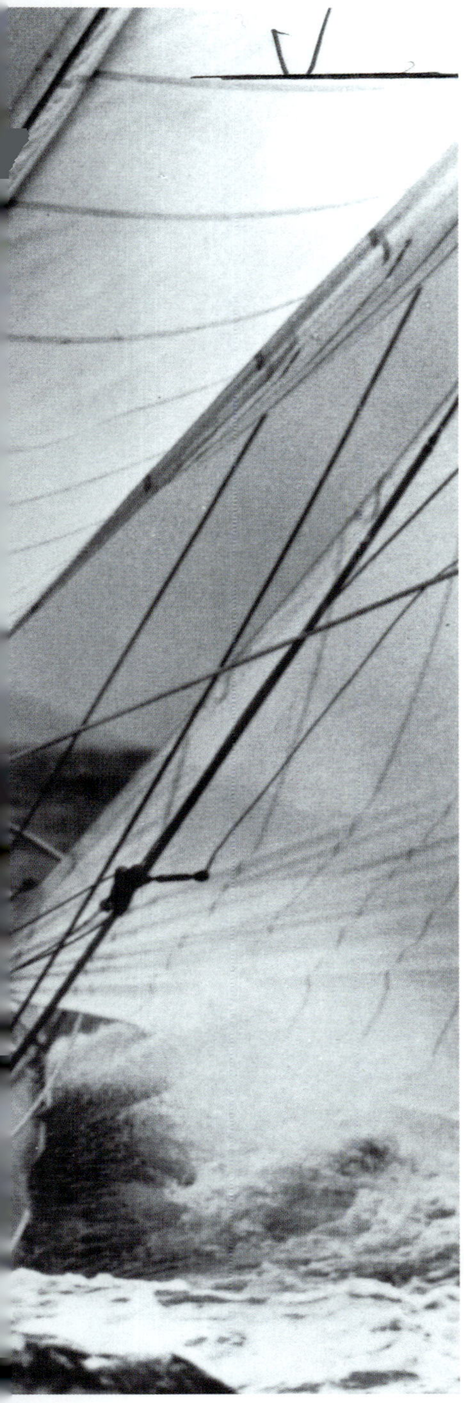

197 oben: Der englische Herausforderer *Sovereign* war eine David-Boyd-Konstruktion und ein gutes Boot, dennoch weit entfernt vom Niveau des Stephens-Entwurfs. Bei den Ausscheidungen konnte sich die *Constellation* nur mit Mühe gegen die *American Eagle* durchsetzen und unterlag einige Male sogar der betagten *Columbia*. Diese gewann nur knapp gegen die *Vim*, einen Entwurf aus dem Jahr 1939, der sich stets problemlos gegen die englischen 12-m-R-Yachten behauptete. Die *Constellation* besiegte den Herausforderer mit rekordbrechenden Vorsprüngen: In der ersten Wettfahrt erreichte sie fünf Minuten vor dem Gegner das Ziel, in der zweiten waren es zwanzig, in der dritten sechs und in der vierten Wettfahrt fünfzehn Minuten.

197 Mitte links: Die amerikanischen America's-Cup-Yachten segelten auch nach der Wettkampfserie weitere Regatten. Die *Constellation* erlitt während einer Wettfahrt vor der Küste von New London nach Block Island im Dezember 1964 einen Mastbruch. Es war Winter in jenen Breitengraden: mit einer »nass« und alles andere als bequem segelnden Yacht eine recht unangenehme Angelegenheit.

Der America's Cup

197 unten links: Während des Segelwechsels ein Segel im Wasser zu haben bedeutet viele Sekunden Zeitverlust. Glücklicherweise war dies eine Trainingsfahrt, andernfalls wäre der Fehler teuer zu stehen gekommen, besonders bei nur leisem Zug wie an diesem heißen Tag.

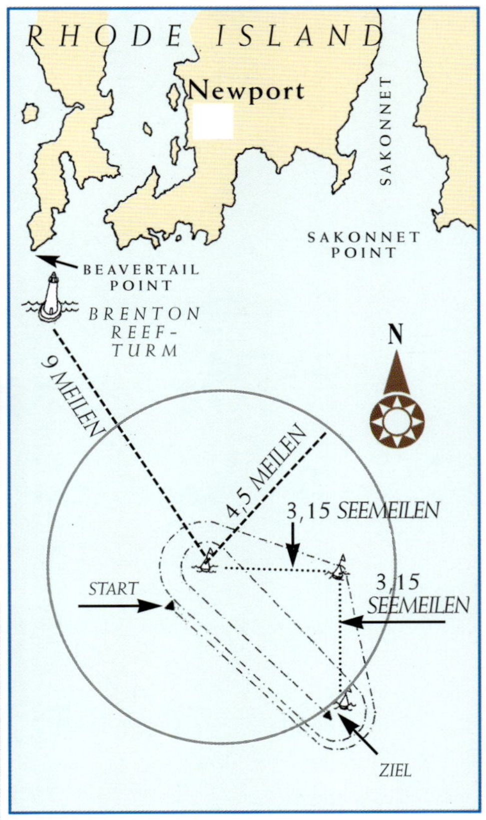

196 unten: Eine elfköpfige Crew plus ein Beobachter am Heck – Steuermann, Taktiker und Navigator im Cockpit, außerdem die Männer, die für den Segeltrimm verantwortlich sind: einer für das Großsegel, zwei – einer auf jeder Seite – für die Genua, drei am Mast und zwei Vorschiffsleute. Mit geringen Abweichungen war dies die Rollenverteilung auf den Zwölfern im America's Cup. Die optimale Vorbereitung der Mannschaft auf die Manöver war ebenso wesentlich wie die Leistung des Cockpits oder der Trimmer. Auch stellte sich mehr und mehr heraus, dass die Qualitäten der Crew ebenso erfolgsentscheidend waren wie die Konstruktion selbst. Fast ebenso wichtig die Segel und das Reglement oder genauer gesagt, das Komitee des New York Yacht Club, das zuweilen die letzte Entscheidung trug.

197 rechts: Ab 1964 wird der America's Cup auf einem neuen 24-Meilen-Kurs vor Brenton Reef ausgetragen: Startkreuz, Raumschotkurs, ein zweiter Raumschotkurs, Kreuz, Vormwindkurs und Zielkreuz.

198/199: Im Jahr 1970 mussten die Australier erstmals Qualifikationswettfahrten segeln, um sich das Recht zur Herausforderung um den America's Cup zu erkämpfen. Von diesem Zeitpunkt an erhielten die Ausscheidungen zwischen den Herausforderern aufgrund der zunehmenden Bewerberzahl eine immer größere Bedeutung. Dieser Umstand trug wohl auch dazu bei, dass die Herausforderer ihre größte Schwäche, die mangelnde Erfahrung, zunehmend überwinden konnten. Bei dieser Wettfahrt gewann die *Gretel II* mühelos gegen die Alan-Payne-Konstruktion *France* .

198 oben: Die *Intrepid* ist der von Stephens für die Herausforderung des Jahres 1967 entworfene Zwölfer. Das Foto zeigt den meist heiklen Moment nach Rundung der Luvmarke: Die große Genua wird geborgen und der Spinnaker muss zum Stehen gebracht werden.

198 Mitte: Die zwanzigste Herausforderung im America's Cup ist der zweite der zahlreichen australischen Versuche, den Pokal zu erlangen, eine Serie, die erst zwanzig Jahre später erfolgreich abgeschlossen werden sollte. Die *Dame Pattie*, ein Entwurf von Warwick Hood, einem ehemaligen Mitarbeiter Alan Paynes zur Zeit der Konstruktion der *Gretel*, besaß gegenüber der *Intrepid* eine größere Länge in der Wasserlinie und setzte daher, gemäß dem Klassen-Reglement, eine kleinere Segelfläche. Der Hood-Riss war für frischere Winde, wie hier auf dem Foto, konzipiert, die während der Rennen allerdings nur selten aufkamen.

198 unten: Die *Intrepid* liegt auf diesem Kreuzgang vor der *Dame Pattie*. Die australische Yacht war bei steifem Wind in ihrem Element, bei frischen Winden hingegen diesem wohl besten Zwölfer unter den Stephens-Konstruktionen haushoch unterlegen. Außerdem stand der großartige »Bus« Mosbacher am Ruder der *Intrepid*, dem während einer Regatta kaum Fehler unterliefen, was man von dem australischen Steuermann nicht sagen konnte. Schon 1962 auf der *Gretel* hatte Jock Sturrock einige riskante Entscheidungen getroffen, die sich unglücklicherweise nie auszahlten.

DIE AUSTRALISCHEN HERAUSFORDERUNGEN
1967 kam es zu einer erneuten Herausforderung durch die Australier. Allerdings konnte die von Warwick Hood, einem Mitarbeiter Paynes, entworfene *Dame Pattie* nicht an die ausgezeichnete Leistung des früheren australischen Herausforderers *Gretel* anknüpfen und wurde von der neuesten Stephens-Konstruktion *Intrepid* 4:0 geschlagen.

IMMER MEHR CUP-ASPIRANTEN
In den siebziger Jahren stellten sich im America's Cup wesentliche Veränderungen ein. 1970 hatte der New York Yacht Club erstmals mehrere Herausforderungen erhalten und da man in den Clubsalons der Ansicht war, nicht das alleinige Auswahlrecht ausüben zu können, wurde entschieden, den Herausforderer durch eine Reihe von Ausscheidungswettfahrten zu ermitteln.

Auch diesmal waren die Australier mit einer neuen Alan-Payne-Konstruktion, *Gretel II*, dabei. Die Franzosen erhoben ebenfalls Ansprüche auf die Herausforderung. Die französische Kampagne wurde vor Baron Bich angeführt, der den europäischen Markt mit seinen »Bic«-Kugelschreibern erobert hatte. Der Baron stellte enorme finanzielle Mittel für die französische Herausforderung zur Verfügung: Er erwarb sowohl die *Sovereign*, den englischen Herausforderer von 1964, als auch den amerikanischen Titelverteidiger *Constellation*, der siegreich aus dieser America's-Cup-Serie hervorgegangen war. Darüber hinaus gab er einen neuen Zwölfer in Auftrag, die *Chancegger*, die nach einem Riss von Britton Chance auf der Schweizer Werft Egger gebaut wurde. Den endgültigen Herausforderer *France* vertraute Bich André Mauric an.

Die Franzosen präsentierten sich bei den Ausscheidungsrennen mit einer beneidenswerten Ausstattung: Sie verfügten über einen Satz von 27 Großsegeln und 15 Spinnakern, hatten zwei weitere Zwölfer zum »Anpassen« sowie diverse Betreuungsboote im Wasser und für das leibliche Wohl des Teams sorgten zwei Köche und ein Vorrat an französischem Wein! Dennoch setzte sich die *Gretel* in allen Rennen durch und durfte die Amerikaner herausfordern. Diese stellten als Cup-Verteidiger die »alte« *Intrepid* auf.

Die America's-Cup-Serie war hart umkämpft. Nach einer Niederlage in der ersten Wettfahrt wurde die *Gretel* in der zweiten disqualifiziert. Die Australier gewannen nur die vierte Wettfahrt und mussten sich nach dem Sieg der von Bill Ficker gesteuerten *Intrepid* in der fünften und letzten Wettfahrt geschlagen geben.

199 oben: 1970 verteidigten die Amerikaner den America's Cup zum zweiten Mal mit der *Intrepid*, Stephens' gelungenster Zwölfer-Konstruktion. Ihr 4:1-Sieg bei den Cup-Wettfahrten ist mit den hart umkämpften Rennen zwischen der *Endeavour* und der *Rainbow* vergleichbar. Die beiden Yachten standen sich von ihrer Leistung in nichts nach, ebenso wenig wie deren Skipper, Bill Ficker auf der *Intrepid* und Jim Hardy auf *Gretel II*. Ausschlaggebend war einmal mehr eine umstrittene Entscheidung des amerikanischen Komitees zugunsten der Amerikaner. Aber so lief es eben im America's Cup.

200 oben: die 22. Herausforderung: Der australische Finanzier Alan Bond wurde zur Hauptfigur einer historischen Wende im America's Cup. Der australische Herausforderer war die *Southern Cross* vom Zeichentisch Bob Millers, der sich mit *Ginko* und *Apollo* im Admiral's Cup 1973 einen Namen gemacht hatte. Die Amerikaner traten mit der neuen Stephens-Konstruktion *Courageous* an. Auf dem Foto sieht man beide Yachten im Kampf an der Startlinie.

Die ersten beiden Herausforderungen durch Alan Bond

Auch 1974 gab es wieder mehrere Anwärter auf das Recht, die Amerikaner herausfordern zu dürfen. Insgesamt hatten sich sieben Nationen gemeldet, aber nur die Franzosen und die Australier nahmen tatsächlich an den Ausscheidungen teil. Das französische Team wurde erneut von Baron Bich gestellt, der mit dem André-Mauric-Neubau *France II* aufwartete. Der Eigner des australischen Herausforderers war der reiche, impulsive und unkonventionelle Geschäftsmann Alan Bond, keineswegs der Typ, der bei den konservativen Mitgliedern des New York Yacht Club Sympathien erregen konnte. Die Bob-Miller-Konstruktion, mit der die Australier antraten, unterschied sich wesentlich von dem bis dahin üblichen Design. Vor allem das Kieldesign zählte zu den ersten Vorboten einer Entwicklung, die zehn Jahre später mit dem Cup-Erfolg einer von Bob Miller (unter einem anderen Namen allerdings) entworfenen Yacht mit einer revolutionären Flosse gekrönt wurde.

Während die Australier die Qualifikationen auch in diesem Jahr klar für sich entscheiden konnten, war man in New York angesichts des nur knappen Sieges in der vorhergehenden Herausforderung zu der Überzeugung gelangt, den neuen Cup-Verteidiger kräftig aufzufrischen. Es bewarben sich die beiden nagelneuen Britton-Chance-Konstruktionen *Mariner* und *Valiant* sowie der jüngste Entwurf von Olin Stephens, *Courageous*. Allerdings konnte nur die Stephens-Konstruktion mit der glorreichen *Intrepid* mithalten und wurde letztendlich trotz unzähliger Zweifel als Cup-Verteidiger aufgestellt. Zu Recht, wie ihr 4:0-Sieg über die *Southern Cross* beweisen sollte.

Drei Jahre später, 1977, unternahmen die Australier unter Alan Bond einen erneuten Versuch und traten mit einem wiederum von Bob Miller in Zusammenarbeit mit Johan Valentijn entworfenen Schiff, der *Australia*, gegen die Amerikaner an. Das entmutigende Ergebnis war eine erneute 4:0-Niederlage und ein weiterer Beweis für die Überlegenheit der Seglernation USA im America's Cup. Die Amerikaner hatten sich übrigens nicht einmal die Mühe gemacht, einen neuen Verteidiger zu bauen, sondern nahmen die Herausforderung nochmals mit der *Courageous* an.

200 unten: Die *Southern Cross* war ein Zwölfer der neuen Generation. Der Rumpf bestand aus Leichtmetall und besaß einen vom Rumpf deutlich getrennten Kiel in Flossenform, der keinen harmonischen Übergang in den Rumpf aufwies. Miller entwarf dieses 12-m-Boot nach denselben Linien, nach denen er IOR-Yachten zeichnete, und legte besonderes Augenmerk auf Gewichtseinsparungen, so dass man im Heckbereich auf ein durchgehendes Deck verzichtete.

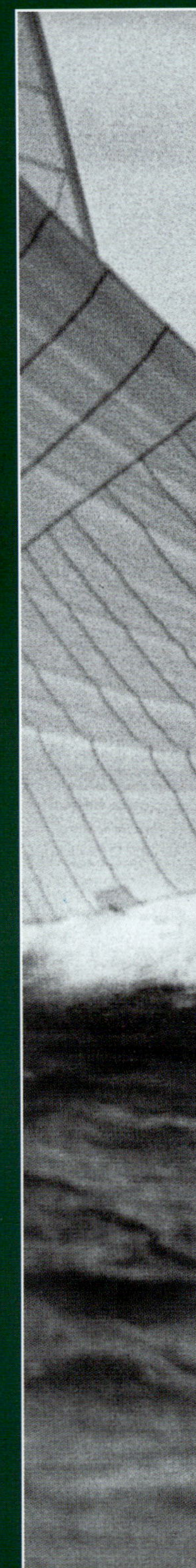

200/201: Auch Stephens entwarf einen modernen Cup-Verteidiger. Die *Courageous* wurde bei Minneford aus Leichtmetall konstruiert, das gesamte laufende Gut war unter Deck geführt und sie besaß zur Gewichtseinsparung zwei große Öffnungen über dem Hecküberhang. Das Unterwasserschiff der amerikanischen Yacht war weiterhin konventionell. Stephens hatte fast ausschließlich erfolgreiche Yachten konstruiert und folglich keinen Grund, sich auf irgendwelche Änderungen einzulassen. Dieses Schiff war einfach nur sehr viel leichter.

201: Wie die früheren Cup-Verteidiger musste auch die *Courageous* eine lange Serie von Ausscheidungen durchlaufen. Sie trat gegen die neu gebauten Zwölfer, Ted Hoods *Independence* und die von dem anderen berühmten Segelmacher, Lowell North, gesponsorte *Enterprise* sowie gegen die beiden als Trainingspartner eingesetzten Chance-Konstruktionen *Mariner* und *Valiant* aus dem Jahr 1970 an. Auf diesem Foto kreuzt die von Ted Turner gesteuerte *Courageous* den Kurs eines anderen Zwölfers während der Titelverteidigerausscheidungen für den America's Cup 1997.

12
KA-5

202: 1980 wetteiferten vier Nationen um das Recht, den New York Yacht Club um den America's Cup herausfordern zu dürfen. Für Australien meldete sich erneut Alan Bond, ebenso wie der französische Baron Bich sowie Schweden, das durch die kräftig überarbeitete *Sverige* vertreten wurde. Auch England war nach einer sechzehnjährigen Unterbrechung wieder mit von der Partie. Das Foto entstand während einer Wettfahrt der Ausscheidungen und zeigt die knallgelbe schwedische Pelle-Peterson-Konstruktion vor Alan Bonds neuem Zwölfer *Australia*, einem Entwurf von Bob Miller, der nun unter dem Namen Ben Lexcen zeichnete.

203 links: Baron Bich setzte bei seiner dritten Herausforderung auf eine neue *France*, die wieder von André Mauric konstruiert wurde. Sie traf im Finale auf Bonds Yacht, die ihr den Weg zum America's Cup erneut versperrte. Auf der America's-Cup-Szene ist Baron Bich der letzte Vertreter einer Serie berühmter Eigner, die ihre Boote selbst steuerten. Hier sieht man ihn mit seinen gelben Lederhandschuhen am Ruder seiner letzten – der dritten – *France*.

Vier Nationen kämpfen um die Herausforderung

In den achtziger Jahren liefen die Engländer, die traditionellen Herausforderer um den America's Cup, wieder in Newport ein. Die englische Yacht trat aber diesmal nur als eine von mehreren Anwärterinnen auf und musste sich – wie seit den siebziger Jahren üblich – gegen eine harte Konkurrenz qualifizieren: Auch die Schweden, Franzosen und, wie üblich, Australier waren mit im Feld.

Schweden ging mit der Pelle-Peterson-Konstruktion *Sverige* ins Rennen; die Franzosen unternahmen ihren dritten Anlauf mit der *France III* des nunmehr auch in den USA populären Baron Bich (seine Kugelschreiber hatten bereits den amerikanischen Markt erobert, als Geschäftsmann hatte er seinen »Cup« also schon in der Tasche) und die Engländer nahmen den Kampf um den Cup mit der *Lionheart* auf, die einen aufsehenerregenden Peitschenmast stellte. Vorstags war der Mast stark nach achtern gekrümmt.

Alan Bond startete mit der stark veränderten *Australia* aus dem Jahr 1977. Die australische Yacht gewann die Qualifikationsregatten bequem und schien diesmal gute Karten für den kommenden Kampf mit dem amerikanischen Verteidiger zu haben.

Die Amerikaner hatten ihrerseits zwei neue Yachten zu Wasser gelassen, den neuesten Stephens-Riss *Freedom* und die von David Pedrick entworfene *Clipper*. Bei den Ausscheidungsrennen um den Cup-Verteidiger, an denen auch die glorreiche *Courageous* teilnahm, gewann die *Freedom* mit Dennis Conner am Ruder 37 von 40 Wettfahrten.

Wie zehn Jahre zuvor die *Gretel II* konnte sich auch die *Australia* in nur einem Rennen gegen den Cup-Verteidiger *Freedom* durchsetzen und auch diese Wettfahrtserie war aufgrund einer Diskussion wegen eines fehlenden Positionslichtes (zum ersten Mal in der langen America's-Cup-Geschichte wurde eine Wettfahrt nach Sonnenuntergang beendet) vergiftet.

Diese nunmehr dritte Niederlage war für Alan Bond besonders schmerzlich; vielleicht trug das anmaßende Verhalten des Regatta-Komitees aber dazu bei, die Siegentschlossenheit der Australier noch zu verstärken.

Drei Jahre später gingen sie erneut in den Kampf und unter besten Bedingungen dazu: Gleich drei australische Eignersyndikate meldeten für die Teilnahme an den Ausscheidungen für den Herausforderer.

203 oben rechts: Der America's Cup von 1980 wurde zwischen der *Freedom*, dem letzten von Stephens gezeichneten Zwölfer, und der von Ben Lexcen und Johan Valentijn entworfenen *Australia* ausgetragen. Beim zweiten Rennen, das wegen des leichten Windes erst nach Sonnenuntergang zu Ende ging, wurde Australien disqualifiziert, weil die Positionslichter zu spät eingeschaltet wurden. So trug *Freedom* den Sieg davon, aber Bond kehrte entschlossener denn je nach Australien zurück.

203 unten rechts: Der Versuch der Engländer, sich als Herausforderer um den America's Cup zu qualifizieren, scheiterte schon bei den ersten Wettfahrten gegen die *France*. Die englische Yacht war zu keinem Zeitpunkt eine Bedrohung für ihre Konkurrenz. Die *Lionheart* beeindruckte nur wegen ihres Mastes, dessen stark nach achtern gekrümmtes Topp ein paar Quadratmeter zusätzlicher Segelfläche bedeutete.

204 oben: Das Jahr 1983 markierte das Ende einer Ära und war der Beginn einer neuen Serie von Wettfahrten, die sich zu einem Wettkampf im Wettkampf entwickeln sollten. Ein Sieg in dieser Wettfahrt-Serie, die heute unter dem Namen Vuitton Cup läuft, war schon für sich gesehen ein großer Erfolg. Die Italiener präsentierten sich bei ihrer ersten Teilnahme mit Andrea Vallicellis *Azzurra*, die zusammen mit der englischen *Victory 83*, einem Entwurf von Jan Howlett, bis ins Semifinale der Anwärter auf den Herausforderertitel vorstieß.

204 Mitte links: Im Finale der Ausscheidungen setzten sich die Australier nur mit Mühe gegen einen starken britischen Konkurrenten durch. In der America's-Cup-Serie trafen sie dann auf die amerikanische *Liberty*, einen Entwurf eines früheren Mitarbeiters von Ben Lexcen, Johan Valentijn. Am Ruder saß Dennis Conner, der nunmehr als einer der besten Steuerleute des America's Cup galt. Kurz vor dem Start umfahren sich die beiden Konkurrenten in engen Kreisen (um die bessere Startposition zu erlangen).

Das Ende einer Vorherrschaft

Es folgte die erste Auflage eines neuartigen America's Cup. Noch nie waren Qualifikationen für den Herausforderer so hart umkämpft gewesen und noch nie hatten sich so viele Teilnehmer gemeldet.

Aus Australien meldeten Alan Bond mit seinem nunmehr vierten Herausforderer, einem »Top secret«-Neubau von Ben Lexcen, sowie die *Challenge 12* und die *Advance*.

England ging mit der Jan-Howlett-Konstruktion *Victory 83* an den Start und die Kanadier nahmen mit *Canada I* den Kampf um den America's Cup wieder auf. Auch Frankreich war wieder mit der *France III* dabei, allerdings ohne Baron Bich. Und schließlich feierten die Italiener mit dem Vallicelli-Entwurf *Azzurra*, die eine respektable Leistung zeigte, ihr Debüt auf der Cup-Szene. In den Ausscheidungen setzte sich die *Australia II* durch einen Sieg im Finale gegen die englische *Victory 83* durch.

Es hatte den Anschein, als stünden die Amerikaner zum ersten Mal in der Geschichte des America's Cup vor finanziellen Problemen; vielleicht hatte nach einer 130 Jahre dauernden Serie von Siegen einfach die Motivation nachgelassen. Tatsache ist, dass zwei von drei Syndikaten unvorbereitet waren und lediglich Dennis Conners neue *Liberty*, ein Entwurf des Yacht-Architekten Valentijn, in akzeptabler Form antrat.

Conners Gegner Alan Bond schien aufgrund der drei vorhergehenden vergeblichen Herausforderungen nur um so angriffslustiger und siegentschlossener. Darüber hinaus waren sein Boot und die Crew gestählt und präsentierten sich in Topform. Es war sozusagen das Spiegelbild der jahrzehntelang typischen Ausgangssituation im America's Cup, als ein einziger Herausforderer relativ unvorbereitet an den Start ging und auf amerikanische Konstruktionen traf, die sich in zahlreichen Wettkämpfen gegen andere Anwärter als Titelverteidiger qualifiziert hatten.

Abgesehen davon war die *Australia II* eine wirklich innovative Konstruktion: Sie besaß einen Flügelkiel, die Rumpfvolumina waren sehr zur Mitte konzentriert und sie hatte auf Grund des beschnittenen Lateralplans eine verringerte benetzte Oberfläche. Ein eindeutig modernes, fast 10 Prozent leichteres Schiff mit gleicher Stabilität und größerer Manövrier- und Beschleunigungsfähigkeit, den wesentlichen Eigenschaften bei so genannten Match-Races. Trotz der eindeutigen technischen Überlegenheit des australischen Herausforderers gelang es dem amerikanischen Steuermann Dennis Conner ein 3:3-Unentschieden herauszusegeln. Die *Australia II* gewann aber die siebte, entscheidende Wettfahrt und der One Hundred Guinea Cup, verließ nach über einhundert Jahren erstmals die Salons des New York Yacht Club. Eine neue Ära hatte begonnen.

204 Mitte rechts: Erst nach Abschluss der Wettfahrtserie wurde das Geheimnis der *Australia II* gelüftet. Es war der Kiel, dessen Flügel bei Krängung den Tiefgang vergrößerten, der dem Schiff zu einem besonders tiefen Massenschwerpunkt verhalf und der ein schnelleres Wenden ermöglichte. Der Flügelkiel war unter Mitwirkung von Peter Van Oossanen im Schlepptank von Wageningen, Holland, entwickelt worden.

204 unten: Nach 135 Jahren verließ der One Hundred Guinea Cup die Salons des New York Yacht Club. Die *Australia II* hatte den America's Cup durch einen 4:3-Sieg über Dennis Conners *Liberty* erobert. Der Skipper des australischen Bootes, John Bertrand, feierte den Sieg mit dem Eigner Alan Bond. Der Erfolg ließ die Bitternis über die Disqualifikation in der vorhergehenden Herausforderung vergessen.

205: Mit der *Australia II* hatte endlich ein innovativer Zwölfer die Bühne des America's Cup erobert. Nach 1983 besaßen alle Yachten dieser Klasse Rümpfe in U-Spant-Form und Flossenkiele nach Art des australischen Cup-Siegers. Während Ben Lexcen sein schon bei den IOR-Klassen bewiesenes Talent in die Konstruktion einbrachte, hatten sich die Amerikaner auf ihren Lorbeeren ausgeruht. Von ihren leistungssteigernden Kielflossen abgesehen war die *Australia II* um 10 Prozent leichter und hatte weit weniger benetzte Fläche als jede andere 12-m-R-Yacht.

KA-6
AUSTRALIA II

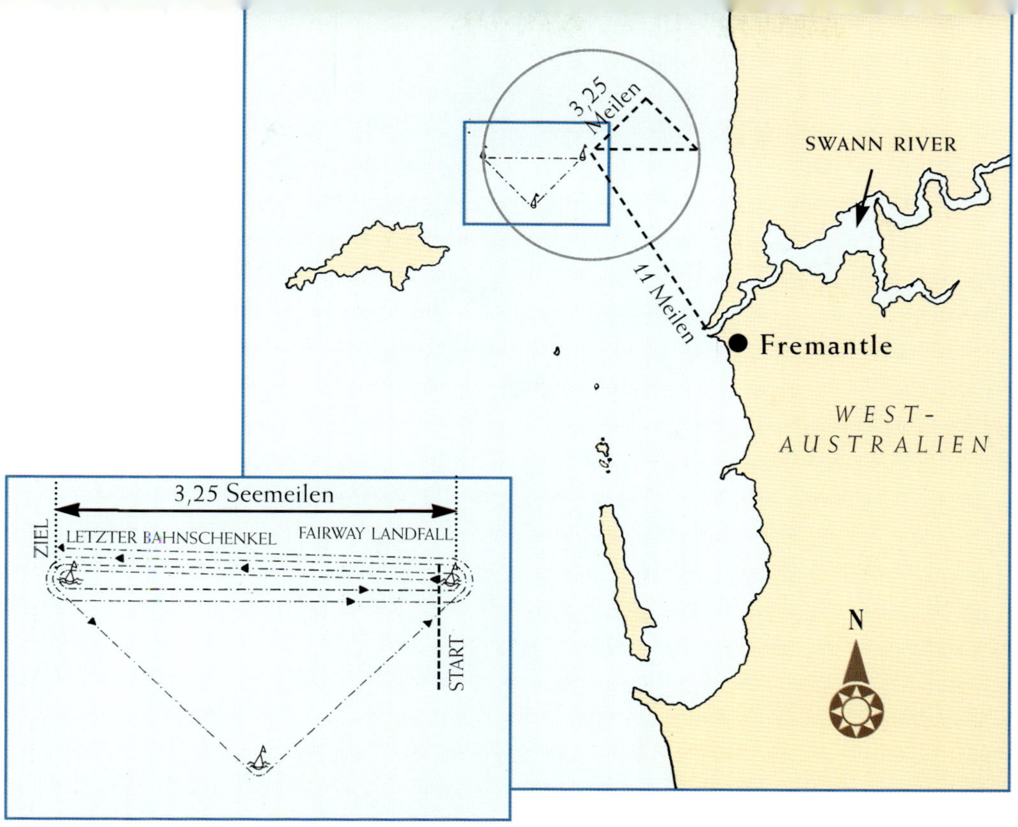

Der erste America's Cup in nicht-amerikanischen Gewässern

1987 fand der America's Cup zum ersten Mal außerhalb Amerikas statt. Austragungsort war die Gemeinde Fremantle bei Perth in West-Australien, wo typische Hochsee-Bedingungen herrschten.

Zu den Ausscheidungsrennen für die Wahl des offiziellen Herausforderers, die sich mittlerweile zu einem eigenständigen Event innerhalb des America's Cup entwickelt hatten, meldeten insgesamt sechs amerikanische Syndikate. Außer Dennis Conner mit der *Stars & Stripes* traten die *America II*, *American Eagle*, *U.S.A.*, *Heart of America* und die alte *Courageous* an. Die Franzosen stellten mit *French Kiss* und *Challenge France* zwei Herausforderer, die Engländer starteten mit Peter de Savary an Bord der *White Crusader* und die Kanadier nahmen mit der *Canada II* teil. Auch Italien war von neuem vertreten und bewarb sich in diesem Jahr gleich mit zwei Yachten, dem neuesten Vallicelli-Riss *Azzurra II* und der *Italia*, einer Konstruktion aus dem Haus Giorgetti & Magrini, was den zunehmenden Aufschwung des italienischen Segelsports belegt. Darüber hinaus gab es einen Neuzugang auf der America's-Cup-Bühne, nämlich Neuseeland, das in diesem Jahr zum ersten Mal, mit der *New Zealand*, antrat.

Die Ausscheidungen zogen sich über drei Monate hin; im Finale setzte sich ein siegentschlossener Dennis Conner mit *Stars & Stripes* gegen den America's-Cup-Neuling *New Zealand* durch.

Australien hatte die erste Cup-Verteidigung mit einem beachtlichen technischen und finanziellen Aufwand organisiert. Das von Alan Bond geführte Syndikat ließ zwei Neukonstruktionen zu Wasser, von denen die *Australia IV* ausgewählt wurde. Sie unterlag in der nächsten Qualifikationsrunde einem anderen Anwärter auf den Titel des Cup-Verteidigers, der *Kookaburra III*.

Der amerikanische Herausforderer, der erste nach 136 Jahren, gewann die Wettfahrtserie mit einem bequemen 4:0-Sieg und holte den Cup nach Hause zurück. Wohlgemerkt »nach Hause« im Sinne von »zurück nach Amerika«, aber nicht zum New York Yacht Club, denn Dennis Conners Herausforderung erfolgte für den weniger blasierten und vergleichsweise jungen San Diego Yacht Club in Kalifornien. Damit ging nun wirklich eine Ära zu Ende.

206: 1987 findet zum zweiten Mal seit der Wettfahrt ces Schoners *America* vor Cowes im Jahr 1851 eine Regatta außerhalb der zumeist ruhigen Gewässer der New Yorker Bucht statt, denn seit 1983 ist der Royal Perth Yacht Club im Besitz des renommierten Pokals. Der Regattakurs verläuft nun in den zum Czean hin offenen Gewässern vor Fremantle, einer Kleinstadt an der Westküste Australiens. Die von Philippe Briand für die Societè des regates Rochelaises entworfene und von Marc Pajot gesteuerte *French Kiss* wird von der Graham & Schlageter-Konstruktion *Heart of America* verfolgt, die unter dem Skipper-Veteranen Bud Melges für den Chicago Yacht Club antritt.

207 oben links: Der America's-Cup-Kurs 1987 wurde in offenen Gewässern elf Meilen vor Fremantle gesegelt. Die Australier nutzten alle Vorteile, die sich für den Titelverteidiger ergaben, in diesem Fall die Tatsache, dass sie an schwierigere Bedingungen gewöhnt waren. Der Kurs war als olympischer Dreieckskurs geplant: zwei Raumschotskurse, drei Vormwindkurse und drei Kreuzen über insgesamt vierundzwanzig Meilen.

207 oben rechts: Die Amerikaner traten hoch motiviert in Perth an, denn die Niederlage 1983 hatte ihrem Nationalstolz einen Stich versetzt. Beim Vuitton Cup, der Wettfahrtserie, mit der seit Beginn der vorhergehenden America's-Cup-Auflage der offizielle Herausforderer ermittelt wurde, traten sechs amerikanische Eigner-Gemeinschaften an, darunter auch eine für den San Diego Yacht Club unter der Leitung von Dennis Conner. Auf dem Foto ist der französische Herausforderer *French Kiss* zu sehen, der die *U.S.A.* auf Backbordbug zum Abfallen zwingt.

207 Mitte: Die Neuseeländer führten ein Novum in die AC-Szene ein: Schiffsrümpfe aus glasfaserverstärktem Kunststoff, die sich als extrem stark erwiesen. Die *New Zealand*, eine von Farr in Zusammenarbeit mit Davidson und Holland entworfene Konstruktion, wurde von Christ Dickson gesteuert und segelte für den New Zealand Yacht Squadron.

207 unten: Durch die sehenswerte Leistung der *Azzurra* im Jahr 1983 motiviert, versuchten sich gleich zwei italienische Yachten für den Herausforderer-Titel zu qualifizieren: Die von Vallicelli entworfene *Azzurra II* startete für den Yacht Club Costa Smeralda und für das Syndikat Consorzio Italia des Yacht Club Italiano trat die Giorgetti & Magrini-Konstruktion *Italia* an.

208/209: Die offene See vor Fremantle machte den Herausforderern nicht wenige Probleme, besonders bei der ersten Round Robin des Vuitton Cup. Im Vergleich zu den früheren Konstruktionen besaßen die Yachten einen hochgezogenen Bug, um an der Kreuz die Wellen besser zu durchschneiden, und waren mit zusätzlichen Handläufen ausgestattet, denn bei früheren Regatten waren mehrmals Männer von Bord gespült worden und die Mann-über-Bord-Manöver kosteten wertvolle Zeit. Nach den America's-Cup-Bestimmungen musste am Start und am Ziel dieselbe Anzahl von Crewmitgliedern an Bord sein, ansonsten wurde der Teilnehmer disqualifiziert. Auf dem Foto ist die *Stars & Stripes* zu sehen.

208: Die *Stars & Stripes* rundet die Wendemarke vor der *Heart of America.* Außer diesen beiden nahmen noch weitere vier amerikanische Yachten am Vuitton Cup teil, die *U.S.A.*, die *Eagle*, ein Valentijn-Riss mit Rod Davis am Steuer, die alte, von John Marshall überholte *Courageous* und die *America II.* Nur die *Stars & Stripes* und die *America II*, die für den New York Yacht Club angetreten war, qualifizierten sich für das Semifinale der Herausforderer. Auf Letzterer, einem Entwurf von Langan in Zusammenarbeit mit Sparkman & Stephens, ruhten die größten Hoffnungen für die Rückeroberung des Pokals.

209 oben: die *Stars & Stripes*, die Yacht des San Diego Yacht Club mit Dennis Conner am Steuer. Für die Vorbereitungen auf die Herausforderung hatte Conner nicht weniger als vier Yachten, die alle auf denselben Namen getauft wurden, in Auftrag gegeben. Das Syndikat Conners galt von Anfang an als einer der bestausgerüsteten Herausforderer im America's Cup.

209 unten: Die Neuseeländer präsentierten sich zu diesem America's Cup mit ausgezeichneten Referenzen. Ihre Yacht hatte kurz zuvor die vor Fremantle ausgetragene Weltmeisterschaft ihrer Klasse gewonnen, und die *»Kiwi Magic«* oder auch *»Plastic Fantastic«*, wie die Cupper die neuseeländischen Yachten aus glasfaserverstärktem Kunststoff nannten, gaben auf den Trainingsfahrten eine beeindruckende Vorstellung. Das neuseeländische America's-Cup-Debüt im Jahr 1987 war der Beginn einer langen Serie von Herausforderungen, die zu immer besseren Leistungen und letztendlich zum Sieg führen sollte.

210 rechts oben: Insgesamt kämpften vier australische Syndikate um den ehrenvollen Titel des America's-Cup-Verteidigers. Alan Bond, der Sieger von Newport, wartete mit zwei Neubauten auf, der *Australia III* und der *Australia IV*; das zweite Syndikat wurde von Kevin Parry angeführt, der sogar drei Yachten in Auftrag gegeben hatte, die *Kookaburra I, II* und *III*. Außerdem traten die *Steak n' Kidney* und die *South Australia* an.

210 Mitte: Die von Ben Lexcen entworfene *Australia IV* schien Probleme mit der Welle vor Fremantle zu haben. Sie unterlag der von Scott Kaufmann und Jan Murray in Zusammenarbeit mit Swebrick gezeichneten Neukonstruktion *Kookaburra III*, die sich für die Verteidigung des Pokals qualifizieren sollte. Keine von beiden war aber der *Stars & Stripes* oder der *New Zealand* gewachsen.

210 unten links: 1987 war das Finale des Vuitton Cup härter umkämpft als die America's-Cup-Wettfahrtserie selbst. Die *Stars & Stripes* hatte nicht wenig Mühe, die *New Zealand* zu besiegen, die ihr konstruktionstechnisch wohl überlegen war.

210 unten rechts: Nach den Tränen in Newport hält Dennis Conner nun jubelnd den berühmten Hundred Guinea Cup in Händen. Seine *Stars & Stripes* hatte sich im America's Cup mit einem bequemen, an vergangene Tage erinnernden 4:0-Sieg gegen die australische *Kookaburra III* durchgesetzt. Dennis Conner war der eigentliche Sieger des Cups von 1987: Der amerikanische Erfolg war vor allem der Erfahrung des Steuermanns in dieser Art Wettkampf zu verdanken, während die Leistung der *Stars & Stripes* nicht mit der beeindruckenden Vorstellung zu vergleichen war, die die *Australia II* vier Jahre zuvor in Newport geliefert hatte.

211: Die *Kookaburra III* segelt in Luv vor der *Australia IV*. Die Australier richteten gut einhundert Wettfahrten für die Auswahl des Cup-Verteidigers aus, in denen sich die beiden Yachten als gleich stark erwiesen. Die Wahl fiel letztendlich auf die *Kookaburra*, die der *Stars & Stripes* aber keinen harten Kampf bieten konnte.

12
KA-16

212: Dieser originalgetreue Nachbau des Schoners *America* segelt auf denselben Gewässern wie Kohlefaser-Konstruktionen. Die vielfältigen Entwicklungen im Yachtbau entsprechen den ebenso differenzierten Wünschen der Eigner. Trotz der vergleichsweise eingeschränkten Leistungsfähigkeit bedeutet allein der Anblick der *America* unter Segeln eine Rückkehr zu den Werten, die den Yachtsport in seinen Anfängen prägten.

213: Der America's Cup 2000 bezeugt den internationalen Charakter des Segelsports. An dem Kampf um die begehrte Trophäe beteiligen sich nunmehr Yachten aus vier Kontinenten, allein Afrika ist noch nicht vertreten (aber es ist vorauszusehen, dass diese Lücke demnächst von Südafrika, wo der Regattasport sehr verbreitet ist, geschlossen wird). Der America's Cup repräsentiert die Trends und Entwicklungen im Yachtsport allgemein: Hier fordert die *Mighty Mary*, der erste potentielle Titelverteidiger mit ausschließlich weiblicher Besatzung, die *Stars & Stripes* des legendären Skippers Dennis Conner heraus.

kamen hinzu. Der Werkstoff Holz war »out«, weniger aus technischen Gründen, sondern weil es an spezialisierten Fachkräften für den Holzschiffsbau mangelte und zahlreiche Berufsbilder wie das des Schiffszimmermanns auszusterben begannen. Andererseits wurde auch der Rohstoff Holz, insbesondere hochwertige Hölzer, zunehmend knapp. Aber auch der glasfaserverstärkte Kunststoff, der sich anfangs zum Ersatzmaterial für Holz zu entwickeln schien, wurde aus technischen (Probleme mit der Osmose beispielsweise) und wirtschaftlichen Gründen in Frage gestellt. Gute GFK-Konstruktionen sind teuer, denn sie erfordern spezielle Produktionsbedingungen und unterliegen strengen Qualitätskontrollen. Darüber hinaus ist dieses Fertigungsverfahren umweltverschmutzend und mit der Umgebung, in der Werften normalerweise angesiedelt sind – Strände,

Regatten am Ende des Jahrtausends

Bisher haben wir uns mit vergangenen Ereignissen befasst, die anhand historischer Fakten mehr oder weniger objektiv darstellbar waren, während sich das vorliegende Kapitel auf die aktuellen Geschehnisse im Segelsport und deren Hauptakteure bezieht. Damit ist eine sehr viel subjektivere Darstellung und persönliche Einschätzung der derzeitigen Entwicklungen verbunden.

Segeln ist heutzutage kein exklusiver Zeitvertreib mehr, kein Privileg einer reichen, herrschenden Klasse, sondern weist eine Vielzahl von Aspekten wie Sport, Ferien und Business auf. Was für viele Segelbegeisterte zu einem Lebensinhalt geworden ist, stellt sich für zahlreiche Unternehmen lediglich als wirksamer Werbeträger dar.

Diese Vielfalt ist auch auf See offensichtlich, wo man gaffelgetakelte Yachten aus dem 19. Jahrhundert neben Kohlefaser-Konstruktionen mit elektronisch gesteuertem Schwenkkiel, Fahrtenyachten aus den sechziger Jahren neben den letzten Vertretern der glorreichen J-Klasse bewundern kann. (Auf der Nioulargue vor Saint Tropez kann man sich alljährlich davon überzeugen.)

Früher gab es auf der einen Seite des Atlantiks den englischen Kutter und auf der anderen die amerikanische Slup, aber der Antrieb für den Yachtsport war auf beiden Seiten der gleiche. Natürlich gab es schon damals Segler, die Kreuzfahrten bevorzugten, während andere mit Leidenschaft Regatten segelten, aber allen war die Passion für die Segelei als solche gemeinsam und beide waren der jeweils anderen Form dieser Sportart nicht abgeneigt. Dies galt bis zu den sechziger Jahren. Bis dahin war eine Segelyacht ganz allgemein eine Segelyacht. Wie oft kam es nach einem Fastnet-Race vor, dass einige der Crewmitglieder das Schiff verließen, dafür die Ehefrauen der restlichen Mannschaftsmitglieder an Bord kamen, um gemeinsam einen Törn ins Mittelmeer zu unternehmen. Ein Zitat des berühmten Designers Uffa Fox macht diesen Aspekt deutlich: »Die beste Fahrtenyacht ist auch die beste Regattayacht.« Eine Feststellung, die in der Zwischenzeit ihre Gültigkeit verloren hat.

Und wie sieht die heutige Segelyacht aus? Einen längeren Törn unternimmt man mit einer Langkiel- oder Flügelkielyacht, aber weder die eine noch die andere wäre für eine Regatta geeignet, ebensowenig wie man mit einer modernen Regattayacht fahrtensegelt.

In den siebziger Jahren machte die industrielle Fertigung eine schwierige Phase durch, was mit der vorangegangenen Energiekrise zusammenhing, aber auch weil sich abzeichnete, dass der Traum vom »Segeln als Breitensport« nicht in Erfüllung gehen sollte. Wirtschaftliche Faktoren

Wohngebiete und touristische Gegenden – nur schwer zu vereinbaren.

Über Jahrhunderte ließen amerikanische wie englische Eigner ihre Yachten im eigenen Land bauen. Auch nachdem sich Deutschland, Frankreich, Kanada und Italien im Yachtbau profilieren konnten, änderte sich daran nicht viel, und Tradition wurde auch weiterhin von den Käufern mit Qualität gleichgesetzt.

Die achtziger und neunziger Jahre leiteten einen Globalisierungsprozess ein. Der Wohlstand verbreitete sich, wenn auch nicht gleichmäßig verteilt, auf allen Kontinenten und dank der Massenmedien wurden nun auch die kulturellen Lebensstile zunehmend international. Am America's Cup des Jahres 2000 beispielsweise, nehmen Yachten aus allen Kontinenten teil, mit Ausnahme Afrikas. Da nun keine Notwendigkeit mehr bestand, auf eine schiffsbautechnische Tradition zurückzugreifen, ließen sich Werften an Standorten mit geringen Lohnkosten und weniger drastischen Umweltbestimmungen nieder. Einige historische Standorte im Yachtbau blieben bestehen, vor allem dort, wo sich aufgrund einer tiefwurzelnden Tradition derart hochspezialisierte Sektoren herausgebildet haben, dass der Kostendruck im Hinblick auf andere Hersteller nicht ausschlaggebend für die Marktposition war.

USA-34
SPERRY
SEARS
Ocean Spray
CITIZEN
Cadillac
USA-43

Das Yacht-Design

Die Yacht hat eine bemerkenswerte Entwicklung durchgemacht und charakteristische Merkmale entwickelt, die in keiner Verbindung mehr zu den Traditionen der Vergangenheit stehen. Die klassischen Unterschiede, auf Grund deren man einst eine englische Konstruktion von einer amerikanischen unterscheiden konnte, sind nicht mehr erkennbar. Die gegenwärtige Trennungslinie verläuft zwischen der Regattayacht einerseits und der Fahrtenyacht andererseits. Das Deck einer Regattayacht ist ausschließlich für die Manöver bestimmt, wobei das Layout dem Anspruch der möglichst störungsfreien Handhabung untergeordnet wird. Der kleine und niedrige Aufbau, sofern er überhaupt existiert, hat ein Minimum an Öffnungen für die Belüftung der Innenräume, die wiederum mehr als spartanisch eingerichtet sind: Rohr- und Segeltuchkojen, ein freistehendes WC, Pantry auf kleinstem Raum. Zumal im Regattasport fast niemand mehr an Bord schläft oder kocht. Hochseeregatten bilden die Ausnahme und während der »normalen« Veranstaltungen übernachtet die Crew im Hotel.

Vor allem die Rumpfformen haben sich verändert. Der Rumpf besitzt keine Überhänge mehr, hat einen fast vertikalen Vordersteven, wenig Freibord und ein plattes Unterwasserschiff. Heutige Regattayachten gleiten über das Wasser, womit sich alle früheren Theorien, wie ein Schiffsrumpf am besten das Wasser durchschneidet, erübrigen. Große Formstabilität und das Gewicht der Mannschaft als Ballast sind Eckpunkte dieser neuen Philosophie. Diese Konstruktionen besitzen ein schwertähnliches Kielprofil mit unten angehängtem Bleiwulst. Das Segeltuch wird mit Kevlar- oder Kohlefasern verstärkt, und die Masten bestehen ebenfalls aus diesen Materialien. Der gesamte Komplex wird mittels hydraulischer Systeme reguliert.

Die neuen Technologien und Werkstoffe, insbesondere die sehr viel genaueren Computerprogramme zur Berechnung der Struktur, erlauben den Yacht-Designern, weit steifere Konstruktionen zu entwerfen, die mehr Segelfläche tragen können und folglich bessere Leistungen erzielen. Geschwindigkeiten um zehn Knoten sind heute durchaus normal, während die Logs der siebziger Jahre dies als obersten Grenzwert anzeigten.

Der Bereich Fahrtensegeln profitierte von den Erkenntnissen, die die Entwicklung der Rümpfe von Regattayachten mit sich brachte, zumal diese häufig für eine zukünftige Serienproduktion konzipiert werden. Die Rumpfformen von Regattayachten sind generell weniger extrem, beruhen aber auf denselben Prinzipien wie im Regattasport, das heißt, auch hier sind die Konstruktionen steif und reagieren sensibel. Die ausgeprägte Formstabilität führt zu weniger intensiven, dafür aber schneller auftretenden Schiffsbewegungen und die U-Spantform neigt dazu, hart in die Welle einzusetzen.

Die moderne Fahrtenyacht ist im Vergleich zu früheren Konstruktionen weniger komfortabel, aber nicht unbedingt schneller, denn im allgemeinen hat man beim Tourensegeln nicht die nötige Mannschaftsstärke, um maximale Leistungen zu erzielen. Was bei modernen Fahrtenyachten erstaunt, ist das Deck: Um die Innenräume komfortabel zu gestalten, braucht man einen relativ ausladenden Kajütaufbau, während Ausrüstung und Beschläge wie Winschen, Blöcke, Taljen usw. genauso vielfältig und komplex sind wie auf einer Regattayacht. Dadurch wird das Deck praktisch unbenutzbar, der einzig komfortable Aufenthaltsbereich ist das Cockpit.

214 oben: Die Cookson Werft in Neuseeland hat nichts mehr mit einem traditionellen Schiffsbaubetrieb gemein, sondern steht stellvertretend für den modernen »High-tech«-Yachtbau. Die Kompositbauweise umfasst drei Phasen: In der Planungsphase werden die Werkstoffe und die Konstruktionstechnik gewählt; in der zweiten Phase, der Laminierung, überwiegt die handwerkliche Komponente des Fertigungsprozesses; die abschließende Thermo- und Vakuumbehandlung des Werkstückes dient der endgültigen Aushärtung und dem Erlangen der Rumpffestigkeit.

214 Mitte: Heutzutage wird der Kielform eine entscheidende Bedeutung beigemessen, darum ist man eifersüchtig bemüht, sie vor den Blicken der Konkurrenz zu verhüllen. Beim Rumpf, der inzwischen als relativ unmaßgeblich gilt, stellt sich dieses Problem nicht. In der Tat segelt eine Leichtdeplacement-Konstruktion mehr auf als im Wasser, sie gleitet darüber hinweg, während der Kiel zur Stabilisierung und zur Verminderung der Abdrift die Leistung wesentlich bestimmt. Auf dem Foto ist die *America One* zu sehen, die im Finale des Louis Vuitton Cup 2000 knapp unterlag.

214 unten: Das Laminieren ersetzt heute den Arbeitsvorgang, der früher Aufgabe des Bootsbauers war: Die Außenhaut entsteht, indem man auf eine Negativform nach und nach Schichten aus Verstärkungsmaterial, Glas- oder Spezialfasern wie Kohlefasern oder Kevlar, aufträgt, die anschließend mit Harz imprägniert werden. Hochentwickelte Konstruktionen sehen ein auf diese Weise hergestelltes inneres sowie ein äußeres Decklaminat vor, die einen Kern aus extrem leichtem Balsa einschließen wie auf dem Foto, oder aus synthetischem Material, daher die Bezeichnung Komposit- oder Sandwichbauweise.

214/215: Heutzutage ist die Funktion einer Yacht auf den ersten Blick sichtbar. Während die *Cambria* oder die damaligen Herausforderer im America's Cup komfortabel als Fahrtenyacht eingesetzt werden konnten, gibt sich die *One-Australia*, Teilnehmerin der America's-Cup-Ausscheidungen von 1999/2000, als reine Regattayacht zu erkennen. Sie wurde einzig für diese Veranstaltung konzipiert, ähnlich wie es in der kurzen, unvergesslichen Ära der J-Klasse der Fall war.

215 unten rechts: Die Negativform muss mit äußerster Sorgfalt hergestellt werden, denn von ihr hängt die Form des fertigen Rumpfs ab. Heutzutage entsteht die Negativform mit Hilfe des Computers, der die digitalisierte Konstruktionszeichnung in eine dreidimensionale Form transponiert. Die Oberfläche der Form, auf die der Rumpf geschichtet wird, hat ein spiegelglattes Oberflächenfinish – im GFK-Bau ist dies das Gelcoat – und wird außerdem mit einem Trennwachs bearbeitet, um ein leichtes Auslösen des Formstückes zu gewährleisten.

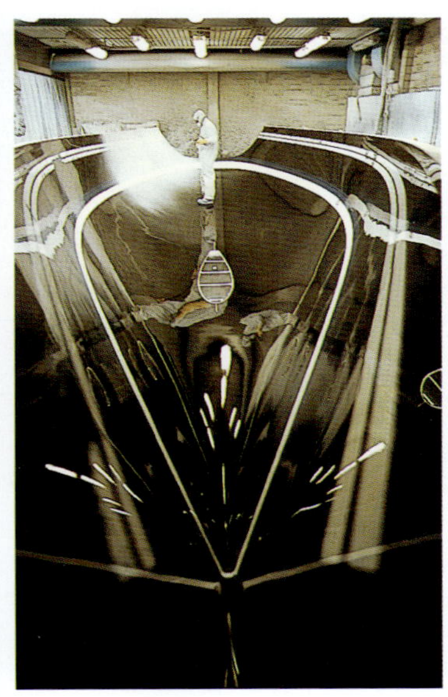

216 links: In der Vergangenheit waren Yachten relativ schwer, denn ihre Verdrängung erforderte ein beträchtliches Volumen und auch die Kiele mussten, um unter den Rumpf gesetzt zu werden, ein gewisses Volumen aufweisen. Bei Fahrt verdrängte eine solche Yacht viel Wasser und bildete eine deutlich sichtbare Welle. Die *Sixième Sens*, eine französische Yacht für den America's Cup von 1999, hat, wie man durch das Wasser erkennt, eine extrem schlanke Kielflosse, die keine Welle hebt.

216 rechts und 217 unten: Der Sieg der *Australia* über die *Liberty* im Jahr 1983 löste eine Revolution im Yacht-Design aus. Der Designerwelt wurde klar, dass Kiel, Ballast und Ruder von Grund auf neu überdacht werden mussten. Jahrelang hatte man lediglich geringfügige Änderungen des traditionellen Kielprofils vorgenommen, das in den fünfziger Jahren in den Vereinigten Staaten von der

NACA (später NASA) entworfen worden war. An dieser Stelle stagnierte die Entwicklung, auch wegen der Unzulänglichkeit der damals verfügbaren Werkstoffe. Ab 1983 besannen sich die Konstrukteure auf eine zukunftweisende Bemerkung des genialen Nat Herreshoff vom Ende des 19. Jahrhunderts im Zusammenhang mit der *Dilemma*: Man solle den Ballast so tief wie möglich positionieren und ihn idealerweise mittels einer möglichst kompakten und dünnen Platte mit dem Rumpf verbinden. Die mit diesem Ansatzpunkt erzielten Ergebnisse waren seinerzeit materialbedingt stark beeinträchtigt. Heutzutage verfügen praktisch alle Segelyachten, einschließlich der Fahrtensegler über ein elliptisches Ruder und einen Ballastkiel, der aus einer Platte mit einem daranhängenden Bleiwulst als Ballast besteht. Wie sehr die Yacht-Designer sich in diesem Bereich ausgetobt haben, zeigt die Serie der Fotos von Ballastkielen, und zwar von der *Italia II* (oben rechts), America's Cup-Teilnehmer im Jahr 1987, der *Stars & Stripes* (unten links) und der *One-Australia* (unten Mitte), die sich 1995 auf der Cup-Szene profilierten, sowie der 1987 auf der Cup-Bühne vertretenen *Courageous* (unten rechts).

Einerseits führte die Entwicklung zu einer Spezialisierung der Yachten für Fahrten- bzw. Regattazwecke, andererseits verschwanden geographisch bedingte Unterschiede im Yachtbau. Die Unterschiede haben sich ähnlich wie bei Modetrends oder Lebensstilen nivelliert. Die heutige Welt ist uniformiert und auch der Segelsport kann sich dieser Entwicklung nicht entziehen.

Dafür verantwortlich ist vor allem der globale Austausch von Informationen, die mühelos von einem Ende der Welt ans andere übermittelt werden können. In vergangenen Zeiten hingegen segelten die Engländer auf der Themse und die Amerikaner vor New York. Die Atlantiküberquerung des Schoners *America* war ein einmaliges Ereignis, das in der Tat über fünfzig Jahre lang keine Folgen für den Yachtbau hatte: Beide Nationen stellten weiterhin ihre Yachten in der üblichen Weise her. International besetzte Regatten verbreiteten sich zwar schon ab dem 20. Jahrhundert, aber erst seit den siebziger Jahren haben die Segelsportler begonnen, konstant an allen weltweiten Veranstaltungen teilzunehmen.

Während man früher als Zentren des Segelsports den Solent, Rhode Island und vielleicht noch Kiel in einem Atemzug genannt hätte, erstrecken sich die heutigen Regattareviere über den gesamten Globus. Florida und San Diego in den Vereinigten Staaten, Auckland und Sydney in der Südhemisphäre, Palma, die Côte d'Azur und Porto Cervo in Europa sind, zusammen mit den klassischen Regattarevieren, nunmehr fester Bestandteil der »großen Tour«. Während der Regattasaison werden die Yachten und deren Crews von einem Ort zum nächsten Orte transportiert (keine Regattayacht überquert heute den Ozean, es sei denn an Bord eines anderen Schiffes!). Da man in ein paar Stunden von einem Kontinent zum anderen fliegen kann, ist der argentinische Yacht-Architekt ebenso wie sein neuseeländischer Kollege in Amerika und Europa tätig. Kein Wunder also, dass die Yachten sich überall auf der Welt gleichen. Der zweite Grund für die Angleichung der Modelle ist technischer Art. Früher entstand der Entwurf einer Yacht aus einer Idee, einem Geistesblitz, der natürlich nur auf dem Hintergrund des geographisch bedingten Erfahrungshorizonts des jeweiligen Designers Form annehmen konnte. Von zufälligen Übereinstimmungen abgesehen war es praktisch ausgeschlossen, dass sich beispielsweise eine George-Steers-Konstruktion und ein Entwurf des englischen Yacht-Designers Michael Ratsey ähnelten.

Die Unterschiede verringerten sich in dem Maße, in dem wissenschaftliche Erkenntnisse Einzug in die Yacht-Konstruktion hielten. Die ersten Schlepptankversuche lieferten noch keine verlässlichen Ergebnisse, der Konstrukteur musste die Daten intuitiv deuten. Erst nachdem Davidson 1931 das Versuchsverfahren im Stevens Institute perfektioniert hatte, trat ein radikaler Wandel ein. Der erste wirkliche Erfolg zeigte sich an Hand der *Ranger*, des America's-Cup-Verteidigers von 1937.

Die günstigste Rumpfform wurde nun mit wissenschaftlichen Methoden ermittelt, und die Rolle des Yacht-Designers für den endgültigen Entwurf trat zunehmend in den Hintergrund. Noch in der Nachkriegszeit war das technische Niveau des jeweiligen Schlepptanks von entscheidender Bedeutung bei der Konstruktion neuer Regattayachten. Die Amerikaner profitierten jahrelang, vor allem im America's Cup, von der im Vergleich zu ähnlichen Einrichtungen anderer Nationen extrem fortschrittlichen Ausstattung des Schlepptanks im Stevens Institute. Erst in den achtziger Jahren erhielten auch nicht-amerikanische Konstrukteure die Möglichkeit, ein qualitativ entsprechendes Testbecken in Wageningen, Holland, zu nutzen. Und prompt verloren die Amerikaner 1983 den Cup!

Die eigentliche Revolution, die für die Nivellierung der Unterschiede im Yachtbau verantwortlich war, kam mit der Einführung des computergestützten Designs, mit dessen Hilfe die auf die einzelnen Bereiche des Schiffsrumpfes wirkenden Kräfte simuliert und sichtbar gemacht werden können. Auf diese Weise wurden die optimale Rumpfform und die exakten Abmessungen ermittelt.

Abgesehen davon konnte man mit Hilfe des Computers schier unbegrenzte Kombinationsmöglichkeiten austesten und das auch bei geringen Kosten. Noch in den achtziger Jahren kostete ein Prüfzyklus im Schlepptank zur Bewertung von fünf Rumpfmodellen rund 100000 DM, während man heute problemlos 100 verschiedene Konfigurationen auf einem gewöhnlichen Computer analysiert. Dazu kommt, dass die Daten umgehend in alle Welt geschickt und ausgetauscht werden können.

217 oben: Das Wettrüsten für immer bessere Leistung führt teilweise zu extremen Konstruktionslösungen: Die *Be Happy*, die Schweizer Teilnehmerin an den Ausscheidungen für den Herausforderer des America's Cup 2000, besaß zwei Bombenkiele, einen am Bug und einen am Heck, die jeweils drehbar waren und auch Ruderfunktion übernahmen. Das System brachte keine guten Ergebnisse, im Gegenteil, aber die Konstrukteure waren optimistisch und überzeugt, die Mängel mit weiteren Tests ausgleichen zu können.

Das computergestützte Design hat mithin zu einer weltweiten Verbreitung der Informationen, Erkenntnisse und Erfahrungen geführt; die ehemalige Zweiteilung der Segelwelt in »Plank on edge«-Design des schlanken, tiefgehenden Rumpfes auf der einen und der breiten und flachen Konstruktionen auf der anderen Seite des Atlantiks gehörte nun endgültig der Vergangenheit an. Ganz lässt sich das »Mysterium« Segeln allerdings nicht mit dem Computer lüften, denn eine Segelyacht ist ein derart komplexes und unter wechselnden Bedingungen eingesetztes System, dass auch weiterhin ein Teil ihrer Leistung der Intuition eines Konstrukteurs oder des Seglers selbst zu verdanken sein wird.

Auch die Ausrüstung mit Elektronik und die Vernetzung der einzelnen Geräte war in der Zwischenzeit sehr viel komplexer geworden, denn lange Zeit wurden keine oder nur rudimentäre Anlagen an Bord geführt; die Instrumente beschränkten sich damals auf Kompass, Chronometer und Schlepplog (das schon als Luxus galt); die Maschine war im wahren Sinne des Wortes ein »Hilfs«-Motor und die Decksausrüstung spärlich und einfach.

Auch die bei der Konstruktion verwendeten Werkstoffe waren weniger vielfältig, nämlich Holz, Stahl und Leichtmetall. Dadurch gestaltete sich der Fertigungsprozess sehr viel einfacher. Der Konstrukteur hatte seinen Yachtbaubetrieb sozusagen »gleich nebenan« und dessen Erfahrungen flossen direkt in den Entwurf ein, während die Werften heutzutage auf der ganzen Welt verstreut sind und häufig nicht die gesamte Konstruktion übernehmen, sondern sich auf einzelne Phasen der Fertigung spezialisiert haben, die koordiniert werden müssen.

In einem solch komplexen Prozess erweist sich das Berufsbild des Bootsbaumeisters als überholt. Für die Konstruktion einer Yacht ist heutzutage ein Team von Profis, ein Ingenieurbüro, erforderlich. Ich selbst begann Anfang der siebziger Jahre auf diese Art zu arbeiten und war mit meinem Konstruktionsbüro Giorgetti & Magrini damals wohl meiner Zeit voraus. Die heutigen Namen in der Designerwelt sind Wally Yachts oder Farr, denen ein Team von zwanzig Fachleuten untersteht. Damit sind die Zeiten einer »Herreshoff-Ära« oder »Stephens-Ära« unwiederbringlich vorbei, was aber keineswegs bedeutet, dass die Yachten oder der Regattasport etwas von ihrem großen Reiz eingebüßt hätten.

218 links: Die *Il Moro di Venezia* war der Herausforderer im America's Cup von 1992. Diese Auflage wurde erstmals mit Yachten der neuen America's-Cup-Klasse gesegelt, die alle früheren Erfahrungen im Bau und Design von Regattaklasse-Yachten in sich vereinte. Bei der in Kompositbauweise hergestellten *Il Moro di Venezia* wurden hochentwickelte Spezialmaterialen eingesetzt und der Rumpf wurde mit Thermo- und Vakuumbehandlung ausgehärtet.

218 unten und 219 unten: In der Entwurfsphase machte man sich bei der *Il Moro di Venezia* die Methoden des computergestützten Designs zunutze: Die Funktion des Konstrukteurs wurde dadurch nicht weniger wichtig, er wurde aber von einer Gruppe von Spezialisten unterstützt. Der America's Cup 1983, der sich aufgrund einer revolutionären Ben-Lexcen-Konstruktion, an der auch der holländische Ingenieur Peter Van Oossanen mitwirkte, zu einer historischen Wendemarke im Regattasport entwickelte, war eine der letzten Veranstaltungen dieser Art, bei der einem einzelnen Konstrukteur zentrale Bedeutung zukam.

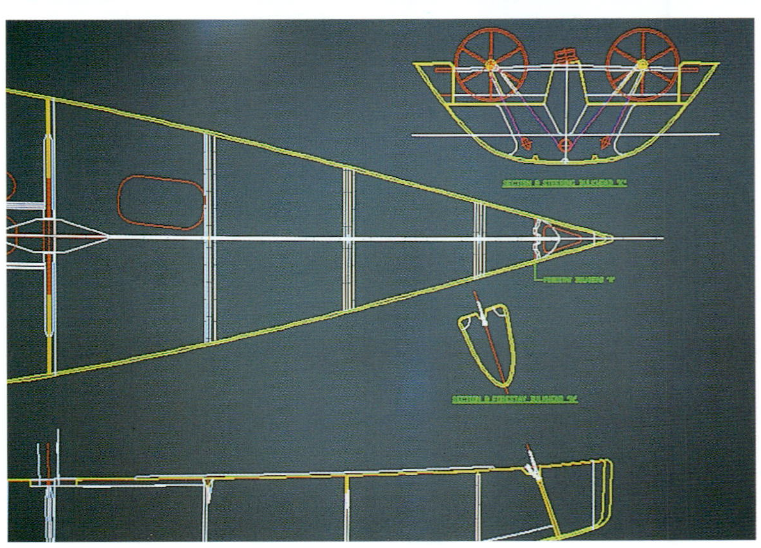

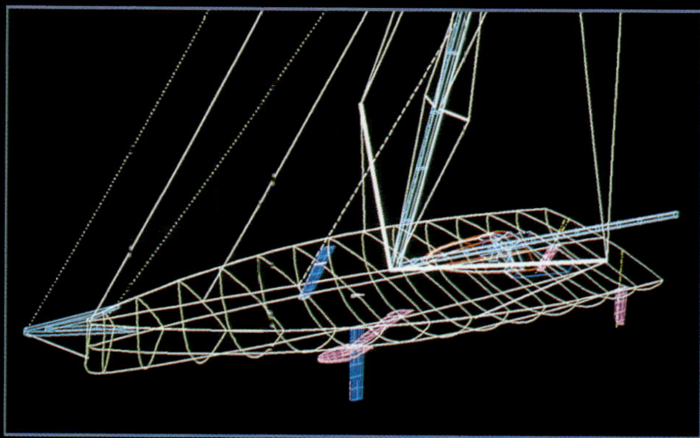

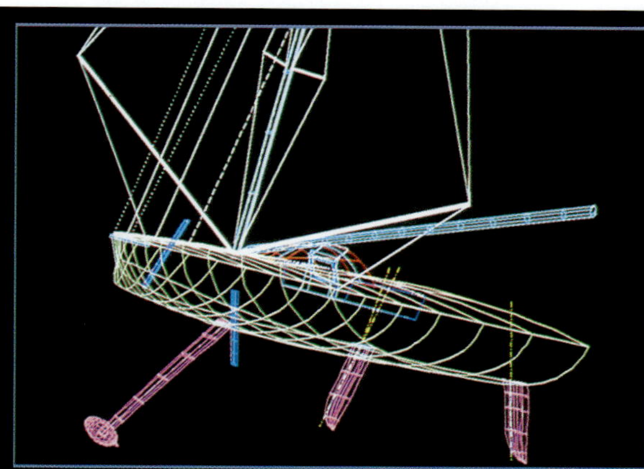

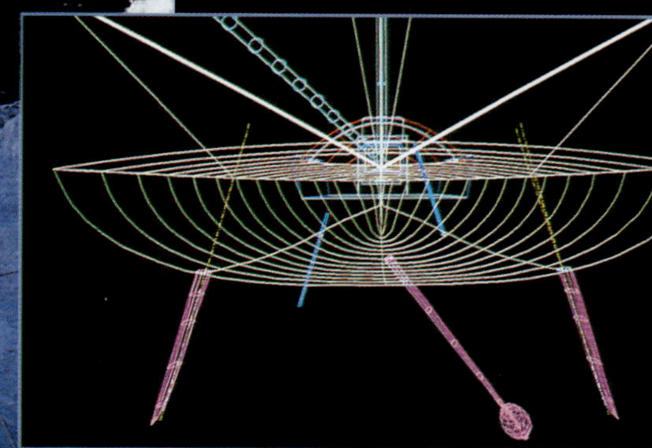

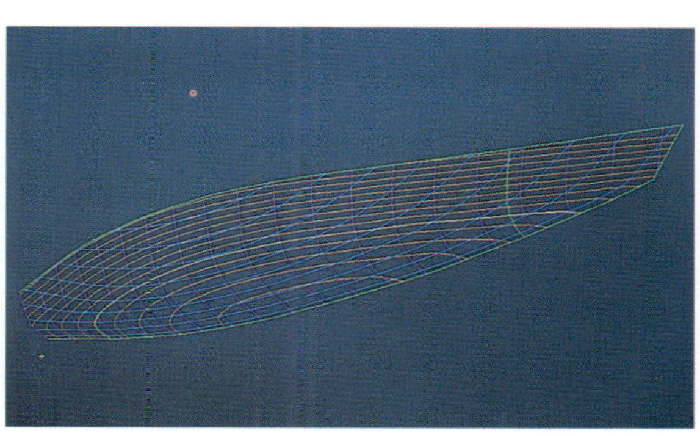

219 oben und rechts: Es sind die CAD-Systeme, Computer Aided Design, computergestütztes Design, die es ermöglichen, unzählige Entwürfe in kurzer Zeit zu testen. Vor der Einführung dieser Technologie waren langwierige Versuchszyklen im Schlepptank nötig, in denen ein verkleinertes Rumpfmodell bei unterschiedlicher Geschwindigkeit und mit verschiedenen Krängungswinkeln durchs Wasser gezogen wurde. Heute variiert man die einzelnen Elemente des Entwurfs und überprüft das Ergebnis mit Hilfe eines Programms, das den durch die Geschwindigkeit erzeugten Druck auf verschiedene Punkte des Rumpfes simuliert. Diese Computer-Darstellungen des Rumpfes der *Fila* samt Rigg lassen die zukünftigen Formen erkennen. In der Entwurfsphase werden Details oder Besonderheiten immer wieder korrigiert, um die Auswirkungen der Veränderung zu bewerten. Vor allem in der Gesamtansicht der Querschnitte (rechts) kann man gut die extremen Formen dieser Yacht erfassen, die bei einer siegreichen Weltumsegelung Bedingungen von Wind und See überstanden hat, denen nur wenige hochseetüchtige Yachten Stand gehalten hätten.

218/219: Soldinis *Fila* zeigt, was ein Designer, die Gruppe Finot und eine High-tech-Werft, in diesem Fall die italienische CNB in Fano, vollbringen können, wenn sie eine Yacht entwickeln, die – unabhängig von Vermessungsformeln – als einzige Zielsetzung die Schnelligkeit hat. Die *Fila* ist ein Ultraleichtdeplacementboot, hat einen Schwenkkiel, der nach Luv angestellt werden kann, ein innovatives Wantensystem und zwei Ruder.

Masten, Wanten, Segel

220 oben: In einer Hängematte auf halber Raumhöhe schwebend verteilt der Facharbeiter in der modernen Segelmacherei Kohlefaserstränge nach einem vom Segel-Designer am Computer entwickelten Ausrichtungsschema. Auf diese Weise entstehen alle Segel von America's-Cup- oder anderen Regattayachten. Die traditionelle Segelmacherei, in der die Tuchbahnen von Hand zugeschnitten, auf einem Holzfußboden nebeneinander angeordnet und nach dieser Vorlage zusammengenäht werden, findet ihr Aufgabengebiet bei klassischen und Fahrtenyachten. Das Foto zeigt die Segel der *Luna Rossa*, die sich durch ihren Sieg im Louis Vuitton Cup 2000 das Recht erkämpfte, den America's-Cup-Verteidiger *Black Magic* herauszufordern.

Der eigentliche Motor einer Segelyacht ist ein komplexes System, bestehend aus den Segeln und dem Mast, der vom stehenden Gut gestützt und mit dem Rumpf verbunden ist und so die Vortriebskraft der Segel auf diesen überträgt.

In der Geschichte der Yacht wurde dieses Gefüge erst Ende des 19. Jahrhunderts verändert: Von Kleopatras »Yachten« bis zum Schoner *America* waren alle Segel aus Naturfaser hergestellt und besaßen keine dreidimensionale Form, es sei denn die, die sie spontan unter dem Winddruck annahmen. Die Masten bestanden aus Vollholz und die Wanten aus Tauwerk, das ebenfalls aus geflochtenen Naturfasern hergestellt wurde, welche man teerte, um ihre Lebensdauer zu verlängern.

Im späten 19. Jahrhundert bohrte man aus Gründen der Gewichtseinsparung einen Mast erstmals aus, anfangs quer zur, später in Faserrichtung. Dieses Verfahren setzte sich aber erst im 20. Jahrhundert durch, als Hohlmasten aus Holz bei den englischen Herausforderern im America's Cup eingesetzt wurden.

In der Zwischenzeit hatte man jenseits des Atlantiks damit begonnen, wiederum für den America's Cup, Masten aus gebogenen und mit-

einander vernieteten Platten aus Stahl oder Aluminium herzustellen.

Der erste Aluminiummast wurde für die 1930 von W. Starling konstruierte *Enterprise* (J-Klasse) aus zwei übereinander genieteten Duraluminium-Platten hergestellt. Der erste moderne Mast tauchte 1939 auf einer amerikanischen Yacht auf, der *Vim*, einem von Olin Stephens gezeichneten Schiff der 12-m-R-Klasse: ein Hohlprofil aus fließgepresstem Aluminium (das geschmolzene Metall wird in einer Form mit dem Querschnitt des Endproduktes gepresst). Auch heute noch werden Masten aus diesem Material und nach diesem Verfahren hergestellt.

Ein Metallmast verhält sich völlig anders als seine hölzernen Vorgänger, die wegen der Längsfaserung biegsam sind und sein müssen, um nicht unter der gegengerichteten Belastung der Wanten zu brechen.

220/221: Das Rigg einer modernen Regattayacht wie der *Moro V*: Der Kohlefaser-Mast ist aerodynamisch profiliert; das stehende Gut besteht aus unidirektional verarbeitetem Draht (Stabwant) mit der zweifachen Funktion, den Mast aufrecht und rechtwinklig zur Transversalebene zu halten. Das System in seiner Gesamtheit hat die Aufgabe, die Segelfläche zu tragen und die Schubkraft des Windes, vor allem auf das Großsegel, auf den Rumpf zu übertragen.

220 unten: Bei der Segelherstellung verwendet man zunehmend Kohlefasern, deren weitergehende Nutzung jedoch durch die hohen Kosten und die Brüchigkeit dieser zugfesten, aber wenig biegsamen Faser eingeschränkt ist. Kohlefasergewebe ist bei gleicher Festigkeit sehr viel leichter als einfaches Dracon, wobei der Vorteil eines leichteren Segels auf der Hand liegt. Das Gewebe aus Kohlefasern wird in Form geschnitten und anschließend geklebt, da ein Vernähen bei diesem Material nicht möglich ist.

221 links: Die heutigen Segel bilden eine flexible Oberfläche, geformt aus einem Gefüge von festen und verschieden ausgerichteten Fasern wie Kevlar, Kohlefaser oder anderen synthetischen Materialien, die durch zwei aufgeklebte Folien zusammengepresst und in Position gehalten werden. Früher nähte man ein Segel aus Stoffbahnen zusammen, die aus Naturfaser bestanden. Das galt für die meisten Yachten bis zum Zweiten Weltkrieg. In den dreißiger Jahren setzten moderne Regattayachten erstmals Segel aus Synthetikfaser: Vor- und Großsegel aus einer Polyesterfaser und Spinnaker aus Polyamidfaser.

221 rechts: Das Foto zeigt die große Genua der *EF Education* aus der Aramidfaser Kevlar, die fester ist als Polyesterfaser und weniger brüchig als Kohlefasern. Die traditionellen Tuchbahnen, aus denen der Segelzuschnitt hervorging, sind verschwunden. Die ersten Segel hatten parallel verlaufende Bahnen, auf die – in den dreißiger Jahren beim America's Cup – Radialschnitte und schließlich Triradial- und noch komplexere Schnitte folgten. Auch das Vernähen ist ein veraltetes Verfahren: Das hierbei erforderliche Doppeln des Stoffes bedeutet unnötiges Gewicht und die Nahtstellen unterbrechen die mechanischen Eigenschaften des Materials.

222 oben: Die Gewichtseinsparung beim Rigg schlägt sich nicht nur positiv auf die Leistung einer Yacht, sondern auch auf die zu ihrer Bedienung aufzuwendenden Kräfte nieder. Während in den dreißiger Jahren auf einer Yacht der J-Klasse zwanzig Männer an der Fall zum Hissen des Großsegels erforderlich waren, reichen auf einem heutigen Maxi-Racer wie der hier abgebildeten *Longobarda 92* drei. Das Gewicht der Segel verringerte sich durch die Verwendung leichterer Materialien und weil die Segelfläche insgesamt dank der entsprechend leichtgewichtigeren Rumpfkonstruktion verkleinert werden konnte. Auch wurde die Effizienz des Riggs durch Blöcke mit geringerer Reibung und leistungsfähigere Winschen verbessert.

Das Gegenteil gilt für einen Profilmast aus Leichtmetall, der starke Belastung aushält, aber nicht biegsam ist. Aus diesem Grund darf bei einem Holzmast, vor allem bei Vollholz, das stehende Gut nicht sehr gespannt werden. In diesem Fall sind dehnbare Materialien wie Hanf, Manilahanf oder Baumwolle ideal und besser geeignet als unnachgiebiger Stahldraht.

Mit der Einführung des Metallmastes wurden auch Wanten aus Metall eingesetzt, wiederum erstmals in den America's-Cup-Auflagen der dreißiger Jahre und zwar gleichzeitig auf Murdocks *Endeavour* und der Starling-Burgess-Konstruktion *Rainbow*.

Sowohl die Mastprofile aus Leichtmetall als auch Wanten aus Drahttau werden bis heute verwendet.

Von dieser allgemeinen Entwicklung abgesehen, wurden sowohl beim Mast als auch dem

Wantensystem seit Anfang des 20. Jahrhunderts bis heute bemerkenswerte Fortschritte erzielt. Die nach oben zunehmende Verjüngung des Mastprofils, die den Mast leichter und flexibler macht, ist der Verbesserung von Aluminium-Schweißverfahren zu verdanken. Die Wanten bestehen heute aus rostfreien Stahlstangen mit aerodynamischem Querschnitt. Ansonsten hat sich das Prinzip nicht verändert.

Wie wir bereits gesehen haben, gab es auch im Bereich der Segel bis Ende des 19. Jahrhunderts nur geringe Fortschritte.

In den Anfängen wurden verschiedene Naturfasern, vorzugsweise handgewebtes Leinen oder Baumwolle, verwendet. Um die Segel weniger winddurchlässig und formstabiler zu machen, bespritzte man sie ständig mit Wasser (allerdings bedeutete jeder Eimer Wasser zusätzliches Gewicht!). Das änderte sich nach dem Sieg der *America* bei der Wettfahrt um die Isle of Wight im Jahr 1851: Die amerikanische Yacht setzte erstmals maschinengewebte Baumwollsegel.

Die nächste revolutionäre Wende erfolgte erst in den dreißiger Jahren des 20. Jahrhunderts. 1937 trug der amerikanische America's-Cup-Verteidiger *Ranger* statt der üblichen Baumwollsegel erstmals ein Tuch aus Rayon, einer synthetischen, aus Kohlenwasserstoff, also Erdöl, entwickelten Faser. Es folgten Polyesterfasern der Markennamen Terylene, Tergal und nach dem Krieg Dacron, das noch heute für die Herstellung von Segeltuch verwendet wird.

Die heute verfügbaren Materialien haben sich seit Mitte des 20. Jahrhunderts nur unmaßgeblich verändert, wohl aber deren Verarbeitung. Das High-tech-Segel besteht nicht mehr aus einem Gewebe, sondern aus einem Laminat. Dieses setzt sich zusammen aus einem »Gelege« von Aramid- oder Kohlefaser und einer beidseitigen Beschichtung mit einem synthetischen »Film«. Die Segel werden am Computer entworfen, wobei die angenommene Konzentration und Richtung der auf das Segel wirkenden Windkräfte eingegeben werden, so dass der größte Gewichtsanteil des Tuches aus den korrekt verteilten und ausgerichteten Fasern besteht.

Heutzutage ist das Segel nicht mehr ein Stück Tuch, das die vom Wind bestimmte Form annimmt, sondern ein Profil mit einem vorgegebenen aerodynamischen Zuschnitt.

222/223: Das fortschrittlichste Labor für jedes Rigg ist eine America's-Cup-Yacht. Wann sonst verfügt man über ein schier unbegrenztes Budget, auch was die Segelgarderobe betrifft? Die Segel einer America's-Cup-Yacht haben eine begrenzte Lebensdauer und sind nach einer Regatta zumeist ausgeweht; außerdem benötigt man für verschiedene Wind- und Seebedingungen spezielle Segel. Auf dem Foto sehen wir die *Australia II.*

222 unten: Die Decksausrüstung einer Regattayacht wie der hier abgebildeten *Infinity* beläuft sich auf mehr als ein Drittel der Gesamtkosten. Vor dem Zweiten Weltkrieg lagen die Kosten für Mast, stehendes Gut, Segel und Decksausrüstung bei unter 20 Prozent, während die Rumpfkonstruktion den Löwenanteil verschlang. Gestiegen sind aber nicht die Preise, sondern die Vielzahl der Decksbeschläge, das Rigg ist fortschrittlicher und ausgefeilter wie auch das hierfür verwendete Material.

223 links: Bei der America's-Cup-Yacht *America One* wurden größtenteils Kohlefasern eingesetzt: Der Mast besteht nicht aus fließgepresstem Leichtmetall, wie es noch 1987 üblich war, sondern aus Kohlefasermatten mit Epoxidharz, die im Druckkessel behandelt wurden. Beim Großsegel erkennt man unter der durchsichtigen Mylar-Beschichtung die Verlaufsrichtung der Kohlefasern gemäß der angenommenen Kräfte, die auf das Segel wirken. Die Aufmerksamkeit, die dem System aus Mast, stehendem Gut und Segeln entgegengebracht wird, ist nicht unberechtigt: Es ist immerhin der Motor der Yacht.

223 rechts: Das Deck der amerikanischen *Boomerang*, eines Maxi-Racers aus dem Jahr 1995. Kompromisslose Gewichtseinsparung, von den Steuerrädern bis zu Podesten der Winschen, die aus Kohlefasergewebe bestehen. Die Einführung neuer Materialien hat zu bis vor kurzem noch unvorstellbaren Erfolgen in puncto Gewichtseinsparung geführt: Ein Werkstück aus Kohlefaser wiegt bei gleicher mechanischer Festigkeit bis zu zehn Mal weniger als sein stählernes Gegenstück.

Regatten klassischer Yachten

Zur Antiquität wird ein Möbelstück erst nach geraumer Zeit und auch dann muss es einen Interessentenkreis geben, der eine solche Rarität zu schätzen weiß. Das gleiche Phänomen zeichnet sich seit einigen Jahren im Yachtsport ab. Bis vor zwanzig Jahren gab es nur neue und alte Yachten und Letztere wurden entweder aufgelegt oder erlebten von Eigner zu Eigner einen unaufhaltbaren Abstieg von der Yacht zur Hulk. (Glück im Unglück muss man sagen, denn so blieben diese Konstruktionen zumindest erhalten).

In den letzten Jahrzehnten stießen klassische Yachten auf wachsendes Interesse, das sich anfangs auf einen exklusiven Kreis von Liebhabern beschränkte, deren Passion man oft pauschal als Snobismus abtat. Mit der Zeit erweiterte sich dieser Kreis, so dass auch eine ganze Reihe von Veranstaltungen für so genannte Segelyacht-Klassiker ins Leben gerufen wurde. Unter einer klassischen Yacht versteht man ein Schiff, das mit traditionellen Bootsbaumethoden und herkömmlichen Materialien gefertigt wurde und auf ein Baujahr von, sagen wir, vor fünfzig Jahren verweisen kann.

Die Ursprünge dieses relativ jungen Trends im Segelsport sind nicht angelsächsischer, sondern mediterraner Herkunft, genauer gesagt, italienischer. Natürlich waren die italienischen Eigner nicht die Ersten, die klassische Yachten wieder seetüchtig machten, aber in Italien fiel dieses Interesse auf besonders fruchtbaren Boden, erhielt einen offiziellen Status und ein Reglement. Zu Beginn der achtziger Jahre gründete eine Gruppe von Mitgliedern des Yacht Club Italiano die Associazione Italiana Vele d'Epoca. Der Verein organisierte Events für die Veteranen des Segelsports und entwickelte eine Formel, um ein wettbewerbsfähiges Regattafeld zusammenstellen zu können.

Nachdem sich auch Frankreich und Spanien dem Trend zur Oldtimer-Yacht angeschlossen haben, wird die AIVE-Formel heute im gesamten Mittelmeerraum angewendet. Zu den Vereinigten Staaten wurden ebenfalls erste Kontakte aufgenommen.

Mittlerweile erfreuen sich die Regatten und Veranstaltungen für diese Yachten großer Popularität und haben sich zu wichtigen Ereignissen im Segelsportkalender entwickelt. Die Zahl der klassischen Yachten im Mittelmeerraum beträgt zur Zeit zweihundert, von denen einige wie die *Latifa*, eine Fife-Konstruktion aus dem Jahr 1936, oder die 1915 nach einem Herreshoff-Riss gebaute *Mariette* oder die *Creole*, die 1927 bei Camper & Nicholson vom Stapel lief, um nur drei Beispiele zu nennen, mühelos die Herakles-Säulen hinter sich lassen und sich auf die freie See wagen.

224 oben: In den letzten Jahren verzeichneten Werften, in denen man sich die Fertigkeiten und Technologien der Vergangenheit aneignete, einen wahren Boom. Die Bearbeitung von Holz, Bronze und Messing im Yachtbau ist durch die wachsende Popularität von Veranstaltungen für klassische Yachten zunehmend gefragt. Die großen Yachten, gebaut in berühmten Werften nach Entwürfen von Yachtdesignern, die im Segelsport Geschichte schrieben, finden begeisterte Eigner, die ihnen ihren ursprünglichen Glanz zurückgeben. Zum Beispiel die *Te Vega*, ein Entwurf aus dem Hause Cox & Stevens, die in den dreißiger Jahren auf der Krupp-Werft entstand.

224 Mitte: Das wachsende Interesse an klassischen Yachten drückt sich in der zunehmenden Popularität segelsportlicher Events für diesen Yachttyp aus. Dieser Trend kam ursprünglich aus Italien, wo die erste Vereinigung klassischer Yachten unter anderem ein Regelwerk für solche Wettfahrten aufstellte. Die in diesem Zusammenhang entwickelte Vermessungsformel findet nunmehr weltweit Zustimmung und Anwendung. Auch heute kann man daher ein perfekt restauriertes und getrimmtes Gaffelrigg, wie hier auf dem Foto, bewundern.

224 unten: Die in Luv segelnde *Tuiga* und die *Moonbeam*, zwei Yachten aus dem frühen 20. Jahrhundert, haben neue Bewunderer gefunden. Die erste fährt unter der Flagge des Yacht Club von Monaco, eines der aktivsten Vereine in der Restaurierung klassischer Yachten, die andere gehört einer Gesellschaft, die sie als Charteryacht einsetzt. Beide sind herrliche Beispiele für das Schaffen des berühmten schottischen Yachtdesigners und Schiffsbauers William Fife, der die englische Segelgeschichte gemeinsam mit Charles Nicholson entscheidend prägte.

224/225: Ein Vertreter aus der Ära der J-Klasse kehrt aus der Vergangenheit zurück: Die *Astra*, in den dreißiger Jahren von Nicholson als Yacht der 23-m-R-Klasse entworfen und gebaut, wurde später nach Herreshoffs Universalformel neu vermessen. Exzellent restauriert und in Topzustand segelt sie noch heute Regatten mit der Geschwindigkeit und den Leistungen, die diese Yachtklasse berühmt machten.

225 unten: Die Fife-Konstruktion *Cintra* aus dem Jahr 1909 war eine der ersten 12-m-R-Yachten, die nach der International Rule konstruiert wurden. In der Tat stellt sie den Vorläufer der Zwölfer im America's Cup dar, wenngleich ihr Rigg mit Gaffelgroß- und Toppsegel für eine Regattayacht nicht angemessen erscheint. Ihre Leistung ist dennoch beeindruckend und noch heute bietet sie bei Regatten einen unvergesslichen Anblick.

226 links: Das Interieur dieser klassischen Yacht wurde detailgetreu wiederhergestellt: Zubehör und Ausrüstung sind entweder Originalteile oder dem Baujahr entsprechend rekonstruiert. Man mag einwenden, dass diese Art von Ausstattung nicht den Erfordernissen und Ansprüchen des heutigen Seglers entspricht, dagegen steht aber, dass die *Tirrenia II* einen unvergleichlichen Komfort bietet.

226/227: Eine der reizvollsten Yachten und darüber hinaus unermüdliche Teilnehmerin an Veteranenregatten: die *Tirrenia II*, ein englischer Sheperd-Entwurf aus dem Jahr 1914. Sie war ursprünglich nicht als Regattayacht konzipiert, spiegelt jedoch die englische Philosophie im Yachtsport wider, dass die beste Fahrtenyacht auch die beste Regattayacht sei. Im Grunde war auch die *Jolie Brise*, mehrmalige Siegerin im Fastnet-Rennen, nicht als Regattaschiff gebaut worden. Auf der *Tirrenia II* gibt es keine Winschen, was ihrem Zustand beim Stapellauf entspricht.

Im Zuge dieser Entwicklung entstanden Werften wie die Fairlie Restoration in Schottland, die sich auf die Restaurierung von Fife-Yachten spezialisiert hat. Andere Schiffsbaubetriebe knüpfen an eigene Traditionen an, so der Southampton Yacht Service, der das Erbe des Yacht-Designers Nicholson aufleben lässt.

In Italien konnten sich Werften mit langjähriger Tradition, beispielsweise Sangermani, oder andere wie Beconcini und zahlreiche Werften aus dem Argentario vor dem bereits drohenden Untergang retten, indem sie sich auf die Restaurierung klassischer Yachten spezialisierten, und auch zahlreiche kleinere Handwerksbetriebe haben in diesem Bereich ein zweites Standbein entwickelt.

227 links: Die *Creole* war einer der großen Entwürfe von Charles Nicholson aus den zwanziger Jahren, eine Vertreterin der großen Schoner, für die die Nicholson-Werft zu Recht berühmt wurde. Diese 56 Meter lange Konstruktion galt damals wie heute als groß, ja sogar als die weltweit größte Segelyacht. Sie war während ihrer langen Karriere bis auf kurze Unterbrechungen während des Krieges und Anfang der achtziger Jahre immer flott und segelt auch heute noch in perfektem Zustand.

227 rechts: Das Foto zeigt das Hauptdeck der *Creole* mit dem Ruder und einem der beiden Tender. Im Gegensatz zu den meisten klassischen Yachten setzt sie der heutige Eigner noch immer, wie vom ersten Eigner vorgesehen, zum Fahrtensegeln und für gesellschaftliche Zwecke ein. Gegenüber vergleichbaren Konstruktionen jüngeren Datums erfordert ihr Rigg vielleicht größere Aufmerksamkeit, dennoch mangelt es nicht an Seglern, die gern auf der *Creole* anheuern.

Die internationale Klasse der Zwölfer, die Ende der achtziger von der Bühne des America's Cup verschwand und in Vergessenheit zu geraten schien, erlebte mit der Restaurierung beispielsweise der *Vim* und der *Tomahawk* ein Comeback.

Ein weiteres Zeichen für das wachsende Interesse an Oldtimer-Yachten ist auch der Nachbau von Schiffen, die verloren gingen. Unter Mitwirkung des Designers Olin Stephens entstand 1967 ein Nachbau des Schoners *America*, nachdem man bereits 1963 die *Bluenose*, Champion der in den dreißiger Jahren abgehaltenen Fisherman Races, neu konstruiert hatte. Dies waren allerdings vereinzelte Initiativen, die sich noch nicht in einen größeren Kontext einfügten. Zur Zeit gehen Gerüchte über einen Nachbau der *Britannia* um, und die Arbeiten an der Rekonstruktion der *Westward*, eines berühmten Herreshoff-Schoners aus dem Jahr 1910, sind allem Anschein nach bereits in Gang gekommen.

Ein weiteres Beispiel für die Rückbesinnung auf traditionelle Materialien und klassisches Design ist die amerikanische Werft Padanaram Yacht Company, auf der Holzyachten mit Diagonalbeplankung der neuen W-Klasse entstehen, die an die von Herreshoff Anfang des Jahrhunderts entworfenen New York 50 anknüpfen.

Es scheint gerade so, als ob sich Materialien wie Holz und Messing, die nach der Entwicklung des glasfaserverstärkten Kunststoffs von der Bildfläche verschwanden, durch ein Hintertürchen wieder in den Segelsport einschleichen!

america

228 oben links: Persönlich habe ich nichts gegen Nachbauten einzuwenden, bin aber der Meinung, dass es wenig Sinn hat, Verlorenes wieder aufleben zu lassen, es sei denn zu Studienzwecken. Wenn man sich zu einem Nachbau entschließt, sollte dies mit absoluter Originaltreue geschehen. Dieser Grundsatz wurde bei der *America* nicht berücksichtigt, deren runde Plicht mit einer Pinne anstelle des hier erkennbaren Steuerrades ausgestattet war. Außerdem besaß sie kein Deckshaus.

mariette

228 Mitte links und rechts: Die Decksausrüstung einer klassischen Yacht (die Fotos zeigen Details der *Mariette*) führt die Schwierigkeiten und körperlichen Anstrengungen vor Augen, die vor hundert Jahren beim Segeln mit einer solchen Yacht gegeben waren. Im Vergleich zu heute war das Rigg enorm schwer, die Blöcke weniger leistungsfähig und die ausschließlich manuelle Handhabung stellt sich, zumindest auf den ersten Blick, als extrem kompliziert dar. Mittlerweile gibt es Segler, die sich die notwendigen Fähigkeiten neu angeeignet haben und diese Yachten bei Regatten vorbildlich segeln.

228 oben rechts: Beim Interieur der *America* ließ der Designer seiner Fantasie freien Lauf. Es gibt kaum Anhaltspunkte für die ursprüngliche Einrichtung, man weiß aber, dass keine Stehhöhe gegeben war (die *America* war als reine Regattayacht konzipiert worden) und dass sich der Salon, nach dem Gemälde eines zeitgenössischen Künstlers, im Heck befand und dessen Formen folgte.

228 unten links: Der große Schoner *Mariette* ist eine der repräsentativsten Yachten des Konstrukteurs Nat Herreshoff. Trotz ihres Alters ist sie eine prächtige Rennmaschine mit ausgezeichneter Seetauglichkeit. Ihr perfekter Stahlrumpf erweist sich, auch dank einiger sinnvoller Änderungen, so robust wie je, und der Segelplan unterstützt die hervorragende Leistung. Ihr jetziger Eigner nutzt die *Mariette* für Kreuzfahrten und setzt sie so oft wie möglich bei Regatten ein.

229: Die wiedererwachte Freude an klassischen Yachten führte einige Liebhaber dazu, Stephens mit der Rekonstruktion des Schoners *America* zu beauftragen, wobei der Begriff insofern wenig korrekt ist, als zur damaligen Zeit keine Konstruktionszeichnungen angefertigt wurden. Die Rumpfform wurde anhand eines Halbmodells entwickelt, während das Spantengerüst, das Rigg und die Beschläge der Erfahrung der Werft überlassen blieben. Auf dem Foto sehen wir die »neue« *America*, deren Vorbild die Geschichte des Yachtsports so viel zu verdanken hat.

228 unten rechts: Das Interieur der *Mariette* enthält keine Originalteile mehr; ihre achtzigjährige Karriere war zu belebt, als dass ihr ursprüngliches Mobiliar hätte überleben können. Doch Design, Raumaufteilung und die für die Rekonstruktion verwendeten Materialien orientieren sich am Original und bieten dem Eigner einen Komfort, den auch modernere Konstruktionen verdienten. Die *Mariette* ist eine Regattayacht, mit der Kreuzfahrten zu einem Vergnügen werden.

Von der IOR zum IMS

Die geographische Verbreitung wie auch die wachsende Popularität des Segelsports führten in den neunziger Jahren zu einem vielgestaltigen Panorama an Veranstaltungen und Bootsklassen und entsprechend an Regattarevieren, Ereignissen und Akteuren. Die Regatten wurden nach der IOR-Formel ausgetragen, welche zwanzig Jahre zuvor in der optimistischen Hoffnung eingeführt wurde, einen weltweiten Standard im Segelsport zu schaffen und endlich ganz verschiedene Yachten gegeneinander antreten lassen zu können. Aus der IOR waren die Tonnerklassen entstanden, bei denen Anfang der neunziger Jahre gewisse Ermüdungserscheinungen auftraten. Zur renommiertesten Veranstaltung dieser Klassen, dem Ein-Tonner-Cup, dessen Wurzeln im 19. Jahrhundert liegen, als er von dem Cercle de la Voile in Paris als Siegespokal ausgesetzt wurde, waren 1993 in Cagliari nur 13 Anmeldungen eingegangen. Die Regatta war als eine Art Weltmeisterschaft für

IOR-Yachten mit einem Rennwert von 30,55 Fuß geplant; die geringe Teilnehmerzahl konnte diesen Titel jedoch nicht rechtfertigen, wenngleich sich in jenem Jahr erstmals ein japanischer Teilnehmer, die *Cha Cha II*, der europäischen Konkurrenz stellte. Amerikaner waren nicht vertreten, ebensowenig wie Yachten aus dem fünften Kontinent. Insgesamt fünf Neuseeländer saßen im Cockpit der beiden erstplatzierten Yachten, die übrigens dem Zeichentisch des deutschen Designer-Duos Judel und Vrolijk entstammten. Ihre *Pinta*, die den Cup in diesem Jahr gewann, segelte zwar unter deutscher Flagge, wurde aber von Russell Coutts und Peter Lester aus Neuseeland gesteuert. Auch die Werft, Marten Marine in Auckland, bei der die Yacht im Jahr zuvor vom Stapel gelaufen war, ist neuseeländisch.

In jenem Jahr stieß der One Ton Cup an seine Grenzen. Ein zunehmendes Wettrüsten kennzeichnete die Veranstaltungen und um dieser »Einweg«-Philosophie, auf Grund deren die sportliche Lebensdauer einer Yacht sich auf das Jahr nach ihrem Stapellauf beschränkte, Grenzen zu setzen, wurde ein Altersbonus eingeführt, was allerdings einer Kapitulation der Vermessung zugunsten eines Vergütungssystems gleichkam. Zusätzlich wurde es für die Yachteigner immer schwieriger und aufwendiger, eine Regattasaison zu organisieren, deren Ereignisse – damit niemand benachteiligt wurde – über den gesamten Globus verteilt stattfanden. Man bedenke, dass diese Art der Veranstaltung eher Beharrlichkeit prämierte als den Sieg. In der Tat gewann die One-Ton-Cup-Siegerin *Pinta* nur eine von sieben Wettfahrten!

Während dieser Krisenjahre zeigte sich die IOR-Formel mit den Maxi-Racern, den Yachten der A-Klasse, noch einmal von ihrer spektakulärsten Seite. Die großen Schiffe segelten das Whitbread Round the World Race und wetteiferten in einer Weltmeisterschaft miteinander, die an den Ruhm vergangener Tage und die Faszination der Größe wie zu Zeiten der »großen Kutterflotte« Anfang des 20. Jahrhunderts anknüpfte. Die Maxi-Regatten waren aber angesichts der exorbitant hohen Kosten für Bau und Unterhalt dieser 70 bis 80 Fuß langen Yachten mit einer rund 30 Mann starken Crew einer kleinen Anzahl von Teilnehmern vorbehalten. Dennoch stand das technische Niveau dieser Konstruktionen, die eine Hochseeregatta ebenso wie einen Inshore-Dreieckskurs gewinnen konnten, außer Zweifel.

In diesem Zusammenhang ist der Merit Cup von 1992 von Bedeutung. Diese Regatta für A-Klasse-Yachten findet vor Porto Cervo in Sardinien statt. Ausrichter ist der Costa Smeralda Yacht Club, der sich in jenen Jahren einen Platz im Olymp der Segelclubs erkämpfte, denn zwei seiner Yachten, *Azzurra* und *Azzurra II*, nahmen 1983 und 1987 am Vuitton Cup, der Qualifikationsregatta für den Herausforderer im America's Cup, teil. 1992 gingen lediglich vier Maxis an den Start, die allerdings zwei konträre Philosophien im Yachtbau vertraten.

Zwei dieser Yachten waren zumindest in puncto Rigg traditionelle Slups: die Bruce-Farr-Konstruktion *Merit* des Schweizer Geschäftsmanns Pierre Fehlmann und die *Rothmans*, ein Entwurf von Rob Humphreys, die für diese Gelegenheit dem englischen Steuermann Laurie Smith unterstellt war. Diese beiden Konstruktionen stellten

– zumindest auf dem Papier – den Höhepunkt des Rumpfdesigns im Inshore Racing dar.

Ihnen gegenüber standen zwei Yachten italienischer Eigner: die *Longobarda '92* (die ehemalige *Fisher & Paykel*) und die *Safilo* (früher *Steinlager*) von Giorgio Falk, einem der letzten Vertreter der »gentleman driver«, der noch selbst das Ruder führte und seine hochseesportlichen Fähigkeiten bereits häufig unter Beweis gestellt hatte. Die beiden Bruce-Farr-Konstruktionen hatten – unter ihrem alten Namen – am Whitbread-Race teilgenommen, aus dem die *Steinlager* als Siegerin hervorgegangen war.

Schon bei dieser Gelegenheit hatte das klassisch anmutende Ketschrigg durch seine Leistungsfähigkeit beeindruckt. In Wahrheit hatte der neuseeländische Konstrukteur jedoch ein innovatives Rigg entwickelt, mit einem im Vergleich zur klassischen Ketsch deutlich höheren Besanmast, der es ermöglichte, bei achterlichem Wind ein Stagsegel beträchtlicher Fläche bis zum Besantopp zu setzen. Während die anderen Yachten gezwungen waren, großflächige Spinnaker zu trimmen, segelten die *Steinlager* und die *Fischer & Paykel* dank des beschriebenen Riggs sehr ausgeglichen, ohne plötzliche »Sonnenschüsse«, unter dem Vortrieb von sechs über die gesamte Schiffslänge verteilten Segeln – zwei Groß und Besan, zwei Vorsegel und das Stagsegel. Bei gleicher Segelfläche lag also der Segelschwerpunkt tiefer, folglich krängten die Yachten weniger und waren leichter steuerbar. Bei auffrischendem Wind vertraute man auf ein relativ kleines, leicht und gut bedienbares Segel, während die Slups umständlich ihren Spinnaker bergen mussten.

Der Sieg, den die beiden Ketschen über die slupgeriggten *Merit* und *Rothmans* heimfuhren, setzte eine heftige Debatte in Gang: In der Tat verdankten die ketschgetakelten Yachten ihren bei den starken Winden der südlichen Breiten zweifellos gegebenen Vorteil der IOR-Formel, die dieses Rigg bevorteilte, da es – zu Recht – als weniger effizient gilt. Bruce Farr hatte diese Lücke in der Vermessungsregel für seine Zwecke ausgenützt und die Segelfläche vergrößert. Vor Porto Cervo gerieten die beiden Ketschen auf der Kreuzstrecke in Rückstand, holten aber vorm Wind und raumschots wieder auf, wobei ihnen auch die stetige frische Brise zu Gute kam.

230: Bill Koch, der sich bei der Herausforderung des America's Cup 1992 erfolgreich gegen Gardini durchsetzte, gewann 1990 die Maxi-Weltmeisterschaft mit der *Matador II*, die auf der Grundlage von Forschungsergebnissen des Massachusetts Institute of Technology konstruiert worden war. Die hohen Konstruktionskosten und der Unterhaltsaufwand begrenzten die Verbreitung der Maxi-Racer und führten dazu, dass die Zeit der A-Klasse-Regatten von nur kurzer Dauer war.

230/231: Nach einer 70-jährigen Unterbrechung knüpften die Regatten der Maxis an die legendären Duelle der »großen Kutterflotte« auf dem Solent an. Dem Sieger des Regatta-Zirkus, der in klassischen Revieren wie vor Newport oder Porto Cervo ausgetragen wurde, winkte der Weltmeistertitel. Diese Yachten und Regatten dienten oft als Test für den America's Cup. Auch Gardini sprach seine Herausforderung mit der *Il Moro di Venezia* aus, nachdem er mit *Passage to Venice* bei Maxi-Regatten Erfahrung gesammelt hatte.

231 unten links: Dank ihres Riggs zeigten zwei Bruce-Farr-Konstruktionen bei der Whitbread 1990 eine beeindruckende Leistung (und gewannen). Ihr Ketschrigg trug einen weit nach achtern gesetzten Besan von großer Bedeutung. Es waren die *Steinlager* und die *Fisher & Paykel*, die von ihrem neuen italienischen Eigner, dem Geschäftsmann Gianni Varasi, in *Longobarda II* umgetauft und als A-Klasse vermessen worden war. Bei den vorherrschend starken Winden gelang es ihnen dank der größeren Segelfläche und des niedrigen Segelschwerpunktes, sich gegen ihre slupgetakelten Klassengenossen durchzusetzen.

231 unten rechts: Die *Vanitas*, ein German-Frers-Riss aus dem Jahr 1987, gehörte zur ersten Generation der Maxis und ist eine Leichtmetall-Konstruktion, ein Werkstoff, der schon bald durch die modernen Verbundbaustoffe ersetzt werden sollte. An der Kreuz trimmt die gesamte, nicht für Manöver eingesetzte Crew nach Luv. Dafür sitzt man, die Beine außenbords, »auf der Kante« und streckt den Oberkörper unter dem Relingsdraht hindurch. Das Gewicht von rund fünfzehn Personen auf einer mehr als fünf Meter breiten Yacht bedeutet ein zusätzliches aufrichtendes Moment von fast drei Tonnen mehr.

Im Jahr zuvor waren bei der Weltmeisterschaft dieser Klasse fünf Yachten an den Start gegangen, allesamt slupgeriggt. Die Meisterschaft wurde in drei Wettfahrtserien in amerikanischen Gewässern ausgetragen: die erste Runde im klassischen America's-Cup-Revier vor Newport R. I., die zweite in Miami, Florida, und die dritte in der Karibischen See vor St. Thomas. Die Weltmeisterschaft wurde zwischen Italienern, die sich nunmehr in den größeren Klassen etabliert hatten, und Amerikanern ausgetragen und stellte sich als eine Art Vorschau auf den America's Cup dar: Auf italienischer Seite startete unter anderem Gardini, Eigner des America's-Cup-Herausforderers *Il Moro di Venezia*, während Bill Koch sozusagen die amerikanische Verteidigung organisierte. Die Italiener traten mit Gardinis *Vanitas* (der ehemaligen *Il Moro di Venezia III*), einer Aluminium-Konstruktion nach einem Riss von German Frers aus dem Jahr 1987, der *Passage to Venice*, Eigner wiederum Gardini und ebenfalls ein Frers-Entwurf, gebaut in Kompositbauweise auf der Werft Tencara (die der italienische Geschäftsmann eigens für den Bau der America's-Cup-Yachten errichtet hatte), und schließlich der *Longobarda* an. Letztgenannte war ein Bruce-Farr-Riss in Kompositbauweise aus dem Jahr 1989 und hatte 1990 die Weltmeisterschaft gewonnen, die im Mittelmeer vor Palma de Mallorca, St. Tropez und Porto Cervo ausgetragen worden war.

Dieser Mittelmeer-Flotte stand Bill Kochs neue Yacht gegenüber, die schon im Hinblick auf die kommende America's-Cup-Kampagne konzipiert worden war. Für den Entwurf zeichnete ein Techniker-Team verantwortlich: Gerry Milgram aus dem berühmten M.I.T., Massachusetts Institute of Technology, in Boston, und Heiner Meldner und William Cook, die in Strukturfragen von der Ingenieurfirma Hall Engineer unterstützt wurden. Bei der auf den Namen *Matador 2* getauften Sandwichkonstruktion, die auf der Werft Goetz in Bristol, Rhodes Island, entstand, wurde hauptsächlich Kohlefaser verwendet. Nicht weniger als 22 Modelle wurden hierfür im Schlepptank getestet, von denen die beiden besten als Testboote für eine Zwei-Mann-Crew gebaut wurden. Das Siegermodell diente als Vorlage für die *Matador 2*, die in diesem Jahr den Weltmeistertitel eroberte. Damit war im allgemeinen Wettrüsten ein Punkt erreicht, an dem die Formel nicht mehr aufrecht zu erhalten war, und das Ende der Maxi-Ära zeichnete sich ab. Von nun an sollten derartige finanzielle Kraftakte allein den America's-Cup-Kampagnen vorbehalten bleiben. Im selben Zeitraum und sozusagen als Antwort auf die Krisenzeichen bei den Maxi-Regatten setzte sich die IOR-Klasse der 50-Fußer durch, eine im Vergleich zur A-Klasse »vernünftigere« Größe, und andererseits prestigeträchtiger als die Eintonner, welche angesichts der blühenden Wirtschaftslage vielen zu kümmerlich vorkamen. Wieder einmal stieß die Verbreitung einer Klasse in dem Moment an ihre Grenzen, in dem man versuchte, die ganze Welt in eine Veranstaltung einzubeziehen. 1991 wurde die Weltmeisterschaft dieser Klasse mit Wettfahrten sowohl in amerikanischen Gewässern (Miami) als auch in Europa (in Travemünde und dem englischen Lymington) bestritten, mit der Folge, dass nicht alle europäischen Yachten in den Vereinigten Staaten starten konnten und umgekehrt. Abgesehen davon handelte es sich um hochkarätige technische Regatten, optimales Training für Steuerleute und Crew. Der Sieger von 1991, die italienische *Abracadabra*, Entwurf German Frers, segelte mit Enrico Chieffi und Paul Cayard im Cockpit, die kurz zuvor in der kalifornischen Segel-Metropole San Diego die Weltmeisterschaft in der neuen America's-Cup-Klasse gewonnen hatten. (Diese Klasse war als Ersatz für die »alte« 12-m-R-Klasse in der weltweit berühmtesten Regatta eingerichtet worden). Die 50-Fußer wie die Eintonner und die A-Klasse stellten sozusagen die letzten Zuckungen der IOR dar: Am Horizont zeigte sich bereits ein neues Klassensystem, von dem man wiederum glaubte, es sei die definitive Lösung des Problems.

Und so wurde bereits zwanzig Jahre nach Verabschiedung der International Offshore Rule ein System eingeführt, das weniger von seiner Substanz als von der zugrunde liegenden Philosophie her neu war, das International Measurement System, oder IMS. Es entstand auf Initiative eines amerikanischen Eigners, der offensichtlich mit

dem IOR-Rating seiner Yacht unzufrieden war und das M.I.T. in Boston mit einer Forschungsstudie beauftragte. Die Untersuchungen des Bostoner Instituts hatten in erster Linie die Zielsetzung, ein System zu entwickeln, das den Schiffsrumpf nicht – wie bei der IOR und allen vorherigen Formeln – an einzelnen Punkten vermisst, sondern ihn als Ganzes erfaßt, um im nächsten Schritt anhand der integrierten Parameter die potenzielle Rumpfleistung zu ermitteln. Bei diesem Verfahren wird zur Vermessung ein Laserstrahl verwendet, der den Schiffsrumpf abtastet. Neben dieser Vermessungsmethode entwickelte man ein System, mit dem die Rumpfleistung im Verhältnis zur Windstärke und -richtung, die die Yachten während der Wettfahrt antrafen, vorausbestimmt werden konnte, das Velocity Prediction Program. Man muss anmerken, dass die IOR je nach Auslegung seitens des Konstrukteurs eine Yacht unter bestimmten Wetterbedingungen begünstigte bzw. andere bestrafte. Dank des Velocity Prediction Program wurde erstmals eine Formel unabhängig vom Einfluss der Windbedingungen bei Regatten formuliert. Als letzten Schritt schlug das Offshore Racing Council, das internationale Kontrollorgan im Regattasport, vor, die Yachten anhand einer Reihe von Mindestwerten zusätzlich in zwei Kategorien zu unterteilen, Regattayachten und Cruiser-Racer. Dasselbe Organ legte auch die Ratings für die Bootsklassen fest, die Regatten ohne Vergütung austragen, nämlich die ILC-Klassen.

Bedenkt man, dass die ersten Formeln bis auf das frühe 18. Jahrhundert zurückgehen, sah es nun so aus, als sei das Problem endlich gelöst.

Auf See hingegen kam es statt der so sehnsüchtig erwarteten Bestätigung dieser Feststellung zu den üblichen Kontroversen.

Der finanzielle Aufwand für den Transport von Schiffen und Mannschaften wird durch keine noch so gute Ausgleichsformel gemindert, was unweigerlich zu der Forderung führt, Regatten geographisch und in puncto Bootstypen einzugrenzen

232 links: Die *Vanitas* kreuzt die *Passage to Venice* auf Backbordbug, Gardinis altes Boot führt vor der Neukonstruktion. Die beiden Frers-Konstruktionen trennen Welten, genauer gesagt eine Yachtgeneration: Die *Vanitas* ist technisch gesehen eine traditionelle Yacht, während bei der *Passage to Venice* avantgardistische Baustoffe und Konstruktionstechniken verwendet wurden. Gardini hatte in Venedig eigens die Tencara-Werft errichtet, um seine Boote mit Verbundbaustoffen konstruieren zu können.

Yacht

236 oben links: Der Admiral's Cup wechselte 1995 zum zweiten Mal die Ausgleichsformel: die International Offshore Rule wurde zugunsten von Einheitsklassen und der neuen IMS-Regel aufgegeben. Die *Mumm 36* war eine solche Einheitsklasse. Trotz der heftigen Proteste, die diese Entscheidung hervorrief, erwies sich die von Bruce Farr entworfene *Mumm 36* als hochtechnisiertes Schiff und erlebte kurzfristig eine weltweite Verbreitung.

236 oben rechts und unten: Am letzten Admiral's Cup des vergangenen Jahrtausends nahm ein Team teil, das die Nationen der Europäischen Gemeinschaft vertrat und unter europäischer Flagge segelte. In Wirklichkeit handelte es sich um ein zweites italienisches Team, das auf Initiative einiger italienischer Eigner entstanden war, die mit den Nominierungen des italienischen Seglerverbandes nicht einverstanden waren. Das Europa-Team erzielte den zweiten Rang, während das offizielle Nationalteam sich mit dem sechsten Platz begnügen musste.

236/237: 1999 trat England mit zwei Admiral's-Cup-Teams an, Ausdruck heftiger interner Differenzen. Die *Alice* ist die Mumm-36-Yacht des zweiten englischen Teams, das den Commonwealth vertritt. Hier sieht man sie bei Rundung der Tonne vor der französischen *Bloo*. Nachdem sich die *Krazy K'Yote*, ein avantgardistischer Juan-Kouyoumdjian-Entwurf mit unverstagtem Flügelmast, aus Protest gegen den ihr zugewiesenen Rennwert zurückgezogen hatte, segelte das französische Team praktisch chancenlos.

Der Admiral's Cup von 1983 wurde im Schatten des America's Cup ausgetragen. Wegen ihres dortigen Engagements waren einige Nationen vielleicht nicht ganz bei der Sache, wovon die deutsche Mannschaft profitierte und gewann. Italien wurde Zweiter und erzielte damit das bis dahin beste Ergebnis eines italienischen AC-Teams. Bei den Designern war ein eindeutiger Generationenwechsel erfolgt: Frers hatte zehn Yachten im Rennen, Peterson, Holland und Dubois jeweils fünf. Judel & Vrolick entwarfen zwei der drei deutschen Siegeryachten, *Outsider* und *Pinta*, die Dritte im Bunde, *Sabina*, war eine Jack-de-Ridder-Konstruktion. Drei weitere deutsche Schiffe starteten als österreichisches Team. Zwei Yachten im italienischen Trio, *Almagores* und *Brava*, waren schon 1981 auf dem Solent dabei; die erste wurde von Peterson, die zweite von Vallicelli entworfen, der auch für das Design des dritten Teamboots, *Prima Donna*, verantwortlich zeichnete. *Prima Donna* erwies sich als die Schwachstelle im Team, denn die Inshore-Wertungen brachten die italienische Mannschaft um einen denkwürdigen Triumph.

Inzwischen waren die Admiral's Cupper kleiner geworden: meist Eintonner mit einem Rennwert von 30,55 Fuß. Bei der Admiral's-Cup-Auflage von 1985 gehörten bereits 60 Prozent der Teilnehmerflotte dieser Größe an. Wieder holte das deutsche Team mit seinen drei Judel & Vrolick-Entwürfen *Diva* (Rennwert 336), *Outsider* und *Rubin*, beide Rating 30,2, den Sieg.

In den neunziger Jahren zeigten sich die Folgen der technischen Neuerungen und der Reglements-Änderungen des vergangenen Jahrzehnts. Vor allem wurde der Sieg nun nach gesegelter Zeit ermittelt: Jede Nation sollte ein 50-Fuß-Schiff (IOR-Rating 40,5 Fuß), einen Zweitonner und einen Eintonner aufstellen. Geändert wurden auch die Kurse der Küstenregatten: Die ehemaligen Inshores auf dem Solent wurden durch technisch anspruchsvollere Dreieckskurse ersetzt, die leider weniger spektakulär waren.

237: Die Mumm-36-Klasse auf der Kreuz bei einer der Dreiecksregatten in den geschützten Gewässern des Solent. Die italienische *Breeze 1* führt vor *Barlo Plastic*, dem besten englischen Teamboot und Dritten in der Klassenwertung, und der deutschen *Jeantex*. Weiter hinten der rote Rumpf der holländischen *Mean Machine*, der besten Yacht der Mumm-36-Klasse. 1999 erzielte Holland seinen ersten Admiral's-Cup-Sieg.

Mit Aufgabe von Ausgleichsformeln und Handicapsystemen wurden die Wettkämpfe insgesamt härter, andererseits schrumpfte das Nationenkontingent. 1991 starteten lediglich acht Teams: Australien, Deutschland, Dänemark, Italien, Frankreich, Japan, Vereinigte Staaten und England. Die französische Mannschaft siegte überraschend, nachdem Italien mit einem deutlichen Vorsprung in die letzte Runde gegangen war. Dasselbe italienische Team trat zwei Jahre später mit drei Bruce-Farr-Konstruktionen, dem 50-Fußer *Mandrake*, dem Zweitonner *Larouge* und dem Eintonner *Brava* (die einzige neugebaute) an, musste sich aber nach einer Reihe von Brüchen und Kollisionen mit anderen Cuppern mit einem enttäuschenden vierten Platz hinter den Deutschen, Australiern und Franzosen begnügen.

1995 kam der lang ersehnte italienische Triumph in der ersten Auflage eines neuen Admiral's Cup. Man segelte nun mit zwei Eintypklassen und einer IMS-Klasse. Das italienische Sieger-Team bestand aus Pasquale Landolfis *Brava Q8*, einer ILC 40 von Bruce Farr, gebaut bei Cookson, der Mumm 36 *Mummamia* und der *Capricorno*, einer 46'-IMS-Yacht, die ebenfalls von Farr entworfen und auf der amerikanischen Werft Concordia gebaut worden war.

Der Klassiker unter den Events im Hochseesport hat zwar seinen Reiz nicht eingebüßt, verzeichnet jedoch immer geringere Teilnehmerzahlen. 1993 meldeten lediglich acht Nationen, ebenso bei den beiden folgenden Auflagen. Zum letzten Admiral's Cup des Jahrtausends traten neun Mannschaften an den Start, wenn man berücksichtigt, dass Italien wegen interner Streitigkeiten mit zwei Teams vertreten war. Auch das Fastnet-Race ging dem Klassiker verloren. Ab 1999 wurde die legendäre 600-Meilen-Regatta, die die Rundung des Fastnet-Leuchtturms im Atlantik vorsah, durch einen 390-Meilen-Kurs zum Wolf Rock und zurück entlang der englischen Südküste ersetzt.

Mumm 36

238 oben und 238/239: Die Mumm 36 ist die kleinste der eigens für den Admiral's Cup geschaffenen Klassen und trat an die Stelle der Eintonner. Wahrscheinlich ist sie die »technischste« der heutigen Yachten und erlangte weltweit beachtliche Popularität. Der Entwurf zu dieser Einheitsklasse stammt von dem Neuseeländer Bruce Farr. Trotz ihres so »exponiert« wirkenden Cockpits konnte sie auch bei Schwerwetter ihre Leistung unter Beweis stellen. In der Tat leiden die heutigen Boote mit ihrem ultraleichten Deplacement weniger unter Seegang als die schwereren Yachten früherer Tage: Sie durchschneiden die Wellen nicht, sondern segeln über sie hinweg!

Die Mumm 36 ist ein von Bruce Farr entworfener One-Design-Racer. Die Bestimmungen, denen diese Yachten unterliegen, sind besonders restriktiv, so dass praktisch nur bei der Wahl des Mastes, des Baumes und der Segel eine gewisse Freiheit gegeben ist. Die Linien, die Maße und das für den Rumpf verwendete Material sind hingegen absolut bindend, ebenso wie die Decksausrüstung und selbst das Gewicht der Crew, das 655 Kilogramm nicht überschreiten darf. Insgesamt vier Werften verfügen über eine Konzession zum Bau der Mumm 36: die französische Beneteau für Europa, Carrol Marine für Nordamerika, die neuseeländische Cookson für Ozeanien und Astillero del Estuario in Argentinien für Südamerika.

Das Boot wird in Sandwichbauweise aus E-Glas und Expoxidharz mit Balsa- und PVC-Schaumkern gebaut und anschließend unter Vakuum- und Thermobehandlung ausgehärtet. Das Ergebnis ist eine superleichte Yacht mit ausgezeichneten Leistungen insbesondere vor dem Wind. Die Mumm 36, die inzwischen in Hunderten von Exemplaren gebaut wurde, hatte einen eigenen Wettfahrtzirkus, mit Regatten in Amerika und Europa, eine Weltmeisterschaft und wurde vor allem zur Admiral's-Cup-Klasse erkoren.

Abmessungen und Merkmale: Länge über alles 10,92 Meter, Länge in der Wasserlinie 9,66 Meter, Breite 3,62 Meter, Verdrängung 3,7 Tonnen, davon 1,6 im Ballast, Segelfläche 60,5 Quadratmeter.

Sydney 40

Die erste Einheitsklasse, die von der RORC für das neue Admiral's-Cup-Format ausgewählt wurde, war die Sydney 40. Diese von ihren Abmessungen große Yacht, die zwischen den früheren Ein- und Zweitonnern anzusiedeln ist, hat ein großes Ruder und das typische Deckslayout eines modernen Racers.

Im Vergleich zur Länge ist sie schwerer als die Mumm 36 und zeichnet sich dieser Klasse gegenüber durch ausgeprägtere Überhänge und eine – wiederum im Vergleich zur Länge – größere Segelfläche aus. Die Sydney 40 tendiert weniger zum Gleiten, ist aber leistungsstärker, alles in allem ein eher klassisches Yachtdesign, abgesehen von dem großzügigen Cockpit mit einem fast mittschiffs liegenden Deckshausschott, an dem man sie auf den ersten Blick erkennt. Der Entwurf stammt von den Australiern Murray, Burns & Dovell und der Bau wurde der Werft Bashford Marine übertragen, bei der die gesamte Palette der Sydney-Yachten mit Längen zwischen 30 und 50 Fuß gefertigt wird. Selbstverständlich ist dieser Typ vor allem in australischen Gewässern verbreitet. Wie die Mumm 36 unterliegt auch die Sydney 40 peinlich genauen Bauvorschriften, so dass lediglich Ausrüstung und Segel dem Geschmack und den Vorlieben des Eigners überlassen bleiben. Die Yacht verdrängt 5,75 Tonnen und hat eine Länge über alles von 12,5 Metern und eine Länge in der Wasserlinie von 10,5 Metern; die maximale Breite beträgt 3,75 Meter und der Tiefgang 2,65 Meter. Die Yacht hat am Wind eine Segelfläche von 92 Quadratmetern.

239 oben: Die weite Verbreitung der Mumm-36-Klasse, die offensichtlich auch ihrer Wahl als Admiral's-Cup-Klasse zu verdanken ist, wird durch zwei Regatta-Zyklen belegt: einen amerikanischen, der Regatten wie die SORC sowie Binnenregatten auf den Großen Seen umfasst, und eine europäische Wettfahrtserie, die im Mittelmeer und in den nördlichen Gewässern, von Kiel über den Solent bis zur französischen Atlantikküste, ausgetragen wird. Krönung dieser Veranstaltungsserie ist eine Klassen-Weltmeisterschaft.

239 unten: Die Sydney 40 ist eine recht große Yacht in einer Zeit, in der Hochseeregatten immer rarer werden und Platz machen für technisch anspruchsvollere Wettfahrten wie Dreieckskurse. Diese Einheitsklasse wurde von Murray, Burn & Dovell entworfen und segelt seit 1995 den Admiral's Cup.

Southern Ocean Racing Conference

Eine technisch hochkarätige Wettfahrtserie, die unter extrem variablen Wind-, See- und Strömungsbedingungen ausgetragen wird und zwischen Januar und Februar stattfindet, das heißt in einer auch in jenen Breiten nicht immer angenehmen Jahreszeit. Die als »Winter Circuit« bekannte Serie umfasst sechs Wettfahrten: einen Dreieckskurs vor St. Petersburg, eine Langstrecke von knapp 400 Meilen um die Halbinsel Florida mit Start bei St. Petersburg, entlang der Küste bis nach Fort Lauderdale, danach zwei Dreieckskurse vor Miami; ein zweites Offshore-Race von Miami nach Nassau, Bahamas, dessen 200-Meilen-Kurs den Golfstrom schneidet, und schließlich einen letzten Dreieckskurs vor Nassau. Dies war von Kriegsende bis in die achtziger Jahre die SORC, eine der bedeutendsten Veranstaltungen im amerikanischen Yachtsport, mit der die Regattasaison jährlich eröffnet wurde.

Mit der Organisation einer solch komplexen Veranstaltung in drei verschiedenen Revieren waren anfangs sechs Clubs betraut: der St. Petersburg Yacht Club, der Biscayne Bay Yacht Club, der Coral Reef Yacht Club, der Miami Yacht Club, der Nassau Yacht Club und der Lauderdale YC. Nachdem die zur SORC-Circuit zählenden Wettfahrten in den letzten Jahren zuungunsten der Offshore-Rennen verändert wurde, zog sich der St. Petersburg YC aus dem Veranstalterkomitee zurück.

Heute ist die Southern Ocean Racing Conference eine gemeinnützige Gesellschaft mit dem Ziel, herausragende Veranstaltungen auf dem Gebiet der Regatten für Segelyachten zu fördern.

Wie der Admiral's Cup in Großbritannien den Status einer Hochsee-Weltmeisterschaft genießt, war auch die SORC noch in den achtziger Jahren eine Art amerikanischer Meisterschaftskampf (man bedenke, dass Amerika fünfzig Prozent des weltweiten Yachtsports repräsentiert), bei dem sich einst die amerikanischen Yachten für das Admiral's-Cup-Team qualifizieren mussten.

240 oben: Die amerikanischen Ostküsten-Regatten haben in den Gewässern um Florida ein ideales Revier gefunden: guter Wind, wegen der Strömungen abwechslungsreiche Bedingungen auf See und vor allem ein warmes, sonniges Klima. Miami ist das Zentrum der SORC-Regatten, einem auch heute noch wichtigen Event im Segelkalender. In Key West treffen sich die beliebten Tonnerklassen. Im Allgemeinen fehlt dem SORC-Veranstaltungszyklus vor allem die nichtamerikanische Konkurrenz; lediglich England und Italien bilden hin und wieder eine Ausnahme.

240 unten: Bei Wettfahrten in den Einheitsklassen kommt es in erster Linie auf das technische Niveau der Crew an, Taktiken sind zweitrangig und die Navigation unmaßgeblich. Der Steuermann muss das Schiff in Fahrt halten, und die einzige Aufgabe des Taktikers besteht darin, eine gute Startposition zu finden. Erfolgsentscheidend sind die Segel und ihre Einstellung. Die Vereinigten Staaten bleiben ihrer Vorreiterrolle in der Entwicklung der Segelgarderobe seit den Zeiten des Schoners *America* treu, wie dieses Foto beweist.

240/241: Yachten an der Kreuz bei einer der Küsten-Wettfahrten des SORC-Circuit. Die Konstruktionsklassen sind nicht die einzigen, die an dieser Veranstaltung teilnehmen, auch wenn sie ohne Zweifel zu den technisch höchstentwickelten Bootsgruppen gehören. Im Starterfeld finden sich ebenso nach IMS-Formel vermessene Yachten wie andere, die – ebenfalls mit Zeitausgleich – gemäß der Performance Handicap Ocean Rating Fleet (dem amerikanischen Pendant zum IMS) gruppiert werden.

241 oben: Vielleicht mehr noch als in Europa entstanden in amerikanischen Gewässern und insbesondere in Florida, wo die internationale Regattasaison jährlich eröffnet wird, zu Beginn der neunziger Jahre eine ganze Reihe neuer Einheitsklassen. Streng genommen beinhalteten sie keine konstruktiven Neuheiten. Man übernahm einfach die Einteilung mit den Eintonnern und den größeren und kleineren Verwandten und änderte die Bezeichnung. Die 48-Fußer verbreiteten sich nie über diese Gewässer hinaus.

241 unten: Auch die Klassen, die mit Zeitvergütung gegeneinander segelten, waren nach ihrem Rating in Untergruppen unterteilt. Dies gilt vor allem für Wettfahrten über weniger als 10 Meilen, die im gegenwärtigen SORC-Circuit die Mehrheit stellen. Die Veranstalter tendieren dazu, eher zwei oder sogar drei Wettfahrten am gleichen Tag durchzuführen, als einen längeren Kurs auszulegen. Dies ist im Sinne der Zuschauer und damit im Interesse der Sponsoren, zumal auch mehr Preise verteilt werden können. Mit Hochseesegeln hat das jedoch nichts mehr zu tun.

242 links: Die One Design 35 ist eine der zahlreichen Einheitsklassen, die nach dem Misserfolg der IMS-Formel entstanden. Jeder Konstrukteur organisierte eine Gruppe von Interessenten und eine Werft um ein Bootsprojekt mit einer bestimmten Größe, der zukünftigen Einheitsklasse. Einige dieser Yachten wie die Mumm 36 verbreiteten sich weltweit, andere, wie die One Design 35, blieben auf ihre ursprünglichen Gewässer beschränkt.

Alle namhaften Konstrukteure testeten ihre jüngsten Kreationen zu Saison-Beginn bei den SORC-Wettfahrten. 1977 fanden sich alle aus dem Admiral's Cup bekannten Namen schon beim SORC: Sieger in der A-Klasse wurde Doug Petersons *High Roller* vor der Frers-Konstruktion *Scaramouche*; in der B-Klasse setzte sich die von Ron Holland entworfene *Imp* gegen Gary Mulls *Gonna Gitcha* durch und in der C-Klasse schlug die *Sweet Okole* des jungen Neuseeländers Bruce Farr den Peter-Norlin-Entwurf *Agnes*. Am Ende dieser Veranstaltung wurden die Yachten des amerikanischen Admiral's-Cup-Teams festgelegt: *Imp*, *Scaramouche* und *High Roller*, deren Eigner die Nominierung aus finanziellen Erwägungen nicht annahm, so dass die Wahl des dritten Teamboots auf den Britton-Chance-Entwurf *Bay Bea* fiel, die trotz eines Mastbruchs bei der zweiten Wettfahrt einen ausgezeichneten Eindruck hinterlassen hatte. Die Vereinigten Staaten segelten in dieser Admiral's Cup-Auflage nur um Haaresbreite an dem Pokal vorbei und mussten sich hinter England mit Rang zwei begnügen.

Doug Peterson war im SORC besonders erfolgreich. Er gewann 1978 und 1979 mit zwei unterschiedlichen Yachten, die beide auf den Namen *Williwaw* getauft waren.

In der A-Klasse setzte sich die Stephens-Konstruktion *Tenacious* mit dem Skipper Ted Turner vor *Kialoa* durch, der die letzte Auflage des America's-Cup gewonnen hatte, in der B-Klasse siegte Petersons *Williwaw* vor der *Acadia* von German Frers; in der C-Klasse und D-Klasse setzen sich mit der *Midnight Sun* bzw. *Infinity* zwei Ron-Holland-Konstruktionen durch.

Das Starterfeld war in jenem Jahr auf vierundfünfzig Yachten geschrumpft. Kein einziger ausländischer Teilnehmer hatte gemeldet; eine Entwicklung, die sich erst Mitte des folgenden Jahrzehnts umkehren sollte.

242/243: Hier ist Hektik angesagt, denn so ein großer Spinnaker im Wasser, dazu die Genua noch nicht gesetzt, kostet wertvolle Sekunden. Solche Manöver, meist vor der Wendemarke ausgeführt, entwickeln sich häufig zu einer kritischen Situation, aber der Wind ist schwach und die Gefahr einer Kollision scheint nicht gegeben. Dennoch wäre es besser, diesen Spinnaker schnellstens einzusammeln.

242 unten: Auf dem Schnürboden zugeschnittene und zusammengenähte Segeltuchbahnen gibt es nur noch selten. Moderne Segel werden aus laminiertem Tuch gefertigt. Dafür werden synthetische Fasern entlang der angenommenen Kraftlinien fixiert. Auch wenn das ausländische Teilnehmerkontingent bei den Frühlingsregatten bei weitem nicht so groß ist wie im Admiral's Cup, treten in Key West und Miami technisch hochentwickelte Yachten an. Die durchschnittliche Teilnehmerzahl war mit siebzig bis achzig Yachten relativ hoch, fiel aber zu Beginn der achtziger Jahre auf unter fünfzig.

243 oben: Die Genua ist gesetzt, der Achterholer gefiert: Die Crew bereitet sich darauf vor, das große Segel zu bergen. Key West zog immer schon die besten Crews an. Gelegentlich »chartern« europäische Teilnehmer vor Ort die Yachten, mit denen sie an den Regatten teilnehmen. In letzter Zeit überführten Italiener, Engländer und Deutsche ihre Boote, insbesondere für die SORC.

243 unten: Diese Luftaufnahme zeigt die Deckslinien einer modernen Regattayacht. Der Hauptspant liegt weit hinten, so dass das Heck viel Auftrieb hat. Früher hatte eine Yacht von oben gesehen die Form einer Raute mit zum Bug hin kürzeren Seiten, heute bilden die Seiten ein Dreieck. Die Führung der Wasserlinie ist nicht mehr so bedeutsam, weil die Schiffe wenig verdrängen.

Die Deutschen setzten sich 1985 durch, während 1986 die italienischen Yachten für eine große Überraschung sorgten.

Für jene SORC hatten insgesamt fünf italienische Yachten den Atlantischen Ozean überquert – an Bord eines Frachters versteht sich und nicht unter Segeln wie in den Zeiten der klassischen America's-Cup-Herausforderungen. Die *Almagores*, ein mittlerweile schon als »betagt« geltender Doug-Peterson-Entwurf, bot solide Leistungen und platzierte sich bei allen Wettfahrten unter den ersten zehn. Der von Vallicelli entworfene Eintonner *Brava* errang bei der zweiten Wettfahrt sogar einen ersten Platz in seiner Klasse. Auch die *Gemini*, eine Yacht der Marine, schnitt ausgezeichnet ab: In zwei Rennen erkämpfte sie einen zweiten Rang hinter der nagelneuen Farr-Konstruktion *Snake Oil* und schlug Rachel-Pughs Kohlefaserkonstruktion *Blade Runner*. Ebenfalls konstant unter den Besten die *Nitissima* von German Frers und *Templar* von Ron Holland.

Seltsamerweise konnte auch die Teilnahme anderer Länder der Veranstaltung keinen neuen Schwung geben, zu sehr war die SORC von der Krise der IOR-Formel gezeichnet.

Im letzten Jahrzehnt des Jahrtausends verliert der »Winter-Zirkus« weiter an Prestige. Die heute unter dem Namen Acura Sorc geführte Veranstaltung ist zwar noch immer ein wichtiges Event, zu dem zahlreiche IMS-Yachten wie die ILC-Konstruktionsklassen melden, die Wettfahrten gelten jedoch nicht mehr als Ausscheidungen für den Admiral's Cup, denn sie umfassen keine Langstrecken und durch die Verlegung in den März sind auch die klimatischen Bedingungen weniger anspruchsvoll. Die Regatten sind für Einheitsklassen wie die Farr 40, One Design 35 und Mumm 30 reserviert und ziehen ein gewisses ausländisches Teilnehmerkontingent von Yachten an, die nach IMS segeln, Mehrrumpfboote und kleine Einheitsklassen wie die Melges 24 und die Etchell.

Bei der letzten Auflage setzte sich die *Trouble* in der Mumm-30-Klasse durch, die italienische *Dawn Raid* wurde Beste unter den Farr 40, der mit 25 Teilnehmern größten Klasse, und *Heartbreaker* siegte bei den One Design 35.

YAMAHA
SUI
3333
Fair pay...
please!
EUR-1
intrum justitia
EUROPEAN TEAM
NZL 1
TOYOTA
enza
CLEAR
ANZ
INSTANT KIWI

Das Whitbread Round the World Race

Die großen Hochsee-Regatten scheinen in den neunziger Jahren ihr Prestige verloren zu haben, das sie seit dem ersten Transatlantischen Rennen im Jahr 1904 und dann in den siebziger Jahren und im Whitbread-Race kennzeichnete.

Im letzten Jahrzehnt des Jahrtausends entwickelte sich der Regattasport in zwei entgegengesetzte Richtungen: Es gab auf der einen Seite die technisch wie taktisch anspruchsvollen Regatten auf Dreieckskursen und in Küstengewässern, die etwas zum Charisma des Admiral's Cup beitrugen, andererseits jene Regatten, die um die ganze Welt führten und zunehmend extremer wurden. Die Aufmerksamkeit der Segelbegeisterten wie auch der Medien tendierte dazu, sich auf Events im Einhand-Segeln zu konzentrieren.

Allein das Whitbread-Race blieb, wenn auch mit einigen Kontroversen hinsichtlich einer angemessenen Formel, für Skipper und Eigner weiterhin attraktiv. 1993 debütierte eine neue Klasse, die Whitbread 60. Sie sollte die IOR-Maxis ersetzen, die einerseits einen zu großen finanziellen Aufwand erforderten und deren Leistungen andererseits durch bedeutend kleinere und folglich kostengünstigere Konstruktionen in den Schatten gestellt wurden.

Nach der 1990er Auflage, aus der die ketschgetakelten Bruce-Farr-Entwürfe *Steinlager* und *Fisher & Paykel* als Sieger hervorgingen, hebt sich vor allem das Whitbread-Race von 1993/1994 ab, denn es zeichnet den letzten Auftritt der IOR-Maxis und zugleich das Debüt der Whitbread 60-Klasse.

244: Der Start zur dritten Etappe des Whitbread Round the World Race 1993 vor Perth an der australischen Westküste: Die Yachten segeln die Küste entlang, bevor sie sich in die »Brüllenden Vierziger« wagen, die sie durch die Bass Strait bis nach Auckland führen. Im Vordergrund der große, ketschgetakelte Maxi-Racer *NZ Endeavour* mit Grant Dalton am Ruder, gefolgt von der Whitbread 60 *Intrum Justitia* und der Fehlmann-Yacht *Merit Cup*.

245 oben links: Die Etappe von Perth nach Auckland ist zwar nicht die längste im Whitbread-Race, aber der 4000-Seemeilen-Kurs im Indischen Ozean führt durch die südlichen Breiten, wo starke, von keinem Festland gebremste Westwinde mächtige Wellenberge aufpeitschen. Wie alle Ketschen der *Steinlager*-Generation, die sich an der Gewinnerin des Whitbread-Race von 1990 orientieren, segelt auch die *La Poste* bei Starkwind in ihrem Element. Ihr Rumpf trägt eine enorme Segelfläche mit einem relativ tief liegenden Schwerpunkt.

245 oben rechts: Pierre Fehlmanns *Merit Cup* kämpft mit den stürmischen Winden der südlichen Breiten. Der Schweizer Skipper und Eigner hat seit dem zweiten Whitbread-Race im Jahr 1977 an jedem Rennen teilgenommen und gehörte zu den Befürwortern der neuen, eigens für diese Veranstaltung entwickelten Whitbread-60-Klasse. Nach einem Etappensieg in der fünften Wettfahrt platzierte sich die *Merit Cup* in der Gesamtwertung auf Rang zwei.

245 unten: Auf den letzten Etappen segelte die französische *La Poste* unter dem großartigen Navigator Eric Tabarly, der Daniel Mallé am Ruder ersetzte. Die von Bruce Farr entworfene Ketsch sticht in See zur letzten Etappe von Fort Lauderdale nach Southampton. Die Konkurrenten waren im September 1993 von dem englischen Hafen aus gestartet und trafen im Juni des folgenden Jahres wieder dort ein.

246 links: Das Whitbread-Race 1997 war allein für die Whitbread-60-Klasse ausgeschrieben. Angesichts der ausgezeichneten Leistungen in der vorangegangenen Wettfahrt, bei der die W 60 praktisch dasselbe Niveau wie die Maxi-Racer bewiesen, entschied man, das Whitbread in dieser Klasse auszutragen. Eine ideale Hochsee-Regattayacht, deren Klassenbestimmungen den Einsatz von 2,5 Tonnen zusätzlichem Wasserballast zum Trimmen erlauben. Wer dieses Boot für unsicher hielt, sollte nach zwei Whitbread-Rennen ohne nennenswerte Unfälle eines Besseren belehrt werden.

In Southampton sind nur vier Maxi-Racer am Start: die *NZ Endeavour* unter dem neuseeländischen Skipper Grant Dalton bei seinem dritten Whitbread; die *Merit Cup* des Schweizers Pierre Fehlmann, der an allen vorherigen Auflagen teilgenommen hatte; die französische *La Poste*, an deren Ruder auf den letzten Etappen Eric Tabarly stand, und schließlich eine Yacht aus Uruguay, die *Uruguay Natural*. Die drei Erstgenannten waren ketschgetakelt und wurden von Bruce Farr nach dem Vorbild der schon 1990 gestarteten Siegeryachten entworfen.

Zahlenmäßig größer war die Flotte der Whitbread 60, die ein neues Konzept präsentierten. Es waren außergewöhnlich leichte, in Komposit gefertigte Konstruktionen mit einem zusätzlichen Wasserballast von rund 2500 Liter, der bei Bedarf in Tanks gepumpt werden durfte. Abgesehen von ein paar Problemen, die sich durch Delaminationen und daraus folgende Brüche ergaben, lieferten die W 60s einen überzeugenden Beweis ihrer Leistungsfähigkeit.

246 rechts: Die englische *Silk Cut* mit Lawrie Smith am Ruder nach dem Start bei Fremantle. Die in das britische Boot gesetzten Erwartungen sollten sich nicht erfüllen. Die *Silk Cut* belegte in der Gesamtwertung einen enttäuschenden fünfzehnten Rang trotz eines Sieges auf der sechsten Etappe von São Sebastião in Brasilien nach Fort Lauderdale und eines zweiten Platzes auf der achten Etappe von Annapolis nach La Rochelle. Die Farbe Violett ist wohl nicht gerade ein Glücksbringer.

246/247: In Southampton gingen zehn Whitbread-60-Yachten an den Start. Die *America's Challenge*, die mit gewissen Erwartungen und dem Sieger der letzten Auflage, Ross Field, am Ruder gestartet war, zog sich aus finanziellen Gründe nach der ersten Etappe zurück. Im Solent wird die Flotte von unglaublich vielen Schiffe begleitet, bevor sie sich auf das neun Monate lange Rennen begibt. Ein außergewöhnliches Schauspiel und ein Beweis für die Popularität dieser Art von Veranstaltung.

Die Neuseeländer beherrschten die Wettfahrten und bewiesen damit einmal mehr eine Leistungssteigerung, die sie am Ende des Jahrzehnts in allen Bereichen des Segelsports einschließlich des America's Cup unangefochten an die Weltspitze bringen sollte.

Siegerin bei den Maxi-Racern wurde die *NZ Endeavour* vor Fehlmanns *Merit Cup*, bei den Whitbread 60 setzte sich die *Yamaha* durch, an deren Ruder mit Ross Fields ebenfalls ein »Kiwi« stand. Aufsehenerregend auch die Leistung des dritten neuseeländischen Skippers, Chris Dickson, der am Ruder der *Tokio* insgesamt drei Etappen gewann, bei zwei weiteren als Zweiter ins Ziel kam und nur wegen eines unglücklichen zehnten Platzes in der fünften Etappe in der Gesamtwertung lediglich auf Rang fünf landete.

Es ist interessant, dass nach mehr als 120 Tagen Regatta eine W 60 in einer gemeinsamen Wertung mit den Maxi den zweiten Platz belegt hätte: Die *Yamaha* segelte mit nur neun Stunden Rückstand auf die Maxi *NZ Endeavour*. Die zweite

W 60 lag gleichauf mit *Merit Cup* und zwei weitere W 60s waren schneller als der drittplatzierte Maxi-Racer.

Selbst die raue See und die mächtigen Tiefdruckgebiete der südlichen Breiten hatten diesen Yachten nichts anhaben können. Das Whitbread von 1997/1998 wurde die Bühne der neuen 60-Fuß-Konstruktions-Klasse.

An den Start gingen zehn Yachten der W-60-Klasse. Die Zeiten mit einem Starterfeld von 30 Yachten waren Geschichte, aber diese Entwicklung betraf den Regattasport allgemein.

Die Wettfahrt sah insgesamt neun Etappen vor, als ob die Veranstalter versucht hätten, so viele Nationen wie möglich an dem Ereignis zu beteiligen – die Suche nach neuen Märkten für die Sponsoren ist ein nicht zu unterschätzender Aspekt solcher Veranstaltungen.

Wie üblich startete das Rennen vor Southampton am Solent. Die erste Etappe über 7350 Meilen ging nach Kapstadt; die zweite nach Fremantle in Australien maß 4600 Meilen und danach waren 2250 Meilen nach Sydney zurückzulegen. Anschließend eine »kurze« 1300-Meilen-Etappe nach Auckland in Neuseeland, von wo aus es zur anspruchsvollsten Teilstrecke weiterging: 6650 Meilen, nach São Sebastião in Brasilien via Kap Hoorn. Dann folgen 4700 Meilen über den Atlantik bis nach Fort Lauderdale in Florida, und von dort bis zum 900 Meilen entfernten Baltimore war es nur ein Katzensprung. Die Route querte den Atlantik nach La Rochelle in Frankreich und schloss mit der letzten 450-Meilen-Teilstrecke zurück nach Southampton.

Drei amerikanische Yachten im Teilnehmerfeld: die *America's Challenge*, Skipper Ross Field (der das Whitbread 1993 mit *Yamaha* gewonnen hatte), die jedoch nach der ersten Etappe wegen finanzieller Probleme aufgab, sowie die *Toshiba* und die *Chessie Racing*, die den sechsten und siebten Platz belegten. Die einzige englische Yacht in dieser Auflage, die Bruce-Farr-Konstruktion *Silk Cut* mit Lawrie Smith am Ruder, startete als einer der Favoriten, landete jedoch lediglich auf Platz fünf.

248/249: Diese Aufnahmen entstanden an Bord der Whitbread-Siegerin *EF Language* in den südlichen Breiten. Dort sind die Wellen sehr schnell und sehr hoch; ein auf Schnelligkeit konzipiertes Schiff leidet weniger unter einem solchen Wellengang als eine traditionelle Yacht , die schwerer und robuster gebaut ist. Eine solche Konstruktion wird von den Wellen eingeholt und kann dem Segeldruck nicht ausweichen, während hochentwickelte Rennyachten über die Wellen hinweggleiten und dazu neigen, auf dem Wellenkamm zu surfen, da sie bei achterlichem Wind ihre Rumpfgeschwindigkeit überschreiten. Auf Amwindkurs springt eine Rennyacht eher über den Kamm hinweg, als ihn zu unterschneiden. Das Ergebnis dieses Fortschritts in der Rumpfkonstruktion konnte man bei der Whitbread-60-Klasse bewundern. Die Maxi-Racer waren zu große Konstruktionen und konnten mit dieser Leistung nicht mithalten. Bei den Whitbread-Rennen von 1993 und 1997 kenterte keine einzige Yacht, keine trug gravierende Schäden davon. In den vorherigen Wettfahrten waren zahlreiche schwerere und vermeintlich sichere Yachten flach aufs Wasser gedrückt worden, ebenso viele hatten schwerwiegende Beschädigungen hinnehmen müssen und es gab auch Todesopfer. Die einzige Havarie beim Whitbread 1999 war ein gebrochener Ruderschaft auf der *Innovation Kvaerner*, die das Ziel dennoch (als Vierte) erreichte. Die *Silk Cut* stellte auf der zweiten Etappe einen Geschwindigkeitsweltrekord auf: Innerhalb von 24 Stunden legte sie 450 Meilen zurück.

Schweden war auf insgesamt drei Yachten vertreten, der *Swedisch Match*, der *EF Education* mit ausschließlich weiblicher Crew, die den letzten Platz belegte, und der von Paul Cayard gesteuerten *EF Language*. Außerdem im Starterfeld die holländische *Brunel Sunergy*, die *Innovation Kvaerner* aus Norwegen und die *Merit Cup*, die unter der Flagge des Fürstentums Monaco fuhr, mit dem Neuseeländer Grant Dalton, am Ruder. Paul Cayard auf der *EF Language* gewann sowohl die erste wie auch die dritte und fünfte Etappe und lag in der Gesamtwertung stets in Führung. Auf dem zweiten Platz landete die *Merit*, die die Ziellinie in Southampton als Erste passierte. Rang drei belegte die *Swedish Match*. Die nächste Auflage im Jahr 2001 wird von einem neuen Sponsor getragen und daher unter dem Namen Volvo Ocean Race laufen.

VOLVO
VOLVO
POSTGIROT
learn a language
CURTIS
PEAK

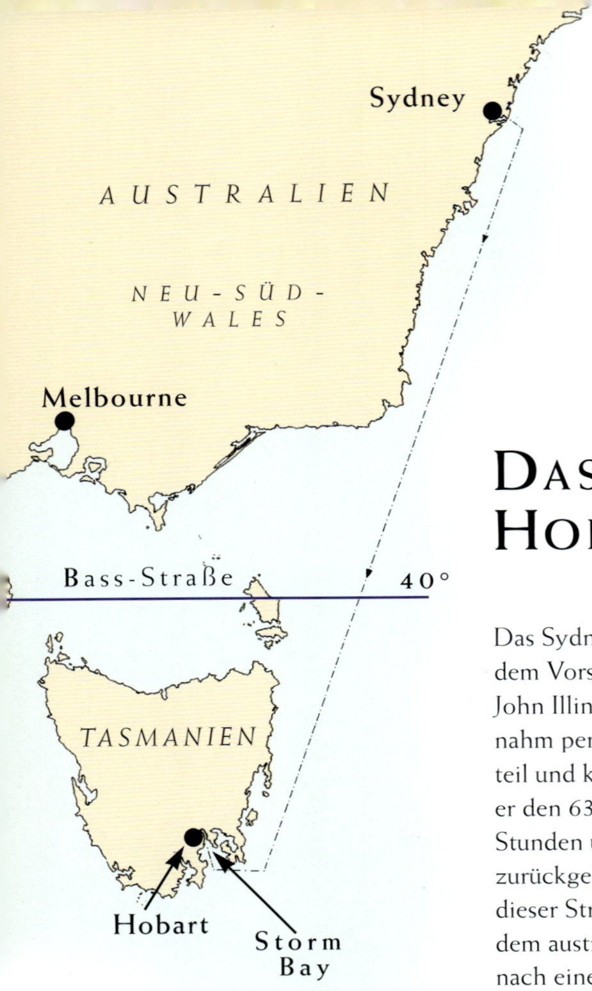

Das Sydney to Hobart Race

250 oben links: Das Sydney-Hobart-Rennen startet vor Sydney und führt dann mit einem Kurs von fast 190° an der australischen Ostküste entlang bis zur Bass-Straße auf der Höhe des 40. Breitengrades. Nach der Teilstrecke über die Tasman-See geht es im Schutz der tasmanischen Küste weiter zur Inselhauptstadt Hobart in der Storm Bay, einer nach Süden in Richtung der nahen Antarktis offenen Bucht.

Das Sydney-Hobart wurde nach dem Krieg von dem Vorsitzenden der RORC, dem Engländer John Illingworth, ins Leben gerufen. Der Initiator nahm persönlich an der ersten Wettfahrt 1945/46 teil und kreuzte als Erster die Ziellinie, nachdem er den 630-Meilen-Kurs in sechs Tagen, vierzehn Stunden und zwanzig Minuten mit seiner *Rani* zurückgelegt hatte. Den derzeitigen Rekord auf dieser Strecke hält seit 1999/2000 die *Nokia* mit dem australischen Skipper Michael Spiess, der nach einem Tag, 19 Stunden und 48 Minuten das Ziel erreichte. Der Unterschied ist enorm und bezeichnend für die Geschwindigkeit, die eine moderne Regattayacht im Vergleich zu einer Konstruktion aus den vierziger Jahren wie der *Rani* erreichen kann. Im Goldenen Buch des Sydney-Hobart sind die Namen der weltweit berühmtesten Protagonisten im Regattasport aufgeführt. Siegerin des Jahres 1965 war die *Stormvogel*, ein Co-Projekt von Giles, Illingworth und Van de Stadt; 1967 setzte sich Eric Tabarly mit seiner *Pen Duick III* durch; 1969 siegten die beiden englischen Schiffe *Crusade* nach gesegelter Zeit und *Morning Cloud* nach berechneter.

250 rechts: Die *Nokia* ist eine Volvo-60-Yacht, wie die ehemalige W-60-Klasse des Whitbread Round-The-World-Race nach dem Sponsorenwechsel genannt wird. 1997/1998 erreichte sie unter dem Namen *Swedish Match* als Dritte das Ziel und setzte sich 1999 im Round Denmark Race durch. Unter ihrem australischen Eigner Myralf siegte die *Nokia* 1999 im Sydney-Hobart-Race mit dem 18-Footer-Champion Michael Spies an Bord.

250 unten links: die Ankunft der siegreichen *Brindabella* in Hobart 1997, begrüßt von einer großen Anzahl von Schiffen, die die Yacht zur Ziellinie an der Mündung des Derwent-Flusses eskortieren. Der Derwent bildet den natürlichen Hafen der Hauptstadt von Tasmanien, einer großen Insel im Süden Australiens. Die Bucht, an deren Ende Hobart liegt, heißt Storm Bay, eine bezeichnender Name für die hier vorherrschenden Windbedingungen.

In den siebziger Jahren beherrschten die Maxis die Regattabühne: *Ondine, Kialoa, Bumblebee, Condor, Apollo, Ragamuffin* und *Drumbeat*.

Den Sieg nach gesegelter Zeit errang 1999 die französische Superyacht *Mari Cha III*, ein von Philippe Briand entworfener Rumpf von 145 Fuß. Dieses Fahrtenschiff segelte außerhalb der Wertung, um für die Einführung einer neuen Kategorie für riesige Fahrtenyachten im Jahr 2000 zu werben.

Zweite hinter *Mari Cha III* wurde die *Nokia*, ein von Bruce Farr gezeichneter Sechzigfußer, der im Whitbread 1997/1998 unter schwedischer Flagge den dritten Platz erzielt hatte. Dritte im Ziel war die berühmte *Brindabella*, eine von dem Australier Scott Juston entworfene Maxi-Yacht, die auch 1997 nach gesegelter Zeit gewann.

Sieger nach berechneter Zeit war die *Yendis*, eine nur einen Monat vor dem Start vom Stapel gelassene Farr 49, vor *Brindabella* und der 47-Fuß-Yacht *Ausmaid*, einer Farr-Konstruktion aus dem Jahr 1994, die im Vorjahr den zweiten Platz und 1996 den Sieg errungen hatte.

Die Geschichte des Sydney-Hobart-Race ist reich an dramatischen Episoden, denn insbesondere die Strecke über die offene Tasman-See ist extrem hart und schwierig. Hier beginnen die sogenannten »Brüllenden Vierziger«, ein Meeresgürtel mit starken Westwinden, die auf ihrer Runde um den Globus von keinerlei Festland gebremst werden.

Das Race von 1998 war wohl eines der erschütterndsten: Sechs Menschen blieben auf See und fünfundfünfzig Schiffbrüchige mussten unter schwierigsten Umständen gerettet werden. Der Startschuss war wie üblich am 26. Dezember gefallen, einem heißen australischen Sommertag: Es hatten 115 Yachten mit insgesamt 1135 Seglern gemeldet. Ein starker Nordostwind trug die Yachten unter Spinnaker wie im Flug zur Bass Strait, wo die Flotte von einem der stärksten Stürme in der Regattageschichte überrascht wurde. Der Westsüdwest peitschte mit bis zu achtzig Knoten 18 bis 20 Meter hohe Wellen auf. Ein ausgeprägtes Tiefdrucksystem – das Barometer zeigte Tiefstwerte von 928 Millibar – hielt sich gut sechsunddreißig Stunden lang direkt über dem Regattarevier.

Die Bilanz war tragisch: Sechs Männer blieben auf See, sieben Yachten wurden von ihrer Crew aufgegeben, fünf sanken, insgesamt einundsiebzig Boote gingen nicht durchs Ziel, fünfundfünfzig Schiffbrüchige konnten dank des dramatischen Einsatzes der australischen Marine gerettet werden. Von dem 115 Teilnehmer starken Starterfeld kamen lediglich 44 im Zielhafen Hobart an, die meisten allerdings nur, weil sie während des Sturms in den Buchten der tasmanischen Küste Schutz gefunden hatten.

Als Erste durchs Ziel ging die amerikanische IOR-Maxi *Sayonara*, Gewinnerin auch 1995, vor *Brindabella*.

Den Sieg nach berechneter Zeit errang die australische 35-Fuß-Yacht *Midnight Rambler* von Robert Hick, die von der Crew des Cruising Yacht Club of Australia vorbildlich durch den Sturm geführt wurde.

250/251: Das Sydney-Hobart-Rennen startet traditionsgemäß am 2. Weihnachtstag im Hafen von Sydney. Mindestens 100 Yachten nehmen an diesem internationalen Klassiker im Regattasport teil. Das Foto zeigt die Konkurrenten 1993 am Start. Bei konstant schwachem Wind brauchten die Teilnehmer gut 4 Tage für den 630-Meilen-Kurs, ein Negativrekord, der nur 1978 unterboten wurde.

251 oben: Die Wolkenkratzer von Sydney bilden den Hintergrund für den Start des Sydney to Hobart Race, an dem sowohl Regatta- als auch Fahrtenyachten teilnehmen. Die 54. Auflage des Hochseeklassikers sollte als eine der dramatischsten Wettfahrten in die Geschichte dieser Veranstaltung und des Segelsports überhaupt eingehen. Nach einer anfänglichen Phase mit gutem Wind erwartete die Flotte in der Bass Strait ein schwerer Sturm, in dem sechs Segler ihr Leben verloren.

251 unten: Die *Brindabella* ist eine der erfolgreichsten Teilnehmerinnen der australischen Regatta: Sie war 1991 und 1997 die Siegerin und belegte 1999 den zweiten Platz. Die Maxi-Yacht, die nach IMS segelte, wurde von dem Australier Scott Juston für George Snow entworfen. Der Spinnaker steht schon und die Genua wird geborgen. Die *Brindabella* macht gute Fahrt, das Wetter in der australischen Weihnachtszeit ist wie üblich warm. Es verspricht, eine schöne Wettfahrt zu werden.

252 oben: Für das BOC Challenge, das heutige Around Alone, wie für andere Einhand-Regatten werden die Yachten mit ausgefeilter Bordelektronik ausgerüstet, die eine perfekte Navigation den meteorologischen Bedingungen entsprechend erlaubt. Der Steuermann konzentriert sich bei diesen Regatten eher auf den Zug der Tiefdruckgebiete als auf die Manöver der Konkurrenten. Auch die Kommunikationsverbindungen werden in Echtzeit sichergestellt und die jeweilige Position der Teilnehmer ist zu jedem Zeitpunkt bekannt. Der moderne Einhandsegler ist kein Abenteurer mehr, sondern ein gut vorbereiteter Sportler.

252/253: In den neunziger Jahren etablierte sich Einhandsegeln als Wettkampfsport. Die Veranstaltungen werden von Sponsoren getragen und bei den Teilnehmern handelt es sich um wohlbekannte Namen. Das technische Niveau der Yachten entspricht dem anderer Regattayachten. Bleibt der physische Einsatz des Einmannseglers, der etwas bewältigen muss, das größer ist als er selbst, beispielsweise den Spinnaker, den Jean Luc Van den Heede (zweimaliger Teilnehmer an der Vendée Globe und einmal am BOC) hier gerade für das Setzen vorbereitet.

252 unten: 1995 segelte Christophe Auguin den 60-Fußer *Sceta Calberson* zum Sieg im BOC Challenge und wiederholte damit seinen Erfolg bei der vorangegangenen Auflage. Der französische Einhandsegler verdankte seinen Triumph auch dem unfreiwilligen Rückzug von Isabelle Autissier, die einen dramatischen Mastbruch auf dem Indischen Ozean erlitt.

253 oben: Auch der Start zu einer Einhandregatta zieht viel Publikum an. Zur zweiten Etappe des BOC Challenge startet die Flotte von Kapstadt und wird von zahlreichen Schiffen begleitet. Beim Start 1994 führte Isabelle Autissier auf der *Charentes* die Flotte an: Die große Genua ist weggerollt, aber die Stagfock und das zweifach gereffte Großsegel verhelfen der Yacht zu einer rauschenden Fahrt.

Einhand-Weltumsegelungen

Das Einhandsegeln hat seinen Ursprung in den romantischen Seereisen des 18. Jahrhunderts und erlebte im 19. Jahrhundert dank der Abenteuerlust vieler Seeleute einen starken Aufschwung. Die charakteristischen Merkmale dieser Sportart bildeten sich in der ersten Hälfte des 20. Jahrhunderts heraus. Seitdem wurde diese reinste Form des Segelsports von der Welt der Bilder, sprich Werbung, zunehmend vereinnahmt.

Heutzutage werden faszinierende Hochsee-Regatten auf allen Weltmeeren von einem Kontinent zum anderen ausgetragen, wozu die Sponsoren einen nicht unerheblichen Beitrag leisten, denn ihrer finanziellen Unterstützung sind die hoch entwickelten Konstruktionen zu verdanken, mit der die Einhandsegler ihre außergewöhnlichen Leistungen unter Beweis stellen.

Auf seiner mehr als hunderttägigen Reise begleitet den Einhandsegler die ständige Angst vor Havarien oder einer Kollision mit einem anderen Schiff, dessen Kurs im toten Winkel der Autopilotanlage liegt.

Die französischen Segler haben sich auf diese Art von Regatten spezialisiert. Bernard Moitessier und Eric Tabarly waren die ersten Propheten des Einhandsegelns; Letzterer verstand es, das Interesse der Medien auf die Wettfahrten zu lenken und so zu ihrer Verbreitung beizutragen.

Die Vendée Globe von 1993 bestätigte den Erfolg der Franzosen in dieser Form des Segelsports: Auf dem 60-Fußer *Bagages Superior* erreichte Alain Gautier nach einhundertundzehn Tagen als Erster das Ziel. (Der Name des Schiffes bezieht sich unmissverständlich auf den Sponsor.) Zweiter wurde ein weiterer Franzose, Yves Parlier, auf der *Cacolac d'Aquitaine*.

253 unten: Das BOC, heute Around Alone, ist für zwei Klassen ausgeschrieben. Klasse I sind die 60-Fußer, Klasse II Yachten bis 50 Fuß Länge. Die beiden Gruppen segeln ohne Zeitvergütung. Die hier abgebildete *True Blue* ist der 50-Fußer des Australiers David Adams, der 1995 vor dem Italiener Soldini auf *Kodak* in dieser Klasse gewann. Die Yachten haben bereits 130 Tage auf See hinter sich, nur noch 24 Stunden trennen sie vom Ziel. Das Starterfeld umfasste 1994 insgesamt 20 Teilnehmer, von denen sechs in der größeren Kategorie und sechs der 50-Fußer das Ziel erreichten.

Die Zahl dieser Veranstaltungen ist im letzten Jahrzehnt rapide angewachsen und es geht hier um diejenigen, die die meiste Aufmerksamkeit auf sich gezogen haben.

Eine der klassischen Wettfahrten ist seit den neunziger Jahren die Vendée Globe, eine Nonstop-Weltumsegelung für Einhandsegler. Start- und Ziellinie liegen vor Les Sables d'Olonne an der französischen Atlantikküste. Die Route führt den Atlantik hinunter und dann in die hohen Breitengrade, wo die Teilnehmer sich mit schneidender Kälte, Eisbergen und den riesigen Wellen, die die starken Winde zwischen dem 40. und 55. südlichen Breitengrad aufpeitschen, auseinandersetzen müssen. Dann geht es weiter nach Kap Hoorn, stummer Zeuge unzähliger Schiffbrüche, und wieder den Atlantik hinauf, der mit furchterregenden Stürmen und noch unangenehmeren Flauten aufwartet.

Die heute für Einhand-Weltumsegelungen ausgerüsteten Yachten unterscheiden sich fundamental von den Konstruktionen, mit denen die Pioniere des Einhandsegelns antraten. Zu jener Zeit vertraute der Einhandsegler auf die Robustheit seines Schiffes, um sich bei Schlechtwetter notfalls unter Deck zu retten. Moderne Einhand-Racer gleiten, sie sind auf Schnelligkeit konzipiert und auf die Fähigkeit, auf und vor der Welle zu surfen, anstatt ihrem Aufprall standzuhalten. Daher sind leichte, in Komposit gefertigte Konstruktionen mit High-tech-Rigg gefragt.

Dies gilt auch für die Teilnehmer des BOC Challenge, einer Einhand-Weltumsegelung mit Zwischenstopps, die von der British Oxygen Company gesponsert wird. Die Ursprünge dieser Wettfahrt gehen auf das Jahr 1968 zurück, als die englische Tageszeitung Sunday Times ein von Katastrophen überschattetes Rennen, das Golden-Globe-Race, ins Leben rief: Von neun Teilnehmern absolvierte lediglich einer, Robin Knox Johnston, den Kurs komplett und ohne Zwischenstopps.

Erst zehn Jahre später wurde die Idee einer Einhand-Weltumsegelung mit Ziel und Start vor Newport wieder aufgenommen und ein Sponsor gefunden. Nach dreijähriger Vorbereitung starteten am 28. August 1982 siebzehn Yachten von der amerikanischen Atlantikküste und nahmen Kurs auf Kapstadt. Die zweite Etappe führte nach Sydney, von wo aus die Flotte Kap Hoorn rundete mit Ziel Rio de Janeiro, um die letzte Teilstrecke zurück nach Newport und damit insgesamt 25750 Meilen einhand zurückzulegen. Von den siebzehn Startern kamen zehn ans Ziel, Sieger war der Franzose Philippe Jeantôt auf seiner *Crédit Agricole*.

Vier Jahre später, zweite Auflage, gleicher Kurs und wieder ein Sieg von Jeantôt auf der neuen *Crédit Agricole III*.

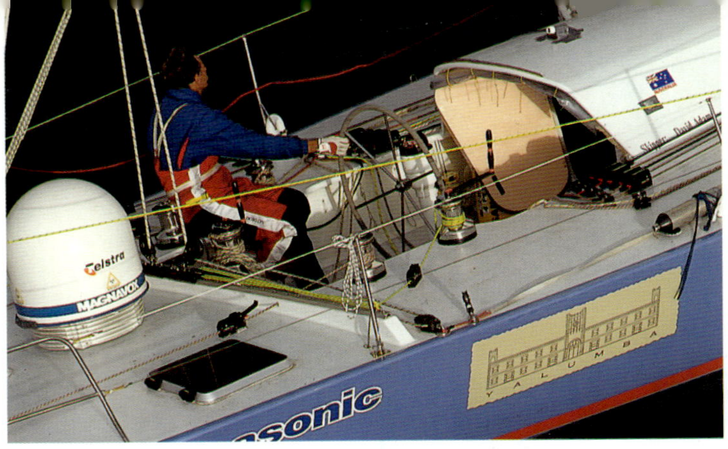

254 oben: Die *True Blue* des Australiers David Adams gewinnt 1994 das BOC in der Klasse der 50-Fußer. Als Zweiter erreicht der Italiener Soldini vor einem weiteren Australier, Alan Nebauer auf *Newcastle Australia*, das Ziel. In der Klasse I ging der Sieg an den Franzosen Auguin vor dem Amerikaner Pettengill mit *Hunter's Child* und Jean Luc Van den Heede mit *Vendée Enterprises*.

254 Mitte links: Isabelle Autissier segelt den BOC von 1994 in der Kategorie der Yachten bis 60 Fuß. Ein Mastbruch während der Etappe im Indischen Ozean verhinderte den verdienten Triumph der französischen Spitzensportlerin. Der Start in Kapstadt mit günstigem Wind und schönem Wetter ließen einen solchen Zwischenfall nicht erahnen. Auf dem Foto erkennt man die Rollreffanlage für die Vorsegel, die ein sicheres Bedienen vom Cockpit aus ermöglichen.

254 Mitte rechts: Die *L'Ecureuil Poitou Charentes 2* der Französin Isabelle Autissier beim Start zum BOC 1994: Die neuen Einhand-Racer weisen Merkmale auf, die denen anderer Regattayachten nicht unähnlich sind. Auffallend breites Heck mit zwei Rudern und entsprechend zwei Steuerrädern, modernste Kompositbauweise, High-tech-Rigg mit Kohlefaser-Masten und Segeln aus Kevlar und Mylar.

254 unten: Insgesamt drei Rollreffeinrichtungen am Bug von *Gartmore* mit Josh Hall, hier beim Start zum BOC 1994, und außerdem ein einziehbarer Bugspriet für den Gennaker. Mehr noch als vom Rigg ist man jedoch von diesem mit Logos übersäten Rumpf beeindruckt: Die Werbung hat auch die Welt des Segelns erobert. Ohne die finanzielle Unterstützung von Sponsoren wären Wettfahrten wie das BOC und auch andere finanziell aufwändige Regatten für die Teilnehmer einfach nicht tragbar.

255: Der Amerikaner David Scully auf offener See bei leichter Brise. Gerade in einer solchen Situation ist der Einhandsegler besonders aktiv, denn es ist bei weitem aufwändiger, eine Yacht unter diesen Bedingungen in Fahrt zu halten als bei starkem Wind. Die Suche nach ein wenig Wind ist nervenaufreibend, umso mehr wenn man annimmt, dass sich die Konkurrenten günstigerer Bedingungen erfreuen. Scullys *Coyote* belegte beim BOC von 1994/1995 Platz vier.

256/257: Giovanni Soldini hat am Bug der *Kodak* den großen, am Bugspriet angeschlagenen Gennaker gesetzt und die Genua weggenommen. Soldinis Yacht hatte eine im Vergleich zu den Gegnern simplere Ausrüstung und den traditionellen Segelplan. Die Vorsegel waren mit Stagreitern am Vorstag angeschlagen. Unter diesen Gegebenheiten ist der zweite Platz des italienischen Einhandseglers in der Endwertung umso höher einzuschätzen.

257 oben: Auch die Konstruktion der italienischen Yacht war eher hausbacken. Die *Kodak* wurde, unter der Leitung des italienischen Skippers, von den keineswegs fachkundigen Mitarbeitern der Communità di Saman, einem Rehabilitationszentrum für Drogensüchtige, gefertigt. Ein guter Entwurf, die aufmerksame Überwachung der Arbeiten und der Enthusiasmus der Mitarbeiter haben einen Racer entstehen lassen, der dem technischen Niveau der gegnerischen Konstruktionen nicht nachsteht.

257 unten: Das Einhandsegeln in den neunziger Jahren hat wenig gemein mit waghalsigen Unternehmungen der Pioniere dieser Sportart, aber selbst im letzten Jahrzehnt gab es hier einschneidende Entwicklungen. Der Einhandsegler ist mit der Außenwelt über Satellitentelefon in Verbindung. Eine Episode, wie die von Eric Tabarly, der am Ende seiner zweiten Transatlantiküberquerung durch einen Ausruf des Leuchtturmwärters: »Sie sind der Erste!« überrascht wurde, wird sich nicht wiederholen.

1991 wurde, was die Teilnahme anging, ein Rekordjahr: Insgesamt fünfundzwanzig Yachten nahmen an der Startlinie Aufstellung. Die Flotte wurde in zwei Klassen geteilt: Yachten bis 50 und Yachten bis 60 Fuß. In der ersten Kategorie gewann Yves Dupasquiers *Servant IV*, während in der zweiten Christophe Auguin nach einhundertzwanzig Tagen das Ziel erreichte, neununddreißig weniger, als Jeantôt 1982 benötigt hatte. Die Einhand-Racer hatten sich grundlegend verändert.

Die 1994er-Auflage startete wiederum in zwei Klassen, Start und Ziel wurden jedoch von Newport nach Charleston verlegt, ebenfalls an der amerikanischen Atlantikküste. Der südamerikanische Zwischenstopp war in Punta del Este, Uruguay, vorgesehen. Die französische Vorrangstellung in dieser Art von Regatten neigte sich ihrem Ende zu. Unter den 50-Fußern profilierte sich der Italiener Giovanni Soldini, der mit seiner *Kodak* auf den zweiten Platz dicht hinter dem Sieger, dem Australier David Adams mit *True Blue*, segelte. In der höheren Klasse siegte Christophe Auguin mit *Sceta Calberson*, ein französischer Einhandsegler.

256: Dieses Foto lässt gut das schlichte Deckslayout von Soldinis *Kodak* erkennen: Die Beschläge und das Geschirr wurden auf das Wesentliche reduziert. Auffallend ist eine Batterie aus Solarzellen, die die elektronischen Bordinstrumente mit Energie versorgt. Ansonsten gibt es an Bord keine elektrisch betriebenen Anlagen.

258/259: Unter dem Heckkorb von Isabelle Autissiers *Ecreuil Poitou Charantes 2* erkennt man die Satellitenantenne für die Telekommunikation. Mittlerweile sind die Antennensysteme relativ klein und leicht und verbrauchen wenig Energie. Dank der modernen Navigations- und Kommunikationstechnik an Bord ist der Einhandsegler ständig über die meteorologischen Bedingungen informiert und wird über das Regattageschehen auf dem Laufenden gehalten.

259 oben: Zum BOC 1998 meldeten lediglich sieben Segler in der Klasse bis 60 Fuß und neun in der unteren Klasse bis 50 Fuß; dieser merkliche Rückgang der Teilnehmerzahlen lässt sich einerseits auf die rapide Zunahme dieser Art von Veranstaltungen und anderseits auf eine größere Zurückhaltung der Sponsoren zurückführen. Am Start in der größeren Klasse fanden sich neben wohlbekannten Einhandseglern wie Isabelle Autissier und Giovanni Soldini zahlreiche neue Namen, etwa die Russen Fedor Konioukov und Viktor Yazykov sowie ein Japaner, Minoru Saito, der schon zum dritten Mal dabei war.

Beim letzten BOC des Jahrtausends feierte Giovanni Soldini mit seiner neuen Yacht in der 60-Fuß-Klasse einen lang verdienten Triumph. Es war eine dramatische Regatta, in deren Verlauf sich das Teilnehmerfeld auf drei Segler verkleinerte, Soldini, der Franzose Thiercelin und Isabelle Autissier, die in den südlichen Breiten, außerhalb der Reichweite von Rettungsfliegern und -schiffen in Seenot geriet. Soldini, der bereits weiter als Autissier war, änderte seinen Kurs, um der französischen Seglerin zu Hilfe zu kommen, deren Yacht nach ihrer letzten Meldung durchgekentert war. Auf der Zieletappe lieferten sich Soldini und Thiercelin einen harten Zweikampf, und endlich einmal war es kein französischer Segler, der den Sieg in einer Einhandregatta davontrug.

Die italienische Siegeryacht war ein Konzentrat hochentwickelter Technik: Der Ballast war eine Bleibombe wie jene, mit denen die modernsten America's-Cup-Racer ausgerüstet wurden, und war mit dem Rumpf durch einem Schwenkkiel zum Ausgleich der Krängung des Schiffs nach Lee verbunden. Der Mast hatte keine Salinge, sondern einen Ausleger am Mastfuß, der die Wanten nach Luv spannte. Der Rumpf war in Kompositbauweise gebaut und im Vakuum- und Thermoverfahren endbehandelt. Dieser Einhand-Racer stand modernen High-tech-Regattayachten für volle Mannschaftsstärke in nichts nach.

259 unten: Im Cockpit in Luv stehend, steuert der englische Einhandsegler Josh Hall seine neue 60-Fuß-Konstruktion *Gartmore* aus den Gewässern vor Kapstadt. Nachdem er in der ersten und zweiten Etappe als Vierter das Ziel erreicht hatte, musste er wegen eines Mastbruchs auf der dritten Teilstrecke von Auckland nach Punta del Este aufgeben. Auf der ersten Etappe war der Kanadier Sebastian Reidl zum Rückzug gezwungen worden, auf der zweiten gab ein weiterer Engländer, Mike Golding, der das Klassement anführte, auf, während der russische Konkurrent Konioukov wegen Überschreitens des Zeitlimits ausschied.

258 unten links: Nur der Franzose Marc Thiercelin mit *Somewhere* und Giovanni Soldini beenden die Wettfahrt in der Klasse der Yachten bis 60 Fuß. Auf der dritten Etappe stellte der französische Einhandsegler den 24-Stunden-Rekord mit 396,5 Meilen auf. In der kleineren Klasse gaben vier Teilnehmer auf, fünf erreichten das Ziel. Nach der Rettungsaktion der französischen Seglerin Isabelle Autissier durch den Italiener Giovanni Soldini war Thiercelin Wortführer einer Kontroverse, die allerdings schnell beigelegt wurde.

258 unten rechts: Marc Thiercelins Sechzigfußer *Somewhere* setzte dasselbe Rigg wie Soldinis *Fila*: ein System von Auslegern zum Ausstellen der Wanten. Der drehbare Mast war im Profil so stark, dass er allein mit Jumpstagen auskam. Die leeseitigen Wanten versperren nicht das Deck, so dass man das Vorsegel in sehr spitzem Winkel dichtholen kann. Das System wurde von den Konstrukteuren von Groupe Finot optimiert. Dieses Luftbild der *Somewhere* verdeutlicht die Merkmale des Systems von Mast und Segel. Das Großsegel ist komplett durchgelattet, der Mast hat nur eine Saling und Diamantwanten; er kann nach Lee gedreht werden und wird senkrecht gehalten von Wanten, die über die beiden Ausleger zum Topp geführt werden und die Spannung direkt zum Mastfuß ableiten. Dieses System ermöglicht auch den Einsatz eines leichteren Mastes.

260 oben: Zur letzten Etappe des BOC von 1998 starteten lediglich noch sieben Teilnehmer der ursprünglichen Flotte, Giovanni Soldini und Marc Thiercelin bei den 60-Fußern und fünf Yachten in der Kategorie bis 50 Fuß. Soldinis *Fila* ging überlegen in Führung und gewann die vierte Etappe mit eineinhalb Tagen Vorsprung vor dem Franzosen. In der kleineren Klasse kreuzte der Engländer Garside auf *Magellan Alpha* als Erster die Ziellinie in Charleston, in der Endwertung lag jedoch der Franzose Erre Mouligne mit *Cray Valley* auf Rang eins.

260 Mitte: Diese Aufnahme zeigt das Interieur der italienischen *Fila*, das genau auf die Anforderungen einer Einhand-Regatta zugeschnitten ist: Der Segler sitzt zentral und kann, praktisch ohne sich zu bewegen, am Kartentisch arbeiten oder sich seine Mahlzeiten zubereiten. Durch die kleinen Fenster, die nicht zu öffnen sind, behält er ständig den Trimm der Segel im Auge. Auch im Innenraum machen die Sponsoren deutlich auf sich aufmerksam, denn dank der an Bord installierten Kommunikationstechnik sind mit Hilfe von Digitalkameras sogar Live-Übertragungen fürs Fernsehen möglich.

260 unten: Ein lachender Giovanni Soldini am Ende der dritten Etappe nach der Ankunft in Punta del Este, Uruguay. Nur Fünfter nach der ersten Etappe, sollte Soldini die drei folgenden Etappen und damit den Gesamtsieg des BOC 1998 für sich entscheiden. Die Veranstalter hatten den Kurs geändert: Start in Charleston, South Carolina; erster traditioneller Zwischenstopp in Kapstadt; danach Ankunft in Auckland, Neuseeland; von dort nach Punta del Este und dann wieder nach Charleston – 27000 Seemeilen einhand zu segeln.

260/261: Die neue Yacht von Giovanni Soldini, die 60 Fuß lange *Fila*, entstand auf der italienischen Werft CNB, die auf modernste Komposittechnologie spezialisiert ist. Die wasserdicht verschließbare Luke im Heckspiegel wurde aus Sicherheitsgründen vorgesehen: Im Falle eines Durchkenterns kann man hier aussteigen und die sich automatisch aufblasende Rettungsinsel erreichen, die man in ihrem Koffer auf der Steuerbordseite des Hecks erkennen kann. Die Arbeitsweise der beiden Ruder ist offensichtlich: Das luvseitige ist nicht eingetaucht und mithin nicht wirksam, während das leeseitige perfekt senkrecht im Wasser hängt.

261: Das auf den Bug der *Fila* gemalte Auge ist ein Glücksbringer. Dieses Symbol war bei den antiken griechischen Schiffen üblich und findet sich noch heute auf vielen Fischerbooten im östlichen Mittelmeer. Ein sympathischer Widerspruch zu dieser Hochleistungsyacht, die eine durchschnittliche Geschwindigkeit von 9,43 Knoten erreicht und, wie auf der dritten Etappe des BOC bewiesen, ein Rekord-Etmal von 395,7 Seemeilen schafft.

M1B

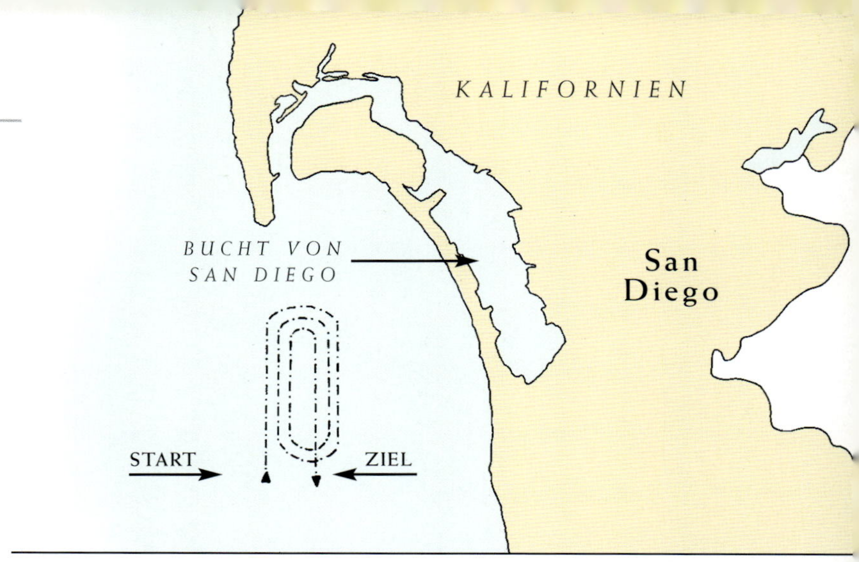

America's Cup 1992: Zurück in amerikanischen Gewässern

Die achtziger Jahre gingen unter widersprüchlichen Vorzeichen zu Ende: Einerseits stieß die Veranstaltung weltweit auf gleich bleibendes Interesse; andererseits war es geboten, die natürliche Ordnung der Dinge wieder herzustellen – ein Ziel, das der New York Yacht Club, zum Guten oder zum Schlechten, immer erreicht hatte.

So stand es außer Frage, dass die Zwölfer technologisch überholt waren.

Schon der Umstand, dass die Australier den ersten nichtamerikanischen Sieg seit 130 Jahren eingefahren hatten, musste Folgen haben. Nachdem es Dennis Conner in der folgenden Herausforderung gelungen war, die renommierte Trophäe mit seinem Zwölfer *Stars & Stripes* in die USA zurückzuholen, herrschte auf der America's-Cup-Bühne ein Zustand der Desorientierung. Im folgenden Jahr sprach Michael Fay, ein Bankier aus Neuseeland, eine Herausforderung aus, zu der er mit einer riesigen, 130 Fuß langen Yacht mit Bugspriet und Auslegern für die Besatzung antrat, von der Konstruktion her nicht unähnlich den wendigen australischen 18-Footers. Bei der Vierzig-Meter-Konstruktion hatte man offensichtlich alles auf die Karte der Dimension gesetzt. Bei der Wettfahrtserie traf der Riese auf eine sehr viel kleinere, aber ebenso ungewöhnliche Konstruktion: Der amerikanische Titelverteidiger war ein High-tech-Katamaran mit aerodynamisch profiliertem Mast und einem starren Großsegel, das – ähnlich der Tragfläche eines Flugzeugs – mit einer Reihe von Klappen ausgestattet war – ein Flügelrigg. Unter dem nunmehr legendären Skipper Dennis Conner wurde der Sieg dank der konstruktionsbedingten Überlegenheit des amerikanischen Cup-Verteidigers geradezu eine Spazierfahrt.

262: In den neunziger Jahren gab es beim America's Cup einige Neuerungen: Nach Conners Siegen fand die Regatta wieder in amerikanischen Gewässern statt, im Pazifik. Cowes war weit entfernt und ebenso der langjährige Inhaber des Cups, der New York Yacht Club. Außerdem hatte man eine neue Klasse entwickelt, die America's-Cup-Class, die die glorreichen Zwölfer ersetzte. Italien debütierte auf der America's-Cup-Szene mit der *Il Moro di Venezia*.

263 oben: Die Wettfahrten vor San Diego wurden auf offener See ausgetragen. Mit der Einführung der America's-Cup-Class wurde auch der Kurs geändert: Der olympische Dreieckskurs wich einem Match-Race-Kurs. Damit entschied man zugunsten der interessanteren Vorwindstrecken.

263 Mitte links: Für die *Il Moro di Venezia* hatte Raoul eindrucksvolle Vorarbeit geleistet. Der italienische Geschäftsmann hatte eine erstklassige Mannschaft zusammengestellt und den damals führenden Yacht-Designer German Frers sowie den Starboot-Weltmeister Paul Cayard »italianisiert«. Weiterhin gründete er nahe Venedig eine Yachtwerft, in der Rümpfe mit modernen Verbundmaterialien konstruiert wurden. Dort entstanden nacheinander insgesamt fünf America's-Cup-Yachten, von denen eine für die Wettfahrt vor San Diego ausgewählt wurde.

263 Mitte rechts: Die neue America's-Cup-Klasse glich den zeitgenössischen Regattayachten: breites, offenes Heck, fast senkrechte, schlanke Vorschiffslinien, das Hauptspant weit nach achtern gesetzt. Das Cockpit ging fast bis zum Mast. Alle Schoten wurden ins Cockpit umgelenkt und der doppelte Steuerstand befand sich vor der Travellerschiene. Es gab weder Deckshaus noch Reling – ging ein Crewmitglied über Bord, musste man es aus dem Wasser fischen.

263 unten: So sieht die neue America's-Cup-Yacht aus: eine reine Regattayacht, die noch kompromissloser als die Zwölfer allein für Match-Races unter begrenzten Wind- und Seeverhältnissen konzipiert wurde. Ein von Technikern und Ingenieuren im Labor entwickeltes Produkt, bei dem nicht mehr auf traditionelle Fertigkeiten im Handwerk gesetzt wurde. Die America's-Cup-Class bedeutete die Bestätigung einer neuen Generation von Spezialisten im Yachtbau.

264 unten: Neuseeland konnte auf eine ausgezeichnet ausgebildete Mannschaft und Match-Race-erfahrene Steuermänner wie Rod Davies zählen. Bei den für diese Art von Regatta typischen Wende- und Halseduellen erwiesen sich die neuseeländischen Yachten als unschlagbar und erlaubten sich kaum Fehler. Der auf der Cookson-Werft gefertigte Rumpf der *New Zealand* profitierte von der jahrzehntelangen Erfahrung im Kompositbau und den fünf in Seglerkreisen als »Plastic Kiwis« bezeichneten Konstruktionen, die für den Vuitton-Cup 1986 gebaut worden waren. Die Kampagne wurde von dem Bankier Michael Fay unterstützt, der seine Niederlage gegen Dennis Conners Katamaran noch nicht verwunden hatte. Auf dem Foto ist die *New Zealand 20* im Rennen gegen *Ville de Paris* zu sehen.

265: Der neuseeländische Herausforderer startete für die Royal New Zealand Yacht Squadron of Auckland. Hinsichtlich der zugrunde liegenden Philosophie war es wohl die ungewöhnlichste Konstruktion, die vor San Diego an den Start ging: Die meisten Konstrukteure hatten sich an eine mittlere Verdrängung innerhalb der zulässigen Bandbreite gehalten. Bruce Farr dagegen folgte der neuseeländischen Schule, die das Leichtdeplacement in die IOR-Formel eingeführt hatte, und entwarf ein kleineres Schiff mit einigen Tonnen weniger Gewicht und einem Tandemkiel, bei dem an zwei schlanken Flügeln die Ballastbombe saß. Dem Prinzip kompromissloser Gewichtseinsparung folgend, hatte die Yacht ein simples, übersichtliches Deckslayout.

264 oben: Der große Gegenspieler der *Il Moro di Venezia* im Louis-Vuitton-Cup, bei dem der offizielle Herausforderer für den America's Cup ermittelt wird, war die von Bruce Farr entworfene *New Zealand 20*. Die Neuseeländer waren mittlerweile »alte Hasen« auf der America's-Cup-Szene. 1987 hatten sie hier die erste Reihe erstürmt, als sie mit Dennis Conners *Stars & Stripes* um das Recht kämpften, gegen den australischen Cup-Verteidiger anzutreten. Nachdem die Amerikaner den Pokal zurückerobert hatten, forderte der neuseeländische Bankier Michael Fay im folgenden Jahr Dennis Conner mit einer 40-Meter-Yacht heraus.

264 Mitte: Die Männer an Bord der *New Zealand 20* tragen das charakteristische schwarze Trikot, mit dem das All-Black-Rugby-Team des Landes berühmt wurde. Neuseeland verfügte über die wahrscheinlich modernste Technologie in Sachen Kompositbau. An keine tief wurzelnde Schiffsbautradition gebunden, hatten die neuseeländischen Konstrukteure unvoreingenommen wählen können und sich für zukunftsweisende Verbundbaustoffe entschieden. Bruce Farr und Ron Holland vor ihm hatten bereits bei ihren ersten Regattayacht-Entwürfen Verbundmaterialien eingesetzt; die neuseeländische 12-m-R-Yacht im America's Cup 1987 war der weltweit erste Zwölfer in Kompositbauweise.

Der America's Cup 1992

In dieser Cup-Auflage wurde der eigentliche Kampf vor Gericht ausgetragen, denn sowohl der Verteidiger als auch der Herausforderer hatten sich an den Gerichtshof gewandt: der eine, um die Herausforderung abzuweisen, der andere, um gegen ein Doppelrumpfboot als Titelverteidiger vorzugehen. Das Gericht wies beide Anträge zurück

Damit war klar, dass neue Regeln für einen fairen Kampf aufgestellt werden mussten, wollte man den America's Cup nicht zu einem Schaulaufen degradieren, bei dem der Sieger schon vor dem Rennen feststand. Daher setzte man sich zusammen und nominierte eine technische Kommission, die einen neuen Yachttyp für die wichtigste Veranstaltung des Segelsports definieren sollte. Das Ergebnis war die neue America's-Cup-Class.

Das neue Boot debütierte 1992 in San Diego, Kalifornien. Pokal-Halter und Gastgeber war der San Diego Yacht Club, Herausforderungen gingen von Italienern, Franzosen, Japanern, Australiern, Spaniern, Schweden und Neuseeländern ein. Im italienischen Team hatte man ausgezeichnete Vorarbeit geleistet. Die America's-Cup-Kampagne war von Raoul Gardini geleitet worden und wurde von dem Chemieriesen Montedison unterstützt, der auch solides technisches Know-how lieferte. Gardini vertraute den Entwurf des Herausforderers dem argentinischen Star-Designer German Frers an, der eigens mit einem italienischen Pass ausgestattet wurde, ebenso wie Paul Cayard, Starboot-Weltmeister und bester IOR-Steuermann, den man auch für die Kampagne anheuerte.

Bei Tencara nahe Venedig wurde eigens für die America's-Cup-Yacht eine Werft errichtet, auf der fünf Konstruktionen in Kompositbauweise namens *Il Moro di Venezia* entstanden.

Il Moro di Venezia konnte sich beim Louis-Vuitton-Cup im Finale gegen den favorisierten neuseeländischen Bruce-Farr-Entwurf durchsetzen. Die *New Zealand* war überlegen mit 3:0 in Führung gegangen, denn sie erwies sich bei den Manövern als extrem schnell, was ihrem Bugspriet zu verdanken war, der auf den ersten Blick wie ein Rückschritt anmutete, sich beim Halsen aber als vorteilhaft erwies. Letztendlich wurde die Regatta am grünen Tisch entschieden: Die Italiener protestierten gegen den Einsatz des Bugspriets und die Richter verboten diese Konstruktion für die noch ausstehenden Wettfahrten, disqualifizierten die Neuseeländer aber nicht für die bereits ausgetragenen Runden. *Il Moro di Venezia* siegte nach dieser Entscheidung vier Mal in Folge gegen einen Gegner, der wie entwaffnet schien.

266 oben: Nach einer langen Wettfahrtserie, die von Yachten aus Frankreich, Spanien, Japan, Schweden und Australien ausgetragen wurde, traf die italienische *Il Moro di Venezia* im Finale des Louis-Vuitton-Cup auf Neuseeland. Der Sieger sollte im America's Cup 1992 als Herausforderer auftreten. Das Finale war als Best-of-Seven-Staffel organisiert: Wer als Erster vier Rennen für sich entscheiden kann, gewinnt. Die Yacht der Neuseeländer war dafür bekannt, sehr schnell und vor dem Wind extrem wendig zu sein, während die italienische auf der Kreuz im Vorteil war. Die Wettfahrten versprachen spannend zu werden – keine Wiederholung des enttäuschenden 4:0 von Fremantle.

266 unten und 267 oben: Die *New Zealand* fuhr extrem sichere Manöver und war vor allem bei achterlichen Winden recht schnell. Das war teilweise dem kurzen Bugspriet zu verdanken, an dem der Gennaker gesetzt wurde, und erwies sich bei den ersten drei Wettfahrten als ausschlaggebend für den Erfolg des Titelverteidigers. Nachdem in Folge des offiziellen Protestes seitens der Italiener der Einsatz eines Bugspriets bei Halsen in den nächsten vier Rennen untersagt worden war, schienen die Neuseeländer desorientiert und die *Il Moro die Venezia* gewann die Wettfahrtserie 4:3. Das Foto oben zeigt ein Tonnenmanöver im Finale des Louis-Vuitton-Cup.

Zu den anderen Herausforderern dieser Auflage gibt es wenig zu sagen: Den Japanern, Schweden und Spaniern mangelte es als Neueinsteigern an Erfahrung, die Australier litten unter Geldmangel und die Franzosen hatten mit dem Philippe-Briand-Entwurf *Ville de Paris*, Steuermann Marc Pajot, zwar einen schlechten Start, steigerten sich dann aber deutlich und waren in der zweiten Phase des Vuitton-Cup ebenso wettkampfstark wie 1987 mit dem Zwölfer *French Kiss*. Leider zu spät.

Auf amerikanischer Seite hatte der San Diego Yacht Club die Cup-Verteidigung einem Syndikat unter der Leitung Bill Kochs anvertraut, das über ein enormes Budget verfügte, vier Yachten im Wasser hatte und blind auf die Technologie des Bostoner MIT baute. Rückblickend muss man anmerken, dass die Mitwirkung eines »Veteranen« wie Doug Peterson nicht ganz unmaßgeblich war. Bill Kochs Rolle ließ eher an die »gentlemen driver« der alten Schule in den dreißiger Jahren denken: An den kommerziellen Aspekten der Kampagne gänzlich uninteressiert, kümmerte er sich persönlich um Organisatorisches und war an Bord stets dabei, auch wenn er nie das Ruder übernahm.

266/267: Die *Il Moro di Venezia* hat schon angeluvt und kreuzt den Bug der *New Zealand*, die noch immer den Gennaker oben hat. Bei ihren beiden vorhergehenden America's-Cup-Teilnahmen hatten sich die Italiener jeweils im Mittelfeld geschlagen: 1983 wurde die *Azzurra* Vierte von sieben, 1987 schnitt die *Italia* als Siebte von dreizehn Teilnehmern ab. Aus diesen Erfahrungen war eine kompakte Gruppe von Seglern mit einem technischen Know-how entstanden, dessen Wert sich vor San Diego beweisen sollte.

267 unten: Raoul Gardini (Mitte) mit seiner Crew am Tag des Louis-Vuitton-Cup-Sieges 1992. Abgesehen von seinen unbestrittenen technischen Fähigkeiten als Steuermann hatte Paul Cayard (links) es verstanden, die Crew zusammenzuschweißen. Hier hebt er den Vuitton-Pokal in die Höhe, den Siegespreis in der von dem französischen Unternehmen gesponserten Regatta. Was als einfaches Ausscheidungsrennen für die Herausforderer entstanden war, hatte sich seit 1987 zu einer eigenständigen, hochkarätigen Veranstaltung entwickelt, die das Prestige des America's Cup noch steigerte.

Der Defender hieß *America Cube* und wurde dem Skipper Buddy Melges anvertraut, dem zweimaligen Starboot-Weltmeister, Olympischen-Goldmedaillen-Gewinner in der Soling-Klasse und 1987 mit der *Heart of America* im America's Cup am Start. Auch Dennis Conner hatte es nach anfänglichen Schwierigkeiten, die nötigen finanziellen Mittel aufzutreiben, geschafft, eine weitere Konstruktion seiner *Stars & Stripes*-Serie vom Stapel zu lassen, die sich gegen die beeindruckend schnelle *America Cube* nicht durchsetzen konnte.

Zum ersten Mal in der America's-Cup-Geschichte wurde eine Wettfahrt zwischen einem amerikanischen Titelverteidiger und einem nicht aus dem angelsächsischen Raum stammenden Herausforderer ausgetragen. Die *Il Moro di Venezia* war in jeder Hinsicht eine herausragende Konstruktion, der amerikanischen jedoch insbesondere bei achterlichem Wind geringfügig unterlegen. Mit Paul Cayard konnte das italienische Team auf einen erstklassigen Skipper zählen, der sich durchaus mit Buddy Melges messen konnte, wenn ihm auch die spezielle Erfahrung in dieser Art von Regatta fehlte. Rückblickend scheint aber der zurückhaltende Dave Dellenbaugh im Cockpit der *America Cube* den feinen, aber entscheidenden Unterschied zwischen den beiden Teams ausgemacht zu haben. Er übernahm das Steuer nur bei den Starts, die aber gewann er alle – und im America's Cup ist dies entscheidend. Die *America Cube* schlug die *Il Moro di Venezia* 4:1. Der Cup blieb also vorerst in San Diego, doch die Neuseeländer planten bereits ihre nächste Herausforderung, die 1995 zustande kam.

268 oben und unten: Der America's Cup 1992 fand in den Gewässern des Pazifiks vor San Diego statt. Die Regatta wurde auf der Grundlage eines neuen Reglements ausgetragen, nach dem die erste Yacht, die fünf Rennen gewann, den Cup erhielt. Die *America Cube* verteidigte die Farben des San Diego Yacht Club gegen die *Il Moro di Venezia*, die für die Compagnia della Vela di Venezia an den Start ging. Zum ersten Mal kämpfte eine Yacht um den America's Cup, die nicht aus einem angelsächsischen Land kam, konnte aber in den sechs Rennen, die ausgetragen wurden, nur einen Sieg verbuchen.

268/269: Die *America Cube*, der Titelverteidiger im America's Cup 1992. Es ist schwer zu sagen, inwieweit die besseren Eigenschaften des Rumpfes ausschlaggebend für den Sieg der Amerikaner waren. Fest steht, dass die amerikanische Yacht des San Diego Yacht Club keine sichtbaren Schwächen aufwies. An der Kreuz war sie bei allen Windbedingungen stark und behauptete sich auch vor dem Wind. Das Verdienst am Sieg gebührt jedoch in erster Linie der Crew und insbesondere den Männern im Cockpit. Auch die Logistik, die Bill Koch leistete, sowie der unbestrittene Vorteil, in heimischen Gewässern zu segeln, trugen zum Erfolg der Yacht bei.

269: Bill Koch in Siegerpose mit dem Hundred Guinea Cup, der von Queen Victoria gestifteten Silberkanne, die die Royal Yacht Squadron 1851 für die Regatta rund um die Isle of Wight als Siegerprämie aussetzte. Mit dem Sieg des Schoners *America* wurde eine Legende geboren, für die Bill Koch und viele andere bereit waren und es noch sind, ein Vermögen zu investieren. Buddy Melges, Steuermann der *America Cube*, hält den Pokal ebenfalls; links hinter ihm steht Dave Dellenbaugh, der Taktiker und Steuermann an der Startlinie, der jeden Start gewann und damit den amerikanischen Erfolg entscheidend vorbereitete.

America's Cup: Zurück in San Diego

1995 wurde der America's Cup erneut vor San Diego ausgetragen. Das Feld der Herausforderer war kleiner als in der früheren Auflage: Die Franzosen traten mit den Philippe-Briand-Konstruktionen *France 2* und *France 3* an, die Australier unter John Bertrand waren mit der bei Reichel & Pugh konstruierten *One-Australia* dabei, und auch die Japaner nahmen wieder teil. Ihr Herausforderer *Nippon Challenge* war von Ichiro Yokoyama entworfen und im eigenen Land gebaut worden, unterstand im America's Cup jedoch dem erstklassigen neuseeländischen Steuermann John Cutler. Schließlich hatten auch zwei neuseeländische Syndikate Anspruch auf den Herausforderer-Titel erhoben: Peter Blakes Team trat, finanziell gut gepolstert, mit der *Black Magic* an, einem Co-Projekt von Laurie Davidson, Tom Schnackenberg und Doug Peterson mit Roussell Coutts und Brad Butterworth im Cockpit. Der zweite neuseeländische Herausforderer war die Bruce-Farr-Konstruktion *New Zealand*, Steuermann Chris Dickson.

270 links: John Bertrands australische Crew im Duell gegen die japanische *Nippon Challenge*, Skipper der Neuseeländer John Cutler, während der Weltmeisterschaft, die ein Jahr vor dem Vuitton-Cup ausgetragen wurde. In Wahrheit gingen die Teilnehmer diese Wettfahrten nie mit vollem Kampfgeist an, sondern sahen sie eher als willkommenes Training für die Mannschaft. Das wahre Potenzial der beteiligten Yachten wurde hier nie offengelegt. Trotz der ausgefeilten Technik, des soliden Designs und des Kiwi-Asses am Steuer brachte die Herausforderung auch 1995 nicht den erhofften Erfolg für die Japaner.

270 rechts: Nach der Niederlage im Finale des Vuitton-Cup 1992 gegen die *Il Moro di Venezia* traten die Neuseeländer in der nächsten Cup-Auflage 1995 umso siegentschlossener an. Gleich zwei neuseeländische Syndikate hatten gemeldet: Peter Blakes Syndikat ging mit der *Black Magic* an den Start sowie eine finanzschwächere Gruppe unter der Leitung von Chris Dickson mit der *New Zealand*. Außerdem nahmen die Japaner mit *Nippon Challenge*, die Australier mit *One-Australia*, die Franzosen mit *France* und die Spanier mit *Rioja de España* teil.

271: Peter Blakes *Black Magic* segelte den Vuitton-Cup und den America's Cup mit einer exzellenten Crew, die ihre Fähigkeiten mehr als einmal unter Beweis gestellt hatte: rund dreißig Weltmeisterschaftsmedaillen, zweimal olympisches Gold und insgesamt 24 Einsätze in den früheren Auflagen des America's Cup. Die Cockpitbesatzung bestand aus dem Skipper Roussell Coutts, den Taktikern Brad Butterworth und Richard Dodson und dem Designer Tom Schnackenberg als Navigator. Als Zünglein an der Waage erwies sich das organisatorische Talent Peter Blake, dessen Name für zwei Whitbread-Siege und ein Leben für den Segelsport steht.

Im Vuitton-Cup gab es mehrere konstruktionsbedingte Havarien – auch dies eine Neuheit auf der America's-Cup-Bühne. *France 2* brach der Ballastkiel ab, *France 3* erlitt einen Mastbruch und *One-Australia* sank infolge eines Rumpfschadens. Die Ursache für diese Ausfälle ist wohl darin zu suchen, dass man nach der Generalprobe mit der neuen Formel im Jahr 1992 die Konstruktionen bis zum Äußersten ausgereizt und überzüchtet hatte. Von solchen Erwägungen abgesehen beherrschten die Neuseeländer mit der *Black Magic* die Wettfahrtserie. Im Finale der Herausforderer besiegten sie das australische Team, das mit einem Ersatzboot angetreten war, 5:1.

TEAM NEW ZEALAND

272/273: Bill Koch, Cup-Sieger von 1992, organisierte auch die folgende Verteidigung und wartete – wie üblich bei seinen Kampagnen – mit einem Novum auf: Seine Yacht segelte mit einer reinen Damencrew, darunter J. J. Isler, Courtney Becker, die Dey-Schwestern und Leslie Egnot, die sich am Steuer mit der Navigatorin Annie Nelson, Ehefrau des Konstrukteurs der *Young America*, Bruce Nelson, abwechselte. Für die Fallen war Dawn Riley verantwortlich, die in der folgenden Auflage als erste Frau an der Spitze eines Cup-Herausforderers, der *America True*, stehen sollte.

272 unten: Nicht immer trug die strukturelle Kalkulation den Belastungen Rechnung, die das vergleichsweise steifere Kohlefaser-Rigg auf den ebenfalls rigiden Rumpf mit sich brachte. Aus diesem Manko ergaben sich zahlreiche Ausfälle: In den Ausscheidungsrennen verlor die *France 2* ihren Kiel und der Rumpf der *One-Australia* konnte dem Druck des Mastes und des Riggs nicht standhalten. Glücklicherweise verfügte John Bertrands Syndikat über genügend Mittel, um ein zweites Boot nach San Diego zu bringen.

In diesem Jahr sollte es einen erbitterten Kampf um das Vorrecht, den Cup zu verteidigen, geben. Dennis Conners Team mit Tom Whidden und Paul Cayard auf der von Dave Pedrick entworfenen *Stars & Stripes* galt als Favorit unter den drei Anwärtern. Bill Koch, der Sieger von 1992, hatte sich entschlossen, eine reine Damencrew für seine *America Cube* (die wenige Tage vor den Ausscheidungen durch die *Mighty Mary* ersetzt wurde) anzuheuern. Als Schnellste erwies sich die Bruce-Nelson-Konstruktion *Young America*, die für John Marshalls Syndikat Pact 95 antrat.

Damit stand nun fest, welche Yacht sich im America's Cup mit der *Black Magic* messen sollte. Allerdings entschied man, auf dem neuen Herausforderer die Besatzung der *Stars & Stripes* einzusetzen – eine recht großzügige Interpretation der Privilegien, die den Pokalgewinnern vom Reglement eingeräumt werden.

Die America's-Cup-Wettfahrten verliefen ohne nennenswerte Ereignisse, sieht man davon ab, dass in 140 Jahren America's Cup kein amerikanischer Herausforderer je eine derart vernichtende Niederlage hatte einstecken müssen.

273 oben: Eine Luftaufnahme der *One-Australia*, eine Konstruktion der kalifornischen Yacht-Designer Reichel & Pugh (die alte Regel, nach der Design, Werft, Materialien und Mannschaft aus dem eigenen Land stammen mussten, galt nicht mehr). Mit dieser Yacht wollte John Bertrand den Cup in sein Heimatland zurückholen. Auf dem Foto ist der schmalere Hauptspant zu erkennen, durch den sich die neue America's-Cup-Klasse auszeichnet. Die Yacht-Architekten wandten sich zunehmend von den IOR- und IMS-orientierten Schiffen ab, um sich mit früheren Konzepten, die im Zusammenhang mit den Meter-Klassen entwickelt worden waren, zu befassen.

273 Mitte: Der allgegenwärtige Dennis Conner ließ eine weitere, diesmal von Dave Pedrick entworfene *Stars & Stripes* vom Stapel. Im Cockpit saßen Paul Cayard, Steuermann der *Il Moro di Venezia* in der vorangegangenen Cup-Auflage, und Tom Whidden, einer der erfahrensten America's-Cup-Segler. Die Bruce-Nelson-Konstruktion *Young America* erwies sich dennoch als überlegen; hier ist sie Dennis Conners *Stars & Stripes* dicht auf den Fersen. Die beiden Konkurrenten befinden sich kurz vor der Wendemarke, der Spinnakerbaum ist bereits angetoppt und an Deck wird, angesichts der nahen Tonne, bereits der Spinnaker gesetzt.

273 unten: Pact 95 hieß das von John Marshall organisierte Syndikat, das die mit einer Meerjungfrau am Bug verzierte *Young America* vom Stapel ließ. Sie gewann den Citizen Cup, eine Regatta, die organisiert worden war, um den Titelverteidiger für den America's Cup zu bestimmen, den der San Diego Yacht Club 1992 gewonnen hatte. Auf Rang zwei platzierte sich Bill Kochs *Mighty Mary* mit ausschließlich weiblicher Crew, während Dennis Conner enttäuschend Dritter wurde. Die Besatzung der *Stars & Stripes* galt dennoch als die stärkste; aufgrund eines Beschlusses, der erhebliche Kontroversen nach sich zog, segelte sie daher im America's Cup an Bord der *Young America*.

Die Neuseeländer siegten in fünf Wettfahrten mit einem für diese Art von Regatta vernichtenden Vorsprung: 2 Minuten 45 Sekunden in der ersten Wettfahrt, 4 Minuten 14 Sekunden in der zweiten, 1 Minute 51 Sekunden in der dritten, 3 Minuten 37 Sekunden in der vierten und 1 Minute 50 Sekunden in der fünften. Eine unbestreitbare und unbestrittene Überlegenheit.

Offensichtlich hatte man auf amerikanischer Seite zu viele Faktoren unberücksichtigt gelassen. Die Entscheidung, den Titelverteidiger mit einer Crew ins Rennen zu schicken, die nie zuvor einen Fuß an Bord gesetzt hatte, war, um es gelinde auszudrücken, überraschend und zumindest riskant. Das Gleiche gilt, ohne Vorurteile verbreiten zu wollen, für Bill Kochs Entschluss, eine America's-Cup-Yacht einer Damencrew anzuvertrauen, der die spezifische und unverzichtbare Erfahrung in dieser Art von Veranstaltung fehlte.

So gelangte der Hundred Guinea Cup in die Hallen der Royal New Zealand Yacht Squadron nach Auckland.

274 oben: *Tag Heuer*, auf diesem Foto in der Vorbereitungszeit mit der *Nippon Challenge* zu sehen, war die zweite neuseeländische Yacht. Der Bruce-Farr-Entwurf war angeblich extrem schnell, das von Dickson geleitete Syndikat litt jedoch unter Geldmangel. Fast alle Teams, diejenigen ausgenommen, die direkt von Bill Koch angeführt und finanziert wurden, traten als Syndikat mit Sponsoren auf. Der Aufwand für ein solches Unternehmen beziffert sich in Dollar auf zweistellige Millionenbeträge.

274 unten: Nahe der Leetonne wird der Achterholer ausgeklinkt, um den Spinnaker zu bergen: Der Karabinerhaken wird abrupt geöffnet, um den Wind aus dem Segel zu nehmen. Die Besatzung muss das flatternde Tuch schnellstmöglich bergen, damit es nicht im Wasser landet, während die Yacht auf Kreuzkurs geht. Dicht dahinter die *Young America*, deren Spinnaker noch zieht. Das Foto entstand während der zweiten Wettfahrt des America's Cup 1995; die *Black Magic* hielt ihre Führung bis ins Ziel.

275 oben: Unerwähnt blieb bislang die zweite Teilnahme der Spanier am Louis-Vuitton-Cup. 1992 hatten sie es fast bis ins Halbfinale geschafft, wobei man von dem damaligen spanischen Herausforderer munkelte, dass Bruce Farr seine Hände im Spiel hatte. 1995 schaffte es ein spanisches Team unter großen Anstrengungen, eine neue Herausforderung zu organisieren. Die *Rioja de España*, die von Pedro Campos an Hand der Erfahrungen in der vorhergehenden Cup-Auflage entworfen wurde.

275 unten: Die Genua der neuseeländischen *Tag Heuer* zeigt deutlich die ungewöhnliche Beschaffenheit eines modernen America's-Cup-Segels. Es handelt sich um Fasern aus extrem belastbarem Material, deren Anordnung die Richtung der auf das Segel wirkenden Kräfte berücksichtigt. Der Mann im Mast ist mittlerweile ein gewohntes Bild: Die Feineinstellung von Rigg und Segeln ist kompliziert und macht häufig einen direkten Eingriff nötig; außerdem ist von hier aus eine Winddrehung frühzeitig zu erkennen.

NZL·32
NZL·32
USA36
TVNZ
Steinlager
TOYOTA
TOYOTA
SEARS
Ocean Spray
Cadillac
TOSHIBA
SPERRY
FW
CITIZEN
Apple

276: Das erste Rennen im America's Cup 1995: Die *Black Magic* und die *Young America*, letztere mit der Crew der *Stars & Stripes* an Bord, versuchen sich in der Vorbereitung, die bessere Startposition zu erlangen. Mit fünf Siegen in der Folge erwiesen sich die Neuseeländer als klar überlegen. Rückblickend war die Entscheidung, die *Young America* von der angeblich technisch überlegenen Crew der *Stars & Stripes* segeln zu lassen, unrichtig, denn eine genaue Kenntnis der Yacht ist unentbehrlich. Das fünfte und letzte Rennen vor San Diego: *Young America* wendet am Heck der *Black Magic*, die in der Vorbereitung eine vorteilhaftere Position belegt hat. Roussell Coutts, Steuermann der Neuseeländer, sollte auch diesen Start und darüber hinaus den Cup gewinnen. Er verhalf seinem Land damit zu einem unerwarteten, jedoch verdienten Sieg, der eine Serie sich stetig steigernder Erwartungen vom Debüt 1987 in Fremantle bis zum Finale im Louis Vuitton Cup 1992 krönte.

277 oben links: Die Ausscheidungen für den Cup-Verteidiger hatten auf ein enormes Leistungspotential der amerikanischen Yachten hoffen lassen. Die *America Cube* wurde in letzter Minute durch *Mighty Mary* ersetzt, die wahrscheinlich schneller war, aber noch des Finetunes bedurfte. Dennis Conner hatte nach seiner Niederlage von 1983 ein wenig von seinesm Charisma eingebüßt und Schwierigkeiten, die nötigen Mittel aufzutreiben. Die im Anschluss an die Qualifikation als Titelverteidiger aufgestellte *Young America* war zwar leistungsstark, aber der Wechsel der Crew bedeutete ein starkes Handikap.

277 oben rechts: Peter Blakes Team feiert die Eroberung des America's Cup in San Diego. Bei ihrer Rückkehr nach Hause wurde das Ereignis als nationaler Triumph gefeiert: Sportsegeln setzt in Neuseeland vergleichbar leidenschaftliche Gefühle frei wie Fußball in Italien oder Baseball in den USA. In der Welt des Regattasports begannen sich die Neuseeländer in den siebziger Jahren mit den Erfolgen der von Ron Holland und Bruce Farr entworfenen Yachten in den IOR-Klassen zu profilieren: eine neue Designerphilosophie, die ein Siebenachtelrigg und den Leichtbau propagierte und in dem breiten Interesse, das man diesem Sport in Neuseeland entgegenbrachte, Rückhalt fand.

277 unten rechts: 1992 hatte die Flotte der Zuschauerboote, die die America's-Cup-Rennen vor der kalifornischen Stadt San Diego aus nächster Nähe verfolgte, die siegreiche *America Cube* zurück zum Hafen eskortiert. 1995 kam einer neuseeländischen Yacht diese Ehre zu. Zum zweiten Mal verließ der Pokal die USA und gelangte wieder nach »Down Under« in die Hände eines »Spätentwicklers« im America's Cup, der den Segelsport jedoch zweifellos im – angelsächsischen – Blut hatte. Überraschend war für alle, wie sicher Peter Blakes *Black Magic* sich gegen die *Young America* durchsetzen konnte.

Der spanische Herausforderer *Spanish Challenge*, eine Vrolijk-Konstruktion, segelte unter dem Skipper Pedro Campos, der zum ersten Mal auf der America's-Cup-Bühne auftrat. Das Schweizer Fast-2000-Team repräsentierte den Club Nautique de Morges. Marc Pajot übernahm das Steuer des Schweizer Doppelkiel-Bootes, konstruiert von Philippe Briand und Peter van Oossanen, einem technischen Experten des holländischen Schlepptanks in Wageningen, wo auch der berühmte Flügelkiel der *Australia II* entwickelt worden war. Die Australier schließlich waren mit Syd Fishers *Young Australia* und einer extrem jungen Crew vertreten, von der niemand, einschließlich des Skippers James Spithill, älter als 22 war. Elf Konkurrenten waren also angetreten, die neuen Meister des America's Cup, die Neuseeländer unter Peter Blake, herauszufordern.

In den Ausscheidungen des Louis-Vuitton-Cup, die sich über mehr als drei Monate hinzogen, dominierte die italienische *Luna Rossa*.

Auf dem Weg zum Finale waren die unerfahrenen Spanier auf der Strecke geblieben, ebenso das amerikanische *Abracadabra*-Team aus Hawaii, das mit finanziellen Problemen zu kämpfen hatte, sowie die junge australische Crew der *Young Australia* und auch die Schweizer mit ihrer wohl zu riskanten Konstruktion *Be Happy*, die sich als schwer manövrierbar erwies. Überraschend für viele – und enttäuschend für die stets zurückhaltenden Mitglieder des New York Yacht Club – war auch das Ausscheiden der *Young America*, die mit einem Riesen-Etat, Ideenreichtum und einer ausgezeichneten Crew an den Start gegangen war. Nachdem die amerikanische *Challenger* während einer Wettfahrt in der Mitte, knapp hinter dem Mast, durchgebrochen war und sank, war das Team stark angeschlagen und konnte den bis dahin guten Platz mit dem zweiten Schiff nicht halten.

282 oben: Am Ende der Round Robin 3 war jedes Boot zweimal auf jedes andere getroffen, um die Teilnehmer für das Halbfinale des Vuitton-Cup zu ermitteln. Die *Abracadabra*, hier beim Einholen des Spinnakers, war nur Neunte von elf Teilnehmern, obwohl John Kolius am Steuer stand. Sie bildete das Schlusslicht der amerikanischen Teams und ließ nur die jugendliche Crew des zu Recht auf den Namen *Young Australia* getauften australischen Herausforderers sowie die Schweizer *Be Happy* hinter sich.

282 unten: Die japanische Crew der *Nippon Challenge* war aufgrund der positiven Erfahrungen in den beiden vorhergehenden Cup-Auflagen hoch motiviert in Auckland angetreten. Das Team verfügte über eines der höchsten Budgets und segelte mit dem australischen Spitzen-Segler Peter Gilmour am Ruder. Die *Nippon Challenge* erwies sich als einer der besten Herausforderer: Sie beendete die Ausscheidungen für das Halbfinale als Zweite hinter dem Prada-Challenge-Team und vor den amerikanischen Yachten. Im Halbfinale zogen die *Luna Rossa*, *America One*, *America True* und *Stars & Stripes* mit Dennis Conner an den Japanern vorbei, die ihre exzellente Form der ersten Rennen nicht halten konnten.

282/283: Die dunklen Kohlefasersegel der *Abracadabra*, die als der höchste Stand der Technik in diesem Bereich galten, passen so gar nicht zu der mit Delfinen geschmückten Außenhaut, die man durchs Wasser schimmern sah. Der Herausforderer des Waikiki Yacht Club mit Skipper John Kolius war die einzige Yacht der Flotte, deren Segel nicht von North Sails stammten. Das Syndikat aus Hawaii hatte sich an Quantum Sail gewandt, während alle anderen Konkurrenten ihre Garderobe von dem genannten US-Segelmacher bezogen, der jedem seiner Kunden absolute Geheimhaltung zusicherte.

276: Das erste Rennen im America's Cup 1995: Die *Black Magic* und die *Young America*, letztere mit der Crew der *Stars & Stripes* an Bord, versuchen sich in der Vorbereitung, die bessere Startposition zu erlangen. Mit fünf Siegen in der Folge erwiesen sich die Neuseeländer als klar überlegen. Rückblickend war die Entscheidung, die *Young America* von der angeblich technisch überlegenen Crew der *Stars & Stripes* segeln zu lassen, unrichtig, denn eine genaue Kenntnis der Yacht ist unentbehrlich. Das fünfte und letzte Rennen vor San Diego: *Young America* wendet am Heck der *Black Magic*, die in der Vorbereitung eine vorteilhaftere Position belegt hat. Roussell Coutts, Steuermann der Neuseeländer, sollte auch diesen Start und darüber hinaus den Cup gewinnen. Er verhalf seinem Land damit zu einem unerwarteten, jedoch verdienten Sieg, der eine Serie sich stetig steigernder Erwartungen vom Debüt 1987 in Fremantle bis zum Finale im Louis Vuitton Cup 1992 krönte.

277 oben links: Die Ausscheidungen für den Cup-Verteidiger hatten auf ein enormes Leistungspotential der amerikanischen Yachten hoffen lassen. Die *America Cube* wurde in letzter Minute durch *Mighty Mary* ersetzt, die wahrscheinlich schneller war, aber noch des Finetunes bedurfte. Dennis Conner hatte nach seiner Niederlage von 1983 ein wenig von seinesm Charisma eingebüßt und Schwierigkeiten, die nötigen Mittel aufzutreiben. Die im Anschluss an die Qualifikation als Titelverteidiger aufgestellte *Young America* war zwar leistungsstark, aber der Wechsel der Crew bedeutete ein starkes Handikap.

277 oben rechts: Peter Blakes Team feiert die Eroberung des America's Cup in San Diego. Bei ihrer Rückkehr nach Hause wurde das Ereignis als nationaler Triumph gefeiert: Sportsegeln setzt in Neuseeland vergleichbar leidenschaftliche Gefühle frei wie Fußball in Italien oder Baseball in den USA. In der Welt des Regattasports begannen sich die Neuseeländer in den siebziger Jahren mit den Erfolgen der von Ron Holland und Bruce Farr entworfenen Yachten in den IOR-Klassen zu profilieren: eine neue Designerphilosophie, die ein Siebenachtelrigg und den Leichtbau propagierte und in dem breiten Interesse, das man diesem Sport in Neuseeland entgegenbrachte, Rückhalt fand.

277 unten rechts: 1992 hatte die Flotte der Zuschauerboote, die die America's-Cup-Rennen vor der kalifornischen Stadt San Diego aus nächster Nähe verfolgte, die siegreiche *America Cube* zurück zum Hafen eskortiert. 1995 kam einer neuseeländischen Yacht diese Ehre zu. Zum zweiten Mal verließ der Pokal die USA und gelangte wieder nach »Down Under« in die Hände eines »Spätentwicklers« im America's Cup, der den Segelsport jedoch zweifellos im – angelsächsischen – Blut hatte. Überraschend war für alle, wie sicher Peter Blakes *Black Magic* sich gegen die *Young America* durchsetzen konnte.

278 oben: Das neuseeländische Team, das nun zum ersten Mal die Verteidigung des America's Cup organisierte, wurde wieder von Peter Blake geführt, der 1995 die Kampagne des Herausforderers auf die Beine gestellt hatte. In vier Jahren hatte eine Gruppe von Konstrukteuren, wie üblich unter der Leitung von Tom Schnackenberg, vier potenzielle Cup-Verteidiger gebaut. Auf die Unterstützung von Doug Peterson, der von den Italienern abgeworben worden war, musste man allerdings verzichten. Dennoch war die Kontinuität eines Konzepts und der Erfahrungen, die sich im Lauf dreier aufeinander folgender Teilnahmen entwickelt hatten, gewährleistet: Zwölf Jahre lang hatte sich in Neuseeland ein praktisch unverändertes Team ausschließlich dem America's Cup gewidmet.

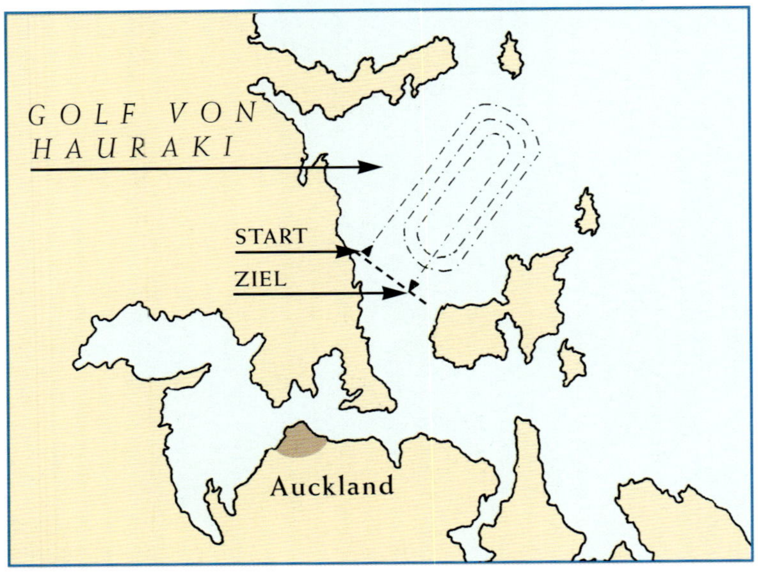

278 Mitte: Der Up-and-down-Kurs war im Jahr 2000 bereits zur Tradition geworden: Die drei Kreuzen und die drei Vormwindgänge waren je gut drei Seemeilen lang, der Kurs betrug insgesamt 18,5 Seemeilen. Die Bahnmarken wurden je nach Wind und Seebedingungen ausgelegt, in jedem Fall aber im Haurakigolf vor Auckland, das heißt in geschützten Gewässern. Vor Fremantle oder San Diego, den Austragungsorten der vorangegangenen Cup-Auflagen, hatte man mit Offshore-Bedingungen zu kämpfen.

Der letzte Cup des Jahrtausends: Der Anfang einer neuen Vorherrschaft?

Nach der Niederlage in San Diego traten die Amerikaner zum ersten America's Cup des neuen Millenniums mit geballter Kraft und insgesamt fünf Teams an. Die Bruce-Nelson-Konstruktion *America One* (die fünfte America's-Cup-Yacht des amerikanischen Designers), mit Skipper Paul Cayard, startete für den St. Francis Yacht Club. Dennis Conner trat mit der von Reichel & Pugh entworfenen soundsovielten *Stars & Stripes* als Teamchef auf, zu seiner Crew zählten so erfahrene Segler wie Tom Whidden, Ken Read und Peter Holmberg. Die *America True* des San Francisco Yacht Club war von einer Gruppe, der unter anderem Phil Kaiko und Heiner Meldner angehörten, mit Unterstützung der NASA konstruiert worden und segelte unter der Skipperin Dawn Riley, die schon 1992 an Bord der *America Cube* dabei war und 1995 am Ruder der *Mighty Mary* stand. Auch der New York Yacht Club, einst klassischer »Besitzer« des America's Cup und fest entschlossen, die Top-Trophäe nach New York zurückzuholen, stellte ein Team. Sein Herausforderer *Young America* war ein Co-Projekt von Star-Designer Bruce Farr, John Marshall, einem der Männer mit der größten Erfahrung im America's Cup, und Duncan McLane. Die Crew wurde von Ed Baird angeführt, der die neuseeländische Siegermannschaft von 1995 trainiert hatte.

278 unten: Nach einem intensiven Trainingsprogramm saß bei Roussell Coutts' Crew jedes Manöver wie im Schlaf. Sieg oder Niederlage im America's-Cup hängen oft von einem minimalen Zögern vor dem nächsten Manöver, einer fast unmerklichen Unschlüssigkeit vor der nächsten Entscheidung ab. Kommt die Entscheidung eine Zehntelsekunde zu spät, ist das Rennen gelaufen, denn bei einem Match-Race mit gleich starken Konkurrenten – wie im America's Cup – muss derjenige, der die Führung übernommen hat, den Gegner lediglich kontrollieren.

278/279: Sinnbild für den Stellenwert des Segelsports in Neuseeland: Die beiden America's-Cup-Yachten sind im Hafen von Auckland und umgeben von Schwärmen kleiner Dingis, auf denen die Kinder nach der Schule trainieren. Der Erfolg dieser Sportart in dem Commonwealth-Land ist auch der weit verbreiteten Begeisterung zu verdanken. Im fünften und entscheidenden Rennen der America's-Cup-Serie überließ Roussell Coutts, Steuermann und Skipper der *Black Magic*, das Steuer seinem Protegé, dem jungen Dean Barker.

279: Die *Black Magic* zeigte sich absolut überlegen – mit Ausnahme der Rumpfgeschwindigkeit: Sie gewann jeden Start und verpatzte keine einzige Wende. Die Crew arbeitete fehlerlos, die Segel waren perfekt getrimmt und die Yacht beschleunigte nach den Wenden optimal. Außerdem hatte die Crew offensichtlich einige technische Neuerungen in der Hinterhand (die angesichts der haushohen Überlegenheit wahrscheinlich nicht einmal alle zum Einsatz kamen) wie das Vorsegel, das nur ein paar Sekunden gehisst wurde, um am Start zusätzlichen Schub zu erreichen.

280 oben: Die von Phil Kaiko mit Unterstützung der NASA-Ingenieure konstruierte *America True* (gelber Rumpf) geht in die America's-Cup-Geschichte als erster Herausforderer ein, dessen Kampagne von einer Frau geführt wurde. Dawn Riley hatte bereits zwei Whitbread- und zwei America's-Cup-Teilnahmen zu verzeichnen. 1992 war sie Crewmitglied auf der *America Cube*, 1995 stand sie am Ruder der *Mighty Mary*. Das *America-True*-Team segelte unter einem exzellenten Skipper, dem Neuseeländer John Cutler, Steuermann der beiden japanischen Herausforderer in den vorangegangenen Cup-Auflagen und dreimaliger Match-Race-Weltmeister.

280 unten: Die *Abracadabra* folgt der *America True* in der Vorbereitung zu einer Wettfahrt des Vuitton-Cup. *Abracadabra* segelte unter der Flagge des Waikiki Yacht Club von Honolulu und wurde von einem amerikanischen Syndikat unterstützt. Ihr Steuermann John Kolius galt als einer der Großen auf der America's-Cup-Bühne. Er war bereits 1983 in den Ausscheidungsrennen für den amerikanischen Defender gegen Dennis Conner angetreten, hatte 1987 den Herausforderer des New York Yacht Club gesteuert und danach die Crew der *Il Moro di Venezia* trainiert. Die Kampagne war mit einem großzügigen Budget gesegnet und ein gutes Designerteam hatte zwei Yachten zu Wasser gelassen – dennoch blieb das Team im Louis-Vuitton-Cup weit hinter den Erwartungen zurück.

280/281: Die Schweiz schickte 1999 einen Herausforderer-Aspiranten zum Vuitton-Cup. Die Organisation der Kampagne leitete Marc Pajot, der an drei Cup-Auflagen teilgenommen hatte und für das Projekt ein Team von Ausländern engagierte: den Franzosen Philippe Briand, den Holländer Peter van Oossanen und den Deutschen Sebastian Schmidt. Ein weiterer Deutscher, Jochen Schümann, olympischer Finn- und Soling-Gewinner, übernahm das Ruder, während der Italiener Enrico Chieffi als Taktiker im Cockpit saß.

Das fünfte amerikanische Syndikat repräsentierte den Waikiki Yacht Club aus Hawaii mit der *Abracadabra*, einer Andy-Dowell/Ian-Burns-Konstruktion, ebenfalls mit einem amerikanischen Segel-Ass, John Kolius, am Ruder. Von den fünf amerikanischen Herausforderer-Aspiranten abgesehen gingen sechs Yachten aus sechs verschiedenen Nationen im Louis-Vuitton-Cup an den Start, um sich das Recht zu erkämpfen, den neuseeländischen Titelverteidiger herauszufordern. Das italienische Team, als dessen Promoter und Sponsor der Modekonzern Prada auftrat und das von dessen Inhaber Patrizio Bertelli geführt wurde, startete mit einer German-Frers/Doug-Peterson-Konstruktion mit dem Skipper Francesco De Angelis und dem brasilianischen Weltmeister und olympischen Starboot-Meister Torben Grael als Taktiker im Cockpit. Die Franzosen traten mit *Le Défi* an, konstruiert von einem Team, in das die Erfahrungen aus verschiedenen Yacht-Designs einflossen: Bernard Nivelt, Daniel Andrieu, Hervé Deavaux, Juan Kouyoumdjian und Philippe Pallu de la Barrière. Am Ruder stand der Match-Race-Spezialist Bernard Pacé. Für den Nippon Yacht Club startete die Yacht *Idaten*, entworfen von Hideaki Miyata, unter dem Kommando eines der weltbesten Match-Race-Segler, Peter Gilmour.

281: Der Schweizer Herausforderer *Be Happy* war das innovativste Schiff der Flotte: Briand und sein Designer-Team hatten zwei identische Kielflossen am Bug und am Heck ausgeklügelt, beide mit Ballast versehen und drehbar, so dass sie als Ruder fungierten. Die ungewöhnliche Konstruktion brachte nicht den erhofften Erfolg, ganz im Gegenteil. Die Yacht erwies sich als die schwächste der Ausscheidungen. Schon zuvor hatten Yacht-Designer innovative Konstruktionen im America's Cup präsentiert, jedoch mit wenig Erfolg.

Der spanische Herausforderer *Spanish Challenge*, eine Vrolijk-Konstruktion, segelte unter dem Skipper Pedro Campos, der zum ersten Mal auf der America's-Cup-Bühne auftrat. Das Schweizer Fast-2000-Team repräsentierte den Club Nautique de Morges. Marc Pajot übernahm das Steuer des Schweizer Doppelkiel-Bootes, konstruiert von Philippe Briand und Peter van Oossanen, einem technischen Experten des holländischen Schlepptanks in Wageningen, wo auch der berühmte Flügelkiel der *Australia II* entwickelt worden war. Die Australier schließlich waren mit Syd Fishers *Young Australia* und einer extrem jungen Crew vertreten, von der niemand, einschließlich des Skippers James Spithill, älter als 22 war. Elf Konkurrenten waren also angetreten, die neuen Meister des America's Cup, die Neuseeländer unter Peter Blake, herauszufordern.

In den Ausscheidungen des Louis-Vuitton-Cup, die sich über mehr als drei Monate hinzogen, dominierte die italienische *Luna Rossa*.

Auf dem Weg zum Finale waren die unerfahrenen Spanier auf der Strecke geblieben, ebenso das amerikanische *Abracadabra*-Team aus Hawaii, das mit finanziellen Problemen zu kämpfen hatte, sowie die junge australische Crew der *Young Australia* und auch die Schweizer mit ihrer wohl zu riskanten Konstruktion *Be Happy*, die sich als schwer manövrierbar erwies. Überraschend für viele – und enttäuschend für die stets zurückhaltenden Mitglieder des New York Yacht Club – war auch das Ausscheiden der *Young America*, die mit einem Riesen-Etat, Ideenreichtum und einer ausgezeichneten Crew an den Start gegangen war. Nachdem die amerikanische *Challenger* während einer Wettfahrt in der Mitte, knapp hinter dem Mast, durchgebrochen war und sank, war das Team stark angeschlagen und konnte den bis dahin guten Platz mit dem zweiten Schiff nicht halten.

282 oben: Am Ende der Round Robin 3 war jedes Boot zweimal auf jedes andere getroffen, um die Teilnehmer für das Halbfinale des Vuitton-Cup zu ermitteln. Die *Abracadabra*, hier beim Einholen des Spinnakers, war nur Neunte von elf Teilnehmern, obwohl John Kolius am Steuer stand. Sie bildete das Schlusslicht der amerikanischen Teams und ließ nur die jugendliche Crew des zu Recht auf den Namen *Young Australia* getauften australischen Herausforderers sowie die Schweizer *Be Happy* hinter sich.

282 unten: Die japanische Crew der *Nippon Challenge* war aufgrund der positiven Erfahrungen in den beiden vorhergehenden Cup-Auflagen hoch motiviert in Auckland angetreten. Das Team verfügte über eines der höchsten Budgets und segelte mit dem australischen Spitzen-Segler Peter Gilmour am Ruder. Die *Nippon Challenge* erwies sich als einer der besten Herausforderer: Sie beendete die Ausscheidungen für das Halbfinale als Zweite hinter dem Prada-Challenge-Team und vor den amerikanischen Yachten. Im Halbfinale zogen die *Luna Rossa*, *America One*, *America True* und *Stars & Stripes* mit Dennis Conner an den Japanern vorbei, die ihre exzellente Form der ersten Rennen nicht halten konnten.

282/283: Die dunklen Kohlefasersegel der *Abracadabra*, die als der höchste Stand der Technik in diesem Bereich galten, passen so gar nicht zu der mit Delfinen geschmückten Außenhaut, die man durchs Wasser schimmern sah. Der Herausforderer des Waikiki Yacht Club mit Skipper John Kolius war die einzige Yacht der Flotte, deren Segel nicht von North Sails stammten. Das Syndikat aus Hawaii hatte sich an Quantum Sail gewandt, während alle anderen Konkurrenten ihre Garderobe von dem genannten US-Segelmacher bezogen, der jedem seiner Kunden absolute Geheimhaltung zusicherte.

283: Wie schon 1995 in San Diego zerbrach auch in Neuseeland ein Rumpf. Einige mögen dies als Zeichen für die Anfälligkeit dieses Bootstyps interpretieren, vielleicht ist es aber auch die logische Folge eines bis über die Grenzen des Möglichen überzüchteten Designs. Der Herausforderer, der während der Ausscheidungen der America's-Cup-Herausforderer auf dramatische Weise bei nahezu ruhiger See in der Mitte auseinanderbrach, war die *Young America*, Hoffnungsträger der amerikanischen Segelsportfans und Vertreter des renommierten New York Yacht Club. Der großzügig finanzierten Kampagne stand zwar ein Ersatzboot zur Verfügung, die Crew war aber nach diesem Vorfall derart demoralisiert, dass der erhoffte Einzug ins Halbfinale ausblieb.

Chance und Dave Pedrick (USA) zusammen, die sowohl IOR- und IMS-Yachten als auch Einheitsklassen konstruiert hatten. America's-Cup-erfahren waren hingegen lediglich Briand und Chance.

Selbstverständlich sollte man für die neuen Rümpfe hochentwickelte Materialien einsetzen können, Verbundbaustoffe, wie sie bereits auf der neuseeländischen *Black Magic* in Fremantle getestet worden waren (der ersten 12-m-R-Yacht, die nicht aus Holz oder Leichtmetall bestand) und die seit den frühen neunziger Jahren weitgehend für den Rumpfbau bei Regattayachten verwendet wurden. Auch Masten und Ausrüstung aus Kohlefaser sollten nun freigegeben werden, denn die Regelung, die den Einsatz »exotischer« – das heißt nicht handelsüblicher – Materialien verbot, war offensichtlich seit langem überfällig. All diese Materialien waren mittlerweile weit verbreitet und in allen Ländern verfügbar.

284 oben: Die italienische *Luna Rossa* während einer Wettfahrt des Vuitton-Cup. *»Silver Bullet«* nannte man die Yacht in der Lokalpresse, nachdem sie sich mit Spitzenleistungen im ersten Teil der Rennen auf Platz eins der Gesamtwertung katapultiert hatte. Als stärkster Rivale erwies sich Dennis Conner mit der *Stars & Stripes*, während die übrigen amerikanischen Mannschaften einschließlich der *America True*, hier im Duell gegen die *Luna Rossa*, keine Bedrohung darstellten.

Hier sei ein kurzer Einschub erlaubt: Schon die Kontroversen, die sich 1987 beim America's Cup 1987 in Perth ergaben, machten deutlich, dass es an der Zeit war, eine neue Schiffsklasse für den Cup zu entwickeln. Die Zwölfer der International Rule, konstruiert nach einer über achtzig Jahre alten Rennwertformel, waren technisch und technologisch eindeutig veraltet.

Um Abhilfe zu schaffen, wurde eine Kommission einberufen und mit der Definition einer neuen Klasse beauftragt. Diese setzte sich aus den Yacht-Designern Bruce Farr (Neuseeland), Philippe Briand (Frankreich), Iain Murray (Australien) sowie Britton

Schwieriger gestaltete es sich, eine Formel zu entwickeln, die frei von den Komplikationen und Schlupflöchern der IOR-Formel war und gleichzeitig flexibel genug, den Designern ausreichend Spielraum einer Konstruktionsklasse zu gewähren. Aus diesen Bemühungen wurde 1990 die America's-Cup-Class geboren, wobei die neue Formel der International Rule, die von 1906 bis in die neunziger Jahre hinein die Form so vieler Yachten bestimmt hatte, so unähnlich nicht war.

Die Unterschiede zu den Zwölfern betreffen vor allem die Abmessungen. Waren die ersten Yachten der neuen America's-Cup-Klasse (IACC) verhältnismäßig breit und flach, so hing das vor allem mit den Erfahrungen zusammen, die die Konstrukteure mit der IOR- und IMS-Formel gemacht hatten: Im Grunde handelte es sich um Maxi-Racer. Im Lauf der Zeit erkannte man jedoch, dass gewisse Maßverhältnisse und bestimmte Formen, die typisch waren für die Meter-Klassen, in einer Art von Wettfahrt begründet waren, die als Match-Race und unter begrenzten Wind- und Seeverhältnissen ausgetragen wurden. Die IACC-Yachten der jüngsten Generation, die im America's Cup 2000 zum Einsatz kamen, erinnern in ihrer schlanken Form und den senkrechten Bordwänden an die alten Zwölfer, bringen aber deutlich mehr Leistung.

284 Mitte: Die Rolf-Vrolijk-Konstruktion *Bravo España*, hier im Duell gegen *Sixième Sens*, repräsentierte Spanien bei seinem dritten America's-Cup-Auftritt nach San Diego 1992 und 1995. Der deutsche Yacht-Designer war für die neue Kampagne beauftragt worden, auch den 95er-Herausforderer *Rioja de España* auf Vordermann zu bringen. Von Anfang an stellten sich jedoch bei beiden Yachten Probleme ein, vor allem mit dem Rigg, und in der Anfangsphase war die spanische Herausforderung von einer Serie von Mastbrüchen beeinträchtigt.

284 unten: Die französische Crew der *Sixième Sens* segelte in der dritten Runde des Vuitton-Cup gegen die *Luna Rossa* ein großartiges Rennen. Weitere Hauptdarsteller: die Jury, die die beiden Gegner mit zahlreichen Protesten verfolgte. Zwei Strafen hintereinander kassierte die *Luna Rossa*, die von den Franzosen überholt wurde; die nächste Strafe steckte *Sixième Sens* ein, so dass die *Luna Rossa* erneut in Führung ging. Die italienische Yacht befreite sich von ihrem 360er, ohne den Vorsprung zu verlieren, doch Bernard Pacé holte mit der bei achterlichem Wind besonders starken französischen Yacht auf der letzten Vorwindstrecke zunehmend auf. Die *Luna Rossa* kreuzte dennoch als Erste die Ziellinie.

284/285: Die *Stars & Stripes* bei frischer Brise auf Amwindkurs in Luv vor der *America One*, die von Paul Cayard gesteuert wird. Bei seiner dritten Cup-Teilnahme suchte Cayard den Erfolg, der ihm bei den vorangegangenen Auflagen nicht vergönnt war. 1992 war er am Steuer des italienischen Herausforderers *Il Moro di Venezia* von *America Cube* geschlagen worden, 1995 hatte ihn die neuseeländische Crew unter Peter Blake besiegt. Danach war er im Whitbread gestartet, wo er die *EF Language* zum Sieg segelte.

DIE RENNWERTFORMEL DER IACC-YACHTEN:

$$[L + \sqrt{1{,}25\,SV} - \sqrt[3]{9{,}8 \times DSP}] : 0{,}388 = 42{,}00 \text{ Meter}$$

DIE ZWÖLFER IM VERGLEICH MIT DEN IACC-YACHTEN:

	12m-R-Klasse	IACC-Klasse
Lüa	21/22	22/25 Meter
LWL	etwa 14	17,25/18,5 Meter
Schiffsbreite	etwa 3,75	5,5 (anfangs) 4 Meter (später)
Tiefgang	2,75	4 Meter
Verdrängung	26,5	16/20 Tonnen
Segelfläche	ca. 300	ca. 600 m^2

HEWLETT PACKARD
SAIC
An Employee-Owned Company
United Technologies
Visteon
AMERICA ONE
LYCOS

Unter den verbliebenen Teams wurde ein erbitterter Kampf ausgetragen: Dennis Conner mit der *Stars & Stripes*, Paul Cayard am Ruder der *America One* und De Angelis mit der *Luna Rossa*. An Bord der *Idaten* wirkten sich Differenzen zwischen Peter Gilmour und seiner Crew negativ auf die Leistungen aus, die französische *Le Défi* war nur unter bestimmten Windbedingungen schnell und der *America-True*-Crew fehlte die Erfahrung, derartige Umstände für sich auszunutzen.

Am Ende schafften es *Luna Rossa* und *America One* in die Finalrunde, die in neun Einzel-Races ausgetragen wurde. Mit einem 5:4-Sieg gewannen die Italiener den Louis-Vuitton-Cup und erwarben damit das Recht, als offizieller Herausforderer im America's Cup anzutreten.

Das Teamboot der Prada-Kampagne, das einen Hauch schneller war als die *America One*, gewann die erste Wettfahrt, verlor die zweite und holte sich dann zwei Siege in Folge. Beim Stand von 3:1 gelang Cayard jedoch ein großartiges Comeback; er schätzte die Starts und die Taktik in den folgenden drei Wettfahrten richtig ein und erreichte damit ein 4:3 für die Amerikaner. Die letzten beiden Rennen hingegen konnte die *Luna Rossa*, gegen alle Vorhersagen, für sich entscheiden. Zum ersten Mal in der 150 Jahre währenden Geschichte des America's Cup waren weder der Titelverteidiger noch der Herausforderer amerikanisch.

286 und 287: Die Kampagne des St. Francis Yacht Club wurde von allen Teams sehr ernst genommen. Vor allem die Beteiligung einer Segelgröße wie Paul Cayard galt als Erfolgsgarantie. Aufgrund seiner Erfahrung sah man in dem kalifornischen Skipper, oben am Steuer der *America One*, den stärksten Gegner im Feld. Bereits zweimal hatte er als Steuermann einen Herausforderer bis ins Finale geführt und 1992 eng mit Raoul Gardini bei der Organisation der *Il Moro di Venezia*-Kampagne zusammengearbeitet. Eine Erfahrung, die ihm nun bei seiner ersten »eigenen« Show sicherlich zugute kam, ebenso wie sein Sieg bei der jüngsten Whitbread-Regatta, der einer sowohl technisch als auch taktisch fehlerfreien Leistung im gesamten Rennen sowie einer perfekten Organisation zu verdanken war. Dennoch sollte sich gerade die finanzielle Seite als Schwachstelle erweisen. Die Suche nach finanzkräftigen Sponsoren hatte den Steuermann der *America One* bis zur letzten Minute beschäftigt und ihn an der technischen Vorbereitung und dem Training der Mannschaft gehindert. Mit dem Eintrimmen, einem der wichtigsten Punkte einer America's-Cup-Kampagne, war man in Verzug und die amerikanische Yacht wurde, besonders in der ersten Phase des Vuitton-Cup, mit mehrfachem Reißen von Segeln für diese Nachlässigkeit bestraft. Andererseits war es Cayard gelungen, den Bau der beiden Yachten optimal zu organisieren. Sie wurden von Bruce Nelson entworfen, der als einer der verlässlichsten amerikanischen Designer galt. Nelson hatte bereits vier Yachten in ebenso vielen Herausforderungen konstruiert und arbeitete mit Kooperationspartnern wie Ford, Hewlett Packard und Telecordia Technologies zusammen. Das erste Boot, *USA 49*, kam in den ersten drei Ausscheidungsrunden zum Einsatz, steigerte sich jedes Mal und platzierte sich am Ende auf dem vierten Rang punktgleich mit *America True* und hinter *Nippon Challenge*. In der Zwischenzeit arbeitete man an der Optimierung des zweiten Bootes, *USA 61*, mit dem Cayard im Halbfinale in Führung ging.

288 und 289: Die *Luna Rossa* ist bereits der dritte italienische Herausforderer im America's Cup. Auf die *Azzurra* im Jahr 1983 folgten 1987 die *Italia* und wiederum die *Azzurra* sowie 1992 *Il Moro di Venezia*. Die Kampagne nahm 1997, genau am Stichtag für die Einreichung der Unterlagen, ihren Anfang und ist der Entschlossenheit und den Führungsqualitäten des Unternehmers Patrizio Bertelli zu verdanken, der sein Ziel von Anfang an hoch steckte. Eine Kampagne mithin, die nicht einem Konsortium oder einem Sponsorensyndikat unterstand, sondern von einem einzelnen Geschäftsmann und begeisterten Segler geführt wurde. Schon früh fielen grundlegende technische Entscheidungen: German Frers, Designer der *Il Moro di Venezia*, und Doug Peterson, verantwortlich für die letzten beiden America's-Cup-Sieger – *America Cube* 1992 und *Black Magic* 1995 –, wurden mit der Konstruktion des neuen Herausforderers beauftragt. Ihnen stand eine Truppe technischer Spezialisten zur Seite, beispielsweise David Egan, der die mathematischen Modelle für die Simulation des Rumpfentwurfs überwachte, oder German Frers jr. Besondere Aufmerksamkeit galt der Segelgarderobe, für die man die weltweite Nummer eins auf diesem Gebiet, den Italiener Guido Cavallazzi, engagierte, der seit zwanzig Jahren bei North Sails Italia und vor

allem Segel-Designer aller bisherigen italienischen Herausforderer war. Mit der Organisation der Herausforderung beauftragte man zwei Ausländer mit jahrelanger Cup-Erfahrung: Laurent Esquier, der seit 1974 beim America's Cup dabei war, fungierte als General Manager, während Rod Davis, der sieben Cup-Auflagen, drei davon als Skipper, und die Match-Race-WM 1994 mitgemacht hatte, die Vorbereitung der Crew übernahm. Francesco De Angelis als Steuermann und der brasilianische Taktiker Torben Grael hatten bereits in vielen Regatten und Erfolgen beim Admiral's Cup und im Eintonner-Pokal optimal zusammengearbeitet. Schließlich besorgte man sich von Bill Koch, der an dieser Veranstaltung nicht mehr interessiert war, im Paket insgesamt drei Sparrings- und Testpartner, *America Cube*, *Mighty Mary* und *Kanza*. Das Ergebnis all dieser Bemühungen waren zwei Yachten, *ITA 45* und *ITA 48*, die beide auf den Namen *Luna Rossa* getauft wurden.

290 und 291: Das Finale des Louis-Vuitton-Cup 2000 wurde als Best-of-Nine-Staffel zwischen *Luna Rossa* und *America One* ausgetragen. Bei mäßigem Wind fuhren die beiden Konkurrenten auf der gesamten Strecke gleichauf, bis die *Luna Rossa* eine Strafe kassierte. Sie fuhr den 360er, ohne die Führung zu verlieren. 24 Sekunden trennten die beiden Konkurrenten am Ziel. 1:0 für *Luna Rossa*. Zweites Rennen: Nach einem guten Start bei leichter Brise führte die *Luna Rossa* an der ersten Marke mit 1 Minute. Dann entschied das Komitee aufgrund der drehenden Winde, die Tonne zu verlegen. Am Ende kreuzte *America One* die Ziellinie mit 1 Minute 27 Sekunden Vorsprung zum 1:1-Ausgleich. Im dritten Rennen frische Winde mit 25 und 30 Knoten. Cayard hatte Materialprobleme, Fallen rissen, der Spinnaker

flog aus den Lieken und Großsegellatten, Niederholer und Mast drohten zu brechen – er musste das Segel entlasten. *Luna Rossa* zog zum 2:1 davon. Im vierten Rennen konnte De Angelis trotz eines verpatzten Starts aufholen. In einem erbitterten Duell gelang es ihm, *America One* zu einem Fehler zu nötigen: Nach einem 720er der Amerikaner ging *Luna Rossa* in Führung und gewann das Rennen. 3:1 für das italienische Team. Im fünften Rennen gingen die Amerikaner am Start in Führung, wurden aber auf der Vorwindstrecke von *Luna Rossa* eingeholt, die bei Wind bis zu 20 Knoten in die Sonne schoss. Cayard entschied das Rennen dennoch für sich. Das Prada-Team lag noch immer in Führung. Im sechsten Rennen hängte De Angelis Cayard schon am Start ab. Auffrischender Wind, mindestens 16 Knoten. *America Ones* Spinnaker hielt und Cayard zog auf der Vorwindstrecke gleich. Die Italiener fuhren schlechte Manöver; als ihr Spinnaker beim Bergen im Wasser landete, nutzte Cayard den Moment und gewann mit 8 Sekunden Vorsprung – 3:3. Auch im siebten Rennen frische Brise: De Angelis legte einen guten Start hin. Nachdem sie sich das erste Mal passiert hatten, segelten beide Yachten auf unterschiedliche Seiten hinaus – für das führende Boot stets eine riskante Entscheidung: Als sich ihr Kurs von neuem kreuzte, lag *America One* mit fast zwanzig Längen in Führung! 4:3 für Cayard. Am Start der achten Wettfahrt wurde die *America One* mit einer Strafe belegt. *Luna Rossa* ging in Führung und hielt den Gegner in Schach. Ein Vorsprung von zwei Längen reichte zum Sieg und 4:4-Ausgleich. Die letzte Wettfahrt war nun entscheidend. De Angelis fuhr einen guten Start und hielt den Gegner über das gesamte Rennen unter Kontrolle. Erst auf der letzten Vorwindstrecke ging Cayard zum Angriff über, aber zu spät. Der offizielle Herausforderer war zum ersten Mal seit knapp 150 Jahren nicht angelsächsisch – sondern italienisch.

292 oben: Noch vor Abschluss der dramatischen Finalrennen des Vuitton-Cup erklärte Roussell Coutts, dass sich der zukünftige Herausforderer in jedem Fall auf einen aggressiveren Kampf und Duelle mit größerer Tuchfühlung gefasst machen müsse. Wer Gelegenheit hatte, die beiden neuseeländischen Boote – eines unter dem Steuermann Coutts, das andere unter dessen Protegé Dean Barker – beim Training zu beobachten, berichtete erstaunt von zahlreichen Kollisionen. Dass die Wettfahrten um den Cup zwischen *Black Magic* und *Luna Rossa* dieses wettkämpferische Niveau nicht erreichten, lag an der offensichtlichen Überlegenheit der Neuseeländer.

292 unten links: Während elf Yachten aus sechs Nationen darum kämpften, am America's Cup 2000 teilzunehmen, hatten die Titelverteidiger Gelegenheit, ihre Gegner zu beobachten und weiter an der Optimierung ihrer Yachten und dem Training der Crew zu arbeiten. Der neuseeländische Skipper und Match-Race-Weltmeister Roussell Coutts, hier am Steuer, lief Tag für Tag aus, um seine Konstruktionen in einer Reihe von Rennen zu prüfen.

293: Die *Black Magic*, der Titelverteidiger der Royal New Zealand Yacht Squadron, hatte zuvor keine Möglichkeit gehabt, sich mit den Leistungen und charakteristischen Merkmalen der *Luna Rossa* zu messen. Allein die moderne Telemetrie lieferte die eine oder andere Information über den italienischen Herausforderer. Peter Blakes Leute konnten jedoch auf ihre größere Erfahrung bei Match-Races vertrauen. *Black Magic* setzte im Lauf der Regatta die Renntaktiken beispielhaft um: Ständige Kontrolle des Konkurrenten sowohl an der Kreuz – mit dem vollständigen Abdecken des anderen Bootes bei der Wende – als auch auf dem Vormwindkurs. Selbst die Tatsache, dass *Luna Rossa* vor dem Wind auf die Neuseeländer aufschloss, war Regattataktik: Die Neuseeländer drosselten absichtlich das Tempo, damit sie nicht auf ungünstigere Windverhältnisse trafen als der Gegner und die Kontrolle über ihn verloren.

292 unten rechts: Die beiden neuseeländischen Boote sind das Produkt einer Philosophie, die in den frühen Neunzigern mit der Einführung der America's-Cup-Klasse entstand und an deren Weiterentwicklung Jahr für Jahr ein praktisch unverändertes Team arbeitete – lediglich Doug Peterson, der sich der *Luna-Rossa*-Crew angeschlossen hatte, fehlte. An engagierten und talentierten Köpfen mangelte es nicht, um an dieser Stelle nur Laurie Davidson und Tom Schnackenberg zu nennen. Vor allem Schnackenbergs Beitrag als Koordinator an Land, als Segelexperte und allgegenwärtiger Navigator an Bord war unschätzbar.

In der Zwischenzeit optimierten die Neuseeländer mit einem beeindruckend konsequenten technischen und sportlichen Programm ihre beiden Titelverteidiger namens *Black Magic*. Die Yachten waren von Tom Schnackenbergs Team entworfen worden, der – gemeinsam mit Doug Peterson – auch den Sieger von 1995 konstruiert hatte und bei Regatten stets im Cockpit dabei war. Die beiden Konstruktionen unterschieden sich in unzähligen Details von den anderen. Zweifellos achtete man besonders auf die Aerodynamik des Riggs: ein Mast mit einem festeren Profil und drei Salingen statt der sonst üblichen vier; ein Wantensystem mit minimiertem Windwiderstand. (Man denke zudem an jenes Stag, das bei Nichtgebrauch abgeschlagen und am Mastfuß festgesetzt wurde, damit selbst diese dünne Stange nicht störte.) Dann war da noch der Kiel, der wohl die größere Geschwindigkeit in den Wenden und die bessere Beschleunigung erklärte.

Das Gleiche galt für den Rumpf: ein mächtiger Bug mit straffen Linien und eine kurze Wasserlinie, die sich jedoch schnell dynamisch vergrößert (sie erinnert an die *Ranger*, die Yacht der J-Klasse aus dem Jahr 1937).

Während sich die Herausforderer in scheinbar endlosen Kämpfen erschöpften, fuhren die Yachten mit dem schwarzen Rumpf Tag für Tag hinaus, um Segel und Ausrüstung einzutrimmen, vor allem aber Manöver und Starts zu trainieren: Roussell Coutts, der Match-Race-Weltmeister, und sein Zögling Dean Barker traten Hunderte von Malen in Hunderten von nachgestellten America's Cups gegeneinander an. Dass es mehr war als reine Simulation, bezeugen die zahllosen Kollisionen zwischen den beiden Trainingspartnern bei den Startmanövern und während der Wettfahrten.

Der America's Cup 2000

NZL-60
TOYOTA
ONE
Telecom
NEW ZEALAND
Steinlager
NEW ZEALAND

Steinlager
ONE
Telecom
LOTTO
TOYOTA
NZL-60
NZL-60
Telecom
TOYOTA
Steinlager
LOTTO
ITA 45
ITA 45
PRADA

294 und 295: Der America's Cup 2000 als 31. Veranstaltung dieses Segelsport-Klassikers folgte – mit nur geringfügigen Abweichungen – einem altbekannten Drehbuch. Der Cup-Verteidiger errang wieder einmal einen sicheren Sieg: 5:0. Im Gegensatz zu früheren Konstellationen jedoch bestand kein so großer Unterschied zwischen den beiden Teams, das Endergebnis summierte sich eher aus einer Reihe von Faktoren, die die *Black Magic* begünstigten. Roussell Coutts gewann erst einmal jeden Start, unabhängig davon, ob er die Backbord- oder die Steuerbordseite der Startlinie wählte. Daran änderte sich auch nichts, nachdem in der fünften Wettfahrt das Ruder Coutts' Schützling Barker anvertraut wurde. Die Neuseeländer hatten öfter das Starten geübt als De Angelis' Team und es war geradezu entwaffnend zu beobachten, wie es ihnen gelang, in jedem Manöver aus jeder Situation heraus die Linie als Erste zu überqueren. Darüber hinaus war ihre Taktik, den Gegner abzudecken, perfekt: De Angelis, der seinem Rivalen unablässig hinterherjagte, musste sich ständig etwas Neues einfallen lassen und dann aufs Glück vertrauen. Als der italienische Steuermann in der vierten Wettfahrt feststellte, dass er sich zwar nicht in Führung, aber doch in einer guten Position befand (Coutts war zurückgefallen, weil er kein Wegerecht hatte), entschied sich De Angelis zu einer anderen Strategie. Hätte er sich unter die *Black Magic* gelegt, hätten wir die gleiche Situation erlebt wie im ersten Rennen, als sich Coutts nach zwei Gegenattacken, als die Yachten sich zum dritten Mal passierten, an *Luna Rossa* vorbeistahl. Die *Black Magic* wendete schneller und Peter Blakes Mannschaft hatte darüber hinaus einen steiferen, leichteren Mast und, dank Tom Schnackenbergs Arbeit, absolut perfekte Segel. Abgesehen davon konnte sie auf eine ebenso effektive Organisation zählen wie das Prada-Team. Der America's Cup blieb in Neuseeland.

Die Wettfahrtserie des eigentlichen America's Cup verlief ohne nennenswerte Ereignisse: ein klarer, vernichtender 5:0-Sieg für die *Black Magic* der Royal New Zealand Yacht Squadron of Auckland. Der neuseeländische Titelverteidiger war speziell im America's Cup leistungsstärker, was nicht heißt, dass es unter allen Umständen das schnellere Boot war. In Situationen, in denen die beiden Gegner Seite an Seite kreuzten, wurde deutlich, dass die Konkurrenten, was die reine Geschwindigkeit anging, ebenbürtig waren. Dann kreuzte *Black Magic* zwei oder drei Mal den Kurs der *Luna Rossa* und hatte auf diese Art einen Zwanzig-Sekunden-Vorsprung herausgesegelt. Ab dann ging es lediglich darum, den Gegner auch weiterhin unter Kontrolle zu halten. *Luna Rossa* holte auf den Vormwind-Kursen leicht auf, doch lag das daran, dass die *Black Magic* ihre Konkurrentin in Sichtweite behalten wollte.

Die Neuseeländer verfügten mit Sicherheit über die stärkere Crew: ein Match-Race-erprobtes Team im Cockpit und Vorschiffsleute, die schnell und exakt die Manöver durchführten. Es gab nicht einen Moment der Unruhe an Bord, auch nicht, als während einer Wettfahrt eine Winsch zu reparieren war oder als der Gennaker aus den Lieken riss. Auch die Besatzung der *Luna Rossa* arbeitete fehlerfrei – nicht zufällig hatte sie einen Segler vom Kaliber Paul Cayards besiegt. Sie lag einfach immer eine Haaresbreite hinter den Kiwis.

Der America's Cup 2000 wird nicht der Letzte sein. Neue Herausforderungen stehen an und in der Zwischenzeit messen sich Segler der ganzen Welt im Fastnet- und Bermuda-Race, im Admiral's Cup und BOC-Challenge.

Kurz gesagt, sie setzten das fort, was Yachtsmen schon zu Zeiten Charles' II. begonnen haben.

Der America's Cup 2000

Der America's Cup 2000

296 und 297: Am 2. März 2000 feierte die Crew der *Black Magic* die siegreiche Verteidigung des America's Cup. Sie hatte die fünfte und entscheidende Wettfahrt gegen die *Luna Rossa* gewonnen. Dieses Datum könnte den Beginn einer neuen Ära markieren, denn niemals zuvor war es einem nichtamerikanischen Defender gelungen, die Trophäe erfolgreich zu verteidigen. Dass Peter Blakes Neuseeländer diese Großtat vollbrachten, war keineswegs Zufall. Schon lange zählte man das kleine Land zu den ganz Großen im Segelsport, was daran zu belegen ist, dass alle Teams, die 2000 in Auckland antraten, mindestens einen neuseeländischen Segelchampion an Bord hatten. Von der Technik her steht Neuseeland seit zwanzig Jahren bei Design und Konstruktion von Regattayachten aller Typen in vorderster Reihe. Der Star-Designer Bruce Farr hat die amerikanische Staatsbürgerschaft, doch seine Wurzeln liegen in Neuseeland; die Cookson Werft baut Yachten für Eigner in der ganzen Welt. Das Gewinner-Team Neuseeland ist weit davon entfernt abzudanken; es ist mittlerweile so etwas wie eine nationale Institution, die ihre Kenntnisse und Erfahrungen an die nächste Generation weitergibt. So besteht wenig Zweifel, dass der nächste Steuermann Dean Barker heißen wird. Und schließlich bringt die Rolle des America's-Cup-Verteidigers schon immer eine Reihe von Begünstigungen mit sich, die dem Cup-Inhaber, verglichen mit dem Herausforderer, eine privilegierte Position sichert: logistische Vorteile natürlich, aber auch solche im Zusammenhang mit dem Reglement, beispielsweise das Vorrecht, das eigene Boot bis zur letzten Minute verhüllt zu lassen und den Austragungsort der Regatta erst festzulegen, wenn die Qualifikationen der Herausforderer bereits beendet sind. Das Prada-Team wurde in dieser Auflage besiegt, hat aber bereits signalisiert, dass es eine erneute Herausforderung anstrebt. Die Mannschaft der *Luna Rossa* wird als Challenger of Record fungieren, das heißt, sie wird die Herausforderer der nächsten Auflage im Jahr 2003 koordinieren. Der America's Cup hat enorm an Prestige gewonnen. Die traditionelle Zeremonie, in der die Siegeryacht bei ihrer Rückkehr in den Hafen von unzähligen Zuschauerbooten eskortiert wird, wird sich auch zukünftig wiederholen und zeugt davon, welche Anziehungskraft diese Regatta, die im Jahr 1851 aus dem ehrgeizigen Traum einer kleinen Gruppe amerikanischer Segler geboren wurde, noch heute auf die Segelwelt ausübt. Während dieses Buch aus gutem Grund mit einer Veranstaltung schließt, die als Symbol und höchster Ausdruck des Segelsports gilt, organisiert die Royal Yacht Squadron in Cowes eine Großveranstaltung, die im August 2001 den 150. Jahrestag des Sieges des Schoners *America* feiert.

PRADA
NEW ZEALAND

HARBOURMASTER
PROTECTOR

PRADA
NEW ZEALAND

HARBOURMASTER
PROTECTOR

Glossar

Abdrift bzw. Abtrift: seitliche Versetzung eines fahrenden Schiffes durch Wind oder Strömung.
Abfallen: vom Wind weg steuern, Gegenteil von anluven.
achtern: hinten; in Heckrichtung.
Amwindkurs: möglichst hoch am Wind segeln.
Anluven: höher am Wind segeln, zum Wind hin steuern.
Aufbau: auch Doghouse oder Doghaus; hausähnliche Konstruktion auf Deck.
Außenhaut: wasserdichte Rumpfverkleidung, beim Holzschiff die Beplankung.
Ballast: Gewicht zur Verbesserung der Stabilität.
Beidrehen: Segelschiff mit Hilfe einer bestimmten Segelstellung annähernd zum Stehen bringen, etwa um »sicher« einen Sturm abzuwettern oder um bestimmte Arbeiten an Bord zu verrichten.
Benetzte Oberfläche: Fläche des Unterwasserschiffes, die mit dem Wasser in Berührung kommt und Reibungswiderstand entstehen lässt.
Berechnete Zeit: Regattaergebnis als Zeitangabe unter Berücksichtigung der Vergütung, des Ratings etc.
bergen: Herunternehmen und Sichern eines Segels, Auffischen und Sichern eines Gegenstandes.
Besan: achterer Mast bzw. sein Segel einer Ketsch oder Yawl.
Beschlag: Metallbestandteil der Ausrüstung; verbindet einzelne Bauteile oder dient der Nutzung des laufenden und stehenden Gurts.
Bordwand: durch die Außenhaut begrenzte Rumpfseite.
Bug: vorderes Ende eines Bootes oder Schiffes.
Bugspriet: den Bug verlängernde Spiere, an der zusätzliche Stagen und Vorsegel, z.B. der Klüver, angeschlagen werden. Auch Klüverbaum.
Cockpit: offene, nicht eingedeckte Vertiefung im Deck, von der aus gesteuert und getrimmt wird; auch Plicht.
Decks- oder Oberlicht: verschließbare Luke in Deck oder Aufbau für Lichteinfall und Belüftung.
Decksbalken: Querelemente des Rumpfgerüstes, welche das Deck tragen.
Decksprung: in Längsrichtung verlaufende Deckslinie.
Defender: Titelverteidiger des America's Cup.
Dichtholen: Spannung auf eine Leine oder ein Segel geben. (Gegenteil von fieren)
Dreieckskurs: Regattakurs in Dreiecksform mit drei Gängen (Kreuz, raumschots, vor dem Wind).
Einhandsegler: Segler, der allein segelt (»eine Hand für den Mann, eine Hand fürs Schiff«).
Fall: Tau oder Draht zum Heißen (Setzen) eines Segels.
Fieren: kontrolliertes Nachgeben in Zugrichtung (Gegenteil von dichtholen).
Fockmast: vorderer Mast eines Schoners.
Formstabilität: Stabilität eines Rumpfes, bedingt durch seine Form.
Freibord: Höhe der Bordwand über der Wasserlinie
Gaffel: Rundholz (Spiere), an dem die Oberkante des Gaffelsegels angeschlagen ist.
Gaffelrigg: Takelung mit einem oder mehreren Gaffelsegeln.
Gaffelsegel: viereckiges Segel, dessen vordere Kante (Vorkiel) am Mast, und dessen obere an einer Spiere (der Gaffel) angeschlagen ist.
Gei: Vorrichtung aus Tauwerk oder Draht zum Festsetzen, z.B. Achterholer, Backstag.
Genua: großflächiges, dreieckig geschnittenes Vorsegel mit teilweiser Überlappung des Mastes.
Gesegelte Zeit: real benötigte Zeit für das Absegeln eines Kurses.
Großbaum: Spiere, an der die Unterkante des Großsegels angeschlagen ist.
Großsegel: Segel am Großmast.
Hals: vordere, untere Ecke eines (Schrat-) Segels.
Heck: hinteres Ende eines Bootes oder Schiffes.
Innenklüver: dreieckiges, hinter dem Klüver angeschlagenes Vorsegel.
Ketschrigg: Takelung mit zwei Masten, von denen der hintere (kürzere) vor der Ruderwache steht.
Kielgangsplanke: unterste Planke längs des Kiels.
Klampe: Decksbeschlag zum Belegen von Leinen wie etwa Festmachern.
Klüver: dreieckiges Vorsegel, das am Klüverbaum angeschlagen ist.
Konstruktionswasserlinie: Wasserlinie gemäß Konstruktionszeichnung.
Kreuz: Zurücklegen einer Strecke gegen den Wind (siehe: kreuzen).
Kreuzen: im Zickzack-Kurs mit mehreren Amwindschlägen gegen die Windrichtung auf ein Ziel zusegeln.
Kursstabilität: die Neigung, den Kurs zu halten.
Kutter: früher: gaffelgetakelter Einmaster mit Toppsegel und drei Vorsegeln; heute: hochgetakelte Yacht mit zwei Vorsegeln.
Lateinersegel: dreieckiges Segel an einer schrägen Rah; aus dem Mittelmeerraum, auf Yachten ungebräuchlich.
Laufendes Gut: bewegliches Tauwerk zum Setzen, Bergen und Trimmen der Segel.
Lee: dem Wind abgekehrte Seite.
Liek: Segelkante.
Luv: dem Wind zugekehrte Seite.
Marconi-Rigg: Hochtakelung mit dreieckig geschnittenem Großsegel, das bis in den Masttopp reicht; auch Bermuda-Rigg.
Mast: senkrecht stehende Struktur, die das Segel trägt.
Masttopp: oberes Ende des Mastes.
Niedergang: Leiter oder Treppe, über die man unter Deck gelangt.
Pinne: Hebel zur Betätigung des Ruders
Rah: waagrecht am Mast angeschlagenes Rundholz, das die Oberkante eines trapezförmigen Segels trägt.
rank: ein kleines aufrichtendes Moment.
Rating: Rennwert einer Yacht, drückt die potenzielle Leistung aus.
Reffen: Verkleinern der Fläche eines Segels.
Reling: Seezaun, um das Deck laufende Absperrung zur Sicherheit der Crew.
Relingstütze: Senkrechte Verstrebung in der Art eines Zaunpfahls, durch welche der Durchzug des Seezaums geführt wird.
Scheergang: oberste Planke.
Schonerrigg: Takelung mit mindestens zwei Masten, von denen der jeweils vorderste (der Fockmast) nicht der höchste ist.
Schot: Leine zur Einstellung eines Segels (siehe: Trimmen).
Schott: quer- oder längsstehende Trennwand im Schiffsrumpf.
Schwert: durch den Kiel geführte Platte, die zur Vergrößerung des Lateralplans (und somit zur Verminderung der Abdrift) abgefiert werden kann.
Seitenschwert: an der Bordwand abzufierendes Schwert, meist beidseitig.
Setzbord: um das Deck laufende Planke, die das Durchgehen leichteren Seeschlags verhindern soll.
Slup: einmastige Segelyacht, die am Wind nur ein Vorsegel setzt.
Spant: Quer- oder Längsrippen eines Schiffsrumpfes.
Spiegel: platte Heckfläche.
Spiere: Rundholz oder Stange, nicht der Mast.
Stabilität: die Kraft, die dem Krängungsmoment des Windes entgegenwirkt. Eigenschaften: steif oder rank.
Stag: Teil des stehenden Gutes, welches den Mast nach vorn bzw. achtern abstützt.
Stehendes Gut: Tauwerk oder Draht zum Abstützen des Mastes, z.B. Wanten, Vor- und Achterstag usw.
steif: ein großes aufrichtendes Moment.
Steven: vorderer und hinterer Abschluss eines Schiffsrumpfes, entsprechend: Vorder- und Achtersteven.
Stropp: kurzes Ende aus Draht oder Tauwerk.
Talje: Flaschenzugsystem aus Umlenkern (Blöcken) und Läufern zur Erleichterung der Arbeit.
Tauwerk: aus Natur- oder Kunstfasern bestehende Leinen sowie das geschlagene Drahttau.
Tiefgang: Maß von der Wasserlinie bis zur Unterkante Kiel.
Tonnage: Rauminhalt eines Schiffes.
Toppsegel: dreieckiges Segel oberhalb aller anderen.
Trimmen: Einstellen der Segel, aber auch Verteilung des Ballasts.
Tuchbahn: einzelner Streifen eines Segels.
Überhang: Rumpfenden, die über die Wasserlinien hinausgehen, also Bug- und Hecküberhang.
Verdrängung: die Wassermenge, die von einem schwimmenden Objekt verdrängt wird; entspricht dem Gewicht eines Schiffes.
Vergütung: Zeitausgleich zwischen ungleichen Schiffen, heutzutage in Sekunden pro Seemeile.
Vermessung: bei Yachten zu dem Zweck, für Regatten möglichst gleichwertige Fahrzeuge zu erhalten. Die Vermessung erstreckt sich hier auf die vermessenen Größen der betreffenden Klasse meist auf schnelligkeitsfördernde Werte, wie Länge Tiefgang, Segelfläche, die besteuert, oder langsamkeitsfördernde Werte, wie Gewicht, die vergütet werden.
Vor- bzw. Achterpiel: an den Rumpfenden gelegener Raum.
Want: Tau oder Draht zur seitlichen Abstützung des Mastes.
Wantenspanner: mechanische Vorrichtung zum Einstellen der Wantenspannung.
Wasserlinie: Linie, bis zu der ein Rumpf ins Wasser taucht.
Wegerung: geplankte Innenverkleidung des Rumpfes.
Winsch: Trommel zur Erleichterung des Dichtholens und auch Fierens von Leinen und auch Drahttau, auch Winde.
Yawl: Yacht mit zwei Masten, von denen der hintere (kürzere) hinter der Ruderachse steht.

Register

Anmerkung:
* = Bildunterschrift; *Schiffsnamen* sind kursiv ausgezeichnet

BIBLIOGRAPHIE

Beken of Cowes: Ocean Racer. Die schnellsten Yachten ihrer Zeit, DK Edition Maritim 1998

Borlenghi, Carlo; Marzari, Mario: Faszination klassischer Yachten, Delius Klasing, Bielefeld 2000

Bobrow, Jill: Charles Nicholson und seine Yachten, Delius Klasing, Bielefeld 2000

Bobrow, Jill: Decca-Navigation auf Yachten, Videosail 1989

Bobrow, Jill; Jinkins, Dana: Die schönsten klassischen Yachten, Delius Klasing, Bielefeld 1999

Lammerting, Kristin: Meteor, Die kaiserlichen Segelyachten, DuMont, Köln 1999

Martin-Raget, Gilles: Traumyachten, Die Klassiker, Wilhelm Heyne Verlag, München 1999

Marzari, Mario: Faszination klassischer Yachten, Delius Klasing, Bielefeld 2000

Pace, Franco: Klassische Yachten, Delius Klasing, Bielefeld 1997

Scharping, H. Dieter: Konstruktion und Bau von Yachten, Delius Klasing, Bielefeld 1994

BILDNACHWEIS

DANIEL ALLISY/SEA AND SEE: 155 unten, 183 oben 183 Mitte links
COLL. ALLISY/SEA AND SEE: 130, 130-131, 131 unten links, 131 unten rechts, 167 unten
ARCHIV FÜR KUNST UND GESCHICHTE: 14 oben, 18, 19 oben rechts, 21, 26 unten, 63 oben
MARK BAKER, POOL/ AP PHOTO: 297 unten rechts
BEKEN OF COWES: 2-3, 44 unten, 45, 47 unten, 57 unten, 58 oben, 58 Mitte, 58-59, 59 oben, 59 unten, 70-71, 77 unten links, 88-89, 91 oben, 94, 95, 98-99, 99, 100 oben,100 unten, 101 oben, 101 unten, 102 oben, 102 unten, 103 Mitte, 104 unten, 105 oben, 106, 107 oben rechts, 107 unten links, 108 oben, 108 unten, 109 oben, 110 oben rechts, 110 unten, 111, 113 unten, 116 oben, 125, 126 unten, 128 rechts, 129 unten, 150 links, 150 rechts, 151 links, 154 unten, 155 Mitte, 156,159 oben, 159 Mitte rechts,159 unten, 160 oben, 160 unten, 161 links, 161 rechts, 163 unten, 164 oben, 167 Mitte, 169 Unten rechts, 170, 170-171, 171 unten links, 171 unten rechts, 172 links, 172 rechts, 173 oben, 173 unten, 174, 175 oben, 176 unten, 178 oben rechts, 178 rechts, 179 Mitte links, 180 oben, 181 oben, 181 unten,182, 183 unten, 184 oben, 184 links, 184 unten rechts, 186 oben, 186 unten, 188 oben, 188 unten, 189 oben, 189 unten, 190 oben, 190 unten
GIANLUCA BIANCHI/SEA AND SEE: 219 oben rechts, 219 rechts
ALASTAIR BLACK/PPL/SEA AND SEE: 178 unten

DPPI/B.BLACK/SEA AND SEE: 258 unten links
CARLO BORLENGHI/SEA AND SEE: 1 rechts, 6-7, 105 unten, 107 rechts, 185, 192 unten, 207 unten, 208 oben, 208-209, 210 oben, 213, 214 oben, 216 links, 217 unten Mitte, 218 oben, 218 unten, 218-219, 219 unten, 220-221, 220 unten, 221 links, 222-223, 222 unten, 223 rechts, 224 oben, 225 oben, 227 Mitte, 228 Mitte rechts, 228 unten links, 231 unten links, 231 unten rechts, 233 oben rechts, 235 oben rechts, 237 oben, 238 oben, 238-239, 239 oben, 240 unten, 241 unten, 242 oben, 242 unten, 242-243, 245 oben rechts, 253 oben, 253 unten, 256 oben, 256 unten, 257 oben, 257 unten, 258-259, 260-261, 261 oben, 263 links, 263 unten rechts, 268 unten, 269 unten, 274 oben, 275 oben, 282-283, 294
CARLO BORLENGHI/STOCK NEWPORT: 244, 245 unten, 254 oben, 260 Mitte, 262
BOTTINI: 4-5, 214 rechts, 215 unten rechts
THE BRIDGEMANN ART LIBRARY: 16-17, 37 unten, 42-43
GUIDO CANTINI/SEA AND SEE: 289 oben
ROBB COX/SPORT THE LIBRARY: 250 oben rechts
EDUARDO DI BAIA/ AP PHOTO: 260 unten
DOUBLE'S: 165 Mitte, 165 unten
DPPI/ J.V./SEA AND SEE: 252 oben
MARY EVANS PICTURE LIBRARY: 72 oben rechts, 165 oben
C.FEVRIER/SEA AND SEE: 113 oben
CHRISTIAN FEVRIER/STOCK NEWPORT: 271
BOB FISHER/PPL/SEA AND SEE: 217 unten links
ROBERT FOLEY/STOCK NEWPORT: 204 unten rechts
DANIEL FORSTER: 209 oben, 209 unten, 211 unten links, 268 oben, 278-279, 279 unten, 280 unten, 281 oben, 282 oben, 283 unten, 284-285, 290-291, 291 unten, 292 oben, 295 unten links
DANIEL FORSTER/AGENCE DPPI: 223 links, 287 oben, 287 unten links, 287 unten rechts, 288 unten, 288-289, 290 unten, 295 oben, 295 unten rechts
DANIEL FORSTER/ STOCK NEWPORT: 207 oben rechts , 210 unten rechts, 211, 230, 230-231, 232, 263 oben rechts, 264 oben, 266 oben, 266 unten, 266-267, 272-273, 286
THE GRANGER COLLECTION, NEW YORK: 48-49, 54 rechts
BOB GRIGER/PPL MEDIALINK/ SEA AND SEE: 270 links
RUDY GUERRINI/STOCK NEWPORT: 245 oben rechts
GUY GURNEY/ SEA AND SEE: 202, 203 oben rechts, 203 unten rechts, 265
ROBERT HARDING PICTURE LIBRARY: 17 unten
HERRESHOFF MARINE MUSEUM: 96 oben, 96 unten, 97 oben, 97 unten, 114 oben rechts, 114 oben Mitte, 114 unten
STEVE HOLLAND/ AP PHOTO: 292 unten links
THE ILLSUTRATED LONDON NEWS: 86, 98 oben und Mitte, 103 unten, 138 unten rechts, 139 unten links, 139 unten rechts
LIBRARY OF CONGRESS: 70, 72 unten, 72 oben rechts, 72 unten, 75 oben rechts, 76 oben, 76 unten, 77 oben rechts, 77 rechts, 78-79, 78 unten, 79 oben, 79 unten, 103 oben, 148, 149
THIERRI MARTINEZ: 11, 214 Mitte, 222 oben, 234 oben, 236 oben rechts, 236 unten, 236-237, 239 unten, 246 oben, 246 unten, 246-247, 251 oben, 251 Mitte, 251 unten, 258 unten rechts, 260 oben, 278 oben, 280 oben, 284 Mitte, 291 oben, 293
PETER McCOWAN/STOCK NEWPORT: 241 oben, 243 unten, 270 rechts, 277 oben rechts, 277 unten rechts
MERCURY HOBART (PHOTO COURTESY): 250 unten
MERPOOL/PLISSON/MARTIN-RAGET: 268-269
MERPOOL/SEA AND SEE: 267 links
MFA, BOSTON: 29 oben
MYSTIC SEAPORT MUSEUM: 92 links, 92 rechts
MYSTIC SEAPORT MYSTIC, CONNECTICUT: 69, 195 Mitte, 198 oben, 200 unten, 204 unten links
MYSTIC SEAPORT, ROSENFIELD COLLECTION, MYSTIC, CONNECTICUT: 8-9, 33, 46 unten, 47 oben, 50 oben, 50-51, 51 oben, 51 unten, 74-75, 75 unten, 80 oben, 80 Mitte, 80 unten, 81, 82 oben, 82 unten links, 82 unten rechts, 83 oben, 83 unten, 87 oben, 88 oben, 89 unten, 90 oben, 90 Mitte, 97 Mitte, 104 oben, 108 Oben,108 Mitte, 108 unten, 109 unten, 110 oben links, 112 oben, 112 unten, 115 oben, 115 unten, 116 unten, 117 Mitte links, 117 Mitte rechts, 117 unten, 118-119, 119 oben, 122 oben, 122 unten, 122-123, 124 oben, 124 unten links, 124 unten rechts, 134 oben, 134 unten, 135, 136, 136-137, 138-139, 138 unten links, 140 unten, 140-141, 141 unten, 142 oben rechts, 142 unten, 143, 144 oben, 144 unten, 144-145, 145, 146, 147 oben links, 147 oben rechts, 147 unten, 151 rechts, 151 oben rechts, 152-153, 153, 157 oben, 157 unten, 158, 162 oben, 162 unten, 175 unten, 192 Mitte, 193 oben, 193 unten, 194-195, 194 unten, 195 oben, 195 unten, 196-197, 196 unten, 197 oben, 197 Mitte, 197 unten, 198 Mitte, 198 unten, 199 oben, 200 oben, 201 oben, 201 unten
NATIONAL MARITIME MUSEUM, GREENWICH: 14 unten, 14-15, 19 oben rechts, 22-23, 23 oben, 23 Mitte, 23 unten, 26-27, 36-37
FRANCO PACE: 190-191, 199 unten, 203 links, 205, 206, 207 Mitte, 210 Mitte, 212, 225 unten, 226 links, 226 rechts, 227 links, 227 rechts, 228 oben rechts, 228 Mitte links, 228 unten rechts, 229, 282 unten, 284 oben, 284 unten, 296-297, 297 unten rechts
PEABODY MUSEUM, SALEM: 30 oben, 30 unten, 31 links, 31 rechts, 68-69
THE PEPYS LIBRARY, MAGDALENA COLLEGE, CAMBRIDGE: 24 oben
BARRY PICKTHAL/PPL/SEA AND SEE: 179 oben, 179 unten, 180 unten
PLISSON: 166, 264 unten, 267 oben
PLISSON GUILLAME: 252 unten
PLISSON LA TRINITE: 234-235
PPL/SEA AND SEE: 93 oben rechts, 93 unten, 168 links, 168 rechts, 176 oben, 177 oben, 177 unten links, 177 unten rechts, 275 unten
G.M. RAGET/SEA AND SEE: 104-105, 167 oben rechts, 217 oben, 224 Mitte, 224 unten, 280-281
SEA AND SEE: 64 oben, 91 oben, 92 oben rechts, 92 Mitte links, 92 unten, 118 oben, 118 unten, 132 oben, 132 unten, 154 oben, 155 oben rechts, 159 Mitte links, 163 oben, 164 unten, 204 oben links, 204 oben rechts, 270 links
DAVID J.SHULER/PPL MEDIA-LINK/SEA AND SEE: 272 unten
SOTHEBY'S PICTURE LIBRARY: 1 links, 9, 36 oben, 37 oben, 52-53, 53 oben, 54 links, 56 oben, 56 unten, 56-57, 57 oben, 68, 71 oben, 73 Mitte, 85
KAORO SOEHATA/PPL MEDIA-LINK (SEA AND SEE: 215 links, 273 unten links, 273 rechts, 274 unten, 276
K. SOEHATA/SEA AND SEE: 264 Mitte, 273 oben
SPARKMAN AND STEPHENS: 120 oben, 121 oben, 121 unten
STR/AP PHOTO: 259 unten rechts
HENRI THIBAULT/DPPI: 214 unten, 215 rechts
DAN THRIFT/AP PHOTO: 220 oben
RICK TOMLINSON: 10-11, 221 rechts, 248 oben, 248 unten, 248-249, 249 unten rechts
RICK TOMLINSON/TEAM EF: 10-11, 249 Unten links
RICK TOMLINSON/SEA AND SEE: 235 oben rechts
ULLSTEIN BILDARCHIV: 60-61, 60 unten, 61 oben, 61 Mitte, 61 unten, 62-63, 62 unten, 63 unten
ONNE VAN DER WAL/STOCK NEWPORT: 12-13, 232-233, 234 unten, 236 oben rechts, 240 oben, 243 oben, 252 Mitte, 254 Mitte links, 254 Mitte rechts, 254 unten, 255, 278 unten, 296 oben, 296 unten
J.VAPILLON/SEA AND SEE: 258 oben
WILLIAM WEST, POOL/ AP PHOTO: 292 unten rechts
PRIVATE COLLECTIONS: 7, 20-21, 27, 28 oben, 32-33, 34, 35, 38, 38-39, 39 unten, 48 oben, 52, 55, 70 unten, 84 oben, 84 unten, 87 unten, 120 unten, 120-121,

PRIVATE COLLECTION, PHOTOGRAPH COURTESY OF BONHAMS, LONDON: 49
PRIVATE COLLECTION, COURTESY OF CARLO CROCE: 16
PRIVATE COLLECTION, ENGLAND; PHOTOGRAPH COURTESY OF RICHARD GREEN GALLERY, LONDON: 24-25
LOANED BY KIND PERMISSION OF THE PARKER GALLERY, LONDON: 91 Unten
LOANED BY KIND PERMISSION OF THE ROYAL CORK YACHT CLUB: 40, 41 oben, 41 Unten
LOANED BY KIND PERMISSION OF THE ROYAL THAMES YACHT CLUB: 40-41
PRIVATE COLLECTION, PHOTOGRAPHS PRIVATE COLLECTION, COURTESY OF MADAME JACQUELINE TABARLY: 167 oben rechts
COURTESY OF YACHT CLUB ITALIANO: 64-65, 65 oben, 65 Mitte, 65 unten, 66 oben, 66 unten, 67 oben, 67 unten, 126 oben, 127 oben rechts, 127 Mitte, 127 unten, 129 oben, 133 oben, 133 unten

PRIVATE COLLECTION, PHOTOGRAPH COURTESY OF THE ROYAL THAMES YACHT CLUB: 89 oben

COURTESY OF REVUE BATEAUX: 183 Mitte rechts

DANKSAGUNG

Autor und Verlag danken folgenden Personen für die wertvolle Mitarbeit:

Bent Aarre; Isabelle Andrieux und Chloé De Smet, Yacht Club de Monaco; Milt Baker, Bluewater Books & Charts; Lydia Barret, Royal Ocean Racing Club; George Bauer, Newport Bermuda Race Press Officer; Steve Benjamin, Yale Sailing Associates; Kristin Bierfeld und Leah Ross, Museum of Fine Arts Boston; Dermot Burns, Royal Cork Yacht Club; Deborah Cliffe, Bonhams; Carlo Croce und Giorgio Oliviero, Yacht Club Italiano; Denmarks Museum for Lystseijlads; Captain D. Dolson, Royal Thames Yacht Club; Daniel Finamore, Maritime Art and History Peabody Essex Museum; Ben Fuller; Daniel Gilles; Ted Graeslund und Sören Nörby, Orlogsmusset – Royal Danish Yacht Club; Jon Humphries, Boston Yacht Club; Teri, Herreshoff Marine Museum America's Cup Hall of Fame; Diana Harding, Royal Yacht Squadron; Irene Jacobs, Maritiem Museum Rotterdam; Gary Lock – Cookson Boats; The Mariners' Museum Newport; Jeffrey Mellefont, Australian National Maritime Museum; The Mercury Hobart; Susan Morris, Richard Green Gallery; Brian J. Newbury, the Parker Gallery; Gérard Petipas, Sté du Pen-Duick; Normann Plummer, Cheaspeake Bay Maritime Museum; Revue Bateaux, Daniel Roschnotti, New York Yacht Club; George Robinson, Royal Bermuda Yacht Club, San Diego Yacht Club; Paolo Saviolo; Seawanhaka Courinthian Yacht Club; David Taylor, National Maritime Museum; Chris Webster, Tate Gallery.